A PROTEÇÃO
COLETIVA DOS DADOS PESSOAIS NO BRASIL
vetores de interpretação

RAFAEL A. F. ZANATTA
Prefácio RICARDO ABRAMOVAY
Apresentação LAURA SCHERTEL MENDES

LETRAMENTO

A PROTEÇÃO
COLETIVA DOS DADOS PESSOAIS NO BRASIL
vetores de interpretação

RAFAEL A. F. ZANATTA
Prefácio RICARDO ABRAMOVAY
Apresentação LAURA SCHERTEL MENDES

Copyright © 2023 by Editora Letramento
Copyright © 2023 by Rafael A. F. Zanatta

Diretor Editorial Gustavo Abreu
Diretor Administrativo Júnior Gaudereto
Diretor Financeiro Cláudio Macedo
Logística Daniel Abreu e Vinícius Santiago
Comunicação e Marketing Carol Pires
Assistente Editorial Matteos Moreno e Maria Eduarda Paixão
Designer Editorial Gustavo Zeferino e Luís Otávio Ferreira

Todos os direitos reservados. Não é permitida a reprodução desta obra sem aprovação do Grupo Editorial Letramento.

Dados Internacionais de Catalogação na Publicação (CIP)
Bibliotecária Juliana da Silva Mauro - CRB6/3684

Z27p	Zanatta, Rafael A. F.
	A proteção coletiva dos dados pessoais no Brasil : vetores de interpretação / Rafael A. F. Zanatta. - Belo Horizonte : Letramento, 2023.
	380 p. : il. ; 15,5 cm x 22,5 cm.
	Inclui Bibliografia.
	ISBN 978-65-5932-428-6
	1. Proteção de dados pessoais. 2. Direitos coletivos. 3. Direitos difusos. 4. Ambiente informacional. I. Título.
	CDU: 342.717
	CDD: 343.9

Índices para catálogo sistemático:
1. Direito de privacidade e proteção de dados 342.717
2. Direito da informação e privacidade 343.9

LETRAMENTO EDITORA E LIVRARIA
Caixa Postal 3242 – CEP 30.130-972
r. José Maria Rosemburg, n. 75, b. Ouro Preto
CEP 31.340-080 – Belo Horizonte / MG
Telefone 31 3327-5771

Para Danilo Doneda.

SUMÁRIO

13   **PREFÁCIO**

15   **NOTA PRELIMINAR**

20   **INTRODUÇÃO**

24   O QUE ESTÁ EM JOGO NA PROTEÇÃO DE DADOS PESSOAIS?

29   O CARÁTER COMPLEXO DA PROTEÇÃO DE
DADOS PESSOAIS NO DEBATE BRASILEIRO

34   UMA PROPOSTA: COMO VETORES DE INTERPRETAÇÃO
PODEM AUXILIAR NA COMPREENSÃO

37   ORGANIZAÇÃO DO TRABALHO

41   CAPÍTULO 1.
**A PROTEÇÃO DE DADOS PESSOAIS E O
CONTEXTO AUTORITÁRIO BRASILEIRO**

42   1.1.   AUTORITARISMO E DISCURSOS EMERGENTES
SOBRE PROTEÇÃO DE DADOS NO BRASIL

42   1.1.1.   *O GOLPE MILITAR E O SURGIMENTO DA DOUTRINA DA SEGURANÇA NACIONAL*

44   1.1.2.   *A UTILIZAÇÃO ABUSIVA E AUTORITÁRIA DE DADOS: O APARATO REPRESSIVO*

45   1.1.3.   *CENTRALIZAÇÃO DE DADOS E AMEAÇAS AUTORITÁRIAS: O
CONTEXTO DE ELABORAÇÃO DO PRIMEIRO PROJETO DE LEI
DE PROTEÇÃO DE DADOS PESSOAIS NO BRASIL*

46   1.1.3.1.   *O DEBATE SOBRE AUTORITARISMO E PROTEÇÃO DE DADOS
PESSOAIS INAUGURADO PELO RENAPE*

49   1.1.3.2.   *A FORMULAÇÃO DA CRÍTICA PELOS PROFISSIONAIS DE PROCESSAMENTO DE DADOS*

55   1.1.3.3.   *AS IDEIAS POR TRÁS DO PROJETO DE LEI N. 4.365/1977:
LICENCIAMENTO E CONTROLE DE FINALIDADE*

61   1.1.3.4.   *AS CONSEQUÊNCIAS POLÍTICAS DO PROJETO DE LEI: INCONSTITUCIONALIDADE E
TENTATIVA FRUSTRADA DE UMA PROPOSTA DE EMENDA CONSTITUCIONAL*

65   1.1.4.   *AS CRÍTICAS DA ORDEM DOS ADVOGADOS DO BRASIL AO
RENAPE: O CONTEXTO DA ORDEM JURÍDICA ILEGÍTIMA*

66   1.1.4.1.   *A OAB E O PENSAMENTO DE RAYMUNDO FAORO*

70   1.1.4.2.   *RENÉ ARIEL DOTTI E AS TESES APRESENTADAS NO CONGRESSO DE MANAUS DE 1980*

75   1.1.5.   *AS LIMITAÇÕES E OBSTÁCULOS DA AFIRMAÇÃO DA PROTEÇÃO DE
DADOS PESSOAIS NA TRANSIÇÃO PARA A NOVA REPÚBLICA*

76 *1.1.5.1.* *A TENTATIVA FRACASSADA DE PROTEÇÃO DE DADOS PESSOAIS NA LEI DA POLÍTICA NACIONAL DE INFORMÁTICA: UMA CRÍTICA AO FORMALISMO*

81 *1.1.5.2.* *AUTOMAÇÃO, DIREITOS DE ACESSO E PROTEÇÃO DE DADOS PESSOAIS EM CRISTINA TAVARES*

89 *1.1.5.3.* *LIBERDADES INFORMÁTICAS E O PROJETO DE FREITAS NOBRE*

97 *1.1.5.4.* *JOSÉ EUDES E O PROBLEMA DO SISTEMA DE PROTEÇÃO AO CRÉDITO*

101 *1.1.5.5.* *O FRACASSO DAS LEIS FEDERAIS E O SURGIMENTO DE UMA ESTRATÉGIA DE PROTEÇÃO DE DADOS PESSOAIS NOS MUNICÍPIOS E NOS ESTADOS*

104 *1.1.6.* *CONCLUSÃO PARCIAL*

107 1.2. O ESPÍRITO DO *HABEAS DATA* QUE SE PERDEU: AS DIMENSÕES COLETIVAS DO INSTITUTO

109 *1.2.1.* *O* HABEAS DATA *ENQUANTO REMÉDIO CONSTITUCIONAL PARA CONTER ABUSOS INFORMÁTICOS*

112 *1.2.2.* *A DUPLA LIMITAÇÃO AO* HABEAS DATA: *LEGITIMIDADE ATIVA E ESCOPO DE ABRANGÊNCIA*

114 *1.2.3.* *A BUROCRATIZAÇÃO DO* HABEAS DATA *E SUA NÃO COLETIVIZAÇÃO NO BRASIL*

118 *1.2.4.* *O RESGATE TARDIO DO* HABEAS DATA *NO BRASIL: INSTRUMENTO DE LUTAS POR LIBERDADES*

121 1.3. CONCLUSÃO DO CAPÍTULO

123 CAPÍTULO 2.
A ASCENSÃO DOS DIREITOS DIFUSOS NO BRASIL E O PROBLEMA DOS DADOS NO DIREITO CONSUMERISTA

124 2.1. A AUTONOMIZAÇÃO DE UMA TEORIA SOBRE OS INTERESSES DIFUSOS NO BRASIL

130 2.2. O IMPACTO DO DEBATE AMBIENTAL E O PAPEL CENTRAL DO MINISTÉRIO PÚBLICO

134 2.3. AS ALIANÇAS TÁTICAS ENTRE PROCESSUALISTAS E PROMOTORES NA APROVAÇÃO DA LEI DA AÇÃO CIVIL PÚBLICA

137 2.4. A FORMULAÇÃO DO CDC: IDEIAS-FORÇA E A TEORIA DOS DIREITOS DIFUSOS

138 *2.4.1.* *A FORMAÇÃO DA COMISSÃO DE JURISTAS E O TRABALHO DE FORMULAÇÃO DO CDC*

143 *2.4.2.* *A PROTEÇÃO DE DADOS PESSOAIS NO CÓDIGO DE DEFESA DO CONSUMIDOR*

150 *2.4.3.* *A DIFERENCIAÇÃO ENTRE DIREITOS INDIVIDUAIS, COLETIVOS E DIFUSOS NA TEORIA BRASILEIRA*

155 *2.4.4.* *A ASSIMILAÇÃO DA TEORIA BRASILEIRA DOS DIREITOS DIFUSOS PELO JUDICIÁRIO*

158 2.5. CONCLUSÃO DO CAPÍTULO

162 CAPÍTULO 3.
O PERCURSO DA REGULAÇÃO DA PROTEÇÃO DE DADOS: UMA PERSPECTIVA SOCIAL E COLETIVA

163 3.1. UMA GRADATIVA MUDANÇA DE ENFOQUE: DOS PROBLEMAS CONSUMERISTAS AO DEBATE SOBRE ECONOMIA DE DADOS NA INTERNET E A REGULAÇÃO SETORIAL

163 *3.1.1. O SURGIMENTO DE NOVOS DEBATES SOBRE PRIVACIDADE E AS TENSÕES EM TORNO DE UM MODELO DE GOVERNANÇA DA INTERNET NO PAÍS*

169 *3.1.2. A INFLUÊNCIA DO DISCURSO SOBRE AUTORREGULAÇÃO, PROTEÇÃO DO CONSUMIDOR E FOMENTO AO COMÉRCIO ELETRÔNICO NAS AMÉRICAS*

173 *3.1.3. O ESTADO REGULADOR NO PERÍODO FHC E A FRAGMENTAÇÃO DA PROTEÇÃO DE DADOS*

176 3.2. A REORGANIZAÇÃO DO SISTEMA NACIONAL DE DEFESA DO CONSUMIDOR E O NOVO PAPEL ASSUMIDO PELO DPDC

176 *3.2.1. A TENTATIVA DE SUPERAÇÃO DO ESTADO DE CRISE DO SNDC E A REORGANIZAÇÃO DO DPDC*

180 *3.2.2. A REORGANIZAÇÃO DA INFRAESTRUTURA DA DEFESA DO CONSUMIDOR: FUNDOS PÚBLICOS E SISTEMAS DE INFORMAÇÃO*

184 *3.2.3. A ESTRATÉGIA DE ADVOCACY DO DPDC: INSERÇÃO PROATIVA EM DEBATES NACIONAIS E INTERNACIONAIS E A AGENDA DE COMÉRCIO ELETRÔNICO*

187 3.3. DA INTEGRAÇÃO REGIONAL AO ANTEPROJETO DE LEI DE PROTEÇÃO DE DADOS PESSOAIS

188 *3.3.1. A INFLUÊNCIA DO MERCOSUL NO FOMENTO AOS DEBATES SOBRE PROTEÇÃO DE DADOS PESSOAIS*

194 *3.3.2. DO COMÉRCIO EXTERIOR AO NÚCLEO DURO DO MINISTÉRIO DA JUSTIÇA: O CAMINHO DA INTERNALIZAÇÃO DA AGENDA DENTRO DO DPDC*

196 *3.3.3. AS RELAÇÕES ACADÊMICAS LATINO-AMERICANAS, A REDE IBERO-AMERICANA DE PROTEÇÃO DE DADOS PESSOAIS E O MERCOSUL*

199 *3.3.4. O CASO PHORM E A ATUAÇÃO ESTRATÉGICA DO DPDC*

202 *3.3.5. A PARCERIA ENTRE DPDC/MJ, FGV E CGI E A CONSULTA PÚBLICA DO APL*

205 3.4. CONCLUSÃO DO CAPÍTULO

207 CAPÍTULO 4.
A PROTEÇÃO COLETIVA DE DADOS PESSOAIS EM DISPUTA NO DESENHO DA LGPD

211 4.1. ATIVISMO DIGITAL E A INFLUÊNCIA DO MARCO CIVIL DA INTERNET NA PROTEÇÃO DE DADOS PESSOAIS

212 4.1.1. *A INFLUÊNCIA DO MARCO CIVIL DA INTERNET POR UMA PERSPECTIVA PROCEDIMENTAL*

215 4.1.2. *A INFLUÊNCIA DO MARCO CIVIL DA INTERNET POR UM VIÉS MATERIAL*

219 4.2. O DEBATE SOBRE TUTELA COLETIVA NA ORIGEM DA LGPD

221 4.2.1. *A NÃO OPOSIÇÃO À TUTELA COLETIVA PELO SETOR PRIVADO*

223 4.2.2. *A RETÓRICA DA TUTELA COLETIVA CONTRA A AUTORIDADE GARANTE*

229 4.3. AS ARTICULAÇÕES DA INDÚSTRIA DE *MARKETING* DIRETO

232 4.4. DIVERGÊNCIAS E TENTATIVAS DE LIMITAÇÃO DOS DIREITOS DE PROTEÇÃO DE DADOS PESSOAIS

233 4.4.1. *A CONTROVÉRSIA SOBRE DADOS ANÔNIMOS (2015-2016) E A AMPLIAÇÃO DA TUTELA JURÍDICA NO DESENHO DA LEGISLAÇÃO*

244 4.4.2. *OS DIREITOS ASSOCIADOS AO PROFILING E OS LIMITES DOS DIREITOS COLETIVOS DE AVALIAÇÃO DE IMPACTO: UMA PREOCUPAÇÃO DA SOCIEDADE CIVIL*

250 4.4.3. *O TENSIONAMENTO COM A MATRIZ INDIVIDUALISTA DE PROTEÇÃO DE DADOS PESSOAIS PROVOCADO PELO* PROFILING

259 4.5. CONCLUSÃO DO CAPÍTULO

262 CAPÍTULO 5.
A DEFESA DE DIREITOS DE PROTEÇÃO DE DADOS PESSOAIS NAS CORTES: O INDIVIDUAL E O COLETIVO NO SISTEMA DE JUSTIÇA

264 5.1. A OCUPAÇÃO DE PODER PELO MINISTÉRIO PÚBLICO DO DISTRITO FEDERAL E TERRITÓRIOS (MPDFT)

264 5.1.1. *OS CASOS LULU, UBER E NETSHOES: A INSTITUCIONALIZAÇÃO DA AGENDA DE PROTEÇÃO DE DADOS PESSOAIS NO MPDFT*

272 5.1.2. *CAMBRIDGE ANALYTICA E O CASO* MPDFT V TELEFÔNICA: *EXPERIMENTAÇÕES E UMA DERROTA SIMBÓLICA*

284 5.2. MIRANDO NAS *BIG TECHS*: A ATUAÇÃO DO MINISTÉRIO PÚBLICO FEDERAL EM DOIS CASOS EMBLEMÁTICOS

285 5.2.1. *O CASO* MPF V GOOGLE/GMAIL: *DIFICULDADES DE DEMONSTRAÇÃO DO ILÍCITO EM DIMENSÃO COLETIVA*

291 5.2.2. *O CASO* MPF V MICROSOFT: *UM AVANÇO SUBSTANCIAL NO DIREITO DE CONSENTIR PARA FINALIDADES ESPECÍFICAS*

301 5.3. AS AÇÕES CIVIS PÚBLICAS DAS ONGS: CONTORNOS DOS DIREITOS DIFUSOS

304 5.3.1. *CONTESTANDO A EXPLORAÇÃO COMERCIAL BIOMÉTRICA NO METRÔ DE SÃO PAULO: O CASO* IDEC V VIAQUATRO

316 *5.3.2.* *O CASO* ADECC V FACEBOOK: *DIFICULDADES DE QUALIFICAÇÃO DO DANO MORAL COLETIVO E LEGITIMIDADE ATIVA*

319 *5.3.3.* *O CASO* SIGILO V NUBANK: *UM DEBATE SOBRE LITIGÂNCIA DE MÁ-FÉ E INVESTIGAÇÕES ESTRUTURADAS*

323 *5.3.4.* *ALGUMAS LIÇÕES PARA FUTUROS LITÍGIOS ESTRATÉGICOS PELAS ONGS*

328 5.4. A ATUAÇÃO DAS DEFENSORIAS PÚBLICAS E O ENFOQUE EM DISCRIMINAÇÃO E DESIGUALDADES

329 *5.4.1.* *AS FUNÇÕES INSTITUCIONAIS DAS DEFENSORIAS PÚBLICAS E AS APROXIMAÇÕES COM PROTEÇÃO DE DADOS PESSOAIS*

331 *5.4.2.* *A FORMULAÇÃO DO CASO* DEFENSORIAS V COMPANHIA DO METROPOLITANO DE SÃO PAULO

336 5.5. RUMO A UMA TUTELA ADEQUADA DOS DIREITOS DIFUSOS DIGITAIS

339 5.6. CONCLUSÃO DO CAPÍTULO

343 CAPÍTULO 6.
CONCLUSÃO

352 **REFERÊNCIAS**

379 **AGRADECIMENTOS**

PREFÁCIO

RICARDO ABRAMOVAY[1]

Poucos temas têm relevância social e coletiva tão crucial nos dias de hoje como a defesa da privacidade e a proteção de dados pessoais. Obter, de maneira sistemática e permanente informações sobre os comportamentos das pessoas nas mais variadas dimensões de suas vidas é o eixo do modelo de negócios dos gigantes digitais.

O resultado não se reduz à oferta de sugestões de compras, de amigos ou plataformas às quais se conectar. Até o final da primeira década do milênio, o funcionamento em rede dos dispositivos digitais era exaltado por seu potencial emancipatório, por facilitar as relações cooperativas entre os indivíduos, abrindo caminho para reduzir custos de transação e assim para a cultura do compartilhamento.

Não demorou muito para que o poder das grandes corporações globais jogasse por terra estas ambições. Aquilo que, no livro de Yochai Benkler, de 2007 era encarado como a "riqueza das redes", converte-se em seu contrário e, de maneira inédita na história do capitalismo, um punhado de gigantescas empresas adquire a capacidade de, muito mais do que fazer sugestões comerciais, determinar a sociabilidade humana e os padrões básicos de relações sociais, por meio do desenho dos dispositivos que dominam, a partir de seu controle sobre as informações oferecidas pelos indivíduos em seu uso das redes sociais.

Rafael Zanatta faz parte de uma geração de pesquisadores e ativistas que vêm estudando o tema e contribuindo para a elaboração de políticas públicas voltadas a se contrapor às ameaças que o modelo de negócios das *Big Techs* representa para a dignidade humana e para a democracia. Este livro analisa a dimensão coletiva dos dados pessoais e a insuficiência da ideia de autorização e consentimento como base da regulação do poder das *Big Techs*. O assunto é também abordado por meio de minuciosa e inédita reconstituição histórica das lutas de técnicos, advogados e parlamentares contra as ambições de controle sobre os dados pessoais vindos de importantes setores militares, durante a ditadura.

---

1 Professor Titular da Cátedra Josué de Castro da Faculdade de Saúde Pública e professor Sênior do Instituto de Energia e Ambiente da USP.

O rigor teórico e a reconstituição histórica resultam num texto que dialoga não só com os principais autores globais voltados ao tema, mas sobretudo com as propostas de regulação tanto brasileiras como internacionais. O livro de Rafael Zanatta contribui decisivamente para compreender as raízes mais profundas da desinformação planejada que agride a dignidade humana e a democracia.

NOTA PRELIMINAR

Este livro é fruto da tese de doutorado defendida no Instituto de Energia e Ambiente da Universidade de São Paulo em fevereiro de 2023. O trabalho, orientado pelo professor Ricardo Abramovay, teve como arguidores uma banca bastante interdisciplinar. De um lado, Laura Schertel Mendes (UnB), Marcel Leonardi (FGV) e Caitlin Mulholland (PUC-Rio), juristas próximos das teorias e desenhos institucionais que formataram o Marco Civil da Internet e a Lei Geral de Proteção de Dados Pessoais. De outro lado, professores que transitam entre ciência política e sociologia política, como Tatiana Rotondaro (USP) e Marcelo Vianna (IFRS), que trouxeram olhares da teoria social e história das instituições políticas.

Este trabalho nasceu interdisciplinar quando o professor Ricardo Abramovay – ele próprio um pensador incomum, formado em filosofia na França, pós-graduado em ciência política na Unicamp e professor do curso de economia da USP – me convidou a ingressar no Instituto de Energia e Ambiente para desenvolver uma pesquisa sobre as tensões da regulação do ambiente informacional no ano de 2017. Desde 2015, nós vínhamos travando diálogos sobre o significado da transformação digital na sociedade, os sentidos da plataformização e os valores éticos de uma sociedade movida a dados pessoais. Abramovay havia sido palestrante no seminário "As novas tecnologias e as cidades" que ajudei a organizar com a equipe do InternetLab no Instituto dos Arquitetos do Brasil em São Paulo. Em 2016, me concedeu uma entrevista, que foi publicada no livro "As economias do compartilhamento e o direito" (editora Juruá, 2017). Dos diálogos, surgiram inquietações em comum. De que modo mercados digitais podem ser desenhados para respeitar a dignidade e autonomia? A justa circulação dos dados pode ser vista como a proteção do meio ambiente? Estamos falando de novas categorias de bens comuns? Se os dados pessoais sempre estão relacionados *aos indivíduos*, como superar as camisas de força de um individualismo metodológico com relação ao exercício de direitos para praticar a proteção de dados pessoais em um *plano coletivo*?

Como sou formado em Direito e passei os últimos dez anos em organizações orientadas a problemas jurídicos – a Escola de Direito da Fundação Getulio Vargas, o InternetLab, o Instituto Brasileiro de Defesa do Consumidor e a Associação Data Privacy Brasil de Pesquisa –, minhas análises tenderam mais para questões regulatórias ou discussões sobre natureza dos direitos, ao passo que Abramovay me colocou questões sobre ética e teoria social. Em nossas conversas, eu trazia como referências Stefano Rodotà, Mireille Hildebrandt, Julie Cohen, Marion Albers e outros teóricos contemporâneos do direito. Já Abramovay, me ajudou a colocar questões sociais mais amplas, focalizando questões de equidade e eficiência, bem como as características desse capitalismo imaterial, um pouco na esteira de André Gorz – um dos intelectuais que aprendi a ler com ele. Como dados são produzidos socialmente e que valor possuem? Como uma economia digital pode funcionar de modo a ampliar oportunidades cívicas e econômicas e respeitar direitos fundamentais? Como arquiteturas de sistemas intensivos em dados pessoais poderiam ser pensadas para além do impulsionamento do consumo e da modulação comportamental?

As questões discutidas com Abramovay nesses anos foram fascinantes e os diálogos foram enriquecedores, como nos nossos seminários sobre os livros *Princípio Responsabilidade* de Hans Jonas e *Re-Engineering Humanity* de Evan Selinger e Brett Frischmann. Foi preciso, no entanto, fazer uma escolha, dada a amplitude das questões que vínhamos debatendo nos primeiros anos de pesquisa. Guardo com muito carinho um almoço que tive com Ricardo Abramovay e Danilo Doneda em São Paulo em 2019, quando conversamos sobre o enraizamento dessas discussões no contexto político e institucional brasileiro. Concordamos que seria importante mobilizar todas essas reflexões teóricas para uma agenda brasileira bastante enraizada e concreta, que pudesse problematizar os dilemas daquilo que intelectuais reunidos em Paris em 1974 chamaram de "regulação do ambiente informacional". Afinal, mercados são socialmente inseridos e moldados por instituições construídas em contextos históricos e políticos específicos. Uma reflexão sobre as dimensões coletivas dessa regulação do ambiente informacional precisaria ser pensada *a partir do Brasil*, sem uma importação simplista de conceitos e de teorias.

Com apoio de Abramovay, escolhi como objeto de tese o estudo das tensões entre as dimensões individuais e coletivas na proteção dos dados pessoais no nosso país e as disputas ocorridas no interior dos poderes republicanos (Executivo, Legislativo e Judiciário) no arco temporal dos últimos cinquenta anos. Essa escolha foi também influenciada pela minha trajetória como ativista de direitos digitais no Brasil. Eu não só observava um novo tipo de "ambientalismo informacional" no interior da sociedade civil – com o surgimento de novas organizações civis, novas táticas de campanha e argumentação de danos gerados por um novo tipo de "extrativismo digital", como diria Evgeny Morozov –, como também estava envolvido na construção de ações civis públicas no Judiciário, como a ação movida pelo Idec para impedir o reconhecimento das emoções dos passageiros na Linha Amarela em São Paulo, em um flagrante caso de exploração comercial indevida e extração de valor das pessoas, tratando-as como meras coisas ou objetos e não como sujeitos de direitos.

Esse alinhamento entre o que fazia profissionalmente – enquanto coordenador do programa de direitos digitais de uma importante organização não governamental – e o que estudava me trouxe aquela segurança de que fala Umberto Eco no seu clássico livro sobre como fazer uma tese: é melhor estar próximo do objeto de estudo, relacionar-se com ele, possuir vivência e acesso às fontes. Como estava próximo da comunidade que participou da elaboração da LGPD e também próximo dos atores do sistema de justiça que litigavam nos tribunais por meio de ações civis públicas, este nos pareceu não somente um recorte oportuno, mas também viável para uma pesquisa.

Nossa estratégia foi tentar analisar essas tensões no modo como o direito à proteção de dados pessoais foi construído no interior do Executivo e do Legislativo no processo de formulação da Lei Geral de Proteção de Dados Pessoais (Lei 13.709/2018) e o modo como ele foi protegido, no Judiciário, pelas mobilizações do Ministério Público, das Defensorias Públicas e das organizações da sociedade civil. Por isso, posso dizer que este trabalho lida com duas fontes jurídicas principais: projetos de lei discutidos no Congresso Nacional e ações civis públicas analisadas pelos ritos processuais do Judiciário.

Em 2020, realizamos uma arguição de qualificação da tese com os professores Danilo Doneda, Laura Schertel Mendes, Tatiana Rotondaro e Marcel Leonardi. Era uma manhã ensolarada. Por horas a fio, debatemos as ideias da investigação dentro de uma salinha de madeira, ao estilo chalé, como é a arquitetura típica do Instituto de Energia e Ambiente. Nessa ocasião, discutimos que a riqueza do trabalho estaria em demonstrar a complexidade da proteção de dados pessoais no Brasil e como preocupações individuais e coletivas estão, a todo momento, em contato, colisão e fricção.[2] Também discutimos a importância de um

---

2 No início, chamamos esse processo dinâmico de "coletivização da proteção de dados pessoais", um termo que é derivado tanto das reflexões de Kazuo Watana-

olhar crítico para as instituições do sistema de justiça no Brasil e uma análise sobre nossos fantasmas persistentes, como o autoritarismo e as precariedades institucionais. Por fim, Danilo Doneda – que nos deixou precocemente no final de 2022, deixando um imenso legado – provocou: de que modo este trabalho pode fazer com que as organizações e o sistema de justiça funcionem melhor? Como a investigação científica pode ajudar a superar esses problemas de conceitualização da proteção de dados pessoais e melhorar a tutela coletiva no Brasil?

É difícil dizer se um trabalho tem este potencial. Sempre o escrevi com a convicção de que não caberia a mim elaborar grandes teorias sociais, mas apenas oferecer uma modesta contribuição e ajudar a destravar alguns nódulos conceituais que possuem implicações políticas e jurídicas no Brasil. O modo como pensamos a proteção de dados pessoais influencia diretamente o exercício de nossos direitos e nossa vida social. A confusão que ainda se faz com a privacidade, em uma dimensão individual e de não intrusão, facilita a continuidade de práticas comerciais e estatais que poderíamos julgar como abusivas ou indesejáveis socialmente, como a possibilidade de exploração econômica de metadados de milhões de crianças dependentes de plataformas de intermediação de conteúdo educacional em escolas públicas. Nenhuma empresa está interessada no conteúdo de uma comunicação de seu filho. O que interessa é identificar padrões de comportamentos sociais a partir de milhares de informações tidas como triviais que, uma vez combinadas, geram um tipo de conhecimento preditivo.

A dificuldade de visualizar o modo como somos categorizados e alocados em grupos, constituídos artificialmente por técnicas de aprendizado por máquinas, nos impede de articular mais claramente novos direitos de participação, contestação e explicação. Isso possui consequências práticas sérias. Ao falharmos na compreensão da natureza complexa desses direitos, ficamos presos a um modelo de controle individual sobre os fluxos de dados que se mostrou ilusório e fracassado.

---

be sobre coletivização do processo civil quanto do pensamento de Boaventura de Sousa Santos sobre coletivização do sistema de justiça no Brasil. Posteriormente, tentamos focalizar menos na questão da *forma como os direitos são protegidos*, e mais na *complexidade da natureza desses direitos*, desde suas formulações iniciais, uma recomendação feita por Laura Schertel Mendes. Como toda pesquisa, o objeto de investigação foi se transformando. Ao fazer uma imersão histórica, descobrimos uma grande riqueza de discussões sobre proteção de dados ainda nas décadas de 1970 e 1980.

Por isso nossa insistência nos direitos difusos e no legado intelectual que supera a ideia de direitos individuais, sem eliminar a possibilidade de coexistência entre direitos individuais, coletivos e difusos. Esse tensionamento entre o individual e o coletivo não é, portanto, apenas um problema abstrato. Ele tem muito a ver com o dia a dia, com as possibilidades de ação e com a manutenção (ou não) do *status quo*. Há interesses econômicos e políticos fortíssimos por trás dessa discussão.

Como tem argumentado Julie Cohen, a construção de uma agenda jurídica individualizante na área de *privacy* nada tem de ingênua, mas compõe uma espécie de infraestrutura jurídica do capitalismo informacional firmada no final do século XX. Nesse sentido, o não reconhecimento da natureza coletiva e difusa desses direitos, o imobilismo institucional de natureza participativa e o impedimento dos mecanismos de acesso à justiça integram uma agenda de proteção de interesses que são a antítese do que se defende neste trabalho. Me filio ao pensamento de Stefano Rodotà, Danilo Doneda, Mireille Hildebrandt e tantos outros que se dedicaram a uma agenda de novos direitos fundamentais em uma era de automação, datificação e ubiquidade tecnológica. O que busco mostrar é que o pensamento brasileiro e latino-americano também tem muito a oferecer nessa discussão, considerando as lutas travadas na segunda metade do século XX, em um período de democratização do sistema de justiça e reconfiguração de institutos jurídicos.

Alguns leitores podem considerar o trabalho excessivamente jurídico e técnico, especialmente por fazer uma espécie de engenharia reversa de decisões judiciais e de processos de elaboração de leis. Tal enfoque, no entanto, mostrou-se inevitável em razão dos nódulos que busquei desfazer.

Ao subir nos ombros desses gigantes, espero mostrar aos leitores e leitoras que temos fascinantes disputas pela frente. Ao formular alguns *vetores de interpretação* para o problema do tensionamento entre as dimensões individuais e coletivas na proteção de dados pessoais no Brasil, espero conduzir os olhares para alguns caminhos específicos, de modo a instaurar novas reflexões e uma atitude científica e democrática que é incansável, uma vez que todos os nossos argumentos precisam estar abertos à refutação e contestação, como nos ensinaram Karl Popper e Paulo Freire.

INTRODUÇÃO

Há algo de paradoxal naquilo que é chamado de "direito da proteção de dados pessoais". Essa disciplina jurídica pode ser vista como um arranjo multidimensional de direitos que possui, ao mesmo tempo, uma dualidade específica. Ela se sustenta, historicamente, em uma gramática liberal de direitos individuais e em uma maior capacidade de autonomia individual, apoiada na noção de controle e nos direitos sobre os dados, que são considerados de titularidade das pessoas naturais, porém também promove a proteção de interesses comunitários de devido processo, de contenção de abusividades que afetam grupos e sociedades como um todo e de proteção de coletividades que passam a existir por processos algorítmicos de perfilização. Daí a provocação do sociólogo Antonio Casilli em evento na *Association Française de Sociologie*: como pode nossa *vie privée* ser tão coletiva?

Essa dualidade pode ser vista como eixos de força que coexistem no coração dessa disciplina jurídica. De um lado, as fortes crenças em direitos individuais, a ideia de controle individual sobre os dados, a noção de que pessoas bem-informadas são capazes de decidir sobre o fluxo de seus dados e o peso de uma tradição jurídica liberal que atribui primazia ao "sujeito de direitos", que possui o direito fundamental de livre desenvolvimento de sua personalidade. De outro lado, a noção de que a proteção de dados coíbe discriminações abusivas a grupos e comunidades, a instituição de garantias de devido processo, a exigência de barreiras normativas que exigem um grau mínimo de publicização e participação de definição de fluxos justos de dados e uma tradição jurídica pós-liberal que enxerga interesses difusos de coletividades, sejam elas associações constituídas ativamente ou grupos constituídos de forma computacional e passiva, como nos casos de segmentações e perfilizações, naquilo que é chamado de "descoberta de conhecimento em bases de dados" ou "mineração de dados" (ZARSKY, 2002). Esses eixos não estão em oposição, como ímãs que se repelem. São eixos dinâmicos, que se combinam, se cruzam e às vezes se fundem.

Essa "natureza complexa" da proteção de dados pessoais – que impede uma classificação binária (se são direitos individuais *ou* direitos coletivos) – tem sido objeto de reflexão de teóricos centrais como Stefano Rodotà, Marion Albers, Luciano Floridi, Mireille Hildebrandt, Antoinette Rouvroy, entre outros. Não se trata apenas de um problema teórico. Giovanni Buttarelli, antigo diretor da *European Data Protection*

Supervisor (EDPS) – a mais importante instância de coordenação institucional da proteção de dados pessoais na Europa – repetiu inúmeras vezes um certo incômodo com as legislações como a *General Data Protection Regulation* (GDPR), aprovada em 2016. Para ele, à medida que os problemas se tornam mais complexos, sociais e coletivos em uma sociedade datificada – como nos casos de gestão algorítmica de controle de migração; segmentações e decisões automatizadas para acesso a políticas públicas e uso sistemático de drones e câmeras de reconhecimento facial – o repertório clássico de princípios para tratamento de dados e direitos de titulares de dados se torna menos adequado e relevante (ETHICS ADVISORY GROUP, 2018).

Esse movimento intelectual não pretende "jogar fora" a tradição jurídica da proteção de dados pessoais, mas sim reaproveitá-la em uma dimensão relacional sobre governança democrática dos dados (VILJOEN, 2021). Isso implica partir de três premissas que talvez não estejam muito claras. A primeira é que os dados são relacionais: eles produzem informações e organizam diferenças sobre sujeitos e sobre relações sociais. A segunda é que as consequências dos usos de dados pessoais são sempre sociais e afetam interesses coletivos, não somente consumidores considerados isoladamente pelas lentes clássicas de bem-estar e utilidade. A terceira é que esses interesses coletivos não são razoavelmente protegidos pelos mecanismos tradicionais de direitos individuais e por uma dimensão contratualista de direito privado, centrada apenas em autorização e consentimento. Como já identificado há muito tempo por Stefano Rodotà, é preciso que ocorra uma transição metodológica, no plano teórico, do "indivíduo à comunidade" (RODOTÀ, 1974). Nas palavras de Neil Richards e Woodrow Hartzog, exige-se, hoje, uma "guinada relacional", que coloque as relações de poder e as afetações coletivas em primeiro plano de análise (RICHARDS; HARTZOG, 2020).

A ideia de que a proteção de dados pessoais diz respeito à coletividade em uma perspectiva relacional não é, em si, uma novidade. Como lembrado por Priscilla Regan, Alan Westin foi um pioneiro dessa abordagem social, democrática e complexa. O que ocorreu, infelizmente, foi um desacoplamento das políticas regulatórias e das leis desses *insights* originais. Ao menos nos EUA, essa dimensão coletiva foi abafada nas últimas décadas, surgindo, em seu lugar, um conjunto liberal de regras sobre consentimento, avisos de privacidade e transparência com usuários (REGAN, 2022).

De fato, uma análise cuidadosa da teoria constitutiva da disciplina de proteção de dados pessoais revela essa dualidade e o tensionamento entre dimensões individuais e coletivas desde o final de década de 1960. Alan Westin pavimentou o terreno a partir de uma discussão sobre o entrelaçamento entre liberdade e privacidade em dimensão constitucional em *Privacy and Freedom* (1967), propondo alternativas institucionais de uma *watchdog agency* em sentido forte, além de reformas estatutárias orientadas ao tratamento de dados pessoais a partir de princípios de justiça e o intenso engajamento do setor privado em "códigos morais" e soluções sociotécnicas de mitigação de riscos (WESTIN, 2019). Arthur Miller, por sua vez, trouxe à tona a natureza substancial do devido processo, iluminando a relação entre práticas arbitrárias e direitos de oposição dos cidadãos, capazes de exigir salvaguardas, procedimentos e razões públicas que possam justificar e amparar tratamentos de dados que intrinsicamente carregam riscos às liberdades civis (MILLER, 1971). É curioso observar como as propostas feitas por Westin e Miller ainda são atuais e como os EUA estão distante do ideal regulatório proposto por tais autores.

O livro *Assault on Privacy* (1971), assim como a obra de Alan Westin, deslocou o debate para além dos cânones da responsabilidade civil e dos modelos tradicionais de *tort law*. Para ambos os autores, a contenção de abusividades no uso de dados pessoais deveria ser mitigada por uma pactuação política em torno de uma autoridade independente de fiscalização; por regras procedimentais com relação a acesso, armazenamento, segurança da informação e compartilhamento de dados; e por direitos comunitários de contestação de potenciais usos ilícitos de dados, como no caso de compartilhamento indiscriminado de dados genéticos por autoridades policiais ou sistemas automatizados de tratamento de dados pessoais em escolas públicas. Essas ideias inspiraram a formulação dos *Fair Information Practices Principles* (FIPP), que se tornaram espinha dorsal das leis contemporâneas sobre proteção de dados pessoais.

Muitas críticas contemporâneas ecoam alertas do passado. Stefano Rodotà, no pioneiro *Elaboratori Elettronici e Controllo Sociale* (1973), criticou uma visão orientada somente à supervisão administrativa preventiva e aos direitos individuais de acesso, como discutido no Reino Unido daquela época. Para ele, direitos individuais sofreriam do mesmo mal que o consentimento, isto é, da miopia de uma visão individualista. Cidadãos submetidos a uma situação de cessão de dados como contrapartida à prestação de um serviço público não seriam capazes de contestar adequadamente essas atividades se estivessem fragmentados ao "nível de indivíduos interessados" (RODOTÀ, 1973, p. 101).

Seria necessário, então, forjar uma agenda de "socialização da informação" e "controle social" sobre as atividades de tratamento de dados. Essa operação intelectual só seria possível ao se abandonar o "indivíduo isolado", considerando-se "o indivíduo como expoente de um grupo, de uma coletividade, de uma classe" (RODOTÀ, 1973, p. 116), e se contestar a consideração do acesso à informação sobre os fins genéricos de defesa da "esfera privada". Para Rodotà, o principal objetivo de reconstrução do campo de *privacy* seria o de balancear as vantagens sociais da expansão dos computadores, tendo em mente atividades de controle social, por meio de "formas de participação, colocando o cidadão em condições de discutir e contestar um conjunto de novas decisões públicas e privadas", operando em "condições de menor disparidade de poder com relação aos detentores formais do poder de decisão" (RODOTÀ, 1973, p. 120).

As obras de Westin, Miller e Rodotà indicam *insights* antigos, e ainda úteis, sobre as dimensões individuais e coletivas da proteção de dados pessoais. No entanto, tais livros foram escritos em um estágio preliminar do "capitalismo de dados" (WEST, 2019). Rodotà chegou a teorizar que sistemas de análise inferencial, como os sistemas automatizados de alocação de passageiros em companhias aéreas, seriam o presságio de um novo tipo de capitalismo informacional (RODOTÀ, 1973). A expansão dos computadores pessoais, *smartphones*, redes móveis de telecomunicações, sensores, sistemas de georreferenciamento, protocolos TCP/IP, Internet comercial, linguagens comuns de programação, aplicações de Internet, APIs e sensores múltiplos criaram condições para um crescimento exponencial dos processos de coleta e tratamento de dados pessoais (QUINTARELLI, 2019). Não se trata apenas de mudança quantitativa (mais dados coletados e armazenados de forma mais barata). Como estudado por diversos pesquisadores, houve também uma mudança no modo de produção do conhecimento e nas engrenagens internas aos processos de extração de valor, a partir da aplicação de novas técnicas computacionais e estatísticas. Na "era da perfilização" (HILDEBRANDT; KOOPS, 2010), os dados pessoais não são simplesmente coletados e tratados individualmente. Eles são segmentados, organizados em *clusters*, enriquecidos e filtrados por centenas de variáveis, permitindo que técnicas de aprendizado por máquinas produzam correlações inéditas e até mesmo não previstas pelos controladores desses dados.

O estágio atual do "capitalismo de dados" (WEST, 2019) – ou a nova lógica de "governamentalidade algorítmica" (ROUVROY, 2018) – parece tensionar ainda mais os aspectos coletivos e individuais da proteção de dados pessoais. Com o surgimento de modelos de negócios focados na extração de valor de processos de correlação estatística entre dados, construção de perfis e modificação comportamental (ZUBOFF, 2019), surgiram novos argumentos sobre a insuficiência de abordagens puramente individuais. Tais argumentos referem-se à própria lógica interna desse tipo de capitalismo, à centralidade dos processos algorítmicos de agrupamento e à lógica de classificação e ranqueamento das práticas sociais por sistemas automatizados e algoritmos capazes de filtrar e processar uma vasta quantidade de dados.

Como bem sintetizado no relatório *Towards a Digital Ethics*, escrito por filósofos a pedido da *European Data Protection Supervisor* (EBPS) – especificamente J. Peter Burgess, Luciano Floridi, Jaron Lanier, Aurélie Pols, Antoinette Rouvroy e Jeroen van der Hoven –, o "paradigma epistêmico" do *big data* tensiona abordagens tradicionais de proteção de dados pessoais, como regras sobre finalidade, minimização de dados e retenção, sendo necessário um retorno ao seu "ethos coletivo", como as reivindicações de justiça social, democracia e liberdade pessoal (ETHICS ADVISORY GROUP, 2018, p. 6-7). É nesse sentido que a filósofa Antoinette Rouvroy (2018) questionou: de que modo é possível ressignificar a proteção de dados para que ela supere as camisas de força de uma teoria liberal clássica, centrada apenas em indivíduos detentores de direitos de controle sobre seus próprios dados? Como combinar as gramáticas liberais com noções relacionais dos dados e fomentar proteções coletivas e comunitárias?

O QUE ESTÁ EM JOGO NA PROTEÇÃO DE DADOS PESSOAIS?

Por mais que tenhamos hoje uma economia de informações pessoais, a questão não se restringe à violação de privacidade individual. Está em jogo tanto uma dimensão política sobre subalternidade e poder (VÉLIZ, 2020), estabelecida entre pessoas e plataformas em mercados digitais, quanto uma discussão sobre valores sociais que permitem certos tipos de uso justo de dados pessoais, abrindo o leque para intervenções estatais que limitem usos abusivos que possam prejudicar o florescimento da autonomia humana (ALLEN, 2011; COHEN, 2013). Nesse sentido, o "individualismo possessivo" (RICHARDSON, 2016, p. 27) típico das teorias clássicas de privacidade – a ideia inspirada em John Locke de *property in person*, não intrusão e oposição à interferência estatal, como sugere Janice Richardson – é insuficiente para lidar com o problema coletivo dos dados pessoais, que parece se relacionar mais aos problemas de dignidade e autonomia em um cenário onde há múltiplos esforços comerciais e governamentais para tornar "indivíduos e comunidades fixos, transparentes e previsíveis" (COHEN, 2013, p. 1905).

Como bem observado por Fernanda Bruno (2008), em uma economia da informação centrada em perfis e "duplos digitais", os processos maquínicos de vigilância e extração de informações não estão mais centrados nos indivíduos. O interesse está na identificação de padrões de comportamento dos grupos e nichos segmentados, construídos por processos técnicos de produção de conhecimento em bancos de dados, gerando modelos de negócios de classificação, predição e interferência no comportamento. Para Fernanda Bruno, seria necessário recolocar a questão da privacidade em sua "dimensão coletiva" a partir da centralidade do modo como identidades e subjetividades são produzidas de forma maquínica e da maneira como ocorrem "os processos mais amplos de monitoramento, classificação e controle da informação individual" (BRUNO, 2008, p. 11).

Como posteriormente argumentado por Julie Cohen em *Between Truth & Power*, o problema posto é de infraestrutura de sustentação do capitalismo informacional, que só pode ser remediado por uma agenda renovada de "contramovimentos jurídicos" e arranjos regulatórios mais complexos, que permitam contestações estruturais e modificações dos desenhos dessas próprias arquiteturas (COHEN, 2019). O "paradoxo", no entanto, é que esses valores coletivos e sociais – a capacidade de contestação de uma violação à privacidade ou à proteção de dados pessoais e de modificação de designs e arquiteturas por ações e pressões da sociedade civil – servem à salvaguarda da autonomia individual e da proteção de direitos fundamentais. Aqui reside, portanto, uma ambiguidade discutida em profundidade por Julie Cohen: a ampliação de direitos difusos – a capacidade coletiva de exigir um fluxo justo de dados e a remoção de ilícitos coletivos, como no caso de direitos comunitários à água limpa – serve também ao desenvolvimento de personalidade em uma sociedade em rede, evitando processos de fixação permanente, por assim dizer, do modo como as pessoas são vistas, analisadas e julgadas por processos automatizados.

O debate fica ainda mais complexo quando se lida com afetações coletivas não identificáveis e os "grupos *ad hoc*" constituídos pela análise automatizada de dados, um fenômeno crescente, que será cada vez mais evidente frente à plataformização da sociedade, ao surgimento de novos tipos de trabalho mediados por algoritmos e à penetração de um tipo específico de "capitalismo informacional" (COHEN, 2019, p. 15-47). Como muito bem identificado pelo filósofo Luciano Floridi, o capitalismo informacional possui interesse na produção de conhecimento a partir das relações sociais digitalizadas e das novas formas de perfilização que são possíveis a partir de correlações estatísticas de vastos conjuntos de dados (FLORIDI, 2014). O interesse está nos *tipos* (usuários, consumidores, nichos, população demográfica) e não nos *tokens* (pessoa A, B ou C). Em síntese, o interesse no uso de dados está na reidentificação de grupos que são "delimitáveis", sendo falaciosa a ideia de que a mera proteção a "indivíduos identificados" seria suficiente, como defenderam grandes empresas de tecnologia e associações de *lobby* corporativo nos últimos anos.

Na feliz expressão de Floridi, em sua crítica a uma "ontologia atomística" que estruturou parte do pensamento jurídico sobre privacidade no século XX, nós somos sardinhas que acreditam que a rede que nos cerca pode "nos capturar individualmente". Mas, na realidade, o que se quer pegar é o cardume. Em suas palavras, é o "cardume que precisa ser protegido para que as sardinhas sejam salvas" (FLORIDI, 2014, p. 3).

Tal tarefa mostra-se bastante complexa e de difícil solução. Como argumentado pela filósofa Julie Cohen, a adoção de métodos e remédios jurídicos do passado provavelmente fracassarão. Os contramovimentos jurídicos necessários são mais complexos, desafiadores e necessitam de um "engajamento direto com as lógicas da desmaterialização, datificação e plataformização" (COHEN, 2019, p. 271), considerando um exercício de poder que é "algorítmico, baseado em dados e em plataformas" (COHEN, 2019, p. 271), e que demanda uma rearticulação dos direitos fundamentais para além do individualismo liberal.

Como argumentado por Stefano Rodotà em uma de suas últimas obras, intitulada *Vivere la Democrazia*, o que está em jogo na proteção de dados pessoais é algo muito mais complexo do que uma simples linguagem do controle individual, a ideia de "propriedade sobre os dados" e a ilusão de um indivíduo fictício dotado de direitos de não intrusão e liberdades negativas. Trata-se de um arranjo de direitos que envolve a centralidade da dignidade da pessoa humana dentro de uma comunidade política, a proteção contra abusividades em um cenário de assimetrias já existentes e um instrumento coletivo de contenção de forças crescentes de transformação de praticamente todos os aspectos da vida em mercadoria, incluindo nosso corpo eletrônico e os rastros digitais deixados pelas relações mais cotidianas e triviais (RODOTÀ, 2018).

Na síntese de Marion Albers, em sentido muito próximo ao dado por Rodotà, a proteção de dados pessoais é complexa, multidimensional e não poderia ser reduzida a um só direito (ALBERS, 2016), muito menos a mero direito individual. Essa complexidade também se relaciona a uma superação da ideia de que os dados precisam ser protegidos (*Datenschutz*). O que se protege, sempre, são as pessoas, em suas relações concretas de poder e socialidade (ALBERS, 2016; SCHERTEL MENDES, 2019).

O desafio posto para essa disciplina jurídica no século XXI, em sua dimensão difusa e coletiva, parece estar em um enfoque na licitude do conhecimento produzido a partir de processos automatizados de extração de valor de dados de grupos e clusterizações (HILDEBRANDT, 2008). Igualmente, parece residir na legitimidade social de certos tipos de discriminação por *proxy* e correlações estatísticas que podem aprofundar situações de desigualdades (SCHERTEL MENDES; MATTIUZZO; FUJIMOTO, 2021), além de se situar na própria definição daquilo que não pode ser "computável com relação ao *self*" (HILDEBRANDT, 2019) ou a certos agrupamentos algorítmicos que podem ser contestados por permitirem inferências socialmente lesivas aos interesses das próprias pessoas (WATCHER e MITTELSTADT, 2019).

Um exemplo cotidiano pode ser a identificação de um quadro de fragilidade emocional e psicológica a partir da análise agregada de tipos de filtros em fotografias do Instagram (BENTES, 2021), combinadas com trechos de músicas no Spotify e pesquisas sobre calmantes e remédios. Mesmo sem um diagnóstico clínico, um grupo *ad hoc* poderia ser criado por algoritmos para predizer o comportamento dessas pessoas (um agrupamento como "pessoas depressivas" com uma probabilidade estatística maior de aceitar a indução a uma compra específica). Uma correlação poderia ser estabelecida entre maior aptidão para consumo de bebidas alcoólicas e pessoas dentro desse quadro emocional e perfilização. Seria abusivo permitir que uma pessoa fosse bombardeada por anúncios de bebidas alcoólicas todos os dias, junto a todas as outras enquadradas nesse perfil. Elas não teriam qualquer relação entre si, mas fariam parte de um grupo social criado de forma algorítmica e teriam seus interesses violados de forma coletiva (WATCHER; MITTELSTADT, 2019). Esse tipo de criação de grupo social pelas correlações estatísticas e perfilização em grupo forma aquilo que proponho chamar, neste trabalho, de interesse difuso algorítmico que dá origem a uma formação social algorítmica, que é base de sustentação para identificação de interesses difusos em novas bases. O problema é que as engrenagens dessa economia da atenção, que focalizam grupos e não indivíduos, são invisíveis aos cidadãos e dificultam esse tipo de contestação coletiva (BENTES, 2021).

É este o problema de fundo teórico que está no cerne da presente tese: os sentidos do tensionamento entre as dimensões individuais e coletivas na defesa dos direitos de proteção de dados pessoais no Brasil.

Algumas pesquisas no Brasil buscaram enfrentar o caráter "ambíguo" ou "dual" da proteção de dados pessoais nos últimos anos. Nota-se, especialmente na área jurídica, um grande interesse no desenvolvimento teórico dessa disciplina, notadamente após a aprovação da Lei Geral de Proteção de Dados Pessoais (Lei 13.709/2018), do reconhecimento desse direito como um direito fundamental autônomo pelo Supremo Tribunal Federal (STF, ADI 6387, Rel. Rosa Weber, 07/05/2020) e da inclusão desse direito no rol de "direitos individuais e coletivos" do art. 5º da Constituição Federal (Emenda Constitucional 115, de 10 de fevereiro de 2022). No entanto, poucas pesquisas se dedicaram a uma reconstrução histórica detalhada do percurso desse tensionamento e do modo como tal tensão se reflete nas dinâmicas concretas de defesa de direitos, tanto nas relações da sociedade civil com o sistema político (o modo como o direito é criado) como nas relações com o sistema de justiça (o modo como o direito é decidido). O desconhecimento desses dois aspectos implica em consequências negativas para a comunidade científica.

A primeira consequência negativa é um apagamento histórico das lutas travadas no passado, especialmente das disputas existentes durante o regime militar, iniciadas por comunidades de técnicos de informática e juristas liberais, sobre direitos de proteção de dados pessoais e garantias fundamentais de uso justo de dados em perspectiva democrática. Essa incompreensão leva a um fenômeno que poderia ser chamado de "efeito meteoro": muitos creem que a proteção de dados pessoais é uma disciplina jurídica muito recente e que "caiu do céu" há pouquíssimo tempo, sendo uma "importação europeia". Trata-se de visão míope, de curto prazo, incapaz de compreender o longo percurso de disputas sociais sobre a proteção desses direitos no Brasil. Essa incompreensão também ignora o fato de que existiram projetos embrionários bastante originais durante a década de 1980, incluindo propostas de normas sobre decisões automatizadas e perfilização em uma sociedade marcada por desigualdades, usos autoritários da informação e opressões econômicas.

O que argumento é que essas propostas deram origem a protoprincípios, que são formas rudimentares de princípios que podemos identificar na Lei Geral de Proteção de Dados Pessoais, apesar de não existir uma relação direta entre os trabalhos legislativos das décadas de 1970 e 1980 com o trabalho realizado entre 2005 a 2010 no governo Lula.

A segunda consequência negativa é a manutenção de um debate teórico – talvez interminável – que ignora situações concretas dos "planos de luta" (CAPPELLETTI, 1977) e situações nas quais argumentos jurídicos sobre a existência desses direitos são testados, por meio da provocação de organizações civis sem fins lucrativos, unidades do Ministério Público ou Defensorias Públicas. Essa incompreensão leva a uma espécie de "formalismo topográfico", parafraseando o professor Guido Calabresi. Ou seja, gasta-se muita energia ao se pensar conceitos jurídicos derivados da legislação – a "topografia jurídica", no sentido de contorno das leis positivadas e precedentes das Cortes superiores (CALABRESI, 2003, p. 2132-2135) – e pouca atenção é dedicada ao modo como esses direitos são efetivamente interpretados, testados e aplicados no sistema de justiça nas instâncias mais baixas, que são concretamente mobilizadas por membros de uma advocacia de interesse público.

O CARÁTER COMPLEXO DA PROTEÇÃO DE DADOS PESSOAIS NO DEBATE BRASILEIRO

No Brasil, vários estudos trouxeram contribuições para o enfrentamento do problema central deste trabalho, ou seja, o caráter ambíguo, dual e aparentemente paradoxal do direito à proteção de dados pessoais, que tensiona dimensões individuais e coletivas. Danilo Doneda

(2006), por exemplo, argumentou como o Brasil poderia avançar em um regime de proteção de dados pessoais e discutiu, com amparo em Stefano Rodotà e em outros intelectuais, as diferenças centrais entre esses direitos e o direito à privacidade, lançando as bases para uma disciplina unitária e abrangente, centrada na liberdade, nos direitos da personalidade e na dignidade.

No trabalho de Doneda, foi feita uma importante discussão sobre limitações de abordagens proprietárias e uma lógica individual centrada em liberdades negativas (DONEDA, 2006). Em sua tese, evidenciou-se a conexão intrínseca entre a proteção de dados pessoais, a democracia e os elementos delineadores de uma teoria centrada em direitos fundamentais, posteriormente influente para a Lei Geral de Proteção de Dados Pessoais. Doneda também realizou diversas investigações históricas sobre o *habeas data* no Brasil e sobre o percurso de afirmação de direitos da personalidade. Em pesquisas recentes, o autor alargou a compreensão histórica sobre a proteção de dados pessoais no Brasil e o longo percurso na afirmação desse direito fundamental, hoje reconhecido pelo Supremo Tribunal Federal como um direito fundamental autônomo, conectado às cláusulas gerais assecuratórias das liberdades e da dignidade (DONEDA, 2020, 2021).

Em diálogo com a tese de Doneda, Schertel Mendes (2008) explicitou a natureza complexa da proteção de dados pessoais enquanto direito fundamental, identificável de forma embrionária na Constituição Federal e no Código de Defesa do Consumidor. Destacou, ainda, como o exercício desses direitos depende de uma estrutura de governança, incluindo o papel exercido por uma sociedade civil ativa e uma estrutura administrativa independente de aplicação desses direitos, em forte diálogo com Colin Bennett e Charles Raab. Posteriormente, Schertel Mendes publicou diversos trabalhos sobre vulnerabilidade do consumidor na economia da informação e o "dever constitucional de proteção do consumidor quanto aos seus dados pessoais" (SCHERTEL MENDES, 2015, p. 19) e sobre a natureza complexa da proteção de dados pessoais e seus modelos de aplicação. Tratou, ademais, das "tendências de materialização" da proteção de dados para além do consentimento (SCHERTEL MENDES e FONSECA, 2020) e do reconhecimento do direito fundamental à proteção de dados pessoais pelo Supremo Tribunal Federal. Juntamente com Doneda, Schertel Mendes também analisou a formação da LGPD pelo prisma de "um marco normativo para a sociedade da informação" e o modo como a legislação buscou a "garantia dos direitos dos consumidores no século XXI" (SCHERTEL MENDES; DONEDA, 2018, p. 469).

Luiz Costa (2009), dialogando com Antoinette Rouvroy e Yves Poullet, argumentou existir uma dualidade entre o individual e o coletivo no direito à privacidade, considerando a dimensão relacional dos dados e o modo como os duplos digitais são produzidos. Ao propor uma releitura da privacidade, Costa (2009) a compreendeu como habilitadora da liberdade e de não abusividades no desenvolvimento da personalidade, dialogando com a filosofia francesa da privacidade. Já Marcel Leonardi (2012), negando uma definição ontologicamente rígida de privacidade e em diálogo com a teoria pragmatista de Daniel Solove (2008), explicou como os conflitos sobre essa temática revelam estruturas sociais mais profundas, trazendo à tona escolhas políticas e sociais mais estruturais, e como o Brasil poderia se beneficiar de uma tradição de tutela coletiva já existente. Leonardi (2012) realizou uma investigação relevante para este trabalho sobre as reformas processuais da década de 1980, o surgimento da ação civil pública e o potencial domínio do Ministério Público na tutela coletiva da privacidade, lançando hipóteses que foram avaliadas no presente trabalho.

O tensionamento sobre as dimensões coletivas da privacidade e da proteção de dados pessoais também foi discutido em trabalhos acadêmicos das ciências sociais, fora do âmbito jurídico. Os trabalhos de Fernanda Bruno sobre a economia psíquica e maquínica do capitalismo contemporâneo friccionaram as ideias liberais e individuais de privacidade, antecipando diversas discussões sobre "capitalismo de vigilância" e a modificação comportamental por processos técnicos de perfilização e clusterização de bases de dados (BRUNO, 2008). O sociólogo Henrique Parra também enunciou uma dimensão da proteção de dados enquanto "bem comum", passível de ser teorizado em uma dimensão difusa, para além dos cânones privatistas e transacionais. Recentemente, Parra e outros sociólogos discutiram problemas de monetização de dados agregados no setor educacional – por empresas como Google e Microsoft – e as especificidades da lógica de extração de valor desses dados, que é indiferente ao conteúdo comunicacional (o que é expressado ou comunicado por cada pessoa em uma dimensão de privacidade interpessoal) e centrado na produção de conhecimento e valor econômico dos metadados, ou seja, nas múltiplas microinterações e extrações de dados dos dispositivos (PARRA, AMIEL, *et al.*, 2019).

Estudos contemporâneos, pós-LGPD, também ofereceram contribuições relevantes a esse debate. Rafael Zanatta e Michel Souza (2019) argumentaram que a LGPD passou a integrar a disciplina comum da tutela coletiva no Brasil e que diversos tipos de ilícitos poderiam ser resolvidos a partir do ferramental de tutela de direitos coletivos e difusos, mobilizando o Judiciário, inclusive por meio de tutelas inibitórias e de remoção do ilícito, que dispensam necessidade de demonstração de dano e fundam-se em ameaças de lesão a direitos da personalidade (ZANATTA; SOUZA, 2019, p. 410-412). Mobilizando o conceito de "coletivização da proteção de dados", os autores argumentaram que a tutela administrativa da Senacon e da ANPD teria convivência com a defesa judicial de direitos, por meio de um engajamento crescente de ONGs, Defensorias Públicas e Ministério Público.

No direito processual, ao analisar o impacto da LGPD para o direito brasileiro, André Roque diferenciou situações de "direitos individuais homogêneos" (pedido de danos materiais em razão um incidente de segurança), "direitos coletivos" (pedido de adequação do tratamento de dados por uma cooperativa ou empresa com relação aos consumidores) e "direitos difusos" (ilícito de dados por uma autoridade pública com relação a todos que vivem em uma localidade), reconhecendo a viabilidade de aplicação das teorias de direitos difusos para diferentes casos de proteção de dados pessoais. Para Roque, é preciso diferenciar "defesa de direitos coletivos" de "defesa coletiva de direitos individuais" (ROQUE, 2019, p. 8). A análise do tipo de direito afetado – se individual ou coletivo – dependerá do pedido, da causa de pedir e do tipo de ilícito ou lesão em debate no caso concreto. Como argumentado por Roque, o que deverá ser levado em conta é a possibilidade de divisibilidade da tutela e a presença de uma relação jurídica base, o que permite identificar se um direito é coletivo ou difuso. Com a chegada da LGPD, teríamos, enfim, a possibilidade de litígios estratégicos e de "modificações estruturais da forma de tratamento de dados pessoais" (ROQUE, 2019, p. 14), bem como casos que busquem concretizar direitos fundamentais, envolvendo múltiplos interesses sociais.

Pedro Lobo Martins e David Hosni (2020), por sua vez, ao analisarem a problemática da perfilização e da governamentalidade algorítmica, também criticaram uma abordagem individualista centrada no "empoderamento de titulares de dados" e evidenciaram a existência de um sistema de proteção coletivo, a partir de um ferramental de ações coletivas. Para eles, a perfilização e a clusterização em grupo conduzem a casos de discriminação de grupo que não seriam remediados por ações individuais. A escala de danos seria supraindividual. O combate ao tratamento enviesado e discriminatório seria realizado de forma adequada por grupos de "sujeitos que se sintam coletivamente lesados" (LOBO MARTINS; HOSNI, 2020, p. 93), atuando de forma preventiva e coletiva.

Alguns estudos também apresentaram novas formas de discussão sobre o significado material da proteção de dados pessoais, para além de uma discussão sobre tutela coletiva e mecanismos de proteção jurídica desses direitos. Bruno Bioni (2020) realizou uma releitura da autodeterminação informativa e evidenciou as ambivalências da proteção de dados pessoais, que reconhece a hiper vulnerabilidade dos sujeitos, mas que também aposta em uma retomada do controle e de uma estratégia de ampliação de transações bem-informadas, tendo um importante papel o consentimento e uma concepção de integridade contextual dos fluxos de dados. Veridiana Alimonti (2020) promoveu uma investigação sobre a dimensão estrutural do controle no direito à proteção de dados pessoais, em superação a um paradigma individual e centrado no consentimento. Em seu esforço teórico, Alimonti rediscutiu as dimensões estruturais da autodeterminação informativa, um conceito chave na legislação.

Também há um conjunto de novos estudos que focalizam os aspectos discriminatórios da datificação e plataformização em grupos minotários, como os importantes estudos de Ramón Costa sobre proteção de dados sensíveis e valores antidiscriminatórios na proteção de dados pessoais e os trabalhos de Bianca Kremer, que exploram impactos desiguais para população negra nos setores de crédito e de trabalho, considerando os elementos estruturais da sociedade brasileira, caracterizada pelo machismo, sexismo e autoritarismo. Os trabalhos de Caitlin Mulholland também focalizam o valor da antidiscriminação na proteção dos dados pessoais sensíveis e a mobilização de uma concepção de justiça social, de matriz constitucional, que se materializa na aplicação do direito civil.

Há, ainda, um conjunto relevante de trabalhos acadêmicos que investigam a natureza constitucional da proteção de dados pessoais pelas lentes das teorias contemporâneas de "direitos fundamentais". Em linhas gerais, tais estudos argumentam que, por ser um direito fundamental, a proteção de dados pessoais envolve uma *dimensão subjetiva*, de liberdades e direitos individuais, porém também envolve uma *dimensão objetiva*, que impõe obrigações positivas e condutas organizacionais de minimização do risco, de uso justo das informações e de manutenção de uma ordem informacional democrática e respeitosa ao desenvolvimento de personalidade (SCHERTEL MENDES, 2020). Há, nesse sentido, uma dimensão coletiva que é intrinsicamente relacionada à conceitualização desses direitos como "direitos fundamentais", como também é observado e discutido em profundidade por Danilo Doneda (2021) e Ingo Sarlet (2021). Soma-se a esse tensionamento o reconhecimento, pelo Supremo Tribunal Federal, em 2020, de que a proteção de dados pessoais é um "direito fundamental autônomo", conectado aos elementos materiais do *habeas data*, às cláusulas assecuratórias da liberdade e aos direitos constitucionais de dignidade.

Em 2022, no julgamento conjunto da Ação Direta de Inconstitucionalidade 6649 e da Ação de Descumprimento de Preceito Fundamental 695, os ministros do Supremo Tribunal Federal voltaram a analisar tais dimensões do direito fundamental à proteção de dados pessoais. No julgado, reforçaram-se o caráter coletivo de uma "ordem informacional democrática", as regras de devido processo informacional e a necessidade de arranjos institucionais que garantam controle social e verificação dos princípios previstos na Lei Geral de Proteção de Dados Pessoais em sistemas de interoperabilidade de dados ou em situações de compartilhamento de dados – como no caso da tentativa de compartilhamento de dados pessoais sensíveis do Denatran para a Agência Brasileira de Inteligência. Sem dúvidas, uma das formas de enxergar a dimensão coletiva da proteção de dados pessoais é pelo prisma dos valores constitucionais e do processo de constitucionalização da proteção de dados pessoais em curso no Brasil, que assume forte caráter político no sentido de reorganização dos poderes estatais e definição de condutas administrativas e organizacionais pelo Estado em suas relações com os cidadãos.

UMA PROPOSTA: COMO VETORES DE INTERPRETAÇÃO PODEM AUXILIAR NA COMPREENSÃO

Para além da mencionada dimensão constitucional e de seu notável caráter coletivo, este trabalho propõe uma rota argumentativa distinta. O argumento defendido é o de que o tensionamento entre as dimensões individuais e coletivas na proteção de dados pessoais no Brasil pode ser compreendido de forma mais nítida por quatro vetores específicos, que servirão de moldura teórica básica para a discussão promovida neste trabalho. O primeiro é um *vetor de dualidade consti-*

tutiva dessa disciplina: nota-se, desde a década de 1970, a combinação de um forte discurso liberal sobre direitos individuais com elementos relacionados à democraticidade, devido processo e garantias comunitárias de fluxos justos de dados, ainda que não explicitamente articulados em termos teóricos. O surgimento do "direito à proteção de dados pessoais" já foi caracterizado por uma combinação intrínseca entre interesses individuais e coletivos, formando um feixe de direitos multidimensional. Mesmo no pensamento embrionário dessa disciplina no Brasil, como nos debates feitos por René Ariel Dotti e Raymundo Faoro na Ordem dos Advogados do Brasil, já se reconhecia uma dimensão política e comunitária da proteção de dados pessoais para além de teorias clássicas de vida privada e direitos individuais de acesso.

O segundo é um *vetor de trajetória institucional de direitos difusos*, que diz respeito ao modo como conquistas institucionais no microssistema de tutela coletiva no período de redemocratização – a Lei da Ação Civil Pública, a Constituição Federal, o Código de Defesa do Consumidor, o Estatuto da Criança e do Adolescente – configuraram uma gramática jurídica mais afeita às noções de interesses e direitos difusos. O surgimento da proteção de dados pessoais não ocorreu em um vácuo jurídico e institucional, mas se acoplou a estruturas institucionais e teorias pré-existentes. Trata-se de um processo extremamente relevante e que influenciou o desenho de uma legislação afeita à experiência de tutela coletiva de direitos. A LGPD foi pensada a partir de uma trajetória institucional de afirmação de direitos difusos, sendo praticamente irreversível o desenho de normas que explicitassem a possibilidade de proteção coletiva dos direitos de proteção de dados pessoais.

O terceiro é um *vetor de incidência no processo legislativo*, que permite visualizar os processos de tensionamento por organizações e grupos de interesse com visões jurídicas distintas sobre o mesmo objeto. No interior do processo de disputa política pela construção da Lei Geral de Proteção de Dados Pessoais no Congresso Nacional, entre os anos de 2012 e 2018, no Brasil, é possível identificar teses absolutamente distintas sobre as concepções do que é dado pessoal, de quais os direitos dos titulares, da aplicabilidade das regras para perfilização e dos direitos de participação na mitigação de altos riscos gerados pelo tratamento de dados, como um direito coletivo de exigência de relatório de impacto à proteção de dados pessoais. O resultado desse embate, de natureza dinâmica e pautado por ações e reações, foi uma legislação fortemente conectada, em sua dimensão processual, à tutela coletiva, porém, em sua dimensão substancial, ainda limitada com relação aos direitos a serem exercidos coletivamente. É neste vetor, das disputas no processo legislativo, que enxergo um tensionamento material entre as dimensões individuais e coletivas, considerando os impasses sobre o paradigma da identificabilidade e os detalhes normativos das regras sobre perfilização na LGPD.

O quarto é um *vetor de impacto da advocacia de interesse público*, que habilita disputas sobre a proteção de dados pessoais no Poder Judiciário por meio das ações coletivas, em especial das ações civis públicas. De fato, o Judiciário tornou-se *locus* privilegiado de muitas batalhas pelo direito de proteção de dados pessoais. Antes da aprovação da LGPD e da constituição da Autoridade Nacional de Proteção de Dados Pessoais, disputas já eram travadas no Judiciário por meio de ações civis públicas, gerando resultados díspares, ora positivos, ora negativos, da perspectiva de uma advocacia de interesse público. Em alguns casos, houve um alargamento da concepção sobre danos coletivos e violação de direitos difusos. Em outros, houve uma interpretação restritiva de direitos violados e a primazia de um paradigma contratual e liberal.

É neste vetor, da advocacia de de interesse público, que enxergo um tensionamento processual entre as dimensões individuais e coletivas, considerando decisões que são díspares sobre a natureza dos direitos (se seriam direitos individuais homogêneos, coletivos ou difusos). O que observo é que ações civis públicas que são incapazes de articular as diferenças entre privacidade e proteção de dados pessoais tendem a ser enquadradas como questões de ordem individual, atreladas a direitos individuais homogêneos, que exigem maiores demonstrações de danos materiais concretos. Isso dificulta o acesso a uma ordem jurídica justa. Um caminho muito mais virtuoso é classificar ilícitos de dados pessoais dentro de uma moldura de direitos difusos, quando certos fatos e condutas atentam contra a dignidade coletiva e valores sociais inegociáveis. Por exemplo, a exploração comercial de dados de crianças por rastreadores em aplicativos de educação, a utilização abusiva de técnicas de perfilização para análise preditiva de grupos populacionais ou a utilização indevida de sistemas de reconhecimento facial são ilícitos de ordem difusa que configuram danos sociais.

Uma interpretação sobre os sentidos do tensionamento entre as dimensões coletivas e individuais exige um olhar atento às disputas feitas por ONGs, Ministério Público e Defensorias Públicas no Judiciário.

A advocacia de interesse público possui a capacidade de reconfigurar conceitos jurídicos, ampliar teorias sobre danos (*data harms*) e avançar casos paradigmáticos de defesa de interesses difusos. Essa capacidade, no entanto, não implica êxito. Em casos de litígios mal formulados e pedidos excessivos, ela pode gerar situações de interpretações conservadoras e individualistas.

O argumento defendido nesta ocasião é o de que tais vetores permitem uma compreensão mais fidedigna da complexidade do tensionamento entre as dimensões individuais e coletivas da proteção de dados pessoais e de seus sentidos, por vezes ambíguos, considerando-se que a proteção de dados pessoais não diz respeito a apenas "um direito", mas sim a um plexo de direitos que combinam, intrinsecamente, aspectos de direitos fundamentais ligados aos indivíduos, em uma gramática liberal consolidada, e direitos difusos de mitigação de riscos, devido processo e redução de assimetrias de poder na ordem democrática informacional.

ORGANIZAÇÃO DO TRABALHO

O trabalho organiza-se em cinco capítulos. O Capítulo 1, intitulado *A proteção de dados pessoais e o contexto autoritário brasileiro*, discute como os debates sobre proteção de dados pessoais surgiram durante a ditadura civil-militar no Brasil e como eles passaram por questões políticas distintas daquelas enfrentadas nos EUA, no Reino Unido, na França e na Itália. Partindo-se de uma reconstrução das polêmicas do Registro Nacional das Pessoas, formulado durante o governo Geisel, o capítulo discute as primeiras reações de José Roberto Faria Lima e os debates subsequentes formulados por Raymundo Faoro e René Ariel Dotti, no âmbito da Ordem dos Advogados do Brasil. O capítulo evidencia como algumas ideias sobre "princípios de informação justa" (BENNETT, 1992) já estavam presentes em projetos de lei apresentados por Conceição Tavares e José Freitas Nobre. O capítulo narra as dificuldades de discussão do tema em um ambiente autoritário e as mudanças de enfoque do final da década de 1980, que rumaram para uma "estadualização da proteção de dados pessoais", abdicando de uma estratégia federal e de um enfoque cada vez maior na Constituinte e nas promessas não cumpridas do instituto do *habeas data*. Esse capítulo, em síntese, analisa o tensionamento entre as dimensões individuais e coletivas da proteção de dados antes da Nova República.

O capítulo 2, intitulado *A ascensão dos direitos difusos no Brasil e o problema dos dados no direito consumerista*, narra a "revolução dos direitos difusos" no país e seus efeitos na coletivização do processo civil, na constitucionalização do Ministério Público e no percurso de construção do Sistema Nacional de Defesa do Consumidor. Em especial, discute-se como essa teoria sobre "direitos difusos" foi influente para o processo de criação do Código de Defesa do Consumidor e o modo como Antonio Herman Benjamin e outros intelectuais conceberam o art. 43 do CDC, que se dedicou ao problema dos bancos de dados de consumidores. Partindo de estudos de sociologia do processo civil, o capítulo evidencia o caráter único da criação da Lei da Ação Civil Pública (1985) no Brasil e as ideias-força que estruturaram o capítulo do Código de Defesa do Consumidor (1990) sobre a defesa do consumidor em juízo. A partir desse resgate institucional, argumenta-se como essas reformas jurídicas fomentaram uma ampliação das organizações da sociedade civil para defesa de direitos e geraram condições mínimas para um regime de tutela coletiva que se configurou em "microssistema" reconhecido pelo Superior Tribunal de Justiça e pelo Supremo Tribunal Federal. Essa revolução criou condições para uma dimensão processual dos direitos coletivos e difusos relacionados aos dados pessoais no Brasil.

O Capítulo 3, intitulado *O percurso da regulação da proteção de dados: uma perspectiva social e coletiva*, discute como o assunto de proteção de dados pessoais operou uma transição entre as áreas de Comércio Exterior e Justiça dentro do governo federal e como a reorganização dos trabalhos do Departamento de Proteção e Defesa do Consumidor (DPDC) foi crucial para construção de uma massa crítica sobre proteção de dados pessoais. O capítulo mostra como o debate sobre uma lei de dados foi marcado por discussões latino-americanas sobre integração e Mercosul, além da forte influência europeia, e como a agenda da Rede Ibero-Americana de Proteção de Dados Pessoais sobre direitos fundamentais à proteção de dados passou a combinar-se com a emergente visão brasileira sobre uma Lei Geral. O capítulo detalha o "berço consumerista" de formulação da Lei Geral de Proteção de Dados Pessoais e o intercruzamento de investigações movidas pelo DPDC com a formulação da LGPD, que assumiu um viés centrado nos direitos fundamentais e na combinação da afirmação de direitos individuais com uma estrutura apta a proteger direitos e interesses difusos.

O Capítulo 4, chamado *A proteção coletiva de dados pessoais em disputa no desenho da LGPD: tensionamentos materiais*, aprofunda a investigação sobre os tensionamentos entre as dimensões individuais e coletivos no desenho final da legislação, especialmente entre o período de 2010 a 2018. Negando a hipótese original de pesquisa, evidencia-se um processo de baixo tensionamento com a tutela coletiva, que se mostrou preservada desde a formulação inicial da legislação. O capítulo discute a influência procedimental e substantiva exercida pelo Marco Civil da Internet e destaca como a retórica da tutela coletiva foi mobilizada por alguns agentes do setor privado para contestar a criação de uma Autoridade Nacional de Proteção de Dados Pessoais, um processo posteriormente desarmado na segunda consulta pública da legislação e na construção de pactos multissetoriais para aprovação da LGPD no Brasil.

O capítulo também aprofunda os tensionamentos materiais que surgiram na construção da LGPD. A partir de um estudo centrado nos debates sobre identificabilidade e sobre perfilização, argumento que juristas e sociedade civil organizada tiveram papel determinante em alargar uma concepção puramente individualizante, construindo conceitos jurídicos que permitem conceitualizar ilícitos e danos metaindividuais. Com base em Julie Cohen, argumento como uma concepção individualista de privacidade era útil aos interesses econômicos de empresas e como modificar pilares conceituais da LGPD foi uma tentativa de desarme das dimensões coletivas da proteção de dados pessoais.

Por fim, o Capítulo 5, intitulado *A defesa de direitos de proteção de dados pessoais nas Cortes: o individual e o coletivo no sistema de justiça*, analisa o fenômeno do tensionamento entre essas dimensões na formulação e no julgamento de ações civis públicas ajuizadas pelo Ministério Público, por organizações da sociedade civil e pelas Defensorias Públicas. O capítulo argumenta como o percurso histórico de tutela coletiva, formulado nas décadas de 1980 e 1990, facilitou maior acesso à justiça e a produção de teses e precedentes sobre os direitos de proteção de dados pessoais na última década. O capítulo analisa, de forma mais cautelosa, experiências exitosas de defesa de direitos de uma perspectiva difusa, e analisa casos nos quais existiram obstáculos consideráveis tanto de uma perspectiva processual quanto material. O capítulo, por fim, concatena a literatura do campo sobre desafios de proteção de direitos de uma perspectiva não individual com o cenário brasileiro, identificando caminhos para uma melhor formulação de uma gramática sobre direitos coletivos e difusos aplicados à disciplina da proteção de dados pessoais.

O trabalho é concluído com o enfrentamento da pergunta de pesquisa principal formulada, articulando as conclusões parciais dos capítulos anteriores. A conclusão argumenta que os sentidos do tensionamento entre os interesses individuais e coletivos na proteção de dados pessoais no Brasil podem ser vistos a partir de vetores específicos. Oferece-se, assim, uma interpretação sobre os sentidos desse tensionamento na trajetória institucional brasileira, abrindo outras possíveis frentes de investigação para o futuro.

CAPÍTULO 1. A PROTEÇÃO DE DADOS PESSOAIS E O CONTEXTO AUTORITÁRIO BRASILEIRO

Diferentemente do que ocorreu nos Estados Unidos da América e na Europa, a construção de um discurso sobre a proteção de dados pessoais no Brasil ocorreu inicialmente em um ambiente não democrático, caracterizado pela ditadura militar e pela experiência autoritária de desenvolvimentismo econômico, com tentativas frustradas de aprovação de uma lei de dados pessoais na década de 1970. O uso autoritário da informação compõe a raiz histórica da proteção de dados pessoais no Brasil (DONEDA, 2021), que se apoiou em um discurso liberal dos direitos da personalidade para combater o autoritarismo e defender os direitos fundamentais (DONEDA; ZANATTA, 2022, p. 35-53).

Este capítulo analisa a emergência de um discurso sobre proteção de dados pessoais no contexto ditatorial brasileiro. Argumenta-se que os primeiros movimentos da sociedade civil em defesa da proteção de dados pessoais no Brasil – as iniciativas da Associação de Profissionais de Processamento de Dados (APPD), os debates feitos por advogados da Ordem dos Advogados do Brasil (OAB) e as ideias presentes na comunidade técnica de informática – devem ser vistos em uma relação dialética com o contexto autoritário e repressivo daquele momento histórico. Defende-se que é possível observar como dimensões coletivas já estavam presentes nesse pensamento embrionário, não obstante o relativo distanciamento intelectual das teorias estruturantes da proteção de dados pessoais dos EUA e da Europa (WESTIN, 1967; MILLER, 1971; RODOTÀ, 1973).

O capítulo divide-se em duas partes. A primeira localiza a experiência do Registro Nacional de Pessoas (Renape) dentro de uma moldura autoritária maior e investiga como esse episódio serviu de ponto de partida para as primeiras discussões sobre proteção de dados pessoais no Brasil. A seção discute as limitações e obstáculos na afirmação desses direitos e o papel exercido pela sociedade civil, em especial pela "comunidade informática", próxima aos grupos de profissionais do Serviço Federal de Processamento de Dados (Serpro) e da Comissão de Coordenação das Atividades de Processamento de Dados Eletrônicos (CAPRE), e por uma comunidade jurídica, próxima à OAB e à Associação Brasileira de Imprensa (ABI). A segunda seção discute como as iniciativas de legislação experimentadas entre 1977 e 1985 influenciaram as discussões sobre o instituto do *habeas data* e como esse remédio jurídico promissor foi fragmentado e limitado por discussões formalistas.

1.1. AUTORITARISMO E DISCURSOS EMERGENTES SOBRE PROTEÇÃO DE DADOS NO BRASIL

Para uma compreensão adequada do contexto de surgimento dos primeiros projetos de lei de proteção de dados pessoais, é preciso realizar uma retomada do contexto político e institucional vivido no Brasil nas décadas de 1970 e 1980. Esta seção apresenta uma síntese das principais características da Doutrina de Segurança Nacional e do aparato repressivo, discute o episódio do Registro Nacional de Pessoas e contextualiza as críticas feitas pelos pioneiros do debate sobre proteção de dados pessoais no Brasil.

1.1.1. *O GOLPE MILITAR E O SURGIMENTO DA DOUTRINA DA SEGURANÇA NACIONAL*

Como argumentado por Thomas Skidmore em *The Politics of Military Rule in Brazil*, o golpe militar de abril de 1964 foi um evento definidor do encerramento da experiência democrática brasileira das décadas de 1950 e 1960, em um período de populismo progressista cada vez mais próximo dos ideais de reforma agrária e justiça social. Com a deposição de João Goulart, os militares assumiram o poder com uma estrutura institucional autoritária, inicialmente prevista como transitória e supostamente em busca de democracia.

Em pouco tempo, a face autoritária revelou-se por completo, por meio dos Atos Institucionais; da perseguição de políticos opositores; da detenção de estudantes, líderes estudantis e artistas; da intervenção no Supremo Tribunal Federal – com a cassação de Victor Nunes Leal, Hermes Lima e Evandro Lins e Silva –; da aposentadoria forçada ou expulsão de líderes intelectuais; da suspensão do *habeas corpus* e da eliminação dos direitos políticos daqueles enquadrados como ameaças à segurança nacional (SKIDMORE, 1988, p. 65-85). Estima-se que os militares linha-dura possuíam uma lista de 5.000 "inimigos" cujos direitos políticos foram suspensos. O governo argumentava que, por ser revolucionário, poderia impor suas próprias regras sobre os "subversivos e corruptos" (SKIDMORE, 1988, p. 25)

Naquele período, criou-se uma arquitetura institucional de obtenção de informações instrumental para a manutenção da ordem. Skidmore destaca como foi central a análise, a observação e a coleta de dados sobre grupos católicos, como a Juventude Universitária Católica e a Ação

Popular, bem como o monitoramento de líderes rurais e organizadores sociais. No Nordeste, "muitos organizadores simplesmente desapareceram, vítimas de execução sumária" (SKIDMORE, 1988, p. 17). Outros sofreram tortura. Por meio do Departamento de Ordem Política e Social, foi possível "ir atrás dos ativistas esquerdistas que eles estavam há muito tempo observando" (SKIDMORE, 1988, p. 17).

Posteriormente, como também notado por historiadores, o movimento negro, nascido durante a resistência à ditadura militar, tornou-se alvo de vigilância permanente. Líderes do "Movimento Unificado Contra a Discriminação Racial", como Hamilton Cardoso, Abdias Nascimento, Lélia Gonzalez e Eduardo de Oliveira e Oliveira foram observados e monitorados pelos DOPS estaduais e pelo SNI. Como argumentado por Karin Kössling, a ditadura militar intensificou uma constante vigilância e repressão aos movimentos negros. De acordo com Kössling (2007), tais movimentos já eram sistematicamente vigiados desde a década de 1940, "uma vez que a polícia política entendia esses movimentos como subversivos e que levariam a uma crise que poderia gerar conflitos raciais à democracia racial brasileira" (KÖSSLING, 2007, p. 16). Abdias do Nascimento, por exemplo, já havia sido preso diversas vezes antes da fundação do Teatro Experimental do Negro em 1944, por "contestar as ideais hegemônicas de que o Brasil era uma democracia racial e que os afro-brasileiros não sofriam discriminações" (GREEN, 2010, p. 173). Com o regime militar, as investigações tornaram-se amplas e detalhadas.

Como argumentado pelo historiador Thomas Skidmore, a "escalada autoritária" intensificou o uso de informações para fins políticos e persecutórios, visando à eliminação de ameaças ao "movimento revolucionário de 1964" (SKIDMORE, 1988, p. 85). O Serviço Nacional de Informação (SNI), órgão da Presidência criado em 13 de junho de 1964 pela Lei n. 4.341, com a finalidade de coordenar nacionalmente atividades de informação e contrainformação, tornou-se peça central do aparato repressivo, sob liderança do General Golbery Couto e Silva. Este entendia que o SNI deveria ser uma janela de par em par aos influxos dos mais sutis da opinião pública. Em uma lógica praticamente cibernética – de *feedbacks* e de reavaliação permanente –, ele pretendia registrar e analisar informações de modo a dar uma estimativa adequada da situação nacional. Chamado de Ministério do Silêncio, o SNI foi criado a partir de ampla dotação orçamentária e de um "corpo de especialistas" que produzia relatórios que formavam, nas palavras do historiador Carlos Fico, "uma rede intertextual produtora de eficazes efeitos de sentido e de convicção" (FICO, 2001, p. 22).

Com o surgimento das guerrilhas urbanas e de grupos como a Aliança Libertadora Nacional (ALN), liderada por Carlos Marighela, e a Vanguarda Popular Revolucionária (VPR) – para citar dois dos mais conhecidos –, o SNI passou a apoiar novas técnicas repressivas entre 1968 e 1969. Com a estruturação da "Operação Bandeirante" (Oban) em São Paulo, a polícia passou a utilizar varreduras massivas, detendo centenas de pessoas, que eram investigadas, analisadas e, muitas vezes, torturadas.

Como argumentado por Marcelo Godoy no premiado livro *Casa da Vovó*, a Operação Bandeirante (Oban) tornou-se modelo de colaboração entre militares e policiais, em uma espécie de "guerra suja" a partir de 1969. Godoy argumentou que a ditadura foi responsável pela morte de cerca de 400 pessoas em combate, diretamente executadas ou mortas em consequência da tortura. Houve mais de 6.000 denúncias de tortura contra órgãos de repressão, quase 5.000 pessoas com direitos políticos cassados e 50 mil pessoas presas (GODOY, 2014, p. 27-28).

1.1.2. A UTILIZAÇÃO ABUSIVA E AUTORITÁRIA DE DADOS: O APARATO REPRESSIVO

A experiência do DOI-Codi implicou uma sistemática de fluxo de informações. Todo fato anormal deveria ser relatado à Central de Informações do II Exército. A central repassava ao DOI que, por sua vez, repassava as informações para a "Comunidade de Informações", envolvendo a 2ª Divisão do Exército, a 4ª Zona Aérea, o 6º Distrito Naval, o Serviço Nacional de Informações (SNI), a Coordenação de Informações e Operações da Secretaria de Segurança Pública, o Dops e a Polícia Militar (GODOY, 2014, p. 231).

Além de uma lógica de compartilhamento de informações, o DOI implementou um circuito interno de produção de informações que era instrumental para a eficácia da tortura, admitida por Ernesto Geisel como necessária para obter confissões (GODOY, 2014, p. 245). De acordo com a descrição de Marcelo Godoy, o processo de formulação de perguntas, aos interrogados, era alimentado pelas fichas contendo fotos, dados pessoais e informações sobre fatos, orientações políticas e relações com pessoas. Esse compartilhamento, como dito, alimentava a lógica interna de tortura empregada pelos militares brasileiros (GODOY, 2014, p. 242).

Os casos de tortura e morte envolveram casos célebres como o de Alexandre Vannuchi Leme (jovem estudante de geologia da USP), Rubens Paiva (engenheiro e ex-deputado pelo PTB) e Vladimir Herzog (professor de jornalismo da Escola de Comunicações e Artes, diretor de jornalismo da TV Cultura e militante do Partido Comunista Brasileiro), entre 1972 e 1975. Como explicado por Lélia Gonzalez, foi também a "tortura e o assassinato de um operário negro, Robson Silveira da Luz, por policiais do 44º Distrito Policial de Guaianazes" (GONZALEZ, 2020, p. 115-116), em 1978, que impulsionou a fundação do Movimento Negro Unificado Contra a Discriminação Racial na sede do Centro de Cultura e Arte Negra.

Esse regime de exceção institucionalizou a tortura e gerou um sentimento generalizado de medo, nos movimentos de esquerda, sobre as capacidades de uso de dados pelo Sistema Nacional de Informações (SNI). Como relatado pela ativista negra Lélia Gonzalez, "uma manifestação era algo muito sério" e ocorreram algumas deserções no movimento de fundação do MNUCDR em razão "do velho medo da repressão e pelo novo termo do engajamento" (GONZALEZ, 2020, p. 116).

Em síntese, o "uso autoritário da informação" (DONEDA, 2008) na década de 1970 gerou um conjunto de preocupações relacionados às capacidades de vigilância do Estado, às novas técnicas de monitoramento persistente e à limitação de liberdades políticas e civis. Com o surgimento dos primeiros debates sobre proteção de dados pessoais no Brasil, a arquitetura repressiva do SNI e da Doutrina de Segurança Nacional moldaram o conjunto de preocupações e narrativas dos juristas liberais que iniciaram uma teorização sobre a natureza desses novos direitos.

1.1.3. CENTRALIZAÇÃO DE DADOS E AMEAÇAS AUTORITÁRIAS: O CONTEXTO DE ELABORAÇÃO DO PRIMEIRO PROJETO DE LEI DE PROTEÇÃO DE DADOS PESSOAIS NO BRASIL

As iniciativas pioneiras de proteção de dados pessoais no Brasil surgiram durante a ditadura militar, no contexto de discussão de um grande projeto de unificação das bases de dados de registros civis: o projeto intitulado Registro Nacional de Pessoas Naturais (Renape), em um período posterior ao combate às guerrilhas, às mudanças de enfoque do SNI (FICO, 2001) e ao monitoramento persistente do movimento negro no Brasil (KÖSSLING, 2007; PEDRETTI, 2022). Desde seu lançamento público, o Renape foi visto de forma crítica pela comunidade de processamento de dados, profissionais da informática alinhados com um pensamento democrático e juristas que aproveitaram o calor dos debates para tentar aprovar uma primeira Lei Geral de Proteção de Dados Pessoais. Como será visto, o dilema do Renape impulsionou um primeiro movimento legislativo no Brasil.

1.1.3.1. O DEBATE SOBRE AUTORITARISMO E PROTEÇÃO DE DADOS PESSOAIS INAUGURADO PELO RENAPE

Em novembro de 1977, discursando na Câmara dos Deputados em Brasília, um deputado da Arena de São Paulo chamado José Roberto Faria Lima clamou que o Brasil estava entre "os dez maiores usuários de computadores do mundo" e que, "em um mundo tecnológico", a "informação é tão vital como a água e a luz" (FARIA LIMA, 1977a, p. 10948).

Sendo um dos poucos parlamentares com experiência profissional na área de computação na década de 1970, Faria Lima estava ciente do crescimento exponencial do processamento de dados. "A cada 14 meses dobramos o volume de informações à disposição da humanidade", sendo certo que "a informação é um dos principais elementos do poder" (FARIA LIMA, 1977, p. 10948), argumentou o deputado, na época com 37 anos de idade, ao apresentar aos colegas parlamentares a ideia de uma lei federal sobre proteção de dados pessoais.

O deputado possuía uma trajetória peculiar. Nascido no Rio de Janeiro em 1940, filho do oficial da Aeronáutica Roberto Faria Lima e sobrinho do prefeito de São Paulo, José Vicente Faria Lima, formou-se em economia na Universidade Mackenzie em São Paulo e, a partir dos 26 anos, passou a acompanhar os trabalhos de planejamento e processamento de dados na Prefeitura de São Paulo. Faria Lima estudou nos EUA e, em 1966, realizou cursos de formação na Organização dos Estados Americanos (OEA), especializando-se no uso de informática na administração pública. Foi funcionário da IBM e especializou-se em processamento de dados antes de se candidatar a deputado federal em 1970.

Durante sua legislatura, Faria Lima foi representante da Câmara dos Deputados no Centro de Processamento de Dados do Senado (Prodasen), promovendo a integração das bases de dados entre as casas e a adoção de sistemas informáticos para a organização das informações e do fluxo de trabalho legislativo. Em seu mandato, realizou diversas visitas oficiais aos EUA e, aos 37 anos, ingressou na Escola Superior de Guerra como aluno de pós-graduação.

O Projeto de Lei n. 4.365/1977, formulado em outubro e apresentado em 08 de novembro de 1977, dispunha sobre "o Registro Nacional de Banco de Dados", estabelecendo "normas de proteção da intimidade contra o uso indevido de dados arquivados em dispositivos eletrônicos de processamento de dados". Partindo de um discurso liberal sobre liberdades individuais e respeito ao "direito à intimidade", Faria Lima tentou, sem sucesso, convencer o Congresso Nacional a legislar sobre proteção de dados pessoais.

Para Faria Lima, seria tarefa do Congresso domar o uso das inovações tecnológicas e afirmar um conjunto de direitos aos cidadãos. Conforme registros dos Diário do Congresso Nacional, ele argumentou que o país estava "despreparado, em termos de legislação, para disciplinar e controlar esse fenômeno no mundo informático que criamos" e que ao cidadão brasileiro deveria ser "dado saber o que se passa – princípio de acesso à informação; deve ter confiança no método de decisão adotado – princípio de imparcialidade e deve ter assegurado o sigilo sobre seus dados pessoais". Em síntese, defendia que "salvaguardas devem ser desenvolvidas, visando a proteger o cidadão contra consequências potencialmente danosas da má utilização de sistemas eletrônicos de processamento de dados" (FARIA LIMA, 1977a, p. 10948).

Em sua justificativa, Faria Lima chamou atenção sobre os "perigos latentes" da adoção de um "código único de identificação que no Brasil surge sob a sigla Renape" (FARIA LIMA, 1977a, p. 10948). Como recordado por Danilo Doneda (2006), eclodia, à época, um forte debate sobre a proibição dos identificadores únicos em razão da experiência constitucional de Portugal. Com a queda do Estado Novo e a revolução de abril de 1974, a Assembleia Constituinte de Portugal havia liderado um debate sobre novos direitos informáticos, que deveriam ser assegurados constitucionalmente.

Com uma composição majoritária progressista – com 37% de membros do Partido Socialista, 25% do Partido Popular Democrático e 12% do Partido Comunista Português –, a Constituição de 1976 de Portugal afirmou "os direitos fundamentais dos cidadãos", abrindo caminho "para uma sociedade socialista". Partindo do pilar da dignidade da pessoa humana (art. 1°) e da "garantia de efetivação dos direitos e liberdades fundamentais" (art. 2°), a Constituição de Portugal reconheceu direitos de desenvolvimento da personalidade (art. 26) e "direito de acesso aos dados informatizados que lhes digam respeito" (art. 35). De forma bastante expressa, a Constituição de Portugal afirmou que "é proibida a atribuição de um número nacional único aos cidadãos" (art. 35, 5). Como argumentado pelo jurista português Jorge Bacelar Gouveia, esse direito constitucional de garantia de não atribuição de um número nacional único fundava-se em um receio de "um perigo de ordem política como um risco de perda de personalidade" (GOUVEIA, 1993, p. 205).

No Brasil, o debate sobre os riscos da identificação única ocorreu em razão do projeto Renape, formulado pelos militares. Como explicado pelo historiador Marcelo Vianna, o Renape foi um projeto estruturado secretamente entre 1971 e 1974, tornado público durante o governo Geisel, em 1976, para promover ganhos de eficiência em políticas públicas, unificando o registro civil dos cidadãos em uma numeração única (VIANNA, 2016).

Inicialmente autorizado pelo ministro Alfredo Buzaid e preparado por membros das Forças Armadas, ganhou notoriedade pública após os anúncios do ministro Armando Falcão, um dos arquitetos da caça ao Partido Comunista do Brasil, alinhado ao Presidente Geisel em seu discurso de "infiltração comunista" na mídia, burocracia e educação (SKIDMORE, 1988). O clima institucional era profundamente conflituoso. O Renape foi anunciado em um momento político de alta tensão, com crescimento democrático do MDB e chances de conquista de maioria absoluta nas eleições de 1978, o que impulsionou a formulação do "Pacote de Abril" (que permitia eleição de um terço do Senado pelas assembleias dos estados, e não por voto) e o fechamento do Congresso, em abril de 1977, com base no Ato Institucional n. 5.

Para o ministro Falcão, o Renape era um inovador sistema de identificação única dos cidadãos, sob auspício do Serviço Federal de Processamento de Dados (Serpro), que havia realizado uma exitosa campanha de criação e implementação do Cadastro de Pessoas Físicas (CPF) nos anos anteriores. Desde sua criação, em 1964, o governo via no Serpro um dos motores da automação de serviços federais e de uso de dados para finalidades do Poder Público (VIANNA, 2016).

Conforme relatou o historiador Marcelo Vianna, em estudo realizado pelo brigadeiro Eneu Garcez dos Reis ao Ministério da Justiça, o Renape oferecia uma arquitetura de sistema cadastral único, "para uso geral dos poderes públicos, mediante integração do Registro Civil com os sistemas de identificação existentes" (VIANNA, 2016, p. 436). Nas palavras de Garcez dos Reis, resgatadas por Marcelo Vianna, o Renape seria "um componente ativo no conjunto de serviços que colaboram para que o governo alcance o bem comum do povo e satisfaça às necessidades e às aspirações de cada cidadão" (VIANNA, 2016, p. 437).

No entanto, havia poucas informações públicas sobre o projeto. Conforme criticado pela socióloga Maria Teresa Oliveira, em 1977, "pouco se sabe sobre o projeto a ser implantado aqui", sendo notável que "a maneira pela qual este assunto vem sendo tratado aqui coloca o Brasil em posição bem medíocre no cômputo geral no que diz respeito ao respaldo fornecido por uma legislação a mais cuidadosa possível e ao esclarecimento público amplo" (OLIVEIRA, 1977, p. 63).

Por trás do discurso asséptico e tecnocrata dos militares – de uma arquitetura de sistemas capaz de garantir efetividade às políticas públicas e atingir os anseios do "bem comum" –, havia um histórico autoritário de vigilância, perseguição de lideranças progressistas e ruptura com o pouco que restava das instituições democráticas. Esse contexto político autoritário influenciou um primeiro movimento reflexivo e crítico sobre os perigos do Renape e sobre seu potencial desvirtuamento.

1.1.3.2. A FORMULAÇÃO DA CRÍTICA PELOS PROFISSIONAIS DE PROCESSAMENTO DE DADOS

O Renape foi inicialmente criticado em veículos de comunicação especializados, como o Boletim Informativo da CAPRE, a revista *Dados & Ideias*, editada pelo Serpro entre 1974 e 1980, e a revista *DataNews*. Tais revistas compunham uma espécie de "rede tecnopolítica", na expressão de Marcelo Vianna (VIANNA, 2016), que tentava conciliar um nacionalismo tecnológico com "a preservação de direitos (até então desrespeitados pelo regime militar) que desumanizavam os homens frente aos sistemas computadorizados" (VIANNA, 2016, p. 434). Em ambas as revistas, emergiam discussões sobre os avanços dos sistemas informatizados e os dilemas de uma política nacional de informática.

As publicações, apesar de convergentes em muitos pontos, possuíam singularidades. Como explicado pela jornalista e historiadora Vera Dantas, a *Dados & Ideias* possuía um perfil acadêmico e era um projeto de dirigentes do Serpro, como Mario Dias Ripper e Moacyr Fioravante. Já o *DataNews*, criado em 1976, voltava-se ao usuário, e era apoiado pelo *International Data Group*. Como relatou Dantas, havia um interesse crescente em cobrir a dimensão política da informática, as relações entre CAPRE e Cobra e os emergentes debates sobre microcomputadores e uma indústria nacional competitiva. Havia, também, o jornal especializado *Relatório Reservado*, que teve muitos assinantes (DANTAS, 2018, p. 106-108).

Para Marcelo Vianna, a *DataNews* serviu não apenas para vocalizar as tensões da política nacional de informática e a atuação das empresas internacionais (como IBM e Burroughs) e para ampliar as mobilizações de associações como a Sociedade de Usuários e Equipamentos Subsidiários (Sucesu), a Associação dos Profissionais de Processamento de Dados (APPD) e a Associação das Empresas de Serviços de Processamento de Dados (Assespro), mas posicionou os próprios jornalistas como "agentes sociais deste campo em formação" (VIANNA, 2015, p. 2). Desfrutando de relativo sucesso entre 1977 e 1979, ela própria se tornou espaço de polarização, com jornalistas mais afeitos às dimensões técnicas da computação e jornalistas que desejavam fazer abordagens mais críticas e políticas dos acontecimentos.

Já a revista *Dados & Ideias*, como explicou Ivan da Costa Marques, circulava entre professores universitários, funcionários graduados de instituições estatais e militares. Além da criação do Serpro ter sido conduzida pelos militares, em 1964, a Marinha do Brasil também apoiava projetos de pesquisa na PUC e na USP sobre microcomputadores, o que, de certo modo, estreitava as relações entre comunidades militares e civis, apesar de diversos professores universitários serem "extremamente refratários a uma aproximação com os militares no período ditatorial" (COSTA MARQUES, 2020, p. 9). A comunidade informática por trás da *Dados & Ideias* entendia que era possível suprir o mercado interno de microcomputadores com modelos concebidos e projetados no Brasil, o que encontrava ressonância na ideologia desenvolvimentista dos militares.

É importante compreender as particularidades de uma revista que era editada por um grupo de pós-graduados que trabalhavam para uma empresa estatal gerida pelos militares. A crítica, de certo modo, surgiu no *interior dessa burocracia*, graças a um caráter que não era ostensivamente político e de oposição. Na síntese de Ivan da Costa Marques, "a revista *Dados & Ideias* circulava no espaço da democracia relativa em meio à camada técnica pós-graduada da burocracia da ditadura militar que governava o Brasil na época" (COSTA MARQUES, 2020, p. 5). O período de 1976 a 1979 foi de expansão da autonomia desses profissionais e de aumento da circulação de ideias e debates, até o momento em que a informática passou a ser vista como questão de segurança nacional, com forte envolvimento do SNI.

A primeira crítica ao Renape, portanto, ocorreu em um "espaço interno", por assim dizer, considerando-se que a revista *Dados & Ideias*, coordenada por Mario Dias Ripper, era tutelada por uma Superintendência do Serpro, criada em 1974, que possuía uma coordenação de atividades de pesquisas.[3] Na época, o Serpro possuía diversos contratos com a Presidência da República e gozava de prestígio por seu caráter funcional aos objetivos governamentais. O Serpro foi peça fundamental na modernização do fisco no Ministério da Fazenda e no processamento de dados relativos a impostos, como o ICM (Imposto de Circulação de Mercadorias), por exemplo.

Não obstante a intencionalidade de fortalecimento do Serpro com o desenvolvimento do Renape e o discurso de simplificação e eficiência de políticas públicas defendido pelo engenheiro José Carlos Barbosa de Oliveira (um dos mentores do projeto e um tecnocrata e analista de sistemas), Vianna argumentou que o Renape foi atacado em muitas frentes, incluindo uma crítica feita por militares na época, o que evidencia o caráter polêmico da proposta e uma preocupação com proteção de dados pessoais dentro das próprias Forças Armadas, mesmo que isoladamente, por alguns indivíduos.

De fato, essa crítica ao Renape dentro do meio militar efetivamente ocorreu. Um dos críticos "internos" do Renape foi o coronel José Maria Nogueira Ramos, engenheiro de telecomunicações formado no IME, que exerceu o cargo de engenheiro de projetos na União Internacional de Telecomunicações entre 1970 e 1973. Em duas publicações na revista *A Defesa Nacional*, periódico de assuntos militares do Exército, Nogueira Ramos manifestou preocupação com a proteção de dados pessoais em projetos de informática. No artigo *Considerações sobre a informática*, de 1977, Nogueira Ramos analisou a experiência regulatória de Suécia, França, Canadá e EUA e os trabalhos da OCDE, em 1974, sobre fluxos internacionais de dados pessoais e sobre uma necessária harmonização regulatória.

O coronel criticou a proposta de um identificador único (Renape) e sustentou que "as potencialidades da informática, em termos de segurança e dignidade do cidadão, suscitam problemas que merecem ser examinados por amplas camadas da sociedade" (NOGUEIRA RAMOS, 1977, p. 115).[4] Como reconhecido por Nogueira Ramos, era sintomática a recusa de muitos países em adotar o número nacional de identificação. Já existia o diagnóstico de que "certos países estudam em

---

3 Entrevista com Mario Dias Ripper realizada em fevereiro de 2020.

4 Sou grato aos funcionários da Biblioteca do Exército do Rio de Janeiro pelo auxílio na identificação dos textos de Nogueira Ramos.

profundidade esse problema no momento atual, mas não pensam em criá-lo antes da adoção da lei sobre a proteção de dados pessoais" (NOGUEIRA RAMOS, 1977, p. 116).

Antes da disseminação dos debates na comunidade jurídica, um discurso emergente sobre proteção de dados pessoais surgiu entre profissionais de processamento de dados, no período de surgimento das Associações dos Profissionais de Processamento de Dados e de articulação civil.

Em 1975, Ricardo Saur circulou um artigo sobre a Lei de Computação de Dados da Suécia – "uma forma sutil de propor a discussão sobre os limites do Renape, como a privacidade do cidadão e o descontrole sobre as bases de dados no país" (VIANNA, 2016, p. 441). Em 1976, a *Dados & Ideias* publicou a edição número 5, com artigos como *O Lado Mau do Computador* e críticas iniciais ao Renape. Em agosto de 1977, a revista publicou uma notória edição com artigos dedicados ao Renape, como o importante artigo *Cada cidadão um número,* da socióloga Maria Teresa Oliveira, que, ao apresentar um estudo comparativo sobre Japão, França e Estados Unidos, criticou o déficit democrático da discussão do Renape no Brasil e sustentou que o Brasil deveria, antes de aprovar qualquer reforma significativa de unificação dos registros civis, possuir uma legislação cuidadosa com relação ao uso de dados pessoais e ao respeito à privacidade (OLIVEIRA, 1977).

Existia uma preocupação crescente nesse meio, em especial por parte de algumas lideranças da Associação de Profissionais de Proteção de Dados, pessoas envolvidas com a CAPRE e com o Serpro, com os aspectos autoritários do uso das informações e cientes dos desvios que poderiam ocorrer com uma má aplicação do Renape. Assim, como explicado por Mário Dias Ripper, iniciou-se, internamente no Serpro, uma estratégia de desaceleração do Renape, a partir de argumentos que pudessem ser vistos como técnicos, como complexidades da arquitetura de sistemas, problemas de interoperabilidade de dados ou problemas de qualidade das bases de dados. Muitos engenheiros e programadores que possuíam ideais liberais passaram a "melar tecnicamente" o Renape a partir de uma estratégia discreta de resistência democrática.[5] A *DataNews*, como argumentado por Marcelo Vianna, também teve papel de destaque na crítica ao Renape. O tema "foi abordado à exaustão pelo jornal através de entrevistas e artigos que congregavam desde a comunidade técnico-científica até integrantes da CAPRE contrários ao projeto" (VIANNA,

---

5 Entrevista com Mario Dias Ripper realizada em fevereiro de 2020.

2015, p. 13). Surgiram matérias sobre o "sinistro silêncio da identidade única", sobre os projetos de lei para tutela da intimidade, a relação entre "uso das informações e poder do Estado" e o problema da "devassa do indivíduo" pela teleinformática (VIANNA, 2015, p. 13-14).

Durante a movimentação dessa comunidade informática, ocorreram repercussões midiáticas de grande porte. Na edição de capa de 08 de setembro de 1977, *O Estado de São Paulo*, por meio da sucursal do Rio de Janeiro, anunciou que estaria pronto, pelo Ministério da Justiça, "um projeto de lei que propõe a adoção de um número de identidade para cada cidadão", proposta instituída como "Registro Nacional de Pessoas Naturais" e "estudada em sigilo desde 1972, tida como assunto prioritário pelo governo Geisel". Com o título *Um número para cada brasileiro* – título muito próximo do artigo de Maria Teresa Oliveira (1977) – a matéria de capa dizia que "a ideia vem sendo criticada por humanistas e intelectuais, entre eles seus antigos defensores, para os ela quais a ameaça à privacidade individual e até mesmo o espírito de iniciativa empresarial" (AMEAÇA..., 1977).

Também nessa época ocorreram movimentações da Associação dos Profissionais de Processamento de Dados (APPD), tanto em São Paulo como no Rio de Janeiro, que anunciou ser imperativa uma ação coletiva para evitar as "tentativas de manipulação de seu trabalho para fins escusos" (VIANNA, 2016, p. 442). Um mês após a edição da revista *Dados & Ideias*, técnicos de informática se reuniram em um Grupo de Trabalho do Seminário sobre Computação na Universidade (o 7º SECOMU) e publicaram um relatório criticando a falta de envolvimento dos universitários na concepção do projeto e as possíveis falhas (VIANNA, 2016, p. 442-443). O SECOMU, criado em 1971 por professores da PUC-Rio, foi o embrião de uma sociedade científica de Computação no Brasil no período em que surgia um dos primeiros protótipos de computadores no país, como o projeto "Patinho Feio" dos alunos de pós-graduação da Politécnica da USP. A Sociedade Brasileira de Computação (SBC) foi fundada em 1978. Anteriormente, o SEMOCU era um dos fóruns de encontros e trocas entre os membros dessa comunidade informática, por onde circulavam revistas especializadas como a *Dados & Ideias* (COSTA MARQUES, 2020).

A polêmica do Renape também envolveu figuras históricas do pensamento social brasileiro. Em 1978, por exemplo, a jornalista Vera Dantas produziu uma matéria para a *DataNews* entrevistando o antropólogo Darcy Ribeiro, que havia sido detido no Aeroporto Galeão, antes de embarcar para o México, após um sistema computadorizado indicar para a Polícia Federal uma informação chave. Como lembrado por Marcelo Vianna (2016, p. 434), "apesar da documentação de Darcy Ribeiro estar regular, incluindo uma autorização especial do Ministério da Justiça requerida para todos cassados políticos que residiam no país, a base de dados informatizada da Polícia Federal insistia que ele deveria ser detido". Em entrevista para Vera Dantas, Darcy disse que havia sido preso pelo computador e que seria "importante a regulamentação do uso policial dos computadores" (VIANNA, 2016, p. 434). Em caderno especial publicado pelo *DataNews*, Darcy Ribeiro argumentou que o governo não estaria apenas armado com fuzis, mas também "armado com computadores contra os cidadãos" (VIANNA, 2015, p. 14).

Apesar de não existir nenhuma menção explícita aos textos da *Dados & Ideias* e da *DataNews* na justificativa do primeiro projeto de lei de proteção de dados pessoais, é provável que Faria Lima estivesse atento a essas críticas vindas da "comunidade informática" (COSTA MARQUES, 2012; COSTA MARQUES, 2020). As lideranças das Associações dos Profissionais de Processamento de Dados já tinham como estratégia que, antes de qualquer aprovação de um Registro Nacional das Pessoas Naturais, deveria existir uma legislação sobre usos justos dos dados pessoais e sobre direitos básicos assegurados aos cidadãos.

O espaço privilegiado de debates e de reflexão sobre proteção de dados pessoais, constituído pela *Dados & Ideias* e pela *DataNews*, teve vida curta. Em 1980, após a "Comissão Cotrim" (que levava o nome do embaixador Paulo Cotrim Pereira) e um trabalho de investigação conduzido por agentes do Serviço Nacional de Inteligência, apoiado por grampos telefônicos e interrogatórios orientados à identificação de "infiltração comunista" nos meios técnicos e falhas na política de informática, a *Dados & Ideias* foi suspensa (COSTA MARQUES, 2020, p. 9-10).

Muitas pessoas foram depor ao SNI em clima de medo. A Comissão Cotrim orientou o governo a tomar medidas drásticas. Após mudar a política de informática para o Conselho de Segurança Nacional, removendo-a da dinâmica civil do Planejamento, iniciou-se um processo de interferência direta em empresas como Digibrás, demissões de profissionais do Serpro, eliminação da divisão que projetava desenvolvimento de sistemas, afastamento dos diretores da empresa COBRA e interrupção das publicações técnicas. Como relatou Vera Dantas, jornalista da *DataNews*, "nós víamos os nossos amigos sendo defenestrados" (DANTAS, 2018, p. 107). Mesmo sofrendo limitações, esses espaços permitiram florescer um primeiro pensamento crítico sobre proteção de dados pessoais no Brasil, que influenciou o ambiente intelectual da época.

Como síntese, pode-se concluir que a comunidade informática temia um "uso autoritário da informação" (DONEDA, 2008, p. 16-18). As preocupações com o Renape levaram Mario Dias Ripper, Ricardo Saur e outras lideranças técnicas a pesquisar e propor projetos de lei "modelo" sobre proteção de dados pessoais ainda no final da década de 1970. Pode-se afirmar, portanto, que, ao passo que a polêmica sobre o *National Data Center* foi um dos pivôs do debate sobre proteção de dados pessoais nos EUA (IGO, 2018), e enquanto os escândalos sobre utilização indevida e mercadológica de dados abertos foi que o movimentou a discussão sueca sobre proteção de dados pessoais na década de 1970 (KOSTA, 2013), no Brasil, o fato político que ganhou destaque midiático e despertou as atenções dos profissionais de informática para a proteção de dados pessoais foi o debate sobre o intercruzamento de dados entre o Renape e o aparato repressivo existente durante a ditadura militar.

1.1.3.3. AS IDEIAS POR TRÁS DO PROJETO DE LEI N. 4.365/1977: LICENCIAMENTO E CONTROLE DE FINALIDADE

O primeiro projeto de lei de proteção de dados pessoais no Brasil não foi o trabalho de um homem só. Na realidade, ele se inspirou em movimento social constituído pelas bases da "comunidade de informática" (COSTA MARQUES, 2020) no Brasil, que já apontava a necessidade de um regramento alinhado às melhores práticas internacionais. Organizado dentro do próprio Serpro, por meio de revistas especializadas, como *Dados & Ideias*, e por redes universitárias de pós-graduação, essa comunidade conduziu pesquisas comparativas e apontou para a necessidade de uma lei de proteção de dados pessoais, tomando como exemplo o *Privacy Act* de 1974 e a *Loi n. 78-17*, de janeiro de 1978, que definiu que a informática deveria estar a serviço do cidadão, respeitando liberdades individuais e públicas, na França (OLIVEIRA, 1977).

O projeto de lei de Faria Lima capturou uma espécie de "espírito de uma época", com enfoque em uma abordagem regulatória de licenciamento e de controle de finalidade. Estruturado em 17 artigos, o PL n. 4.365/1977 foi pensado com forte inspiração no "modelo de licenciamento" criado originalmente pelos países escandinavos e que formou a primeira geração de leis de proteção de dados do mundo (BENNETT, 1992). Nesse período, ainda não havia ocorrido um processo forte de difusão de políticas regulatórias e harmonização por meio da OCDE e de comitês técnicos de fluxos transfronteiriços de dados (BIONI, 2022, p. 20-33).

Em estudo produzido em 1988 pelo cientista político Colin Bennett, identificou-se um repertório de cinco soluções de regulação do fluxo de dados: controle voluntário (*voluntary control*), controle do sujeito (*subject control*), licenciamento (*licensing*), comissário de dados (*data commissioner*) e registro (*registration*). Ao estudar as movimentações institucionais de diferentes países na década de 1970, Bennett identificou restrições domésticas e características culturais que influenciaram desenhos com instrumentos regulatórios distintos:

> Os suecos optaram pelo licenciamento, os americanos confiaram no controle pelos sujeitos, os alemães estabeleceram um comissário de dados e os britânicos escolheram um esquema de registro. Em nenhum estado, porém, essas decisões foram tomadas a partir de uma análise sinótica de todas as opções possíveis. Tampouco ocorreu um processo de difusão de políticas. Em vez disso, uma combinação de restrições domésticas parecia filtrar opções inaceitáveis e produzir um viés a favor do instrumento de política resultante. Nos Estados Unidos e na Suécia, esse viés resultou de imperativos constitucionais percebidos; na Alemanha Ocidental e na Grã-Bretanha, a posição e o poder das respectivas burocracias nacionais produziram forte resistência, um processo político conflituoso e instrumentos políticos resultantes com poucos ou nenhum precedente em seus respectivos sistemas (BENNETT, 1988, p. 437).

Partindo da tipologia de Colin Bennett (1988) – que não analisou as experiências de Portugal e França, talvez as mais influentes no debate jurídico brasileiro da década de 1970 –, nota-se que a proposta de Faria Lima se aproximava de uma espécie de junção de elementos de licenciamento e registro, ainda com uma forte crença na capacidade estatal de verificar as finalidades específicas dos bancos de dados. A regra básica era o licenciamento e o controle de finalidade. A proposta do deputado era criar um Registro Nacional de Banco de Dados para todos os órgãos governamentais, todas as sociedades de direito público, todas as "agências de detetives ou todas organizações encarregadas de realizar pesquisas sobre moralidade, recursos ou conduta de outrem" (art. 1, c), "todas as pessoas ou organizações que comercializem informações estocadas em banco de dados" (art. 1, d) e "todas as pessoas ou organizações que estejam em condições de fornecer informações sobre crédito, quer para suas filiadas, quer para terceiros, de forma remunerada ou gratuita" (art. 1, d) (FARIA LIMA, 1977).

Em sua proposta, o Registro deveria conter um conjunto de informações, como informações sobre o proprietário do banco de dados, pessoas responsáveis pela administração, local onde está situada a operação, características técnicas do banco de dados, reguladas posteriormente por resoluções, natureza do banco de dados e finalidade do tratamento de dados. A lei também tentava criar um poder regulatório de exclusão de dados, nos seguintes termos:

> a qualquer momento poderá ser determinada a exclusão de informações de um banco de dados, desde que julgada inconveniente a divulgação ao público destas informações por lesar os interesses de uma ou várias pessoas, ou que sua disseminação não atenda aos interesses do público em geral (art. 4) (FARIA LIMA, 1977).

O projeto de Faria Lima continha normas específicas sobre direito de acesso e sobre segurança pública. Com relação ao direito de acesso, a norma propunha que qualquer pessoa e qualquer representante da imprensa poderiam obter, livremente, informações sobre características técnicas de um banco de dados. A lei francesa de 1978, elaborada após anos de debates e pela polêmica instaurada pelo "Projeto Safari", de 1974, que pretendia promover a interconexão de bases de dados administrativas, também deu enorme ênfase aos direitos de acesso. O capítulo V, intitulado *Exercice du droit d'accès*, estabeleceu seis artigos disciplinando esse direito. A redação original do artigo 34 dizia que qualquer pessoa

> [...] tem o direito de interrogar os serviços ou organismos responsáveis pela realização do tratamento automatizado [...] para saber se tal tratamento diz respeito a informações nominativas que lhe digam respeito e, se necessário, para obter a comunicação das mesmas. (FRANÇA, 1978)

Como observado por Félix Tréguer, pesquisador e fundador da entidade civil *Quadrature du Net*, o debate francês sobre direitos de acesso foi fomentado pelo escândalo de 1974 sobre um projeto secreto, conduzido pelo Ministério do Interior, de centralização de bases de dados, incluindo as bases do sistema criminal, informações de regulação trabalhista, informações do Exército e de serviços de bem-estar social. O caso também foi motivado por uma denúncia de um engenheiro de computação, que entregou materiais sigilosos para jornalistas do *Le Monde* (JOINET, 2013), que publicaram uma história de alta repercussão social e midiática intitulada *Safari e a caça aos franceses*. O governo arquivou o projeto e, graças à forte reação pública, teve início uma comissão para "proteção dos direitos civis na era da computação" (TRÉGUER, 2016, p. 6), que elaborou a espinha dorsal da legislação aprovada em 1978.

Mantendo uma posição de cautela frente ao regime militar, o projeto de lei de Faria Lima de 1977 dizia que "os bancos de dados operados pela polícia, órgãos de informações e seguranças das Forças Armadas e Serviço Nacional de Informações serão registrados em separado, não tendo o público acesso aos mesmos" (FARIA LIMA, 1977). Seguindo a lógica de *accountability* e de prestação de contas entre Poderes – algo muito presente no *Privacy Act* de 1974 e no pensamento estadunidense, de forma mais ampla, considerando-se a tradição cultural estadunidense de compromisso com deveres e obrigações de relatar, explicar, justificar atos pessoais e institucionais, submeter-se a sanções e manter padrões confiáveis de comportamento (ALLEN, 2003, p. 15-17) –, Faria Lima propôs a criação de um "órgão fiscalizador dos bancos de dados", que deveria submeter ao Congresso Nacional, anualmente (em todo mês de março), um relatório sobre o ano precedente, contendo informações sobre número de banco de dados, total de inscritos, administradores responsáveis e características técnicas. O relatório também deveria prever informações sobre os motivos do cancelamento de inscrições.

O desenho de lei de Faria Lima foi influenciado pela lei francesa, porém apresentou diferenças consideráveis. A lei francesa criou, em 1978, a Comissão Nacional de Informática e Liberdades (CNIL). O artigo 8 a definiu como uma "autoridade administrativa independente". O artigo 6 previa como características centrais: uma capacidade normativa (*pouvoir réglementaire*), podendo criar regras específicas dentro do escopo previsto na lei; uma orientação cidadã, devendo informar os interessados sobre seus direitos e obrigações; e uma espécie de dever de supervisão, monitorando as aplicações de tecnologias da informação que envolvessem tratamento de dados pessoais. Para garantir a independência da Comissão, o artigo 8 da lei francesa estipulou que os membros da Comissão não poderiam ser membros do governo nem exercer funções ou deter participação em empresas responsáveis por produtos ou serviços de informáticas e telecomunicações. Em caso de incompatibilidade, os membros poderiam ser impedidos (*empêche-*

ment). Houve, enfim, uma grande preocupação com conflitos de interesse e com a independência concreta dos membros da CNIL.

O primeiro projeto de lei também se notabiliza pelo desinteresse pelo consentimento, sua qualificação jurídica – como "livre" e "informado" (BIONI, 2020) – e pela aposta em uma estratégia de "controle pelo sujeito" (BENNETT, 1988). Pode-se afirmar que a estratégia, em linhas gerais, baseava-se na identificação de finalidades específicas para o tratamento de dados e direitos de acesso. O projeto (FARIA LIMA, 1977) dizia que "toda pessoa que for objeto de cadastramento pela primeira vez de suas informações pessoais em um banco de dados deverá ser notificada por escrito no período não superior a 30 dias diante da ocorrência do fato" (art. 8, parágrafo único). O artigo 10 buscava instituir aquilo que é um dos elementos centrais da atual Lei de Acesso à Informação: com exceção das pessoas que estivessem respondendo a processo por infração à Lei de Segurança Nacional, qualquer cidadão poderia "solicitar por escrito que lhe sejam informados os dados pessoais constantes em banco de dados, mediante remuneração, cujo montante será estabelecido pelo órgão fiscalizador e deverá receber as informações solicitadas no prazo de 3 semanas da data da solicitação" (art. 10).

Pode-se identificar, neste primeiro projeto de lei, um "protoprincípio da finalidade" e um "protoprincípio da transparência", nos termos da LGPD. Mesmo sendo uma legislação dura de regras e comandos, sem uma base de princípios, a tentativa de regulação para explicitação de finalidades específicas era notável. Do mesmo modo, Faria Lima era bastante inspirado pelo espírito francês de liberdades civis e pela transparência no tratamento de dados pelo poder público, uma característica do Privacy Act de 1974 dos EUA.

De acordo com o proposto por Faria Lima (1977), os administradores dos bancos de dados que infringissem a lei cometeriam "delito passível de penalidade" que poderia variar de 10 salários-mínimos a 5 anos de prisão. A aplicação desse conjunto de regras – incluindo "a proteção do direito à intimidade contra o uso indevido dos dados pessoais" (art. 16) – caberia à Comissão de Coordenação das Atividades de Processamento de Dados Eletrônicos, a CAPRE, criada pelo regime militar e que gozava de enorme prestígio na época. Na proposta de Faria Lima, a CAPRE poderia assumir o papel de uma *Data Protection Authority*.

Como notado por David Flaherty em ensaio da década de 1980, as "origens sobre as leis de proteção de dados pessoais criam um problema para as agências de proteção de dados" (FLAHERTY, 1986, p. 8). Esse dilema foi vivido em muitos momentos em diferentes jurisdições. Nos EUA, por exemplo, não deslanchou a ideia de uma *Data Protection Authority*, apesar dos fortes argumentos lançados por Arthur Miller, Alan Westin e outros intelectuais que participaram da construção dos *Fair Information Practices Principles* (MILLER, 1971; WESTIN, 2019). Essas autoridades são altamente dependentes de uma constante publicização de suas atividades "na esperança de forte apoio público, especialmente da mídia" (FLAHERTY, 1986, p. 8). Como reconhecido por Flaherty, trata-se de "do elemento mais crítico da legislação" (FLAHERTY, 1986, p. 8) e do ponto em que há mais falhas, como ocorrido no Canadá, onde a proposta de uma *Privacy Protection Commission* com poderes fiscalizatórios e de supervisão foi derrotada em 1974.

As funções básicas de uma DPA eram "promover a *accountability* burocrática no uso de dados e limitar a vigilância governamental da população", estimulando um diálogo entre poderes e "práticas de uso justo da informação" (FLAHERTY, 1986, p. 9). No modelo ideal pensado por Faria Lima, caberia à CAPRE – até então existente, antes de ser desestruturada por um processo de inteligência e interferência governamental com a criação da Secretaria Especial de Informática – assumir o papel de uma *Data Protection Authority*, aproximando-se de um modelo emergente sendo formado em países europeus, como reconhecido pela França com a proposta oficial da CNIL e pelo governo inglês, que propôs uma DPA no relatório do *Data Protection Committee* de 1978 e no texto de discussão *Computers and Privacy* de 1975 (DURBIN, 1979, p. 299-301).

Posteriormente, essa mesma ideia ecoou em outros projetos de lei. Como será visto adiante, a deputada Conceição Tavares também vislumbrou, na Secretaria Especial de Informática, uma capacidade de assumir o papel de uma DPA. Desde a década de 1970, existia um dilema de identificar que tipo de institucionalidade seria possível para assumir os papéis de aplicação e defesa de direitos com relação aos dados pessoais – um debate conectado com os dilemas da configuração transitória da Autoridade Nacional de Proteção de Dados Pessoais, que se vinculou à Presidência da República de 2020 a 2022 até conseguir uma institucionalização autônoma, com independência financeira, administrativa e funcional.[6]

---

6 Ver Medida Provisória 1.124 de 2022.

1.1.3.4. *AS CONSEQUÊNCIAS POLÍTICAS DO PROJETO DE LEI: INCONSTITUCIONALIDADE E TENTATIVA FRUSTRADA DE UMA PROPOSTA DE EMENDA CONSTITUCIONAL*

O projeto de lei de proteção de dados pessoais de 1977 encontrou um conjunto de obstáculos políticos, cognitivos e jurídicos para sua tramitação. Faltava, também, um grande escândalo, como os ocorridos nos EUA, pelo caso Watergate, e na França, pelo caso Safari (TRÉGUER, 2016). O assunto não havia se tornado prioridade e as poucas matérias sobre o Renape circulavam em mídias especializadas como *Dados & Ideias*, *DataNews* e em jornais liberais, como *O Estado de São Paulo*. Conforme explicado por diversos entrevistados – José Eduardo Faria, Mario Dias Ripper e Marcos Dantas –, o assunto da proteção de dados pessoais possuía uma dimensão muito inferior a outros grandes assuntos da pauta política, como os conflitos ideológicos sobre modelos de desenvolvimento da indústria de informática, as técnicas de reserva de mercado e a integração nacional a uma economia da informação ainda em desenvolvimento inicial. A proteção de dados pessoais não era, na década de 1970, um grande debate nacional.

A análise dos aspectos jurídicos e constitucionais do projeto de lei de Faria Lima sobre proteção de dados pessoais coube a Fernando Coelho, deputado federal pelo MDB de Pernambuco, advogado formado pela Faculdade de Direito da Universidade de Pernambuco e ex-Procurador da Prefeitura durante a gestão de Miguel Arraes. Conhecido por ser uma liderança democrática, Coelho deteve-se a uma análise jurídica bastante formalista, centrada "nos ângulos da constitucionalidade, juridicidade e técnica legislativa". Em voto proferido em abril de 1978, praticamente um semestre após a apresentação do PL, Coelho argumentou que seria inestimável a proposta de "controlar o fenômeno da informação e da dispersão de dados em nosso país", apontando "nosso despreparo, em termos de legislação, para disciplinar e controlar esse fenômeno" (COELHO, 1978, p. 5994).

O projeto asseguraria ao cidadão o acesso à informação e o sigilo sobre seus dados pessoais, diante do "risco de um controle social total do Estado sobre o indivíduo, caso o computador venha a ser utilizado como instrumento de repressão" (COELHO, 1978, p. 5994). No entanto, para Fernando Coelho, o projeto esbarraria na Constituição Federal (Lei Maior), que dispunha sobre áreas privadas do Presidente da República quanto às atribuições delegadas a órgãos públicos, que não eram de sua exclusiva iniciativa.

Ao identificar um vício de inconstitucionalidade, por violar o art. 57 da Constituição ao provocar aumento de despesas e por instituir um novo tipo de órgão fiscalizador, o deputado arrematou: "somos forçados a rejeitar o Projeto de Lei n. 4.365 de 1977" (COELHO, 1978, p. 5994). Em reunião da Comissão de Constituição e Justiça, o relatório pela rejeição foi aprovado por unanimidade e o projeto foi rejeitado.

Paralelamente ao projeto de lei, Faria Lima havia apresentado uma Proposta de Emenda à Constituição, alterando o art. 153 da Constituição, para assegurar aos brasileiros o direito à informação, talvez já antecipando uma derrota do projeto de lei pelos aspectos formais e pela impossibilidade de se criar uma Autoridade por iniciativa do Legislativo. A Proposta de Emenda à Constituição n. 20/1977 tinha como objetivo inserir o "direito ao cidadão de informações de caráter pessoal, existentes em órgãos governamentais". De acordo com a proposta, a Constituição passaria a ter o seguinte texto:

> Art. 153. A Constituição assegura aos brasileiros e aos estrangeiros residentes no País a inviolabilidade dos direitos concernentes à vida, à liberdade, à informação, à segurança e à propriedade, nos seguintes termos: [...]
> Parágrafo 37. É assegurado ao cidadão o acesso às informações, de caráter pessoal, existentes em órgãos governamentais e privados, sendo-lhe garantido o direito de retificá-las, nos termos da lei. (FARIA LIMA, 1977b)

Em uma articulação política complexa, Faria Lima conseguiu a assinatura de 279 deputados e 23 senadores, cumprindo a exigência de quórum. Porém em sessão de 12 de maio de 1978, seu projeto foi analisado criticamente pelos pares. O deputado Theobaldo Barbosa, em leitura de parecer sobre a PEC n. 20/1977, criticou duramente a técnica legislativa da proposta, afirmando:

> [...] tal como se encontra redigido o parágrafo proposto, um cidadão poderia ter acesso, por exemplo, a documentos confidenciais existentes num hospital público ou privado, referentes ao estado sanitário de *outra pessoa*, embora sem o intuito de retificar tais registros, mas para usar o informe em detrimento de outrem (BRASIL, 1978, p. 849).

Para Theobaldo, a proposta seria inútil, considerando-se que a Constituição já previa um direito de expedição de certidões requeridas às repartições administrativas. Para ele, também o art. 154 da Constituição já puniria o "abuso de direito individual", o que poderia ser aplicável para violações de direitos por birôs de crédito ou gestores privados.

Em uma argumentação centrada em evitar normas duplicadas (*bis in eadem*), o parlamentar afirmou que as normas constitucionais existentes seriam "suficientemente assecuratórias do direito que a proposta pretende proteger" (BRASIL, 1978, p. 849).

A crítica de Theobaldo foi rebatida por Minoru Massuda, do MDB de São Paulo, Oficial da Polícia Militar e da Academia de Polícia Militar de São Paulo. Para Massuda, "o homem está se tornando escravo da máquina e, com os computadores, terminará como um robô da sua própria criação" (BRASIL, 1978, p. 850). A expansão do tratamento de dados em abertura de créditos, financiamentos e cadastramentos de contribuintes não poderia ficar sem reação legislativa, tampouco "à mercê de reduzido grupo de tecnocratas, quando um governo medíocre ou prepotente conseguiria, com tal sistema, os piores malefícios". Para Massuda, a vulnerabilidade dos cidadãos seria crescente, considerando que "um simples programador ou analista poderá mudar os dados de um cidadão, acarretando-lhe os maiores prejuízos" (BRASIL, 1978, p. 850). A Proposta, segundo Massuda, atenderia à dignificação da pessoa, à defesa dos direitos humanos, garantindo o acesso à informação para sua devida correção.

O diagnóstico sobre os entraves à Proposta de Emenda Constitucional foi formulado por outro deputado, Célio Marques Fernandes, advogado com experiência em assuntos militares. Deputado da Arena do Rio Grande do Sul, Célio Fernandes havia sido delegado de polícia, juiz civil do Tribunal Militar do Rio Grande do Sul e Prefeito de Porto Alegre entre 1965 e 1969. Para ele, "o direito de saber o que existe a seu respeito" teria como obstáculo o governo federal. Em um exercício de argumentação, Célio tentou convencer os pares de que o eixo central do projeto estaria nos assuntos econômicos, e não nos relacionados ao Serviço Nacional de Informações (SNI). Célio tentou acalmar os pares dizendo que o PL não daria ao cidadão direito de saber "o que existe a seu respeito no SNI", mas sim fatos "da área econômica" e não da "área política". O enfoque estaria nas "multinacionais que têm dados de todos nós" (BRASIL, 1978, p. 850).

Diante da leitura dos anais do Congresso, nota-se que havia opinião favorável de muitos parlamentares para aprovação do Projeto na manhã de 11 de maio de 1978, mas o quórum não foi atingido e a aprovação não ocorreu. Frustrado, Faria Lima fez um desabafo sobre a desidratação do Congresso e as inconsistências do trabalho parlamentar no Brasil. Discursando em plenário, criticou o vazio de indiferença, "medo ou de pressão" (BRASIL, 1978, p. 852). Faria Lima criticou a hipocrisia dos que defendiam direitos humanos em seus discursos parlamentares, mas não haviam comparecido para afirmar o papel do Congresso Nacional como instituição. Para o deputado, o Congresso encontrava-se "marginalizado, enfraquecido, sem rumo, sem perspectiva" (BRASIL, 1978, p. 852).

Profundamente indignado com a ausência dos pares e com as confusões entre sigilo bancário e direito à intimidade, o deputado fez uma defesa enérgica das razões do projeto e da dimensão política da intimidade como um direito humano. Afirmou que esse direito se apresentava ameaçado, diante do aumento dos riscos gerados pela computação e da possibilidade de controle social dela derivada, a partir de uma forte linguagem de direitos individuais básicos em uma democracia e do equilíbrio com o planejamento de políticas públicas e sociais:

> É necessário evitar agressões à individualidade e à intimidade. [...] Essa centralização de informações, fruto dessa evolução tecnológica e desse casamento de processamento de dados com a telecomunicação, gera um risco enorme, porque esse conjunto de informações não pode ser destruído ou cair em mãos erradas. Todos hoje concordam em que esses riscos merecem ser protegidos, desde que adotadas certas precauções. A intimidade, por exemplo, é um tema político e não pode ser resolvido apenas por um segmento da sociedade. Estou mencionando isso para fazer uma pequena distinção que, talvez, tenha criado confusão na mente de muitos: o tema da intimidade e o tema segurança de dados (BRASIL, 1978, p. 852).

Para Faria Lima, parlamentares estariam confundindo a PEC com questões específicas de segurança dos dados ou mesmo com sigilo dos dados em dimensão fiscal. "O direito de o indivíduo gerenciar suas informações pessoais relaciona-se com as liberdades civis", defendeu em plenário. Apelando a uma ética intergeracional – a ideia de que os parlamentares deveriam se preocupar com as gerações futuras –, Faria Lima argumentou que essa questão política deveria ser enfrentada de modo a "jogar o farol alto e verificar o que pode acontecer com as futuras gerações de brasileiros, que estão sendo escrutinados a partir do seu primeiro grito de vida" (BRASIL, 1978, p. 853).

Para ele (BRASIL, 1978, p. 853), os parlamentares deveriam se preocupar com "tecnocratas querendo encontrar o céu na terra e a perfeição, transformando o homem em uma peça e, inclusive, criar a figura do número único para identificar cada brasileiro, para facilitar aos seus sistemas de computação um controle social sobre o indivíduo". Como última estratégia retórica, Faria Lima afirmou que sua proposta era apoiada por mais de 150 especialistas de processamento de dados, que haviam participado, nos dias 16 e 17 de abril de 1977, do VI Seminário de Coordenação e Processamento de Dados presidido pela CAPRE. O manifesto publicado pelos especialistas foi lido na íntegra no plenário e dizia o seguinte:

> Considerando o vertiginoso desenvolvimento da informática em nosso país e a consequente criação de bancos de dados contendo informações pessoais dos cidadãos brasileiros; o risco a que estão sujeitos os valores maiores da nossa sociedade em virtude de uma eventual má utilização das informações pessoais contidas nesses arquivos; a importância de ser desenvolvida no país uma mentalidade que reconheça o direito do cidadão às suas informações pessoais; a inexistência no país de legislação específica adequada; a proposta de criação de um número único de identificação para as pessoas físicas (Renape) - recomenda: (1) a adoção pelo país de legislação de proteção às informações de caráter pessoal, que garanta ao cidadão: (a) o direito de conhecer e corrigir as informações pessoais suas, contidas nos sistemas de informação; (b) contabilidade do sistema e segurança contra uma eventual má utilização dessas informações; (c) o seu consentimento toda vez que suas informações vierem a ser utilizadas para fins diversos daqueles para os quais foram inicialmente definidos; (d) proteção contra a interligação de sistemas de informações contendo dados pessoais ou sua veiculação externa ao país; (e) o controle da disseminação e funcionamento dos arquivos que contenham dados pessoais; (2) que a CAPRE desenvolva um código de ética sobre informática que contenha esses temas; (3) que se abandonem os estudos visando a adoção do número único de identificação para os brasileiros (BRASIL, 1978, p. 853).

O movimento feito por Faria Lima pode ser lido como o primeiro a exteriorizar essa crítica interna, da comunidade informática, por meio do processo legislativo. Apesar de derrotado e crítico de um "Congresso sem rumo", suas preocupações encontraram ressonância em juristas que deram os primeiros passos na construção de um pensamento jurídico sobre proteção de dados no século XX no Brasil.

1.1.4. AS CRÍTICAS DA ORDEM DOS ADVOGADOS DO BRASIL AO RENAPE: O CONTEXTO DA ORDEM JURÍDICA ILEGÍTIMA

Inicialmente criticado dentro de um grupo mais fechado de técnicos do Serpro e de profissionais de computação e ciências sociais engajados com a "comunidade informática", o Renape foi alvo de críticas, em um segundo momento, por parte da Ordem dos Advogados do Brasil, entre os anos de 1977 e 1978, até que o projeto fosse efetivamente abandonado pelos militares na transição para o governo Figueiredo. Esta seção analisa o papel desempenhado por Raymundo Faoro na contestação do Renape e as influências dessa polêmica nos estudos de René Ariel Dotti, que conduziu investigações pioneiras sobre uma disciplina constitucional do direito à intimidade.

1.1.4.1. *A OAB E O PENSAMENTO DE RAYMUNDO FAORO*

Como explicado por Maria Helena Moreira Alves em *Estado e Oposição no Brasil: 1964-1984*, a Ordem dos Advogados do Brasil assumiu papel de protagonismo na oposição ao Estado de Segurança Nacional por duas razões fundamentais. Primeiro, pois o Estado criara "uma estrutura paralela de leis extraordinárias outorgadas e revogadas por simples decreto do Executivo" (MOREIRA ALVES, 1984, p. 209), o que foi atacado como sistema legal ilegítimo. Segundo, porque "advogados que defendiam presos políticos ou ousavam investigar as atividades do aparato repressivo frequentemente tornavam-se eles mesmo alvos da repressão" (MOREIRA ALVES, 1984, p. 209). Valendo-se da legitimidade e da autoridade construídas por sua própria história, enquanto primeira associação profissional criada no país em 1930, a OAB deixou de ser uma associação limitada apenas à defesa dos interesses dos seus membros e tornou-se um organismo legal responsável por supervisionar a aplicação da Constituição.

Como sintetizado por Moreira Alves, no final da década de 1970, a OAB tornou-se importante para: (i) o estabelecimento dos limites entre o quadro jurídico legítimo, diferenciando *ordem jurídica legítima* de *ordem jurídica ilegítima*; (ii) a defesa dos direitos humanos e a exigência de revogação da legislação repressiva; e (iii) o esclarecimento da opinião pública sobre questões legais e direitos públicos e civis (MOREIRA ALVES, 1984, p. 210). Liderada por um intelectual weberiano, Raymundo Faoro, a OAB inaugurou uma campanha de crítica à "legalidade formal" e em defesa de uma "autoridade autenticamente qualificada", distinta do cesarismo e do autoritarismo militar, caracterizada pela "participação das decisões políticas" e por uma "racionalidade orientada a valores" (FAORO, 1982, p. 47-48). Sendo um intelectual interessado em questões sobre a estrutura política do Brasil, autor do clássico *Os Donos do Poder,* editado em 1958 e republicado em 1975, Raymundo Faoro tornou-se umas principais vozes de crítica à legalidade instrumental adotada pelo governo militar ao assumir o Conselho Federal da OAB em 1977. Conforme explicado por José Eduardo Faria, Faoro passou a exercer crescente influência crítica em um complexo processo de negociação pela redemocratização, levando a OAB a "falar por toda a sociedade civil na luta contra a ditadura militar, sem se partidarizar" (FARIA, 2021, p. 14).

Os trabalhos institucionalizados de oposição à ditadura pela OAB passaram por três momentos marcantes na década de 1970. Inicialmente, na V Conferência Nacional da OAB de 1974, houve a inclusão da defesa global dos direitos humanos, com enfoque na defesa dos presos políticos e na denúncia de prisões arbitrárias e torturas. Nos anos seguintes, a OAB intensificou a publicação de entrevistas com dirigentes, a reprodução e a divulgação de estudos e alianças com a Associação Brasileira de Imprensa (ABI), em especial nos jornais *O Estado de São Paulo* e *Folha de São Paulo*, que sofriam severos controles pela censura (MOREIRA ALVES, 1984, p. 216-217). Finalmente, na VII Conferência Nacional da OAB, realizada em maio de 1978 em Curitiba, formulou-se uma síntese das preocupações e a publicação da Declaração dos Advogados Brasileiros, "um documento que inaugurava uma nova fase de agressividade das suas atividades de oposição" (MOREIRA ALVES, 1984, p. 211).

Nessa fase, liderada por Raymundo Faoro, a OAB sustentou que não poderia haver legitimação em um sistema governado por leis ilegítimas. Juntamente à Confederação Nacional dos Bispos Brasileiros (CNBB) e à Associação Brasileira de Imprensa, a OAB passou a ter um papel decisivo de crítica aos governos de Geisel e Figueiredo. Juntas, essas organizações "ampliaram o espaço político, enfrentando o Estado a partir de suas posições de autoridade na sociedade civil e questionando a legitimidade que o Estado de Segurança Nacional tentava assumir" (MOREIRA ALVES, 1984, p. 225).

Foi nesse contexto que a Ordem dos Advogados do Brasil mobilizou o debate sobre privacidade e proteção de dados pessoais, inicialmente de forma tímida, entre os anos de 1977 e 1978, a partir do processo catalizador gerado pelo Renape. Isso pode ser evidenciado pelo modo como a OAB passou a criticar o projeto publicamente, a partir do momento em que ele se tornou conhecido pelo grande público, graças a publicações do *O Estado de São Paulo* e ao trabalho de jornalistas especializados.

Esse movimento foi importante para superar as limitações de uma crítica que ocorria apenas internamente, no seio da comunidade informática, mobilizada por publicações como *DataNews*, *Dados & Ideias* e pela rede de profissionais de processamento de dados, como explicado anteriormente. Dada a proximidade entre OAB e IAB, a polêmica sobre o Renape provavelmente chamou a atenção do Conselho Federal. Três matérias do *O Estado de São Paulo* foram centrais nesse sentido. A primeira, escrita por José Arruda em 08/09/1977 (*Em estudos, identidade única*), apontava para o fato de existir um sistema único e integrado de identificação combatido pelos próprios defensores originais. O texto de Arruda deu destaque ao fato do projeto ser profundamente ignorado pela população, em crítica semelhante à feita por Maria Teresa Oliveira. A matéria apresentou os argumentos de defesa do Renape, por meio do assessor da presidência do Conselho Nacional de Desenvolvimento Científico e Tecnológico, José Carlos Barbosa Moreira, que alegou que o projeto não apresentava riscos aos cidadãos, pois "quem não deve não teme" (ARRUDA, 1977, p. 18).

A segunda matéria, intitulada *Ameaça à privacidade, maior crítica ao projeto*, assinada pelos editores de *O Estado de São Paulo*, destacou as vozes críticas ao Renape, em especial a irreversibilidade do processo de unificação, o cruzamento de informações sobre todas as atividades sociais, políticas e de trabalho e trechos do relatório do Grupo de Trabalho Interministerial, que sinalizavam atenção aos debates promovidos pela Assembleia Nacional da França em torno dos problemas de informática e liberdades individuais. Nessa matéria, a socióloga Maria Teresa Oliveira, que posteriormente integrou a Escola Nacional de Saúde Pública, criticou a fragilização da sociedade democrática, que pressupõe cidadãos ativos e motivados a participarem do processo político sem medo de consequências. Fazendo referência ao trabalho de organizações internacionais, o Jornal recomendou que se identificassem as dimensões sociais do problema, que fosse criada uma regulamentação para os fluxos de dados e que as questões fossem resolvidas dentro do âmbito institucional legal (AMEAÇA..., 1977).

Em 10/09/1977, o mesmo jornal publicou a matéria *Faoro manifesta-se contra registro único*, sinalizando publicamente ao governo o posicionamento de oposição do Conselho Federal da Ordem dos Advogados do Brasil. Faoro advertiu que o projeto para a adoção do Registro Nacional de Pessoas não poderia ser genérico, já que envolvia direitos e obrigações da pessoa humana, e classificou o projeto como "sistema policialesco". Ao jornal, Faoro declarou que "em países verdadeiramente democráticos tal medida causa polêmica em todos os setores da sociedade" e que, no Brasil, "a adoção desse sistema passa a representar o controle do governo sobre a lei" (FAORO..., 1977, p. 12). Em alinhamento ao posicionamento de Maria Teresa Oliveira, Raymundo

Faoro criticou o déficit democrático do processo e a ausência de participação política nos debates sobre unificação dos registros civis.

Apesar de não ter se dedicado ao tema da proteção de dados pessoais de forma específica, Raymundo Faoro tinha preocupação profunda com a imposição de medidas restritivas às liberdades e com o problema da "voluntária participação no universo das relações sociais" (FAORO, 1982, p. 49), no sentido de aproximação entre autonomia e liberdade política. Em escritos posteriores à polêmica do Renape – que se encerrou em 1979, após o abandono do projeto pelo próprio governo militar –, em especial no capítulo *Os fundamentos da legitimidade,* que integrou o ensaio *Assembleia Constituinte: a legitimidade recuperada,*[7] Faoro teorizou sobre como a autonomia, como "decantação da liberdade, no ponto que prevê a aprovação e o consentimento", demanda a existência de uma opinião pública forte, liberdades civis e liberdades físicas, tendo como premissa que "todos os indivíduos têm valor político igual, com os mesmos direitos à liberdade e à participação" (FAORO, 1982, p. 50). Para Faoro, o problema da autonomia e da autodeterminação exigia uma noção renovada de consentimento, não como negociação ou barganha, pois não se trata de "concessão de uma coisa em troca de outra", mas sim da "interpenetração dos pontos de vista", na partilha de valores, para se evitar a desagregação da comunidade, numa "ação consentida" que só se revela se forem "abertos os canais de comunicação ou, no mínimo, dotada de aquiescência" (FAORO, 1982, p. 51).

Em outras palavras, no pensamento de Raymundo Faoro havia uma conexão intrínseca entre legitimidade, autonomia, autodeterminação e consentimento, em uma concepção política de valores compartilhados, aquiescência e oportunidade de debate público. Essa moldura intelectual ajuda a compreender os motivos de engajamento de Faoro no debate contra o Renape. Ao ser elaborado de forma secreta, sem escrutínio público e sem debates informados, o Registro Nacional falhava em atender aos critérios políticos do consentimento defendidos por Faoro. Essa perspectiva não transacional do consentimento poderia ser vista como elemento normativo de participação, controle social e envolvimento democrático em sentido republicano. Nesse sentido, há uma aproximação do pensamento de Faoro com uma dimensão política e

---

[7] Esse ensaio foi republicado pela Companhia das Letras em 2021 com introdução de Fábio Konder Comparato no livro *A República Inacabada*. A versão original foi publicada em 1981 pela Editora Brasiliense. A versão consultada é a de 1982.

coletiva da autodeterminação informativa, mais relacionada aos aspectos de "democraticidade" da ordem informacional (SARTOR, 1986).

Para Faoro, um governo forte não é o dotado de aparelhamento coercitivo, mas é aquele governo incontestável em sua legitimidade, o que exige valores compartilhados, alternativas pactuadas: "a autonomia que preside o processo de participação supõe a resistência individual e coletiva" (FAORO, 1982, p. 52). Isso estimula, por sua vez, uma "confiança, que vem de baixo, renovável e aberta, [que] estimula a mudança, a inovação e o movimento" (FAORO, 1982, p. 54). É a partir desse conjunto de críticas, centrado na tese de uma ordem jurídica ilegítima, que o Renape foi contestado pela Ordem dos Advogados do Brasil, abrindo espaço para uma teorização sobre as relações entre privacidade e liberdade assumida pelo jurista paranaense René Ariel Dotti.

1.1.4.2. *RENÉ ARIEL DOTTI E AS TESES APRESENTADAS NO CONGRESSO DE MANAUS DE 1980*

Um ano antes da realização da emblemática VII Conferência Nacional da OAB, realizada em Curitiba, o advogado paranaense René Ariel Dotti, formado pela Universidade Federal do Paraná, iniciou um trabalho de investigação sobre os contornos jurídicos do "direito à intimidade", a partir de sua experiência como advogado de presos políticos, professores, sindicalistas e jornalistas perseguidos pela ditadura brasileira. Aos 43 anos, Dotti já era um renomado advogado em Curitiba e fortemente ligado à Ordem dos Advogados do Brasil, no período de presidência de Faoro. Por defender pessoas consideradas subversivas e inimigas à ordem política existente, René passou a ser considerado um "agente subversivo, um agitador, conforme mostram documentos produzidos na época pela disputa pela liderança da Ordem dos Advogados do Brasil do Paraná" (VICENTE; ZANATTA, 2021).

Partindo de um concurso de letras jurídicas criado pelo governo do Paraná, René Ariel Dotti estudou a polêmica do Renape e as experiências jurídicas dos EUA, Portugal e França, com enfoque na problemática do uso abusivo da informática. Inspirado na experiência portuguesa, que incluiu na Constituição uma vedação expressa à discriminação com base em informações políticas e de associação, "René passou a discutir a privacidade pelo prisma da liberdade informática, ou seja, pela concepção de contenção de abusos no uso de bancos de dados a partir de uma ideia das liberdades políticas" (VICENTE; ZANATTA, 2021). Motivos não faltavam para essa dimensão política: não só clientes de Dotti haviam sido alvo de perseguição e monitoramento, como ele próprio também foi submetido a essas situações. Em conversas com membros do Ministério Público e colegas de profissão, Dotti foi alertado que agentes da ditadura haviam realizado uma devassa em seu Imposto de Renda em busca de evidências de que tivesse recebido dinheiro da China e da Rússia. Em uma versão brasileira do macarthismo de que falou Alan F. Westin (2019), ele próprio passou a ser observado, monitorado e fichado.

A cristalização do trabalho de pesquisa de Dotti ocorreu com a publicação do livro *Proteção da vida privada e liberdade de informação*, um dos primeiros livros a apresentar um diálogo com as teorias de privacidade de Alan F. Westin. Seguindo o raciocínio de Westin, Dotti defendeu que a vida privada deveria constituir uma "cidadela" onde estivessem abrigados os quatro estados característicos da privacidade: a *solidão*, quando a pessoa fica só por autodeterminação; a *intimidade*, quando o indivíduo está em companhia de outrem ou de um pequeno grupo; o *anonimato*, que consiste no interesse de não ser identificado na rotina do dia-a-dia; e a *reserva*, como vontade de não revelar certas coisas sobre si mesmo (DOTTI, 1980). Para Dotti, ao passo que a intimidade seria um valor protegido, as condições tecnológicas e sociais existentes demandariam uma "esfera mais lata" de proteção, partindo do conceito mais amplo de "direito à intimidade da vida privada" (DOTTI, 1980, p. 65-85). Refutando uma definição única e definitiva, Dotti argumentou que o bem jurídico protegido seria "móvel", "extenso" e muitas vezes limitado pelas necessidades sociais e por interesses públicos. Nesse sentido, seriam inviáveis as definições clássicas de *right to be left alone* e outras "doutrinas individualísticas" centradas em propriedade.

Em uma reflexão sobre a Declaração Americana dos Direitos e Deveres do Homem (1948); a Convenção da Salvaguarda dos Direitos do Homem e das Liberdades Fundamentais (1950); o Pacto Internacional de Direitos Civis e Políticos (1966) e a Convenção Americana de Direitos Humanos (1969), Dotti traçou os contornos do direito à intimidade como direito da personalidade, argumentando ser o direito à privacidade "extrapatrimonial, inalienável, intransferível, irrenunciável e insuscetível de expropriação" (DOTTI, 1980, p. 140). Seria, enfim, um direito misto. Seria público, na medida em que o Estado tem o dever de tutelar esse direito contra si mesmo, pelos abusos que seus agentes podem cometer. Mas também seria privado, na medida em que ampara o direito de uma pessoa contra outra, nas relações entre particulares. Assim como Stefano Rodotà (1973), Dotti negou a possibilidade de alocar tais direitos dentro de molduras rígidas do direito público ou privado. Essa tradição de pensamento sobre o caráter específico dos direitos da personalidade encontra raízes profundas em Otto von Gierke e nos trabalhos pioneiros sobre direitos da personalidade elaborados por San Tiago Dantas e Orlando Gomes em meados do século XX, que possuíam forte diálogo com o direito continental europeu (DONEDA; ZANATTA, 2022).

O argumento central de Dotti era a necessidade de afirmação de direitos constitucionais à liberdade informática, exigindo salvaguardas e controles à atividade do poder público. Em seu livro, analisou a experiência francesa da Comissão Nacional da Informática e das Liberdades (CNIL) e advogou por um regime de direitos básicos com relação aos dados pessoais, com enfoque no Brasil. Em discordância de uma abordagem puramente centrada em uma "tutela penal da intimidade" (COSTA JUNIOR, 1970) ou de uma proteção civil da intimidade, típica das relações de vizinhança e das relações sociais condominiais que assumem um conjunto de direitos e deveres (FERNANDES, 1977), Dotti buscou avançar um regime jurídico constitucional para a proteção da privacidade.

Como reconhecido em seu livro, apesar dos avanços teóricos feitos por Orlando Gomes e Pontes de Miranda na estipulação de conceitos jurídicos sobre direitos da personalidade, e de conquistas, no Código Penal de 1969, acerca do "direito à intimidade da vida privada", faltava uma disciplina mais abrangente sobre o direito à privacidade e à vida privada. Assim, concluiu que a vida privada seria um "bem jurídico indispensável ao pleno desenvolvimento da personalidade" (DOTTI, 1980, p. 149) e que sua proteção deveria se efetivar por meio de um preceito constitucional expresso e de uma legislação federal capaz de abranger as esferas de direito civil, penal e administrativo (argumento também elaborado por Westin, Miller e Rodotà no início da década de 1970).

A "disciplina constitucional da informática", nos dizeres de Dotti, deveria pautar-se pelo impedimento de atribuição de um número nacional único das pessoas naturais, um direito de acesso aos registros de caráter pessoal e um direito de retificação e supressão de informações inconsistentes e inverídicas. Além disso, deveria ser reconhecido que todo ser humano tem assegurado o direito de desfrutar livremente da intimidade da vida privada e que a vida privada era um bem jurídico indispensável ao pleno desenvolvimento da personalidade. Esses seriam direitos básicos e imunidades que deveriam ser garantidos pela

Constituição. Além disso, em forte diálogo com as teses lançadas pela professora Ada Pellegrini Grinover em *Liberdades Públicas e Processo Penal*, Dotti argumentou que a disciplina constitucional da informática deveria estipular que leis processuais deveriam excluir meios de prova que caracterizassem abusiva intromissão da vida privada.

Os mesmos argumentos foram utilizados na formulação da tese *A liberdade e o direito à intimidade*, apresentada na VIII Conferência Nacional da OAB, realizada em Manaus entre 18 e 22 de maio de 1980. A tese de René Ariel Dotti dividia-se em três partes. Na primeira, a identificação da crise da intimidade em razão do progresso da ciência e da técnica e a relação entre "ambiente e vida privada". Para Dotti, intimidade seria um sentimento, um "estado de alma" que se projetava no exterior para "ser possível viver a liberdade de amar, pensar, sorrir, chorar, rezar, enfim a liberdade de viver a própria vida e morrer a própria morte" (DOTTI, 1980, p. 130). Partindo de um diálogo com Lewis Manford e com sociólogos sobre a vida na cidade, Dotti argumentou que "o poder e a sensibilidade para a criação se atrofiam quando o sujeito de muitas habitações coletivas passa a ser também objeto de restrições que dilaceram a personalidade para converter os indivíduos em frações de um conjunto cinzento e neurótico" (DOTTI, 1980, p. 129).

Na segunda parte do ensaio, Dotti discutiu uma delimitação conceitual do direito à vida privada: os sujeitos, os objetos, as características e as exceções, a partir de um panorama de revisão de literatura jurídica especializada. Na terceira parte, apresentou um debate sobre a defesa da privacidade diante dos "novos mecanismos de intromissão" e sobre a situação do direito brasileiro, que deveria ser reformado no sentido de incluir uma disciplina constitucional da informática com a afirmação de novos direitos: direitos de acesso, de oposição, de retificação e de imunidade, no sentido de impedir o tratamento de informações relativas a "convicções políticas e filosóficas, credo religioso e intimidade da vida privada" (DOTTI, 1980, p. 149). Escrevendo cinco anos antes da Comissão Afonso Arinos, Dotti entendia que o "direito à intimidade" precisava ser visto em dimensão política e por uma matriz constitucional.

Na apresentação realizada para a Ordem dos Advogados do Brasil, em 1980, Dotti criticou a tentativa de unificação dos registros civis do Renape, apresentou um panorama legislativo comparativo (incluindo uma análise da legislação francesa e sueca e os dispositivos constitucionais sobre informática), elogiou a tentativa do Dep. Faria Lima de propor um acréscimo ao art. 153 da Constituição da República e propôs uma nova conceptualização da privacidade, defendendo que "o respeito à privacidade envolve não só o direito de impedir a compilação de certos dados de natureza íntima que não podem ser levados a registro como, também, a possibilidade de corrigir informações inexatas, inoportunas ou desatualizadas, prevenindo a sua utilização abusiva" (DOTTI, 1980, p. 143). Para Dotti, o controle teria como expressão fundamental "o direito ao acesso de cada indivíduo identificado, no que se refere ao conteúdo e à difusão dos dados, de modo a garantir uma adequada proteção das liberdades públicas em geral e da defesa da privacidade em particular" (DOTTI, 1980, p. 143).

De forma bastante pioneira, o pensamento de René Ariel Dotti encontra paralelos importantes com as teorias fundantes da disciplina de proteção de dados pessoais. Sua análise sobre as limitações de uma dimensão proprietária ou liberal burguesa clássica, centrada em liberdades negativas, por exemplo, aproxima-se da teoria de Rodotà sobre a transição da privacidade à proteção de dados pessoais. Igualmente os aproxima sua defesa de que a tutela da *privacy* seja estruturada "como o direito de cada pessoa à manutenção de controle sobre seus próprios dados" (RODOTÀ, 2014, p. 33) e a mudança mais profunda de "interferência na esfera privada", considerando-se o cotidiano urbano, o registro massivo de informações por computadores e os potenciais usos abusivos de informações armazenadas em uma multiplicidade de bancos de dados (RODOTÀ, 2014, p. 34). Em contraposição a uma tutela estática de liberdades negativas, uma tutela dinâmica, que "segue os dados em suas circulações" (RODOTÀ, 2014, p. 35), redistribui o poder social e jurídico e gera poderes de controle de intervenção que não interessam somente ao indivíduo, mas a toda a sociedade.

O que parece notável no pensamento de Dotti é uma capacidade de compreensão de que o debate sobre violação do direito à intimidade no Brasil estava ocorrendo de forma dispersa no direito brasileiro – em discussões muito específicas do direito civil, do direito penal e das transformações do processo penal –, sem uma formulação unitária, atrelada aos direitos da personalidade, e uma compreensão de liberdades públicas no contexto democrático. Dotti também foi capaz de elaborar uma estrutura argumentativa mais sofisticada do que a previamente elaborada pelo deputado José Roberto Faria Lima, que apelava a um conjunto de narrativas sobre erosão da liberdade e a um caráter nefasto das novas tecnologias no sentido de controle social. De forma mais lúcida e mais orientada às potencialidades do uso correto das novas tecnologias da informação, Dotti buscou formular uma estrutura básica para uma disciplina constitucional da informática.

Apesar de não avançar na explicação do conteúdo de uma possível legislação federal abrangente em proteção de dados pessoais, a maior contribuição de Dotti talvez esteja em estabelecer uma conexão profunda com o espírito de sua época, no sentido de explicitação da dimensão política da privacidade e de uma urgência de superação do quadro de uma "ordem jurídica ilegítima" (FAORO, 1982), caracterizada pelos usos autoritários da informação e por práticas ostensivamente violadoras de direitos. Como será visto a seguir, essas ideias possuem uma relação com o instrumento do *habeas data*, que, apesar de não ter se concretizado de forma eficaz e de não ter sido organizado de forma a operar em uma lógica de tutela integral da personalidade (DONEDA, 2006), ocupou um papel relevante na tentativa de "desarmar as estruturas do autoritarismo" (PINHEIRO, 1985, p. 67) no contexto da criação da Assembleia Constituinte, no período de transição para a Nova República.

1.1.5. AS LIMITAÇÕES E OBSTÁCULOS DA AFIRMAÇÃO DA PROTEÇÃO DE DADOS PESSOAIS NA TRANSIÇÃO PARA A NOVA REPÚBLICA

Os anos de 1980 a 1985 foram caracterizados por um triplo processo no que toca à tentativa de afirmação da proteção de dados pessoais no Brasil, que se mostrou frustrada e eclipsada por um conjunto de preocupações maiores sobre a eliminação de um "sistema fortemente repressivo e concentrador de riqueza" (DALLARI, 1985, p. 110), o combate a uma ordem jurídica ilegítima (FAORO, 1982, p. 35-48) e a formulação de uma arquitetura jurídica constitucional que pudesse fixar "regras garantidores de uma permanente mudança rumo à justiça social" (DALLARI, 1985, p. 113). Esses processos foram a tentativa de inclusão de direitos de proteção de dados na Política Nacional de Informática, o surgimento de múltiplos projetos de lei sobre o assunto e o fracasso de aprovação de uma lei federal, com uma mudança de estratégia para uma "estadualização da proteção", como defendeu Ricardo Saur no início da década de 1980 (SAUR, 1984).

As evidências aqui apresentadas desmontam o argumento de que o Brasil não possuía preocupações com a proteção de dados pessoais nos anos 1980. As preocupações existiam, mas não foram capazes de mobilizar qualquer tipo de apoio estatal ou de se tornar agenda prioritária por partidos políticos. O período foi marcado por importantes transformações sociais que ocorriam com o "novo movimento sindical" (MOREIRA ALVES, 1984, p. 240-265) e pela seletividade da repressão para classes trabalhadoras – ou seja, o deslocamento das atenções dos militares para as grandes mobilizações feitas pelo Sindicato dos Metalúrgicos do ABC Paulista. Além disso, também nesses anos ocorreram a negociação da anistia política com os partidos e a "liberalização controlada da abertura", formulada pelo General Golbery do Couto e Silva, em um contexto social marcado por altos índices de desemprego (12,3% da população em 1981), subnutrição da população (70% da população brasileira com consumo diário de calorias abaixo do adequado), processos inflacionários e o fantasma da fome, responsável por 40% dos óbitos das crianças em 1983 (MOREIRA ALVES, 1984, p. 280-295).

Diante desses enormes problemas sociais de maior relevância (inflação, fome, desemprego), não causa espanto que a proteção de dados pessoais tenha ficado em segundo plano. Isso não impediu, no entanto, que deputados progressistas conectados com a temática da informática tentassem avançar com projetos inovadores para sua época, contendo "protoprincípios" que hoje podemos identificar na Lei Geral de Proteção de Dados Pessoais.

Explica-se, a seguir, a natureza dessas experiências de afirmação de direitos em um período de negociações para encerramento da experiência ditatorial militar e para a reconstrução de um regime político democrático, reinaugurado pela Constituição Federal de 1988.

1.1.5.1. A TENTATIVA FRACASSADA DE PROTEÇÃO DE DADOS PESSOAIS NA LEI DA POLÍTICA NACIONAL DE INFORMÁTICA: UMA CRÍTICA AO FORMALISMO

O primeiro processo relevante nesse período histórico foi a tentativa de afirmação de direitos à privacidade e à proteção de dados pessoais pela comunidade técnica que elaborou uma primeira proposta para a Política Nacional de Informática de 1984, apresentada ao Congresso Nacional em 1981. Os objetivos da política eram a nacionalização gradativa de partes e componentes de equipamentos, a fabricação de computadores e componentes por empresas de capital eminentemente nacional e o desenvolvimento de tecnologia própria, através da integração universidade-indústria.

Como argumentado por Bernardo Lins – e como explicado anteriormente, a partir do aprofundamento das críticas de profissionais de processamento de dados, diante do caso do Renape –, já existia, no seio da comunidade informática brasileira, uma massa crítica sobre a importância de definição de princípios básicos com relação ao uso adequado de dados pessoais e de um conjunto de direitos (*data rights*), como o direito de acesso, de oposição e de retificação de informações pessoais, aliado a deveres de transparência que impediriam a existência de bases de dados secretas pelo poder público e pelo setor privado.

O Projeto de Lei 5.332/1981, apresentado pela Deputada Cristina Tavares (PMDB-PE), foi acompanhado de perto pela Associação de Profissionais de Processamento de Dados (APPD), pela Ordem dos Advogados do Brasil (OAB) e pela Associação Brasileira de Imprensa (ABI), em um longo processo de tramitação, que modificou substancialmente o texto de lei. Por meio de uma incidência promovida pela coordenação nacional das Associações de Profissionais de Processamento de Dados (APPD) – em uma disputa política e ideológica descrita por Vera Dantas em sua obra sobre a "guerrilha tecnológica" (DANTAS, 1988) –, foram apresentados requerimentos para que houvesse a participação formal dessas entidades no processo de formulação de melhorias no texto do projeto de lei. Como argumentado por Bernardo Lins, apesar de o projeto ter tido como foco a elaboração de uma política de fomento da indústria nacional de microprocessadores e computadores, houve uma recomendação para que existisse o equilíbrio entre o desenvolvimentismo e o direito à privacidade, com mecanismos de controle de bases de dados controlados por empresas públicas (LINS, 1991).

Mesmo sendo um assunto marginal, já que o foco da discussão estava em definir maneiras adequadas para a reserva de mercado, a participação de empresas estrangeiras na indústria de informática, a definição jurídica de empresa nacional e o excesso de poder concentrado no Executivo, houve a inclusão de normas sobre privacidade no art. 41, vetado pelo Presidente João Figueiredo em 1984. A partir de uma emenda apresentada pelo deputado José Eudes (PT-RJ), que encontrou ressonância em parte da oposição (SANTOS, 2003, p. 28), o Congresso aprovou a redação do seguinte artigo:

> Art. 41. As informações referentes a pessoas, arquivadas em bancos de dados, serão de livre acesso àqueles que nelas são nominados, podendo os mesmos solicitar eventuais correções ou retificações nas informações neles contidas, ficando os bancos de dados expressamente proibidos de utilizar,

> sem autorização prévia, os dados pessoais individualizados para outros fins que não aquele para o qual foram prestados.
>
> § 1º Serão registrados na Secretaria Especial de Informática todos os bancos de dados que forem operados no País.
>
> § 2º A recusa de acesso às informações previstas neste artigo e/ou a sua não correção ou retificação sujeitarão o responsável pelo banco de dados às seguintes sanções: a) se servidor público - até demissão a bem do serviço público e multa de 50 (cinquenta) a 100 (cem) salários mínimos; b) se servidor de empresa privada - até cassação do registro do banco de dados e multa de 50 (cinquenta) a 100 (cem) salários mínimos.
>
> § 3º As sanções previstas no parágrafo anterior serão aplicadas sem prejuízo de outras sanções de natureza civil e penal (SANTOS, 2003, p. 116-117).

O argumento de veto de Figueiredo foi puramente formalista. O artigo 43 da Lei 7.232/1984 dizia que as matérias referentes a programas de computador e documentação técnica associada, "e aos direitos relativos à privacidade, com direitos da personalidade, por sua abrangência", seriam "objeto de lei específica, a serem aprovadas pelo Congresso Nacional". O argumento usado pela Presidência era o de que "a privacidade não se esgota no âmbito da informática" e que deveria ser levado em consideração o Projeto do Código Civil, sob exame no Senado Federal, que "já contempla a matéria no Livro I, Capítulo II" (BRASIL, 1984, p. 9). Para Figueiredo, as normas de proteção de dados pessoais propostas no art. 41 deveriam ser refutadas, pois o Código Civil em elaboração já trataria do assunto, sendo complementadas por uma futura lei específica.

O argumento não se sustenta. Conforme constatado na *Memória Legislativa do Código Civil* (PASSOS; OLIVEIRA LIMA, 2012), o Projeto de Lei 634/1975, elaborado na Câmara dos Deputados, previa um capítulo chamado "Dos Direitos da Personalidade", submetido para votação no Senado Federal em 1984 (PLC 118/1984) e com estrutura muito próxima àquela existente atualmente no Código Civil, nos artigos 12 a 21. No entanto, as tentativas de afirmação da privacidade e do direito à intimidade no Código Civil também não foram frutíferas. Uma emenda de Tancredo Neves sobre direito à intimidade foi rejeitada. Tancredo propunha substituir o artigo "toda pessoa tem direito ao nome, nele compreendidos o prenome e o nome patronímico" pelo artigo "toda pessoa tem direito à proteção da própria intimidade" (art. 16), com um parágrafo único que dizia que, salvo se autorizadas ou necessárias à administração da justiça ou manutenção da ordem pública, a divulgação de escritos, documentos, cartas confidenciais, exposição ou utilização da imagem, deveriam ser proibidas e sem prejuízo de indenização (PASSOS; OLIVEIRA LIMA, 2012, p. 39).

Como criticado pelo deputado Brígido Tinoco (MDB-RJ), a consagração de um direito à privacidade não foi "aceita pelo eminente projetista [Moreira Alves], sob o fundamento de que a matéria não deve constar de um Código Civil" (PASSOS; OLIVEIRA LIMA, 2012, p. 39). Brígido Tinoco havia proposto, por meio da Emenda n. 44, um artigo que dizia que a vida privada do cidadão é inviolável, e, "para assegurar este direito, os juízes adotarão as medidas necessárias, a fim de impedir ou fazer cessar qualquer ato que vise à transgressão desta norma, salvo para apreciá-la nos casos de desquite, em fato alegado por uma das partes" (PASSOS; OLIVEIRA LIMA, 2012, p. 31).

Apesar de uma robusta justificativa – fundada no artigo 12 de Declaração Universal dos Direitos do Homem, no artigo 9º do Código Civil Francês de 1970 (*droit au respect de sa vie privée*), e na tese do jurista francês Lucien Martin de que o respeito à intimidade integra os direitos da personalidade –, Tinoco foi contestado pelo mentor intelectual da parte geral do Código Civil, o jurista José Carlos Moreira Alves. O argumento mobilizado foi formalista e conectado a uma necessidade de sanções penais que seriam incabíveis em um Código Civil. Para Moreira Alves, essa não seria "matéria a ser contida no Código Civil, pois o direito é privatividade e, para ser eficaz, deve ser sancionado criminalmente" (PASSOS; OLIVEIRA LIMA, 2012, p. 32). Moreira Alves também argumentou que o poder de tutela inibitória para fazer cessar o ilícito seria uma "fórmula vaga e perigosa", dada a ausência de limites para a atuação judicial preventiva (medidas necessárias para impedir a transgressão da norma) e a não necessidade de provocação do interessado. Em diversos textos, Moreira Alves revelou um perfil conservador bastante arraigado, contrário às experimentações e à introdução de princípios no direito civil. Ele defendia um Código Civil com institutos de "estratificação necessária para figurar em uma codificação" (MOREIRA ALVES, 1999, p. 9).

Para o deputado Tinoco, o argumento conservador de Moreira Alves seria infundado, pois tanto o Código Civil da França quanto o de Portugal já tratavam da vida privada como componente dos direitos da personalidade. Citando o livro *Le droit au respect de la vie privée* de Jacque Velu da Universidade Livre de Bruxelas, Tinoco argumentou que era hora de superar um "tratamento subestimado" (VELU, 1974) das instituições ao tema da vida privada: "trata-se de matéria imposta pela vida moderna e o nosso futuro Código Civil daria um passo à frente se seguisse os exemplos da legislação moderna" (PASSOS; OLIVEIRA LIMA, 2012, p. 33), argumentou o deputado.

A partir de uma emenda substitutiva do deputado Ernani Satyro (Arena-PB), retirou-se a parte que tratava do casamento, tornando-se vencedora a proposta de Brígido Tinoco, que só se concretizou em 2002 no ordenamento jurídico brasileiro (art. 21 do Código Civil, que prevê que "a vida privada da pessoa natural é inviolável, e o juiz, a requerimento do interessado, adotará as providências necessárias para impedir ou fazer cessar ato contrário a esta norma"). Já José Roberto Faria Lima, assim como Tancredo Neves, saiu derrotado. Ele havia proposto uma regra geral de proibição, para órgãos oficiais, com relação ao "uso de informações, de caráter pessoal, em finalidade diversa da que determinou a prestação das mesmas". Para Faria Lima, "a proliferação da informática" exigiria regras específicas para evitar abusos e proteger a liberdades das pessoas. No entanto, a proposta foi refutada, por não tratar de direito civil e por ser "eminentemente de direito administrativo, disciplina que necessita ser codificada, quanto antes", conforme parecer de Brígido Tinoco. Nota-se como discussões formalistas sobre "áreas do direito" dificultaram o avanço de debates legislativos sobre proteção de dados pessoais.

Nesse sentido, analisando em detalhe os debates legislativos do passado no Brasil, nota-se como havia uma grande dificuldade de se conceber a natureza dessa disciplina jurídica emergente que, por sua natureza, não poderia ser pensada nos termos clássicos de divisão entre direito privado e o direito público (RODOTÀ, 1973). Apesar do avanço da construção teórica dos direitos da personalidade na formulação de uma nova versão do Código Civil nas décadas de 1970 e 1980, prevaleciam ideias e mentalidades coletivas de que a tutela da intimidade era assunto de direito penal – um diagnóstico realizado por René Ariel Dotti (1980) – e que uma redefinição regulatória e administrativa com enfoque em proteção de dados pessoais seria assunto administrativista, exclusivo ao domínio do direito público. De fato, o Projeto de Código Civil abriu "um capítulo para os direitos da personalidade, estabelecendo-se não uma disciplina completa, mas os seus princípios fundamentais" (MOREIRA ALVES, 1999, p. 7), porém não houve avanço significativo para a disciplina adequada da proteção de dados (DONEDA, 2006), que deveria aguardar uma legislação específica, nos termos do art. 43 da Lei de Informática de 1984.

1.1.5.2. AUTOMAÇÃO, DIREITOS DE ACESSO E PROTEÇÃO DE DADOS PESSOAIS EM CRISTINA TAVARES

O segundo processo importante desse período foi a tentativa fracassada de criação de leis federais sobre proteção de dados pessoais no período concomitante à formulação da Política Nacional de Informática.

Uma das atuações mais destacadas foi a da Deputada Cristina Tavares (MDB-PE), falecida precocemente em 1992. Nascida em Garanhuns, em Pernambuco, formou-se em línguas neolatinas na Faculdade de Filosofia do Recife e ganhou notoriedade como jornalista, trabalhando em jornais como Jornal do Commercio, Diário de Pernambuco e Correio Braziliense. Foi intérprete de Jean-Paul Sartre e Simone de Beauvoir em suas visitas ao Recife em 1960 e, segundo biógrafos, relacionou-se com Sartre nesse período (COLOMBO, 2006). Tavares tinha, também, uma relação de proximidade com Miguel Arraes, notório líder político de orientação socialista (TAVARES; MENDONÇA, 1979).

Tavares havia acompanhado, por dois anos, o trabalho do Movimento Democrático Brasileiro, ao percorrer o país acompanhando o deputado Ulysses Guimarães. Influenciada por Fernando Lyra (FILHO, 2013), largou o jornalismo e ingressou na política em 1978. Nesse ano, foi a terceira nordestina a conseguir uma vaga na Câmara dos Deputados (após Nita Costa e Necy Novaes). No MDB, tornou-se a primeira mulher a liderar uma bancada na história do parlamento. Em 1984, publicou o livro *Informática: a batalha do século XXI* (TAVARES; SELIGMAN, 1984).

Tavares assumiu o cargo de deputada em momento importante para o feminismo no Brasil. Conforme argumentado pela socióloga Ana Alice Alcântara Costa, no livro *As Donas no Poder*, diversas correntes do movimento feminista autônomo buscaram "construir formas de articulação" (COSTA, 1998, p. 108), por meio dos Encontros Nacionais Feministas (1977) e dos Encontros da Mulher Trabalhadora (1978), a partir da agenda de um decênio lançada pela ONU na realização da *I Conferência Mundial da Mulher*, que reuniu 133 delegações e 4.000 ativistas. O Movimento Feminismo pela Anistia havia criado o jornal *Brasil Mulher* em 1975 e, em 1976, fundou-se o jornal *Nós Mulheres*. Tavares pertencia "a várias associações de mulheres em Recife" (COSTA, 1998, p. 110) e destacou-se como uma lutadora pela causa feminista. Além de defender firmemente a legalização do aborto, "o que lhe causou muitos problemas com a Igreja Católica" (COSTA, 1998, p. 110), Tavares participou da Comissão Especial de Revisão do Código Civil, levando pautas construídas por organizações feministas, e orientou-se à ampliação das liberdades democráticas e à melhoria das condições de vida da classe trabalhadora.

É importante situar a atuação de Tavares, partindo de um campo progressista, para compreender sua estratégia de acesso ao tema da proteção de dados pessoais. Como reconhecido no Brasil (DANILO, 2021; BIONI; RIELLI, 2022), Cristina Tavares foi uma das parlamentares pioneiras no debate sobre proteção de dados pessoais ao formular o Projeto de Lei 2.796/1980, que "plantou sementes para o campo" (BIONI; RIELLI, 2022, p. 101). Em 1980, partindo de uma análise comparativa entre as legislações de França, Alemanha, Canadá e Suécia, Tavares (1980) buscou definir o "direito de todos os cidadãos conhecer e contestar as informações e as razões utilizadas nos bancos de dados sobre sua pessoa" (art. 1º) e impedir que decisões da Justiça pudessem "apreciar o comportamento do cidadão" tendo como fundamento "informações prestadas pelos bancos de dados" (art. 2º). A justificativa do projeto de lei fazia menção expressa a essas leis internacionais, pontuando que "a questão da privacidade é, sem dúvidas, a mais polêmica das questões" na "era do computador".

Para Tavares, o escândalo de Watergate nos EUA de 1974 foi um dos grandes impulsionadores do debate sobre uma legislação federal, garantindo que bancos de dados federais fossem conhecidos pelo público. Para ela, as mudanças no Código Civil francês para proteção da "vida privada" e a introdução, no Canadá, de normas sobre proteção da vida privada seriam evidências de que países economicamente avançados possuíam preocupações com princípios e os direitos fundamentais do homem.

O projeto teve uma guinada em junho de 1981, quando Tavares formulou um substitutivo, dando centralidade ao princípio da finalidade. Em 23/06/1981, Tavares apresentou substitutivo ao Projeto de Lei 2.796, propondo, no artigo 1º, a seguinte redação:

> Toda entidade que manipula informações de caráter pessoal fica obrigada a mencionar a finalidade desses dados e usá-los somente para essa finalidade, ficando proibida sua transmissão a terceiros, sob quaisquer pretextos. Parágrafo único. Exclui-se da proibição constante deste artigo a mera informação sobre o cumprimento das obrigações mercantis. (TAVARES, 1981b)

Três anos depois, a deputada desistiu do projeto. Em junho de 1981, Tavares havia afirmado que cadastros por parte da SEI seriam inócuos diante das "necessidades operacionais das entidades de serviço público, comércio e indústria". O substitutivo de 1981 ao Projeto de Lei

2.796/1980 abandonou a estratégia de licenciamento e adotou obrigações fortes de demonstração de finalidades específicas por parte dos controladores de bancos de dados.

A atuação de Cristina Tavares não se limitou a apenas um projeto de lei. Em 1981, no mesmo ano em que apresentou a proposta de Política Nacional de Informática – em diálogo com Ivan da Costa Marques e com os engenheiros progressistas envolvidos em uma estratégia de informática no Brasil (DANTAS, 1988) –, Tavares havia tentado modificar o Regimento Interno da Câmara dos Deputados para criar uma Comissão Permanente de Informática (Câmara dos Deputados, Projeto de Resolução 238/1981). Em junho de 1981, Tavares apresentou o Projeto de Lei 4.810/1981, que possuía apenas três artigos. O principal, artigo 1º, dizia que o "o Poder Executivo, através de seu órgão competente, promoverá anualmente a divulgação, no Diário Oficial da União, do elenco de bancos de dados existentes no país" (TAVARES, 1981a, p. 6355). Na época, Tavares havia travado uma batalha em busca de mais transparência no uso de sistemas automatizados pelo poder público.

A estratégia de Tavares era criar uma obrigação de apresentação de informações sobre o universo abrangido pelo banco de dados e o tipo de informação nele contido. Em sua justificativa, Tavares criticou a criação da Secretaria Especial de Informática e sua vinculação ao Conselho de Segurança Nacional, após a "traumática troca de comando" (DANTAS, 2018) promovida pelos militares, com apoio nas informações produzidas pelo SNI.

Para ela, "a liberdade do cidadão e o sacrifício da democracia serão preços a pagar caso o acesso à informação seja privilégio de poucos" (TAVARES, 1981a, p. 6355). Como sustentou na apresentação do projeto, "nada mais lógico que sejam oferecidas à comunidade a relação desses bancos de dados, com sua respectiva atuação, para que todo indivíduo tenha conhecimento de onde são processados os informes do interesse próprio e da coletividade em geral" (TAVARES, 1981a, p. 6355).

O projeto teve longa tramitação, sendo aprovado em 1982 com parecer favorável em Comissão Temporária e com aprovação em plenário em abril de 1983. Após aprovação no Senado Federal em 1984, foi submetido para sanção em março (BRASIL, 1985, p. 1398). Em abril de 1985, foi vetado totalmente, frustrando os planos de Cristina Tavares, reforçando a análise da sociologia jurídica da época, que havia diagnosticado que o "Estado brasileiro, sob a vigência do burocrático autoritarismo, manteve sob controle, através de mecanismos burocráticos, o fluxo da informação da mais variada procedência" (PIANCÓ MORATO, 1985, p. 2), com pouca transparência e afirmação de direitos básicos, aos cidadãos, como o direito à informação.

Em 1984, Cristina Tavares apresentou dois projetos de lei emblemáticos e, de certo modo, pioneiros. Em junho de 1984, apresentou o projeto de Lei n. 3.684/1984, que previa regras sobre utilização de robôs, computadores e processos de automação do trabalho. Em sua justificativa, Tavares argumentou que era preciso "fazer opções radicais" em defesa de uma "discussão democrática da matéria do ponto de vista dos trabalhadores" (TAVARES, 1984a, p. 4912). Para ela, a ação política deveria repartir os "custos sociais" da revolução tecnológica da informática. Para tanto, sua proposta consistia em duas regras básicas.

A primeira era que a utilização de robôs e computadores que acarretasse na supressão da mão de obra somente pudesse ocorrer "mediante acordo celebrado entre a empresa e o sindicato da categoria profissional" (TAVARES, 1984a, p. 4911). A segunda era que o emprego das máquinas e automações somente poderia ser realizado "se as empresas assegurassem outra função aos empregados afetados pelo processo de automação do trabalho, sem prejuízo do salário percebido na função anterior" (TAVARES, 1984a, p. 4911). O projeto não teve desdobramentos significativos e foi arquivado em 1989, três anos antes do falecimento de Tavares nos EUA. O debate sobre automação do trabalho, no entanto, passou a ter desdobramentos constitucionais e no campo do direito do trabalho. No Brasil, o art. 7º, inciso XXVII, da Constituição Federal prevê que os trabalhadores possuem o direito de proteção em face da automação, "na forma da lei", um ponto ainda pouco debatido e regulado (SILVA, 1996).

Em novembro de 1984, alguns meses após o pioneiro projeto sobre automação no ambiente de trabalho e o veto presidencial de Figueiredo ao artigo sobre privacidade na Lei 7.232/1984, Cristina Tavares apresentou, na Câmara dos Deputados, um projeto de 34 artigos, divididos em cinco capítulos, para assegurar o direito à intimidade e regular o estabelecimento e o funcionamento de bancos de dados pessoais (Projeto de Lei 4.646/1984). O projeto consistia em uma versão expandida e distinta do Projeto de Lei 2.796/1980, tido como pioneiro no debate sobre proteção de dados pessoais no Brasil e que continha regras proibitivas sobre "tratamento automatizado de informações nominativas" e uso de informações de bancos de dados em decisões da Justiça (TAVARES, 1980, p. 2395).

Tavares definiu o tratamento automatizado como "todo o conjunto de operações realizadas pelos meios automáticos e que permitem, sob qualquer forma, a identificação das pessoas físicas às quais elas se aplicam". O artigo 3°, parágrafo 1° do Projeto de Lei dispunha que "os tratamentos automatizados de informações nominativas efetuados por conta de pessoas outras que as nomeadas neste artigo devem, previamente, à sua execução, ser objeto de consulta à Secretaria Especial de Informática" (TAVARES, 1980, p. 2395). Na lógica do projeto, os tratamentos automatizados deveriam ser decididos por ato regulamentar tomado de acordo com parecer prévio da Secretaria Especial de Informática. O que se buscava, para usar uma terminologia do cientista político Colin Bennett, era um "modelo de licenciamento" (BENNETT, 1988) prévio dos tratamentos automatizados, que deveriam ocorrer pela SEI.

Em um trabalho legislativo significativamente superior ao de José Roberto Faria Lima em 1977, muito mais centrado em uma lógica de "registro" (BENNETT, 1988), e ao seu próprio trabalho de 1980, o Projeto de Lei 4.646/1984 apresentou algumas contribuições significativas para o debate. Primeiro, em uma dimensão conceitual, definiu dados pessoais como "todas as informações referentes a pessoas físicas ou jurídicas a partir das quais, utilizadas isoladamente ou em conjunto, a identidade de tais pessoas possa ser estabelecida ou deduzida" (TAVARES, 1984b, p. 14403). Nesse sentido, já existia uma "orientação maximalista" (BIONI, 2020) do conceito de dado pessoal, abrangendo informações relacionadas a uma pessoa natural identificável.

Tavares também definiu, como banco de dados, "todo conjunto de arquivos que contenha dados pessoais com o objetivo de transferência a terceiros" e como usuário de banco de dados, "toda pessoa, externa à organização do banco de dados, que possa, legitimamente, receber ou ter acesso às informações nele contidas ou por ele geradas" (TAVARES, 1984b, p. 14403). Esse enfoque no usuário das bases de dados revela, também, o espírito de uma época.

Partindo da proposta de licenciamento e autorização de usos de bases de dados de matriz francesa e escandinava, já conhecida nos círculos da OCDE e presente em muitas legislações (GASSMAN; PIPE, 1974; NOGUEIRA RAMOS, 1977; OLIVEIRA, 1977), a proposta de Tavares consistia em atribuir ao Conselho Nacional de Informática e Automação (CONIN) o poder de autorização e funcionamento de bancos de dados pessoais.

Considerando o desmantelamento da CAPRE em 1979 pelas forças autoritárias e anticomunistas do governo militar e a estruturação autoritária da Secretaria Especial de Informativa (VIANNA, 2016), Cristina Tavares propôs uma redução completa do poder normativo da SEI com relação à regulação dos bancos de dados pessoais. De acordo com o texto apresentado, a SEI seria proibida de produzir "decisões de caráter normativo", ao passo que a CONIN teria competência para "decidir sobre pedidos de transferência de dados pessoais para fora do território nacional, em casos de comprovada necessidade e desde que preservado o direito à intimidade e os interesses nacionais" (TAVARES, 1984b, p. 14403). A estratégia de Tavares era, de certo modo, diminuir a influência indireta exercida pelos militares na SEI, deslocando o poder normativo para outro Conselho.

Para evitar uma militarização da autoridade de proteção de dados, o CONIN deveria ter um membro adicional com "notável saber jurídico", por indicação do Conselho de Defesa dos Direitos da Pessoa Humana. De acordo com o texto proposto por Tavares, essa autoridade deveria "promover as medidas necessárias à consecução dos objetivos da presente lei, inclusive enviando peças ao Ministério Público para os procedimentos penais cabíveis" (TAVARES, 1984b, p. 14403). Nota-se, aqui, o reconhecimento do papel desempenhado pelo Ministério Público, que, na década de 1980, havia assumido grande protagonismo nas reformas jurídicas e na ampliação de sua capacidade de defesa de direitos difusos, em um processo de "reconstrução institucional" (ARANTES, 1999) associado à normatização de direitos coletivos e de novos instrumentos processuais.

É notável, no texto de Tavares, o espírito de uma época e uma forte crença nos modelos jurídicos centrados em identificação das bases de dados existentes por uma autoridade pública, o controle sobre finalidade do uso das informações e a repressão penal. A estratégia pensada pela parlamentar pode ser explicada nos seguintes termos. Primeiro, existiria o Registro Nacional de Bancos de Dados Pessoais. Nesse registro, constariam todos os bancos de dados pessoais existentes. A inscrição, pelo setor público e privado, conteria um conjunto mínimo de informações a respeito do banco de dados. Por exemplo, conforme art. 10 do projeto de lei, o registro conteria a identificação da pessoa que pretende operar, natureza e origem dos dados, facultatividade ou obrigatoriedade de fornecimento de cada tipo de dado coletado, formas e instrumentos de coleta, estabelecimento de formas de enquadramento "que impliquem em julgamento de valor", especificação dos fins dos usuários ou classes de usuários e subsistemas incorporados, inclusive os de segurança e detecção de violações de segurança.

Uma vez verificada a falha na inscrição ou uma infração legal, o banco de dados responsável ficaria sujeito à exclusão de dados ou informações específicas de seus arquivos, suspensão de autorização para operar, cassação da inscrição no Registro de Banco de Dados ou multa de trinta a cinquenta salários-mínimos (o equivalente a R$ 60.000, em valores atuais). Caberia à Autoridade (CONIN), em diálogo com o Ministério Público, a identificação desses novos tipos de ilícitos, relacionados ao descumprimento dos parâmetros mínimos de como uma base de dados pessoais poderia ser organizada.

Um segundo movimento do projeto de 1984 de Tavares foi uma formulação conceitual do que seria o "direito à intimidade", assegurado por lei. Ele seria uma espécie de *bundle of rights*, constituído por quatro direitos tutelados por lei: o direito ao resguardo pessoal e exclusivo de informações; o direito à confidencialidade das informações; o direito de acesso às informações pessoais e à sua correção; e o direito à exclusão de informações pessoais.

Além disso, o direito à intimidade, na proposta de Tavares, teria algumas imunidades: ninguém poderia ser obrigado a fornecer informações sobre si próprio ou sobre terceiros, salvo nos casos especificamente previstos em lei. Ainda, o "fornecimento de dados e informações pessoais" deveria ser "resultante do ato consensual entre as partes", limitando-se "aos fins e usuários declarados explicitamente por ocasião da coleta de dados" (TAVARES, 1984b, p. 14403). Ou seja, diferentemente da proposta de Faria Lima, que não garantia centralidade ao consentimento, mas sim a um controle de finalidades de uma perspectiva regulatória, o projeto de lei de Tavares buscou condicionar o fornecimento a um ato consensual entre as partes, com implicações para todo o direito privado. Pensando nas hipóteses de coleta de dados de forma verbal, especialmente de população não alfabetizada, Tavares também propôs que as pessoas deveriam ser previamente informadas sobre o banco de dados em que a informação seria registrada, o número da inscrição do banco de dados, os fins ou classes de usuários a que se destinaria a informação e a facultatividade ou obrigatoriedade do fornecimento de cada tipo de informação solicitada. O descumprimento dessas obrigações implicaria "nulidade do registro e independentemente de aplicação de outras penalidades cabíveis" (TAVARES, 1984b, p. 14404).

Analisando a proposta de 1984, nota-se que o projeto de Tavares buscou formular uma espécie de "protoprincípio de minimização", consagrado nas atuais leis de proteção de dados pessoais. O princípio de minimização, também chamado de "princípio da necessidade" na LGPD, é aquele que sustenta que os dados pessoais tratados devem ser reduzidos ao "mínimo necessário para a realização de suas finalidades, com abrangência dos dados pertinentes, proporcionais e não excessivos em relação às finalidades do tratamento de dados", conforme redação do art. 6º, III, da Lei 13.709/2018. Na proposta de Tavares, ao invés de formulá-lo como um princípio estruturante, o projeto previa como uma espécie de infração (art. 18 do Projeto de Lei 4.646/1984). Seria uma infração sujeita à sanção a "coleta de dados irrelevantes ou omissos em termos dos fins previstos por ocasião da mesma" (TAVARES, 1984b, p. 14404).

De modo a garantir a utilização específica a uma finalidade previamente consensuada, o projeto de lei criou uma arquitetura institucional na qual, caso houvesse interesse em utilizar os dados para finalidades diversas daquelas previamente estabelecidas, deveria existir a "autorização prévia e específica da pessoa a que se refere" (TAVARES, 1984b, p. 14404). Essa autorização seria solicitada diretamente ou por via postal, com aviso de recebimento, presumindo-se como concedida a autorização se o interessado não se manifestasse em 30 dias. No caso de não localização da pessoa, a autorização poderia ser suprida pela SEI, "preservando os direitos à intimidade da pessoa a que se referem as informações" (TAVARES, 1984b, p. 14404). Expandindo em definitivo o rol de direitos dos cidadãos, o projeto previa os artigos 23 e 24 com noções claras sobre direito de acesso à informação;

> Art. 23. Todas as pessoas têm o direito de acesso às informações que a elas próprias se refiram, arquivadas em bancos de dados, e, bem assim, a determinar, conforme o caso, a correção, inclusão ou exclusão daquelas que provadamente forem inexatas, incompletas ou incabíveis, relativamente aos fins e usuários para os quais foram coletadas.
>
> Art. 24. Os interessados terão igualmente acesso: (a) aos termos da inscrição dos bancos de dados inscritos; (b) ao conhecimento de todos os procedimentos a que foram submetidas as informações que a elas se refiram; (c) a todas as transferências que a eles se refiram, no decurso dos prazos referidos no art. 31 desta lei (TAVARES, 1984b, p. 14404).

O projeto previa a gratuidade do direito de correção ("sem ônus"), inclusão ou exclusão de informações, quando inexatas, incompletas ou incabíveis. A lei, caso aprovada, também determinaria que seria uma infração a negativa, tácita ou expressa, de acesso à informação, o descumprimento de prazos e a não correção, inclusão ou exclusão, no prazo devido, após solicitação formalizada pelo interessado. Já os dados pessoais utilizados em bancos de dados para fins de segurança nacional seriam inscritos em separado (art. 30, Projeto de Lei 4.646/1984), devendo existir uma lei específica para determinar "os componentes do direito à intimidade" (TAVARES, 1984b, p. 14404).

Em sua justificativa, Cristina Tavares afirmou categoricamente que o projeto de lei havia sido preparado por Mario Dias Ripper, na CAPRE, em período anterior a 1984, mas que "nos marcos de um regime autoritário como o que vigia no Brasil quando da sua elaboração inicial, preocupações desta natureza não poderiam chegar a bom termo, face aos obstáculos que se antepunham a sua realização em termos legais" (TAVARES, 1984b, p. 14405). Uma vez arrefecido o cenário autoritário, seria o momento de retomar "um importante debate que tem suas raízes na própria discussão de democracia que queremos ver implantada neste país" (TAVARES, 1984b, p. 14405), sustentou Tavares. Para ela, com a intensa participação da sociedade civil na construção da Política Nacional de Informática e presença no CONIN, seria hora de "se pensar nesse tipo de problema", esperando que a Presidência da República "seja brevemente ocupada por representante das forças democráticas deste país" (TAVARES, 1984b, p. 14404).

Mesmo tendo fracassado em todas as tentativas de aprovação de leis de proteção de dados pessoais, Cristina Tavares operou em muitas frentes. Buscou, inicialmente, uma estratégia de licenciamento. Mudou, posteriormente, para um enfoque em princípios de finalidade e supervisão das atividades. Por fim, teorizou sobre um "feixe de direitos" mais complexo e as dificuldades de consentimento livre e informado em um país profundamente desigual. Operando no final do contexto autoritário, Tavares criticou o domínio da SEI pela estrutura de Segurança Nacional e buscou construir uma agenda cívica com relação aos dados pessoais.

1.1.5.3. *LIBERDADES INFORMÁTICAS E O PROJETO DE FREITAS NOBRE*

Cristina Tavares não foi a única a atuar politicamente nessa agenda. Em dezembro de 1984, o deputado José Freitas Nobre (PMDB-SP), advogado e jornalista de destaque no campo progressista, apresentou o Projeto de Lei 4.856/1984, que buscava disciplinar o direito de acesso do cidadão aos bancos de dados e compatibilizar o "exercício da informática com as liberdades". Trata-se de um projeto de lei profundamente ignorado na literatura nacional e que apresentou aspectos substanciais do que atualmente existe na Lei Geral de Proteção de Dados Pessoais.

José Freitas Nobre nasceu em Fortaleza em 1921 e formou-se pela Faculdade de Direito da Universidade de São Paulo em 1948. Jornalista e atuante pelo Partido Socialista Brasileiro (PSB), Nobre foi presidente do Sindicato dos Jornalistas Profissionais do Estado de São Paulo. Após realizar doutorado em Direito da Informação em Paris, tornou-se deputado em 1971 pelo MDB e, em 1972, teve seu contrato rompido pela Escola de Comunicação da Universidade de São Paulo. Foi um dos mais severos críticos à Lei de Segurança Nacional e às restrições à liberdade de imprensa. Foi professor catedrático da Faculdade de Jornalismo Cásper Líbero e presidente do Diretório Latino-Americano de Jornalistas.

Partindo de sua formação como jurista pela Faculdade de Direito da Universidade de São Paulo e de sua tese de doutorado, intitulada *Le droit de réponse et la nouvelle technique de l'information,* defendida na *Faculté de Droit et Sciences* Économiques na Universidade de Paris (NOBRE, 1970), Freitas Nobre consolidou no Projeto de Lei 4.856/1984 um conjunto de preocupações sobre o tratamento automatizado de dados pessoais e os direitos básicos que os cidadãos deveriam ter sobre o fluxo da informação, em um projeto de lei com 45 artigos e uma estrutura sofisticada, com forte inspiração na legislação francesa.

Ao apresentá-lo, Freitas Nobre argumentou, em consonância com o diagnóstico de Tavares (TAVARES; SELIGMAN, 1984), que a aprovação da Política Nacional de Informática e a rápida adoção da informatização não poderiam ficar desacompanhadas de novos direitos pelos cidadãos:

> O cidadão e a sociedade não podem ficar à mercê de toda uma estrutura informatizada, sem articular os meios de defesa de sua própria privacidade. O problema assume aspectos sociais, econômicos e políticos sem conta e o legislador não pode aguardar o fato consumado, deixando que o prejuízo e as lesões se processem sem a devida limitação legal. O presente projeto é fruto de estudo e de aproveitamento da legislação já em vigência em vários países, merecendo destacar a francesa, sempre a mais preocupada com a defesa dos direitos humanos e da comunidade, por consequência. [...] O presente projeto é apenas um passo para que os ilustres colegas de Parlamento possam, retificando-o e aperfeiçoando-o, dar ao país uma legislação

atualizada e dinâmica num setor de profundo comprometimento com as liberdades públicas e individuais (FREITAS NOBRE, 1984, p. 15970).

Seu projeto foi pioneiro em muitos aspectos, tanto por uma perspectiva conceitual, quanto por uma perspectiva de estratégia regulatória. Para Nobre, os dados pessoais seriam "as informações que permitam, sob qualquer forma, direta ou indiretamente, a identificação de pessoas físicas às quais se apliquem, quer o tratamento efetuado por uma pessoa física ou por uma pessoa jurídica" (FREITAS NOBRE, 1984, p. 15968). O tratamento automatizado de dados pessoais seria "o conjunto de operações realizadas por meios automatizados, relativos a coleta, registro, elaboração, modificação, conservação e destinação dessas informações" (FREITAS NOBRE, 1984, p. 15968), incluindo operações sobre a exploração de arquivos ou bases de dados como interconexões, comparações, consultas ou comunicações.

Operando por uma lógica jurídica de imunidades e proibições – regras gerais de proibição, nos moldes das leis europeias de proteção de dados pessoais –, José de Freitas Nobre introduziu uma ideia embrionária de "dados sensíveis", inexistente, até então, nos projetos de Faria Lima e Tavares. Sua proposta de art.29 dizia:

> Art. 29. É proibido colocar ou conservar em memória informatizada, salvo autorização expressa do interessado, de dados pessoais que direta ou indiretamente, revelem as origens raciais ou as opiniões políticas, filosóficas, religiosas ou sua filiação sindical. Parágrafo único. As igrejas ou os agrupamentos de caráter religioso, filosófico, político ou sindical, podem manter registro de seus membros ou de seus correspondentes sob forma automatizada, não podendo ser exercido nenhum controle contra eles (FREITAS NOBRE, 1984, p. 15970).

Considerando a centralidade de liberdade de expressão e da liberdade de imprensa – temas muito caros a José Freitas Nobre, enquanto membro ativo da resistência democrática e do jornalismo (NOBRE, 1970; NOBRE, 1987) –, a proposta definiu que essas disposições não se aplicariam às informações pessoais tratadas pelos órgãos de imprensa, rádio e televisão, nos limites das leis que regiam o exercício da liberdade de informação.

O Projeto de Lei 4.856/1984 também buscou instituir deveres de lealdade com relação ao tratamento de dados pessoais. O art. 22 propunha que seria "proibida a coleta de dados por meios fraudulentos, desleais e ilícitos", antecipando a linguagem do Código de Defesa do Consumidor de obrigações de boa-fé objetiva. Já o art. 27, com enfoque em medidas de segurança da informação, exigia que qualquer pessoa que dirigisse ou realizasse um tratamento de dados pessoais deveria se comprometer "com as pessoas envolvidas a tomar as precauções necessárias, a fim de preservar a segurança das informações e, principalmente, impedir que elas sejam deformadas, danificadas ou comunicadas a pessoas não autorizadas" (FREITAS NOBRE, 1984, p. 15969).

Apesar de não ter apresentado um capítulo próprio para os *direitos dos titulares de dados*, como é convencional hoje, o Projeto de Lei 4.856/1984 definiu um conjunto pioneiro de direitos relacionados aos dados pessoais. A proposta de Nobre previa direitos de oposição ("Qualquer pessoa física tem o direito de se opor, por razões legítimas, a que informações que lhe dizem respeito constituam objeto de um tratamento informatizado"); direitos de informação sobre o caráter facultativo ou obrigatório do tratamento e sobre seus próprios direitos associados ao tratamento ("As pessoas junto às quais as informações nominais são obtidas devem ser informadas do caráter obrigatório ou facultativo das respostas, das consequências para elas de uma resposta falsa"); direitos de acesso (chamados de "direito de interpelação"); e direitos de retificação, no sentido de exigir que sejam retificadas, esclarecidas, atualizadas ou canceladas informações que lhe concernem e que sejam inexatas, incompletas, equivocadas, ultrapassadas ou cuja coleta tenha sido objeto de divulgação ou comunicação proibida. Antecipando os mecanismos de inversão do ônus da prova previstos no Código de Defesa do Consumidor de 1990, o projeto previa que, no momento da contestação, "o ônus da prova é de responsabilidade do serviço junto ao qual é exercido o direito de acesso, a não ser quando se verifica que as informações contestadas foram comunicadas pela pessoa interessada ou com o seu acordo" (FREITAS NOBRE, 1984, p. 15970).

Apesar de não prever mecanismos de tutela coletiva – nesse período sequer existia a lei da Ação Civil Pública, que foi formulada em 1985 (ARANTES, 1999; LENZA, 2013) –, o projeto de Nobre foi pioneiro ao prever uma regra de proibição sobre o tratamento automatizado unicamente baseado em perfil automatizado, no setor público, privado ou em decisões da Justiça. Antecipando as discussões sobre as injustiças da governamentalidade algorítmica e os "duplos estatísticos" desassociados de personalidades individuais significativas (ROUVROY; BERNS, 2013), pode-se afirmar que uma primeira regra geral de proibição de perfilização, aos moldes europeus (HILDEBRANDT; KOOPS, 2010), surgiu no parágrafo único do art. 2º deste projeto de lei:

> Parágrafo único – Nenhuma decisão administrativa ou privada que implique uma apreciação sobre um comportamento humano pode ter por fundamento único um tratamento automatizado de informações, dando uma definição do perfil ou da personalidade do acusado ou da parte do processo (FREITAS NOBRE, 1984, p. 15968).

Além disso, de forma pioneira ao debate sobre perfilização e capacidade de compreensão do modo como uma decisão automatizada ocorre – o "direito de solicitar a revisão de decisões tomadas unicamente com base em tratamento automatizado de dados pessoais que aferem seus interesses" (art. 20, Lei 13.709/2018 – BRASIL, 2018a) –, a norma apresentada ao Congresso em 1984 propunha que "toda pessoa tem o direito de conhecer e de contestar as informações e os raciocínios utilizados no tratamento automatizado cujos resultados lhe sejam desfavoráveis" (FREITAS NOBRE, 1984, p. 15968).

Nesse ponto específico, Freitas Nobre ampliou o repertório de direitos básicos previstos na Convenção 108 do Conselho da Europa de 1981 (*Convention for the Protection of Individuals with regard to Automatic Processing of Personal Data*), que exigia que os Estados signatários pudessem garantir, aos cidadãos, direitos básicos de "identificar a existência" de um tratamento de dados e seus propósitos (COUNCIL OF EUROPE, 1981, p. 3). Sua proposta previa um duplo remédio jurídico: uma vedação de que decisões significativas pudessem ser tomadas unicamente com base em um perfil e um direito de conhecer os raciocínios de uma decisão automatizada.

Diferentemente da proposta de Tavares, que buscou alocar a Autoridade de Proteção de Dados Pessoais em um órgão já existente (CONIN), o projeto de lei de José Freitas Nobre propôs a criação de uma Comissão Nacional de Defesa e Preservação das Liberdades da Informática (art. 6º). A Comissão teria poder regulamentar. Seria, também, uma "autoridade administrativa independente" (FREITAS NOBRE, 1984, p. 15968), com recursos originários da Secretaria Especial de Informática. O Quadro abaixo apresenta as principais características dessa Autoridade com o modelo atualmente existente na Autoridade Nacional de Proteção de Dados Pessoais, criada pela Lei 13.709/2018 e modificada pela Lei 13.853/2019, que passou a operar formalmente em setembro de 2020:

Quadro 1 - Comparação entre Comissão Nacional de Defesa e Preservação das Liberdades da Informática (Projeto de Lei 4.856/1984) e Autoridade Nacional de Proteção de Dados Pessoais (Lei 13.709/2018)

	Projeto de Lei 4.856/1984	Lei 13.709/2018 (modificado pela Lei 13.853/2019)
Nome da Autoridade	Comissão Nacional de Defesa e Preservação das Liberdades da Informática	Autoridade Nacional de Proteção de Dados Pessoais
Número de membros diretores	Nove (Comissão Nacional)	Cinco (Conselho Diretor)
Critérios para ocupação das posições	Dois senadores e dois deputados, eleitos pelo Senado e pela Câmara dos Deputados; dois membros ou antigos membros do Supremo Tribunal Federal; três pessoas designadas em razão dos seus conhecimentos especializados na matéria	Brasileiros que tenham reputação ilibada, nível superior de educação e elevado conceito no campo de especialidade dos cargos
Método de definição da Presidência da Autoridade	A Comissão elege, entre seus membros, um Presidente e dois Vice-Presidentes	Escolhido pelo Presidente da República, após aprovação pelo Senado Federal
Independência	Autoridade Administrativa Independente	Órgão da administração pública federal, integrante da Presidência da República, com natureza jurídica transitória, podendo ser transformado pelo Poder Executivo em entidade da administração pública federal indireta, submetido a regime autárquico especial e vinculada à Presidência da República
Deveres com relação aos outros poderes da República	A Comissão apresentará cada ano ao Presidente da República e ao Legislativo um relatório que será publicado no Diário do Congresso relacionando os processos e métodos de trabalho seguidos pela Comissão, contendo em anexo todas as informações sobre a organização da Comissão e dos seus serviços, visando a facilitar as relações do público com esse órgão	Compete à ANPD elaborar relatórios de gestão anuais acerca de suas atividades

	Projeto de Lei 4.856/1984	Lei 13.709/2018 (modificado pela Lei 13.853/2019)
Poderes com relação aos outros poderes da República	Os ministros, autoridades públicas, dirigentes de empresas públicas ou privadas, responsáveis de vários grupos proprietários ou usuários de arquivos sobre pessoas não podem se opor à ação da comissão ou de seus membros, devendo adotar todas as medidas úteis a fim de facilitar suas atividades	A ANPD pode (i) solicitar, a qualquer momento, às entidades do poder público que realizem operações de tratamento de dados pessoais informe específico sobre o âmbito, a natureza dos dados e os demais detalhes do tratamento realizado, com a possibilidade de emitir parecer técnico complementar e (ii) realizar auditorias, ou determinar sua realização, sobre o tratamento de dados pessoais efetuado pelos agentes de tratamento, incluído o poder público

Fonte: Elaborado pelo autor com base no Diário do Congresso Nacional (1984) e na Lei 13.709 (2018)

O projeto de lei apresentado em 1984 encontra ressonância na produção intelectual de Nobre no período. Em sua obra *Imprensa e Liberdade*, publicada em 1987 no Brasil, Freitas Nobre argumentou que, no curso da sociedade informatizada, o jornalismo não pode ser criminalizado por falhas ou por descumprir com a verdade, dado que a facilidade de acesso às fontes e à informação permite uma constante rediscussão daquilo que é verdade e daquilo que se sustenta. A regra geral da imprensa deveria ser a liberdade e a capacidade de corrigir as publicações, ampliando a capacidade do cidadão de se informar e de contestar aquilo que é inverossímil com mais informação. Ao mesmo tempo, a informatização da sociedade deveria ser acompanhada por um conjunto de direitos dos cidadãos, relacionados aos seus próprios dados. Ao discutir um regime constitucional sobre a liberdade de imprensa, Freitas Nobre argumentou:

> É claro que o jornalista pode, em razão da própria pressa na redação ou na transmissão da notícia, cometer erros, falhas ou omissões; mas desde que não intencionais e fazendo a imediata e eficaz correção, não pode ser responsabilizado criminalmente pela divulgação. Mas não são apenas os direitos do jornalista que devem estar aí fixados, mas, igualmente, os do homem comum que precisa ter o controle pessoal sobre os informes armazenados a seu respeito pelos computadores, a fim de que os possa contestar, anular ou corrigir. Esse direito de acesso aos bancos de dados pessoais, tanto quanto o direito à imagem, considerado direito conexo ao direito de autor, são ângulos novos de uma era tecnologicamente definida, mas que deve estar integrada nas relações com os valores humanos que não podem ser inferiorizados pelos valores da máquina (NOBRE, 1987, p. 66).

Infelizmente, o projeto de Freitas Nobre teve baixíssima repercussão política e acadêmica. Não foi identificado nenhum artigo científico ou livro com menção a ele, com exceção do trabalho de Ernesto Piancó Morato (1985), que dialogou com a tese de doutorado de José Freitas Nobre e defendeu um incremento da luta desencadeada pela Federação dos Jornalistas iniciada em julho de 1984. Para Piancó Morato – que também foi advogado e jornalista, integrando a equipe marxista do Diário de Maringá entre 1977 e 1978 –, seria necessário introduzir na Lei de Imprensa uma "cláusula de consciência", que permitiria ao jornalista recusar-se, sem sofrer represálias, a realizar matérias contrárias a sua consciência; garantir o acesso de todo cidadão "às informações sobre sua pessoa armazenadas em quaisquer órgãos públicos e privados e o direito de modificá-las, acrescentando-as ou suprimindo-as quando e se for o caso" (PIANCÓ MORATO, 1985, p. 136); criar, nos níveis municipais e estaduais, circuitos populares de educação, com abertura de espaços em salas públicas, escolas, sindicados e igrejas; e promover uma ampla reformulação jurídica dos sistemas de comunicação e códigos atualizados para proteger a sociedade e o direito a quem tem de informar e ser informado" (PIANCÓ MORATO, 1985, p. 129-140).

Em termos políticos, o projeto de lei de Freitas Nobre também não avançou. Foi anexado ao projeto de Cristina Tavares (Projeto de Lei 4.646/1984) e arquivado em fevereiro de 1987. O autor dedicou-se à crítica da Lei da Imprensa, à remoção do entulho autoritário no plano da comunicação e a uma reorganização da disciplina jurídica do direito à informação no Brasil, em uma nova matriz constitucional (NOBRE, 1987). Em aproximação ao defendido por intelectuais ligados ao direito e jornalismo da época, o enfoque em um direito à informação consistia em uma estrutura jurídica capaz de mobilizar um "pensar por si mesmo", uma busca pelo "saber, a consciência, a verdade", no sentido de um direito "indispensável para o exercício de todo cidadão na participação do destino público" (PIANCÓ MORATO, 1985, p. 114). No contexto do combate ao autoritarismo, o direito à informação tornou-se mais importante do que a proteção de dados pessoais, debate que encontrou enormes dificuldades para avançar no Congresso Nacional. A grande disputa política da época estava em "desarmar a estrutura autoritária" (PINHEIRO, 1985) e identificar aquilo que deveria ser removido do ordenamento jurídico.

1.1.5.4. *JOSÉ EUDES E O PROBLEMA DO SISTEMA DE PROTEÇÃO AO CRÉDITO*

Em 1985, o Partido dos Trabalhadores também encampou um pequeno debate sobre proteção de dados após a iniciativa do deputado José Eudes (PT-RJ) de formular o Projeto de Lei 5.723/1985, que afirmava que as informações referentes a pessoas, arquivadas em bancos de dados, "serão de livre acesso àquelas que nela são nominados, podendo os mesmos solicitar eventuais correções ou ratificações nas informações nele contidas", ficando os bancos de dados "expressamente proibidos de utilizar sem autorização prévia os dados pessoais individualizados para outros fins que não aqueles para o qual foram prestados" (EUDES, 1985, p. 6712).

Eudes também tinha uma trajetória política associada à esquerda. Na década de 1960, havia integrado a Ação Popular (AP), que congregava militantes egressos da Juventude Estudantil Católica. Com o AI-5, Eudes passou a atuar na clandestinidade e, posteriormente, tornou-se bancário. Após ingressar na política como deputado estadual pelo MDB, filiou-se ao Partido dos Trabalhadores (PT) e, em 1982, tornou-se deputado federal pelo Rio de Janeiro.

Apesar de sua iniciativa tratar-se de um projeto de lei extremamente objetivo, com apenas um artigo, o que chama atenção na justificativa do deputado do PT é a argumentação da existência de uma transição, em termos de preocupação política, do setor público ao privado, especialmente quanto ao modo de operação do Sistema de Proteção ao Crédito (SPC) no Brasil:

> A violação da privacidade e da liberdade dos brasileiros se expandiu, estimulada pelo autoritarismo estatal, para outros setores da sociedade, atingindo até mesmo os bancos de dados privados. Funcionando com absoluta liberdade, pela ausência completa de garantias legais à privacidade, os SPCs e SPIs expandiram-se pelo país. Inúmeros são os casos de cidadãos prejudicados em sua vida e seus negócios, por homônimos ou simples credores de cadastro. Essas pessoas subitamente se veem num pesadelo kafkiano, réus julgados e condenados à revelia, por crimes que não cometeram (EUDES, 1985, p. 6712).

A argumentação de José Eudes encontra forte paralelo com a análise acadêmica feita na década de 1980. Colin Bennett, por exemplo, argumentou como os princípios de uso justo da informação (os *Fair Information Practices Principles*) foram inicialmente construídos com enfoque nos problemas de pesquisas estatísticas e de usos secundários de dados no poder público, mas posteriormente tornaram-se centrais para a formação da espinha dorsal de normas aplicadas ao setor privado e aos fluxos internacionais de dados (BENNETT, 1988). Houve, de fato, um percurso de ameaças do Estado quanto aos usos abusivos de dados por economias intensivas em dados. David Flaherty também observou que, com a expansão de modelos de negócios intensivos em dossiês e sistemas automatizados de processamento de dados, o Estado estava deixando de ser o principal foco de atenção (FLAHERTY, 1986).

Nota-se, neste esforço legislativo, a formulação de um protoprincípio da transparência, no sentido de que o cidadão tenha informações claras e precisas sobre o tratamento de dados pessoais, sendo vedado que informações coletadas para fichas de consumo e sistemas de pontuação de crédito sejam utilizadas para outras finalidades.

O projeto de José Eudes teve o mesmo destino que os outros, sendo arquivado. Como síntese desse processo, apresenta-se o quadro abaixo, que resume as inovações trazidas por esses projetos de lei, suas ideias-força e o enfoque de suas justificativas.

Quadro 2 - Projetos de lei federais sobre proteção de dados pessoais formulados durante ditadura militar no Brasil

Projeto	Autor	Ideias-força	Preocupações do(a) parlamentar
PL 4.365/1977	José Roberto Faria Lima (Arena-SP)	Licenciamento por meio do Registro Nacional de Bancos de Dados Direitos básicos de acesso Prestação de contas perante sociedade e outros poderes	Combate ao Registro Nacional de Pessoas (Renape) Preocupação com liberdades informáticas e contenção de poderes pelo poder público Autoritarismo e controle social
PL 2796/1980	Maria Cristina Tavares (MDB-PE)	Direito de acesso e modificação de dados pessoais pelo setor público e privado Impedir decisão da Justiça unicamente centrada em tratamento automatizado Garantia do princípio da finalidade no tratamento de dados pessoais	Mobilização de outras jurisdições (Canadá, França, EUA e Reino Unido) na garantia do direito à intimidade Garantia de direitos básicos de acesso e imposição de obrigação de criação de lei federal específica
PL 4.810/1981	Maria Cristina Tavares (MDB-PE)	Obrigatoriedade de publicação de bases de dados operadas pelo Poder Público Divulgação de lista completa auditável pelos cidadãos	Aumento de poderes do Conselho Nacional de Segurança e domínio de uma lógica de Segurança Nacional na Secretaria Especial de Informática Controle social da expansão de bases de dados e tratamento automatizado pelo Serpro e governo federal
PL 4.646/1984	Maria Cristina Tavares (PMDB-PE)	Licenciamento das bases de dados pessoais, públicas e privadas Controle de finalidade e necessidade pela Autoridade de Proteção de Dados Pessoais (CONIN) Articulação da Autoridade com Ministério Público e com Defesa dos Direitos Humanos Direitos de acesso, retificação e oposição	Janela de oportunidade perdida com a Lei de Informática e o veto ao artigo sobre privacidade e proteção de dados pessoais Atraso regulatório do direito brasileiro frente ao avanço das leis de proteção de dados pessoais em outros países Possibilidade de ocupação da Presidência da República por representante democrata e eliminação do legado autoritário do regime militar na SEI

A proteção coletiva dos dados pessoais no Brasil 99

Projeto	Autor	Ideias-força	Preocupações do(a) parlamentar
Projeto de Lei 4.856/1984	José Freitas Nobre (PMDB-SP)	Criação de Comissão Nacional de Liberdades Informática como autoridade administrativa independente / Garantia dos princípios de finalidade e minimização no tratamento de dados pessoais / Limitação do uso de dados ligados a raça, religião, orientação política e ideológica, com garantia de tratamento de dados pela imprensa / Licenciamento do modo de tratamento automatizado de dados pessoais a partir da identificação de finalidade, contexto, tempo de armazenamento / Comprometimento organizacional com precaução da perspectiva de segurança da informação	Garantia de uma ampla legislação protetiva ao cidadão, aos moldes da legislação da França / Criação de Autoridade Independente com regras claras de conflitos de interesse e participação da sociedade civil / Proteção de dados que pudessem levar a tratamentos discriminatórios
PL 5732/1985	Jose Eudes (PT-RJ)	Direitos básicos de acesso, oposição e retificação / Aplicabilidade dos direitos para bancos de dados públicos e privados	Transição do uso abusivo de dados do poder público para setor privado (SPC e bancos de consumidores) / Ausência de explicação sobre processos discriminatórios e inclusão em bases de negativados

Fonte: elaborado pelo autor a partir de dados do Diário do Congresso Nacional

Pela análise das proposições legislativas desse período de oito anos (1977-1985), nota-se que a temática da proteção de dados pessoais, iniciada por José Roberto Faria Lima, foi acolhida por parlamentares que integravam a luta contra a ditadura e interagiam com o Movimento Democrático Brasileiro. A proteção de dados pessoais não era assunto desconhecido. Diferentes propostas foram pensadas e houve um discurso emergente sobre direitos a serem defendidos, com surgimento de diversos "protoprincípios" que anteciparam o trabalho realizado no século XXI, com a formulação da Lei Geral de Proteção de Dados Pessoais. Esses "protoprincípios" podem ser vistos como uma espécie de elaboração intelectual inicial e anterior sobre temas atuais, como a restrição do tratamento de dados pessoais a uma finalidade específica, a limitação do tratamento de dados ao mínimo necessário, a transparência e a informação com relação ao tratamento automatizado de dados e o princípio de livre acesso, que se materializa no direito de consulta facilitada e gratuita sobre forma e duração do tratamento de dados pessoais.

Uma hipótese interpretativa para o sucessivo fracasso dessas iniciativas parlamentares, além do amadurecimento intelectual do debate e da ausência de priorização da temática nas décadas de 1970 e 1980, pode ser a ausência de um trabalho parlamentar coletivo, como ocorreu com o *Younger Committee* no Reino Unido e com a Comissão de Liberdades Civis na França. Não houve, tampouco, uma iniciativa governamental, do executivo, como ocorreu com o *United States Department of Health, Education and Welfare* (HEW). A inexistência de um trabalho coletivo, com somatória de forças, gerou um processo anêmico, fragmentado e individualizado por projetos de lei que não avançaram. Mesmo não tendo sido aprovados, uma releitura histórica é útil para compreensão das dimensões individuais e coletivas dessas propostas normativas incipientes.

1.1.5.5. *O FRACASSO DAS LEIS FEDERAIS E O SURGIMENTO DE UMA ESTRATÉGIA DE PROTEÇÃO DE DADOS PESSOAIS NOS MUNICÍPIOS E NOS ESTADOS*

Como observado por Danilo Doneda em seu estudo histórico sobre a proteção de dados pessoais no Brasil, a estruturação de um "conjunto normativo unitário" (DONEDA, 2020, p. 282), em proteção de dados, ocorreu muito recentemente no Brasil, entre os anos de 2009 e 2018, com o processo gestado no Ministério da Justiça, no governo Dilma Rousseff, para a formulação de uma Lei Geral de Proteção de Dados Pessoais abrangente e capaz de harmonizar regras gerais aplicáveis para todos os controladores de dados pessoais.

Na conturbada década de 1980, os europeus buscavam harmonizar o compromisso estatal com a proteção de dados pessoais por meio da Convenção 108/1981 do Conselho da Europa; a constitucionalização da autodeterminação informativa pela Corte Constitucional Alemã de 1983 (SARTOR, 1986) e a intensificação do processo de convergência normativa em proteção de dados pessoais por meio de círculos políticos e harmonização de conceitos e institutos jurídicos já existentes (BENNETT, 1992). Enquanto isso, o Brasil passou a traçar um caminho próprio de formulação de institutos de defesa do consumidor e de legislações municipais e estaduais de proteção de dados pessoais, somado ao processo constituinte de elaboração do instituto do *habeas data*.

Analisando os debates ocorridos no período de redemocratização, nota-se uma frustração da ideia de uma legislação federal sobre o assunto na própria comunidade de informática e no setor privado. No Simpósio *Democracia & Informática*, realizado em novembro de 1984 pela Assembleia Legislativa de Minas Gerais, Ricardo Saur, ex-secretário da CAPRE e então diretor-secretário da Associação Brasileira da Indústria de Computadores e Periféricos (ABICOMP), argumentou que o debate sobre privacidade surgiu na discussão da Lei de Informática, em razão do "processo democrático" construído pela sociedade civil, que teve participação ativa no processo de discussão legislativa (TAVARES; SELIGMAN, 1984; DANTAS, 1988). Nas palavras de Saur:

> [...] esse projeto foi discutido, modificado substancialmente e negociado como deve ser num processo democrático; finalmente votado e sancionado, ainda que com algumas divergências, mas a essência ficou. Essa interlocução entre a sociedade civil e o Congresso foi para nós uma experiência bastante nova e positiva. De mesma maneira que a lei democratizou o processo de decisão, abrindo-o à participação da sociedade civil, houve também uma mudança de alguns métodos importantes. O primeiro deles diz respeito ao problema da privacidade (SAUR, 1984, p. 88).

Para Saur – que posteriormente tornou-se presidente do Serpro (1986-1988) e que foi Secretário de Recursos Logísticos e Tecnologia da Informação do Ministério da Administração Federal e Reforma do Estado durante o governo FHC –, o veto realizado por João Figueiredo sobre a necessidade de uma "legislação mais ampla" era correto, mas visto com desconfiança. Para ele, restaria saber "se seremos capazes de trabalhar uma legislação a respeito disso" (SAUR, 1984, p. 90). Dirigindo-se diretamente aos Deputados de Minas Gerais, Saur argumentou que a melhor estratégia seria "começar a trabalhar no próprio Estado", formulando "uma lei estadual de privacidade, em que as questões pertinentes possam ser tratadas e venham a significar um avanço num fórum de discussões mais amplo" (SAUR, 1984, p. 90).

De fato, foi o que ocorreu. Diante do imobilismo legislativo dos projetos de lei no Congresso Nacional, surgiram leis estaduais no Rio de Janeiro e em São Paulo que buscaram afirmar direitos básicos dos cidadãos de acesso aos próprios dados e direitos de correção. Em dezembro de 1984, por exemplo, por iniciativa de Eduardo Chuahy, militar nacionalista e um dos fundadores do Partido Democrático Trabalhista (PDT), Leonel Brizola sancionou a Lei 824/1984, que assegurou a toda pessoa física e jurídica, livre de qualquer ônus, o direito de conhecer as suas informações pessoais contidas em bancos de dados públicos e privados operando no Rio de Janeiro (art. 1º, Lei 824/1984 – RIO DE JANEIRO, 1984).

De acordo com a legislação fluminense, toda informação pessoal tratada deveria ser acoplada à sua fonte e o uso de dados pessoais para fins diversos daqueles para os quais foram obtidos dependeria de "consentimento expresso da parte interessada" (art. 3º, RIO DE JANEIRO,1984), que poderia contestar a relevância das informações para as finalidades declaradas do banco. A ênfase dada ao "consentimento expresso"[8] também foi incluída na regra que impedia a "transferência de dados pessoais de um banco de dados para outro" sem essa modalidade de consentimento (art. 4º, RIO DE JANEIRO, 1984). Tomando por base a discussão de Bruno Bioni (2020, p. 203-205), seria possível argumentar que a Lei Estadual do Rio de Janeiro buscou o princípio do consentimento expresso, o que difere de consentimento informado, que pressupõe uma carga mais baixa de participação e que pode ser atingido por um aspecto mais formal, sendo ostensivo, claro e informado. A distinção é importante pois, segundo Bioni, o consentimento específico e expresso exige carga de participação muito maior e uma "manifestação de vontade isolada" (BIONI, 2020, p. 204).

Como argumentado por Danilo Doneda, essas leis estaduais, ao centralizarem os princípios de finalidade e consentimento, "pavimentaram o caminho para o debate sobre a ação da Habeas Data na Constituição de 1988" (DONEDA, 2021, p. 45-46). O que se observou, no período de transição para uma "democracia controlada" (MOREIRA ALVES, 1984) – uma transição gradual e lenta, nos dizeres dos militares – foi uma estratégia de "estadualização" da proteção de dados pessoais, um abandono, mesmo que temporário, da ideia de uma legislação federal unificadora, nos moldes do ocorrido na Alemanha, na Suécia, nos EUA e no Reino Unido (BENNETT, 1992).

---

8 A expressão "consentimento expresso" também é utilizada no Marco Civil da Internet (Lei 12.965/2014): "Art. 7º O acesso à internet é essencial ao exercício da cidadania, e ao usuário são assegurados os seguintes direitos: [...] IX - *consentimento expresso* sobre coleta, uso, armazenamento e tratamento de dados pessoais, que deverá ocorrer de forma destacada das demais cláusulas contratuais". Sobre as adjetivações do consentimento na Lei Geral de Proteção de Dados Pessoais (a distinção entre "informado", "livre", "inequívoco" e "específico e expresso"), ver Bioni (2020, p. 190-204).

Essa estadualização foi revertida a partir da formulação do Código de Defesa do Consumidor, pela Lei do Cadastro Positivo e, posteriormente, pela Lei Geral de Proteção de Dados Pessoais – que compreendeu "duas fases de debate público em torno de versões de um Anteprojeto de Lei de Proteção de Dados, a primeira em 2010-11 e a última em 2015" (DONEDA, 2020, p. 363). Nesse sentido, a estratégia de Saur, Brizola, Chuahy pode ser vista como reação ao fracasso das leis federais elaboradas entre o final da década de 1970 e o início da década de 1980.

1.1.6. *CONCLUSÃO PARCIAL*

Ao revisitar o trabalho intelectual e legislativo de José Roberto Faria Lima, René Ariel Dotti, Cristina Tavares, José Freitas Nobre, Brígido Tinoco e José Eudes, foi possível identificar um conjunto de tensões e ideias-força que mobilizaram os primeiros esforços de construção desses institutos jurídicos em perspectiva histórica (FUSTER; GUTWIRTH, 2013; FUSTER, 2014; MAHIEU, 2021). Em razão da experiência traumática da tortura pelo DOI-Codi, da Doutrina de Segurança Nacional, da organização do SNI, das polêmicas em torno do Renape e de um processo de uso autoritário da informação, os discursos emergentes sobre proteção de dados pessoais no Brasil foram profundamente politizados.

Os direitos básicos de acesso, de transparência e de utilização conforme finalidade específica foram pensados sobre esse pano de fundo, gerando um conjunto de "protoprincípios" sobre proteção de dados pessoais que se relacionam com noções jurídicas previstas na Lei Geral de Proteção de Dados Pessoais. Apesar de serem iniciativas fragmentadas, não articuladas por um processo permanente de Comissão Parlamentar, tais experiências evidenciam uma aproximação com a teoria de proteção de dados pessoais formulada na década de 1970 (MILLER, 1971; RODOTÀ, 1973).

É notável, também, a força crescente da sociedade civil organizada na formulação de argumentos sobre defesa da privacidade. Nesse sentido, já existiam "defensores da privacidade" (BENNETT, 2008) na década de 1970 no Brasil. As principais organizações civis que atuaram nesse debate foram a Associação de Profissionais de Processamento de Dados, a Associação Brasileira de Computadores e Periféricos, a Associação Brasileira de Imprensa e a Ordem dos Advogados do Brasil. Havia também um pequeno circuito intelectual de discussão de ideias sobre regulação e proteção de dados pessoais, por meio da *Dados & Ideias*, da *DataNews* e do *Relatório Reservado*. Os principais eventos catalisadores do debate sobre proteção de dados pessoais foram a proposta de um Registro Nacional de Pessoas Naturais (Renape), que mobilizou o debate público entre 1977 e 1979, e a Política Nacional de Informática, formulada entre 1981 e 1984. Esses eventos geraram uma consciência crítica, mesmo que limitada a um grupo pequeno de lideranças, sobre o tratamento automatizado de dados pessoais, o direito à intimidade e às liberdades informáticas.

Mesmo sem uma participação direta nos *policy circles* de que fala Colin Bennett (1992) ou uma inserção significativa do Brasil em espaços de produção normativa sobre proteção de dados como regulação do ambiente informacional – como os espaços criados pela Organização para Cooperação e Desenvolvimento Econômico ou as redes de trocas entre a comunidade estadunidense e europeia (GASSMAN; PIPE, 1974; BENNETT, 1992; KOSTA, 2013; FUSTER; GUTWIRTH, 2013) –, a comunidade política brasileira buscou formular um conjunto mínimo de direitos, adaptando os *Fair Information Practices Principles* e os direitos básicos de acesso aos dados pessoais, os direitos de retificação e oposição, o direito de um tratamento automatizado atrelado a uma finalidade específica e imunidades caracterizadas no impedimento a um tratamento unicamente automatizado, centrado em perfis e na utilização de informações religiosas, políticas e potencialmente discriminatórias nessas bases de dados.

Em termos de arranjo regulatório, observou-se, também, o domínio de ideias e crenças em um modelo de licenciamento mandatório, no qual uma autoridade estatal – seja ela o Registro Nacional de Bancos Dados (RNBD), o Conselho Nacional de Informática e Automação (CONIN), a Secretaria Especial de Informática ou a Comissão Nacional de Liberdades Informática (CNLI) – teria como tarefa central um controle preciso sobre finalidade do uso da base de dados, a pessoa responsável por sua operação, o contexto comercial ou estatal de sua utilização, o período de armazenamento, etc.

Acreditava-se, enfim, que seria necessário promover o registro de *todos os bancos de dados existentes*, algo tecnicamente questionável no século XXI. Essas primeiras propostas legislativas faziam uma dupla aposta: uma forte noção de regulação do tipo "comando e controle", com uma Autoridade responsável pela inspeção, fiscalização e monitoramento das operações dos bancos de dados e tratamentos automatizados, e novos "direitos à liberdade informática" (DOTTI, 1980; TA-

VARES; SELIGMAN, 1984), centrados em um conjunto de *poderes* (o poder de conhecer, de requisitar o acesso, de se modificar algo errado, de saber o raciocínio empregado em um tratamento automatizado) e *imunidades* (impedir que um tratamento exclusivamente baseado em perfil possa gerar efeitos maléficos, impedir a criação de um número único de identificação nacional e impedir o tratamento de dados com base em informações sobre orientação política, religiosa e filosófica).

Os elementos centrais do que hoje se entende por "dimensão coletiva de proteção de dados pessoais" (MANTELERO, 2016; MITTELSTADT, 2017) – a tutela por mecanismos de direitos difusos e ações coletivas, o caráter preventivo na calibragem de riscos de forma transparente e auditável e os direitos de participação associados à autodeterminação informativa – não estavam presentes nessa primeira geração de propostas fracassadas de legislação.

No entanto, tanto os protoprincípios como a conceitualização emergente sobre proteção de dados revelavam dimensões coletivas no sentido de natureza do direito protegido e estratégias além de direitos subjetivos. Por isso, falamos em uma dualidade constitutiva neste período, que evidencia o caráter complexo da natureza da proteção de dados pessoais no Brasil.

Esse movimento intelectual e legislativo também deve ser visto dentro de suas limitações e especificidades históricas. Sua capacidade de transformação política foi bastante limitada. Nesse período, o debate principal da agenda pública brasileira não girava em torno dos riscos à privacidade pelo uso crescente da informática e dos computadores, mas sim do debate sobre reserva de mercado para fomento à indústria nacional de microcomputadores.[9] Como argumentado por Mario Dias Ripper, a proteção de dados pessoais, à época, era um assunto menor, incomparável ao que se tem no século XXI.[10] Também não é possível vislumbrar uma *continuidade* entre as iniciativas fragmentadas das décadas de 1970 e 1980 com o debate inaugurado em 2010, em um contexto de formulação da Lei Geral de Proteção de Dados Pessoais pelo Ministério da Justiça. Talvez a conexão substancial mais próxima tenha ocorrido com o desenvolvimento do *habeas data* na Comissão Afonso Arinos e na Assembleia Constituinte.

---

9 Entrevista com José Eduardo Faria, realizada em fevereiro de 2020. Arquivo com autor.

10 Entrevista com Mario Dias Ripper, em fevereiro de 2020. Arquivo com autor.

1.2. O ESPÍRITO DO *HABEAS DATA* QUE SE PERDEU: AS DIMENSÕES COLETIVAS DO INSTITUTO

A Comissão Afonso Arinos fez parte de uma estratégia de redemocratização do Estado brasileiro e foi articulada após intensos debates sobre a centralidade da elaboração de uma nova Constituição Federal que afirmasse os anseios da população, dos partidos e da sociedade civil organizada (FAORO, 1982).

O processo constituinte remonta a elementos políticos fundamentais de resistência política: a luta do MDB contra o autoritarismo, as reações ao "Pacote de Abril" formulado pelos militares, a Carta de Manaus de 1980 da OAB, a inclusão da Constituinte no plano da Aliança Democrática e dezenas de mobilizações sociais em defesa de uma "ANC livre, soberana, exclusiva" e que "pudesse ouvir os anseios populares" (SANTOS, 2015, p. 24). Esse processo se consolidou em 1985, com a "convocação da Assembleia Nacional Constituinte" como um "compromisso histórico firmado no curso do movimento cívico [...] com o propósito de democratizar a sociedade e o Estado" (BRASIL, 1985c).

A Comissão Afonso Arinos, também chamada de "Comissão de Notáveis", não se confunde com a Assembleia Constituinte, que teve características institucionais específicas e disputas em torno de sua convocação e configuração. Como explicou Natalia Neris Santos, a proposta de Sarney foi criticada por organizações da sociedade civil, que se mobilizaram contra uma Constituinte não exclusiva (SANTOS, 2015, p. 24-30). É preciso ver a Comissão Afonso Arinos, desse modo, como um espaço intelectual de produção de um possível texto para a Constituição em um cenário conflituoso. Formalmente, ela foi criada pelo Decreto 91.450, de 15 de julho de 1985, que instituiu a Comissão Provisória de Estudos Constitucionais, formada por 50 membros. A Comissão foi presidida pelo professor Afonso Arinos de Melo Franco, que coordenou os trabalhos por mais de um ano. Em 26 de setembro de 1986, um anteprojeto foi publicado no suplemento do Diário Oficial da União, apesar de não ter sido oficialmente incorporado como texto-base. Foi nesse contexto de reflexão sobre normas constitucionais que o debate sobre proteção de dados pessoais ressurgiu, a partir do instituto do *habeas data*.

Sem o objetivo de promover uma leitura exaustiva do instituto do *habeas data*, formulado durante a Comissão Afonso Arinos, cabe aqui resgatar um processo histórico relevante e discutido por Danilo Doneda (2008) em seus estudos sobre a centralidade do *habeas data* na tradição jurídica latino-americana. No ensaio *O Habeas Data no Ordenamento Brasileiro e a Proteção de Dados Pessoais*, derivado de sua tese de doutorado, Danilo Doneda analisou a trajetória de formulação do instituto por José Afonso da Silva na Comissão Afonso Arinos e as mudanças promovidas no processo de aprovação da Constituição. Explicou, também, as distinções substanciais em diferentes países latino-americanos. Para Doneda, esse instituto apresenta características distintas em cada um dos países que o adotaram, ostentando similitudes "mais formais que substanciais" (DONEDA, 2008). Por isso, a ideia de um "modelo latino-americano" seria profundamente questionável, considerando-se os contrastes existentes no Brasil, na Argentina, no Uruguai e em outros países latino-americanos. O *habeas data*, no entanto, foi uma ideia brasileira.

O *habeas data* possuía um potencial muito maior, em uma dimensão coletiva, do que efetivamente ocorreu, em razão de uma série de limitações impostas pelo Judiciário e pelos processos administrativos e etapas criados pela Lei 9.507/1997. É importante recompor, nesse sentido, o espírito desse instituto que se perdeu, especialmente as ideias que foram descartadas no processo de formulação do *habeas data* enquanto remédio constitucional para contenção de abusos de registros informáticos, no espírito proposto pelo constitucionalista José Afonso da Silva. Partindo da análise de Luis Roberto Barroso e de Dalmo de Abreu Dallari, Danilo Doneda argumentou que o instituto do *habeas data*, apesar de inovador em sua época de formulação, não chegou a ser determinante na posterior discussão de um marco regulatório de proteção de dados pessoais, por ter sido "enclausurada em uma estrutura processual simbólica" (DONEDA, 2021, p. 48), incluindo a polêmica travada sobre a desnecessidade de um novo instituto processual, dada a existência do mandado de segurança no Brasil (BARBOSA MOREIRA, 1998).

Em diálogo com Doneda (2008) e Schertel Mendes (2020), argumenta-se, nesta seção, que o *habeas data* sofreu uma limitação profunda por camisas de força que foram impostas por uma perspectiva processual, já em seus primeiros anos de efetividade. Ele possuía uma dimensão coletiva que poderia ter se expandido, dando origem ao *habeas data* coletivo, como existente na Argentina (PALAZZI, 2006). No Brasil, essa dimensão coletiva perdeu-se.

1.2.1. O HABEAS DATA *ENQUANTO REMÉDIO CONSTITUCIONAL PARA CONTER ABUSOS INFORMÁTICOS*

No ensaio *Jurisdição Constitucional da Liberdade*, o constitucionalista José Afonso da Silva explicou o que o levou a formular o instituto do *habeas data* e como sua proposta original foi modificada na Assembleia Constituinte. Segundo José Afonso, o *habeas data* foi formulado para integrar a atividade jurisdicional "destinada à tutela das normas constitucionais que consagram dos direitos fundamentais da pessoa humana" (SILVA, 1999, p. 11). Ele opera por meio de um conjunto de instrumentos jurídico-processuais destinados a levar à apreciação dos Tribunais "questões que suscitem infringência dos direitos humanos fundamentais" (SILVA, 1999, p. 11).

José Afonso da Silva argumentou que essa nomenclatura foi pensada por Mauro Cappelletti para explicar remédios já existentes em países como Alemanha, Suíça e Áustria (SILVA, 1999, p. 9-11). No Brasil, essa jurisdição constitucional da liberdade opera por meio dos institutos do *habeas corpus*, do mandado de segurança, do mandado de injunção, da ação popular (destinada a proteger interesses coletivos) e, finalmente, do *habeas data*.

Durante os trabalhos da Comissão Afonso Arinos em São Paulo, em 1985, marcada também por uma polarização entre progressistas e conservadores, José Afonso da Silva apresentou a ideia de um remédio constitucional destinado a proteger certos direitos, que foi prontamente recepcionada por juristas como Cândido Mendes. A estratégia de José Afonso da Silva era dupla. Primeiramente, buscava afirmar direitos fundamentais no capítulo "Dos Direitos e Garantias", com regras claras sobre direito de acesso, vedação de acesso a terceiros, impedimento de uso de dados relacionados à religião, filiação sindical, fé religiosa e vida privada, salvo nos casos de processamento estatístico, em que não fosse possível a individualização. Em segundo lugar, tratava-se de criar um dispositivo que dizia: "Conceder-se-á *habeas data* para proteger o direito à intimidade contra abusos de registros informáticos públicos e privados" (SILVA, 1999, p.26).

A inspiração para o *habeas data* veio de dois juristas. O primeiro, Stefano Rodotà, que havia formulado a ideia de *habeas scriptum* como um remédio constitucional para o controle da circulação de dados pessoais (RODOTÀ, 1973; SILVA, 1999, p. 25), uma "garantia circunscrita a aspectos puramente defensivos" (DONEDA, 2020, p. 341). O segundo, Fermín Morales Prats, jurista espanhol, que havia utilizado a expressão para explicar os novos direitos constitucionais relacionados ao controle do uso da informática e ao direito de se conhecer como, por que e para quê um dado é utilizado (SILVA, 1999, p. 25; DONEDA, 2020, p. 290).

Fazendo justiça ao formulador da ideia-força por trás do *habeas data*, é preciso retornar ao pensamento de Alan F. Westin, que formulou a ideia na matéria *Behold the Computer Revolution*, publicada por Peter T. White na revista *National Geographic,* em 1970. Na matéria, Westin argumentou que o *writ* de *habeas corpus* poderia auxiliar em um debate sobre como cidadãos podem obter remédios judiciais para não se tornarem sujeitos à decisão automatizada de dados pessoais:

> O homem progrediu ao longo dos séculos do status de súdito de um governante ao de cidadão em um estado constitucional. Devemos ter cuidado para evitar uma situação em que a pressão do governo por informações sistemáticas e a poderosa tecnologia dos computadores revertam esse processo histórico na segunda metade do século XX, tornando-nos novamente "sujeitos" [*subject*]. Talvez o maior dispositivo legal para facilitar a passagem de súdito a cidadão na Inglaterra tenha sido o mandado [*writ*] de habeas corpus – a ordem emitida pela Coroa para produzir o corpo da pessoa detida e justificar sua prisão. Talvez o que precisamos agora seja uma espécie de ordem de "habeas data" – ordenando que o governo e organizações privadas poderosas produzam os dados que coletaram e estão usando para fazer julgamentos sobre um indivíduo e justificar seu uso (WHITE, 1970, p. 41).

Independentemente da questão de autoria intelectual do *habeas data* – seja ela mais próxima ao pensamento de Alan F. Westin, seja de Stefano Rodotà ou de Vittorio Frosini, como lembra Doneda (2020) –, o fato é que a proposta de José Afonso da Silva foi modificada e distorcida durante a elaboração dos trabalhos da Comissão Afonso Arinos, sofrendo "modificações para pior" (SILVA, 1999, p. 26) até a finalização do texto da Constituição Federal de 1988.

A ideia encontrou oposição, muito mais formal do que substancial, dentro da própria Comissão, como de Sepúlveda Pertence, que, segundo José Afonso da Silva, modificou substancialmente a proposta original apresentada, gerando atritos com seu formulador (PAI..., 1988). No setor financeiro e no já consolidado mercado de birôs de crédito – formado por Serasa, SPC e Câmaras de Dirigentes Lojistas, com força crescente desde a década de 1950 (BESSA, 2008) –, o *habeas data* foi encarado com indiferença. No período de aprovação do *habeas data*, Silvio Cunha, presidente do SPC, anunciou que operações de levantamento de "dados sobre as pessoas que fazem compras a crédito e empréstimos" era perfeitamente legal e que o *habeas data* "não mudará em nada o seu procedimento" (PAI..., 1988). Criou-se um discurso de que o *habeas data* deveria se orientar mais aos problemas do SNI e do legado autoritário do que ser um instrumento de contenção de abusividades no setor privado.

Ao final do processo, restringiu-se a eficácia do remédio diante de abusos do setor privado e não se criou um dispositivo autônomo para o direito de conhecer e retificar os dados pessoais (SILVA, 1999, p. 26). No quadro abaixo, é possível analisar as diferenças entre o que havia sido originalmente formulado por José Afonso da Silva, a proposta da Comissão Affonso Arinos, apresentada em 1986, e o texto final adotado pela Constituição Federal de 1988.

Quadro 3 - Transformações do texto sobre *habeas data* na Constituinte

Proposta formulada por José Afonso da Silva em 1985	Texto adotado pela Comissão Afonso Arinos em 1986	Texto promulgado na Constituição Federal de 1988
Dos direitos e garantias	*Dos direitos e garantias*	
Art. 17. Toda pessoa tem direito de acesso aos informes a seu respeito registrados por entidades públicas ou particulares, podendo exigir a retificação de dados, e a sua utilização.	Art. 17 – Todos têm direito de acesso às referências e informações a seu respeito, registrados por entidades públicas ou particulares, podendo exigir a retificação de dados, com sua atualização e supressão dos incorretos, mediante procedimento judicial sigiloso.	*Dos direitos e garantias fundamentais* Art. 5º Todos são iguais perante a lei, sem distinção de qualquer natureza, garantindo-se aos brasileiros e aos estrangeiros residentes no País a inviolabilidade do direito à vida, à liberdade, à igualdade, à segurança e à propriedade, nos termos seguintes:
É vedado o acesso de terceiros a esse registro.		
Os informes não poderão ser utilizados para tratamento de dados referentes a convicções filosóficas ou políticas, filiação partidária ou sindical, fé religiosa ou vida privada, salvo quando se tratar do processamento de dados estatísticos não individualmente identificáveis.	§ 1º É vedado o registro informático sobre convicções pessoais, atividades políticas ou vida privada, ressalvado o processamento de dados não identificados para fins estatísticos.	LXXII - conceder-se-á "*habeas-data*": a) para assegurar o conhecimento de informações relativas à pessoa do impetrante, constantes de registros ou bancos de dados de entidades governamentais ou de caráter público;
Lei federal definirá quem pode manter registros informáticos, ou respectivos fins e conteúdos.	§ 2º A lesão decorrente do lançamento ou da utilização de registros falsos gera a responsabilidade civil, penal e administrativa.	
Art. 31. Conceder-se-á *habeas data* para proteger o direito à intimidade contra abusos de registros informáticos públicos e privados.	Art. 48 Dar-se-á *habeas data* ao legítimo interessado para assegurar os direitos tutelados no art. 17.	b) para a retificação de dados, quando não se prefira fazê-lo por processo sigiloso, judicial ou administrativo;

Fonte: Elaborado pelo autor, com base no Diário Oficial da União (26/09/1986), na Constituição Federal (1988) e em Silva (1999)

Com o texto final, instaurou-se um debate acadêmico sobre o significado de "bancos de dados de caráter público", com interpretações profundamente contrastantes, variando entre posições minimalistas e maximalistas. Como será visto, o imbróglio só foi resolvido com a aprovação do Código de Defesa do Consumidor, em 1990, e, posteriormente com a legislação do *habeas data,* aprovada em 1997. Até lá, o *habeas data* sofreu duras derrotas nas Cortes.

1.2.2. *A DUPLA LIMITAÇÃO AO* HABEAS DATA: *LEGITIMIDADE ATIVA E ESCOPO DE ABRANGÊNCIA*

Como afirmado anteriormente, o período de discussão do texto constitucional foi marcado por tensões com relação ao instituto do *habeas data* e sua aplicabilidade para o setor privado, que encontrou ressonância entre lideranças políticas da época. A primeira tensão foi uma narrativa de conflito entre setores progressistas e entidades privadas com relação ao exercício do direito ao *habeas data.* Por exemplo, em matéria de 25 de junho de 1986 na *Folha de São Paulo,* a repórter Rosana de Vasconcellos noticiou que, enquanto a tese do direito de acesso e correção dos dados pessoais encontrava muitos defensores, como a OAB e o jurista José Afonso da Silva, a questão da proibição do uso das informações para fins ou usuários diversos dos especificados quando da coleta dos dados era "vista com ressalvas pelas cerca de 130 empresas que se dedicam a uma atividade bastante rentável: o aluguel de listas de nomes e endereços para envio de mala-direta" (VASCON-CELLOS, 1986). Já havia um embate entre uma racionalidade econômica que buscava legitimar a atuação de empresas especializadas em informações sobre consumidores a partir de seus efeitos em mercados crescentemente dependentes de informações para redução dos riscos de transações.

Apesar de não existir uma forte evidência empírica e documental, é plausível especular que as organizações privadas que seriam afetadas – Câmaras de Dirigentes Lojistas, bancos, entidades do setor de finanças e crédito – provavelmente se articularam para um processo de desarme de uma estrutura que seria muito ampla, buscando limitar a abrangência do *habeas data* enquanto um direito constitucional de proteção de dados pessoais que pudesse ser protegido coletivamente, pela lógica da Lei da Ação Civil Pública.

Em 18 de dezembro de 1987, *O Estado de São Paulo* publicou que o relator Bernardo Cabral, responsável pelo texto na Assembleia Constituinte, cortou "o artigo do projeto da comissão temática que atribuía às associações e entidades em geral legitimação para promover o *habeas data*" (GUIMARÃES, 1987, p. 30). Segundo reportado, a exclusão era "fundada na lógica do razoável, pois os direitos à honra e à imagem são personalíssimos e, às vezes, é do interesse da pessoa atingida a não provocar a atividade jurisdicional, até para evitar danos mais graves à sua intimidade" (GUIMARÃES, 1987, p. 30). Em meio a essa polêmica, surgiu a tese de que os direitos de acesso aos dados pessoais seriam *personalíssimos* e, portanto, só poderiam ser exercidos por uma única pessoa: o cidadão titular dos dados pessoais. Na doutrina constitucional, nas décadas seguintes, firmou-se o entendimento de que a legitimidade ativa do *habeas data* cabe àquela pessoa física ou jurídica cujos dados figuram em assentamentos de acesso público.

A segunda grande disputa se deu com relação ao escopo de abrangência desse direito, especialmente a possibilidade do exercício desses direitos diante de controladores do setor privado. O resultado final, na Constituição, foi a limitação do *habeas data* a informações de entidades governamentais e de caráter público. Em artigo de opinião intitulado *Brasileiro deve tratar dos seus direitos*, Walter Ceneviva escreveu na Folha de São Paulo:

> O brasileiro tem novos direitos, assegurados pela Constituição, dos quais deve, aos poucos, tomar conhecimento. Alguns são mais difíceis de compreender. Outros atendem por nomes complicados, em latim. É o caso do *"habeas data"*. Trata-se de medida processual que permite a qualquer pessoa saber de informações que lhe digam respeito, constantes de registros ou bancos de dados de entidades governamentais ou de caráter público. Não vale, pois, para entidades privadas, como as de proteção ao crédito (CENEVIVA, 1989, p. 2).

A abrangência dos direitos de acesso aos birôs de crédito só foi alterada com a elaboração do Código de Defesa do Consumidor. Na redação explícita do CDC de 1990, "os bancos de dados e cadastros relativos a consumidores, os serviços de proteção ao crédito e congêneres são considerados entidades de caráter público" (Lei 8.078/1990, art. 43, § 4º – BRASIL, 1990).

Durante a década de 1990, o *habeas data* sofreu duras limitações por interpretações restritivas nas Cortes, em meio à polêmica sobre a viabilidade da utilização dos instrumentos do mandado de segurança para assegurar esses direitos pelas vias processuais (BARBOSA MOREI-

RA, 1998). Em sucessivos casos decididos no Judiciário, as tentativas de ampliação do instrumento jurídico do *habeas data* foram malsucedidas, levando a uma concepção do remédio constitucional para bases de dados públicas e a uma efetiva demonstração de abusos ou violações de direito na utilização dessas informações. Como será visto a seguir, decisões envolvendo processos de vigilância no SNI e em estruturas das Forças Armadas criaram os primeiros precedentes sobre "condições da ação" e teses que dificultaram a disseminação do *habeas data*.

1.2.3. A BUROCRATIZAÇÃO DO HABEAS DATA E SUA NÃO COLETIVIZAÇÃO NO BRASIL

Em 1995, no julgamento do Recurso em Habeas Data n. 22 no STF, o ministro Celso de Mello reforçou uma tese que favoreceu a interpretação de que a ausência de comprovação de recusa ao fornecimento de informações caracteriza falta de interesse de agir na impetração, argumento originalmente formulado no Superior Tribunal de Justiça, um ano após a aprovação da Constituição de 1988.

Esse precedente foi seguido em muitos outros casos futuros do Supremo Tribunal Federal, como no Agravo Regimento no Habeas Data n. 87, que decidiu que "o *habeas data* não se presta para solicitar informações relativas a terceiros, pois, nos termos do inciso LXXII do art. 5º da Constituição da República, sua impetração deve ter por objetivo assegurar o conhecimento de informações relativas à pessoa do impetrante" (STF, Ag. Reg. Habeas Data 87, 2009, Min. Carmen Lúcia – BRASIL, 2009).

Alguns trabalhos promoveram uma análise empírica das dificuldades de coletivização do *habeas data* no direito brasileiro. Antonio Carlos Segatto, em sua tese de doutorado na PUC-SP, analisou os "obstáculos legais e judiciais" à concretização do instituto (SEGATTO, 2004), com enfoque em uma reconstrução dos precedentes do STJ e STF. Apesar de o *habeas data* ter sido pensado como remédio constitucional contra usos abusivos de dados pessoais de forma desleal, fraudulenta e ilícita, o instituto ganhou contornos de um direito personalíssimo, de enfoque puramente individual e restrito à pessoa interessada, marcado por um debate sobre existência de interesse de agir como pré-condição de admissibilidade da ação. Firmou-se o entendimento jurisprudencial de que, sem a prova de um anterior indeferimento de um pedido, ou de uma omissão em atendê-lo, não haveria interesse de agir, configurando "carência de ação", na terminologia processualista civil.

Curiosamente, a história dessa construção intelectual – o indeferimento administrativo como pré-condição de identificação de ameaça de lesão ao direito de conhecimento de registro de dados, que se consolidou na Súmula n. 2 do Superior Tribunal de Justiça – remete a um caso emblemático envolvendo Osmar Alves de Melo, advogado com passagem pelo movimento estudantil, a luta contra a ditadura e a fundação do Partido do Movimento Democrático Brasileiro. Desconfiado da existência de um amplo banco de dados sobre o "período revolucionário" e sobre as relações mantidas por Melo no período de combate à ditadura, ele ajuizou um *habeas data* que foi amplamente contestado pelo Serviço Nacional de Informações (SNI) e pela equipe jurídica que assessorou o Ministro-Chefe do SNI. O *habeas data* de Osmar Melo foi ajuizado no primeiro dia após promulgação da Constituição Federal de 1988, junto a "dez pedidos de *habeas data*" (LOMBARDO, 1988, p. 5), sendo oito deles dirigidos ao SNI – o que evidencia o grau de tensão no período de redemocratização e o legado de vigilantismo implementado pela ditadura militar no Brasil (SKIDMORE, 1988).

O julgamento do caso de Osmar Melo dividiu os magistrados do antigo Tribunal Federal de Recursos, transformado em Superior Tribunal de Justiça, em debates processualistas sobre condições da ação e interesse de agir. A estratégia de defesa da Subprocuradoria Geral da República consistiu justamente em demonstrar falta de interesse de agir. A Consultoria Jurídica do SNI juntou o Parecer SR-13, escrito em 1986 por Saulo Ramos, Consultor-Geral da República, que argumentou que a restrição de direitos constitucionais dependeria de indeferimento administrativo. O argumento foi seguido de perto pelo ministro Vicente Cernicchiaro, que argumentou que "não houve negativa da autoridade administrativa", afastando qualquer análise de mérito, centrando-se apenas no juízo de admissibilidade.

Os ministros Américo Luz e Miguel Ferrante acompanharam o raciocínio de Cernicchiaro, alegando não existir qualquer "óbice ao uso do *habeas data*". O ministro Ilmar Galvão buscou, em vão, convencer seus pares de posicionamento contrário. Em longo voto sobre "esvaziamento da garantia constitucional" e "desprestígio da Justiça", argumentou que o instituto do *habeas data* asseguraria conhecimento de informações relativas ao impetrante e retificação dos dados, sem qualquer restrição, sendo incabível a argumentação de que a revelação de dados pessoais poderia afetar "interesse de Estado" ou segurança nacional. Citando as obras de Michel Temer, Celso Ribeiro de Bastos e Vicente

A proteção coletiva dos dados pessoais no Brasil **115**

Greco Filho, Ilmar Galvão argumentou que a impetração do *habeas data* não dependeria de prévio pedido administrativo, considerando que o *habeas data* seria um novo instrumento jurisdicional de acesso aos dados, garantindo-se a segurança e o acesso à justiça.

Em diversos outros casos, como no "Habeas Data n. 04", o ministro Ilmar Galvão saiu derrotado.[11] Nos diversos julgamentos feitos em 1989, firmou-se a tese de que, para ingresso em juízo, deveria existir resistência da contraparte. No "Habeas Data n. 05" (1989), em caso envolvendo Oswaldo Carvalho e o Ministro de Estado do Exército, o ministro Américo Luz definiu que "para exercer judicialmente o direito postulativo é indispensável a prova de ter o impetrante requerido, na via administrativa, as informações pretendidas" e que, "inexistindo nos autos tal prova, não se conhece da impetração". O caso envolvia um pedido de acesso à cópia de ata de reunião do Alto Comando do Exército, em março de 1974, sobre promoção aos quadros de Oficiais-Generais.

Em junho de 1989, os ministros julgaram também o caso de Jair Valério Junior, que havia servido durante três anos como aspirante a oficial no serviço ativo da Aeronáutica, tendo sido desligado do Instituto Tecnológico de Aeronáutica (ITA) por motivos de indisciplina. O autor desconfiava de perseguição política. Em razão de vinculações com movimento estudantil, sindicatos e atividades políticas, Jair Valério ajuizou o *habeas data* para conhecer quais dados pessoais existiam sobre sua pessoa e corrigir informações errôneas. O Chefe do Serviço de Informações da Aeronáutica, com apoio em parecer da Subprocuradoria Geral da República, argumentou inexistir interesse de agir, de forma idêntica aos outros casos, o que foi acatado pelo ministro Vicente Cernicchiaro.

A partir desses vários precedentes, em maio de 1990, o Superior Tribunal de Justiça aprovou a súmula que diz "não cabe o *habeas data* (CF, art. 5º, LXXII, letra a) se não houve recusa de informações por parte da autoridade administrativa". Posteriormente, diversos constitucionalistas, como Alexandre de Moraes, passaram a interpretar o ins-

---

11 Em questão de ordem decidida no plenário do Supremo Tribunal Federal, em 13 de outubro de 1988, o ministro Néri da Silveira argumentou que a competência originária para julgamento de *habeas data* contra ato de ministro de Estado seria do Superior Tribunal de Justiça. Até a criação do STJ, os casos poderiam ser decididos pelo Tribunal Federal de Recursos (STF, Habeas Data n. 01, Min. Néri Silveira, 13/10/1988 – BRASIL, 1988).

tituto do *habeas data* como uma ação constitucional que se submeteria às condições da ação, incluindo o interesse de agir, configurado pela resistência da entidade governamental ou de caráter público (MORAES, 2000, p. 145). A interpretação se consolidou, também, com o parágrafo único do art. 8° da Lei n. 9.507/1997, que exige que a petição inicial do *habeas data* seja "instruída com prova" da recusa ao acesso às informações ou do decurso de mais de dez dias sem decisão. A jurisprudência recente do STF reforça este entendimento (STF, Ag. Reg. no Habeas Data 108, DF, Min. Marco Aurélio, 05/11/2019 – BRASIL, 2019).

Durante a década de 1990, o instituto do *habeas data* passou por uma ampla redefinição processual, de natureza legislativa, e uma interpretação judicial centrada nas ideias de "interesse de agir" e "direito personalíssimo". Essa discussão, aparentemente técnica, feita dentro da gramática do direito processual civil, teve um efeito político enorme, afetando as pretensões de pessoas perseguidas pela ditadura militar ao exercício de seus direitos por meio do *habeas data*. As disputas judiciais do início da década de 1990 também pavimentaram o caminho para uma solução legislativa que pudesse resolver dúvidas processuais sobre o *habeas data*, limitando sua eficácia a uma dimensão de proteção dos direitos da personalidade (PIZZOLANTE, 2002; SEGATTO, 2004).

A Lei n. 9.507 de 1997, promulgada no governo Fernando Henrique Cardoso, consolidou esse processo de burocratização. A lei definiu que o *habeas data* será concedido para assegurar o conhecimento de informações relativas à pessoa do impetrante, constantes de registro ou banco de dados de entidades governamentais ou de "caráter público" (todo registro ou banco de dados contendo informações que sejam ou que possam ser transmitidas a terceiros ou que não sejam de uso privativo do órgão ou entidade produtora ou depositária das informações); para retificação de dados, quando não se prefira fazê-lo por processo sigiloso, judicial ou administrativo; e para a anotação nos assentamentos do interessado, de contestação ou explicação sobre dado verdadeiro, mas justificado, e que esteja sob pendência judicial ou amigável (Lei 9.507/1997, art. 7° – BRASIL, 1997a).

A lei criou um conjunto de regras processuais, incluindo o modo como o requerimento deve ser apresentado para entidade depositária do banco de dados, o período de resposta, a possibilidade de retificação antes da existência da ação, a necessidade de instrução da petição inicial com prova, o prazo inicial para que o coator preste informações, a possibilidade de apelação da sentença, a prioridade dos processos de *habeas data* sobre atos judiciais e a gratuidade do processo administrativo e da ação. A legislação do *habeas data* também "procedimentalizou" uma etapa extrajudicial e uma judicial (SEGATTO, 2004). Com a legislação federal, o *habeas data* assumiu um rito burocratizado.

1.2.4. *O RESGATE TARDIO DO* HABEAS DATA *NO BRASIL: INSTRUMENTO DE LUTAS POR LIBERDADES*

O percurso do *habeas data* evidencia uma condição complexa de aspirações, desejos e limitações, em um contexto político marcado pelos traumas da ditadura militar e por um conservadorismo judicial pensado de forma estratégica pela linguagem interna do direito processual, para limitar as ambições e potencialidades dessa ação constitucional. Uma revitalização do instituto do *habeas data*, em termos substanciais, parece ter ocorrido apenas em 2015, com o julgamento de um caso paradigmático sobre cabimento do *habeas data* para acesso a informações incluídas no Sistema de Conta Corrente de Pessoa Jurídica da Receita Federal, o chamado SINCOR.

No julgamento do Recurso Extraordinário 673.707 de Minas Gerais, em junho de 2015, o ministro Luiz Fux firmou um voto tido como paradigmático, que redefiniu os contornos constitucionais do *habeas data*. Ao lidar com um caso de uma empresa (Regliminas Distribuidora Ltda) que buscava obter informações relativas a débitos constantes em nome da empresa e pagamentos que constassem do SINCOR, Fux contestou a interpretação dada pelo Tribunal Regional Federal da 1ª Região de que o registro não se enquadraria como "cadastro público", negando a utilização do *habeas data* pela empresa.

Partindo de um caso bastante singular, Fux definiu teses gerais que extrapolaram o conflito inicial, como (i) uma ampliação do conceito de arquivos, bancos ou registros de dados, entendidos em sentido *lato*, (ii) a legitimidade ativa de pessoas físicas e pessoas jurídicas, nacionais e estrangeiras, desde que preenchidas as condições da ação, (iii) o reconhecimento do direito do contribuinte de conhecer as informações e anotações que lhe digam respeito, incluindo tributos e pagamentos constantes dos registros da Receita Federal do Brasil, (iv) a definição do objeto do *habeas data* enquanto garantia do direito fundamental das pessoas de ter ciência de todas as informações subjetivas armazenadas junto às entidades governamentais ou de caráter público, (v) o reconhecimento de uma noção de *accountability,* no sentido de obrigação de se abrir ao público, explicar e justificar as ações e de subordinação à possibilidade de sanções, reforçada pela Lei de Acesso à Informação, (vi) a impossibilidade jurídica do argumento de que a administração pública não está preparada para atender um pedido de *habeas data*, (vii) a adequação do instituto do *habeas data* como garantia constitucional para obtenção de dados tributários de sistemas informatizados dos órgãos da administração fazendária.

O voto de Fux foi acompanhado de forma unânime, com ressalvas que reforçaram a relação histórica do *habeas data* com a ditadura militar. A ministra Carmen Lúcia relembrou a trajetória de José Afonso da Silva na elaboração do *habeas data* e a preocupação com o que se tinha guardado e que havia sido segredo durante o período ditatorial. Para ela, no entanto, "as sombras continuam permanentemente permeando as estruturas de poder, especialmente no que diz respeito à vida das pessoas" (BRASIL, 2015a, p. 31), sendo fundamental a afirmação da garantia constitucional – e não apenas processual, como queria Luiz Fux – do *habeas data*. Em um mundo que "se mostra tanto e se esconde muito mais", o *habeas data* seria crucial para a luta pelas liberdades.

Já o ministro Gilmar Mendes, em seu voto, destacou um aspecto central do *habeas data* no Brasil: o modo como o enfoque excessivamente processual acabou limitando a dimensão material desse direito, que seria um "direito de autodeterminação sobre dados" (BRASIL, 2015a, p. 34). O processo histórico de discussão pelas lentes da garantia processual, incluindo os infindáveis debates sobre legitimidade, interesse de agir e condições da ação, fez com que não houvesse uma explicitação dos direitos da personalidade tutelados. Para Mendes, seria crucial analisar o *habeas data* do ponto de vista (i) da eficácia privada dos direitos fundamentais, (ii) da proteção da autonomia privada no âmbito de autodeterminação sobre os dados, (iii) de um direito subjetivo material à proteção de dados pessoais, (iv) da possibilidade de revitalização do *habeas data* pela dimensão da eficácia dos direitos fundamentais (BRASIL, 2015a, p. 34-40).

Essa interessantíssima intervenção do Supremo Tribunal Federal, em 2015, de "resgate do *habeas data*", inclusive em sua dimensão material – que Laura Schertel Mendes chamou de "ponto de inflexão na jurisprudência constitucional brasileira" e que consolidou um "importante passo na interpretação da proteção de dados pessoais como um direito fundamental" (SCHERTEL MENDES, 2018, p. 198) –, não modifica, no entanto, o curso da história e o relativo fracasso do potencial coletivo do instituto. Por mais que existisse uma grande aspiração intelectual e política por trás do *habeas data* – como se nota na própria concepção original de José Afonso da Silva e nas interpretações expansivas do ministro Ilmar Galvão –, a realidade é que, durante a década de 1990, o instituto foi restringido, limitado e amarrado pelas ideias de "direito personalíssimo" e de interesse de agir.

Também foram abandonadas ideias progressistas, presentes no pensamento jurídico latino-americano, de um *habeas data* coletivo, que pudesse ser ajuizado por associações civis de defesa de direitos. Na Argentina, desenvolveu-se um debate sobre legitimidade processual de entidades civis para ajuizamento de *habeas data* e sobre as distinções entre essa ação e o *amparo* (PALAZZI, 2006) – em casos notórios envolvendo o *Colectivo Asociación Civil Acción Jurídica* e a *Comisión Provincial por la Memoria*, que mobilizaram uma interpretação expansiva dos *derechos de incidencia colectiva* previstos no art. 43 da Constituição Nacional da Argentina, juntamente com o art. 34 da lei de proteção de dados pessoais (AGUËRO, 2019).[12] Enquanto isso, no Brasil, a possibilidade jurídica de *habeas data* coletivos não foi sequer aventada, dado o altíssimo risco de improcedência de uma ação com esse tipo de pedido, atrelada à força do argumento sobre direitos personalíssimos e ao fato de se tratar de uma ação de natureza individual, seja ajuizada por pessoa física ou por pessoa jurídica.

Em síntese, por mais que existisse o argumento de que, de uma perspectiva dos direitos da personalidade e da cidadania, não se pode impor ao lesado qualquer tipo de obstáculo ao acesso ao banco de dados (PIZZOLANTE, 2002, p. 132-137), a realidade institucional do *habeas data*, em perspectiva histórica, mostrou um caminho difícil e limitador. Daí o diagnóstico de um "estrangulamento e comprometimento da eficácia do *habeas data*" (MAIA, 2007, p. 1998), tornando-o uma tutela inefetiva na segunda metade do século XX. É recente o movimento de recuperação da dimensão material do *habeas data* e sua conexão com os direitos coletivos de autodeterminação informativa (SCHERTEL MENDES, 2018).

---

12 Mesmo que a *Ley* 25.356 seja omissa sobre pretensões coletivas para proteção de dados pessoais, os ativistas argentinos tiveram como estratégia utilizar o art. 43 da Constituição, que garante legitimidade para impor *acción de amparo* ao *Defensor del Pueblo* e associações civis destinadas a fins de proteção de direitos. Mesmo com a noção de "toda pessoa", a mobilização dessa dimensão coletiva impulsionou uma interpretação favorável a associações ajuizarem *habeas data* em suas batalhas por direito à informação e memória.

1.3. CONCLUSÃO DO CAPÍTULO

O contexto autoritário brasileiro foi definidor da experiência de afirmação da proteção de dados pessoais no Brasil, mesmo que no nível discursivo e sem efeitos jurídicos concretos. Apesar de os brasileiros não terem participado dos espaços de colaboração intelectual sobre *data protection* na década de 1970, como a OCDE, argumentou-se neste capítulo que existiram conflitos significativos que deram origem a uma reflexão sobre novos direitos que não seriam classificados como civis, criminais ou administrativos.

Na literatura especializada, há grande ênfase ao *habeas data* como experiência originária da proteção de dados pessoais, iniciada em 1986 na Comissão Afonso Arinos, a partir de quando recebeu uma moldura institucional própria, mesmo que limitada e distinta de sua intenção original, voltada às contenções dos usos abusivos da informática por organizações públicas e privadas. Materialmente, o *habeas data* aproxima-se dos elementos que configuram a proteção de dados pessoais como um direito fundamental autônomo (RODOTÀ, 2014, p. 40-44). Relaciona-se a um direito que, na sua concepção originária, deveria oferecer capacidades específicas de acesso e correção e, ao mesmo tempo, imunidades para contenção do uso abusivo de dados ou tratamento de dados pessoais sensíveis.

O capítulo argumentou, no entanto, que existiu uma tradição embrionária que antecedeu a experiência do *habeas data*. Essa experiência não configurou um corpo harmônico e uniforme e não foi capaz de gerar movimentos catalisadores, como comissões parlamentares e processos sistemáticos de debates públicos, capazes de mobilizar o Poder Legislativo (BENNETT, 1988). As iniciativas e discussões de José Roberto Faria Lima, René Ariel Dotti, Cristina Tavares, José Freitas Nobre, Brígido Tinoco e José Eudes, no entanto, podem ser lidas como pioneiras e significativas. Primeiro, porque, conceitualmente, estavam alinhadas a diversas experiências internacionais e anteciparam um conjunto de elementos posteriormente presentes na Lei Geral de Proteção de Dados Pessoais.

Segundo, pois evidenciavam uma complexidade específica, no Brasil, que era o enfrentamento a um ambiente autoritário, aos usos autoritários da informação e a uma fragilidade institucional democrática. Terceiro, pela superação de uma ideia tradicional de privacidade, segredo e vida privada, indo-se além de uma concepção simplista de direitos subjetivos de controle sobre os dados. Os projetos de lei buscaram a qualificação do consentimento diante de uma sociedade desigual;

a construção de princípios relacionados à finalidade e necessidade; a construção de imunidades diante dos tratamentos de dados automatizados e os mecanismos coletivos de controle social e transparência, "reconfigurando as relações de poder" (RODOTÀ, 1973).

Os dados e evidências apresentados neste capítulo indicam uma história muito mais rica, complexa e plural do que é comumente discutido nos estudos contemporâneos de proteção de dados pessoais no Brasil. Tais elementos indicam, também, que as preocupações do passado – a vigilância intensa aos ativistas negros e aos combatentes do mito da "democracia racial"; a perseguição dos considerados "subversivos" e "comunistas"; os contramovimentos dos trabalhadores do setor de processamento de dados; a conceituação da proteção de dados pessoais em uma dimensão política e centrada em liberdades políticas; as dificuldades de afirmação de direitos diante dos setores privados de análise de risco de crédito; as desconfianças diante de da possibilidade de uma Autoridade de Proteção de Dados Pessoais independente; as desconfianças sobre as centralizações de bases de dados e usos secundários para Inteligência – ainda permanecem no presente.

De fato, como sugere a historiadora Lilia Schwarz, parte do desafio de compreensão dos problemas democráticos hoje envolve uma análise do nosso passado autoritário (SCHWARCZ, 2019). Essa análise sobre o passado não significa articular continuidades simplistas ou linhas evolutivas, mas sim criar pontes entre passado e presente. O olhar voltado ao passado autoritário, em suas múltiplas formas, ajuda a "tirar o véu do espanto e a produzir uma discussão mais crítica sobre nosso passado, o nosso presente e o sonho de futuro" (SCHWARCZ, 2019, p. 30).

Alguns dos dilemas do passado, como as dificuldades de conceitualização do direito à proteção de dados em distinção da ideia de sigilo de informação ou direito à intimidade, a arregimentação de vontade política para constituição de uma autoridade independente para proteção de dados e a contenção de processos autoritários de monitoramento cívico e usos abusivos de dados, ressoam problemas contemporâneos vividos no Brasil nos últimos anos. Apesar de não existir uma clara linha de continuidade entre os esforços legislativos do passado e a formulação da Lei Geral de Proteção de Dados Pessoais no século XXI, o exame das mentalidades, ideias-força e "protoprincípios" construídos no passado ajudam a compreender especificidades dos desafios brasileiros, considerando os permanentes problemas de autoritarismo, desigualdades e fruição de liberdades civis.

CAPÍTULO 2. A ASCENSÃO DOS DIREITOS DIFUSOS NO BRASIL E O PROBLEMA DOS DADOS NO DIREITO CONSUMERISTA

Na década de 1980, dois processos políticos e institucionais foram centrais para a formatação do debate brasileiro sobre a proteção de dados pessoais em uma dimensão coletiva, criando uma trajetória institucional que influenciou a porosidade da Lei Geral de Proteção de Dados Pessoais à proteção dos interesses coletivos e difusos. Em primeiro lugar, a profunda revolução gerada pela introdução de uma linguagem sobre "direitos difusos" no interior do pensamento processual brasileiro (WATANABE, 1984; GRINOVER, 1984, P. 283-307), acompanhado por um movimento de afirmação dos novos direitos difusos, em especial a proteção do meio ambiente e a proteção dos direitos dos consumidores.

Como amplamente reconhecido por professores de direito processual, as teorias de Mauro Cappelletti e outros pensadores de vanguarda sobre direitos difusos e coletivização do processo foram adotadas com vigor no Brasil (DIDIER JR.; ZANETI JR., 2008; LENZA, 2013; MANCUSO, 2019), dando origem à Lei da Ação Civil Pública e a um conjunto de instrumentos de "tutelabilidade" em sentido coletivo, adaptando as *class actions* ao território brasileiro e fortalecendo o papel do Ministério Público (LEONARDI, 2012).

Em segundo lugar, o surgimento de uma nova teoria sobre direitos dos consumidores, que reconfigurou institutos clássicos do direito civil e introduziu uma arquitetura jurídica protetiva, orientada à justiça social, à existência de direitos fundamentais aos consumidores e ao reconhecimento das vulnerabilidades nas relações privadas, admitindo uma postura interventiva e de reequilíbrio para contenção de abusividades e primazia da boa-fé e da transparência (LIMA MARQUES, 2013). Esse "novo direito privado", que se cristalizou no Código de Defesa do Consumidor de 1990, buscou ostensivamente o diálogo com valores constitucionais de justiça social e proteção dos vulneráveis, eliminando o mito da igualdade entre as partes no interior de uma sociedade capitalista (LIMA MARQUES; MIRAGEM, 2012).

Este capítulo analisa o surgimento da teoria sobre "direitos difusos" e seus impactos no Código de Defesa do Consumidor. Analisa, também, os desdobramentos processuais da "ampliação da tutelabilidade" e a centralidade assumida pelo Código de Defesa do Consumidor na proteção de dados pessoais. De uma *perspectiva processual*, isso garantiu uma estrutura coletivizada de processo civil, inaugurando um "subsistema de processo" (ZAVASCKI, 2009) centrado na tutela de direitos coletivos, na ampliação da legitimidade ativa de entidades civis e membros do sistema de justiça e na redução de entraves e obstáculos à justiça. De uma *perspectiva de direito material*, essa centralidade representou uma forte dimensão principiológica de boa-fé e direitos da transparência e um conjunto básico de direitos relacionados aos dados pessoais, com enfoque em acesso, retificação e oposição.

Visto pelo vetor da trajetória institucional dos direitos difusos, o tensionamento entre dimensões individuais e coletivas tem produzido uma situação muito favorável à tutela coletiva, sendo correto afirmar que a LGPD passou a integrar um microssistema de tutela de direitos difusos pré-existente. Como reconhecido por Leonardi (2012), Roque (2019) e Bessa e Nunes (2021), essa trajetória institucional importa, na medida em que cria as condições para que a proteção de dados pessoais seja pensada pelas lentes dos direitos difusos.

2.1. A AUTONOMIZAÇÃO DE UMA TEORIA SOBRE OS INTERESSES DIFUSOS NO BRASIL

Como reconhecido por diversos processualistas brasileiros, a história da formação de uma teoria dos direitos difusos no Brasil é inseparável da trajetória de intelectuais italianos que exerceram influência em pensadores nacionais, como Vittorio Denti, Michele Taruffo, Vincenzo Vigoriti e Mauro Cappelletti (LENZA, 2003; GIDI, 2003, p. 324). O surgimento de um "microssistema processual coletivo" e de um debate brasileiro sobre "direitos difusos, coletivos e individuais homogêneos" (DIDIER JR.; ZANETI JR., 2016, p. 47-70) possui sua gênese em uma profícua troca intelectual entre juristas brasileiros e esses pioneiros do direito italiano, todos preocupados com um processo civil mais efetivo e responsivo aos conflitos sociais de uma sociedade capitalista e de consumo em massa.

Entre as décadas de 1970 e 1980, em diversas faculdades de direito no Brasil, começou a se configurar uma teorização sobre a natureza dos direitos nas sociedades de consumo em massa e o surgimento dos interesses metaindividuais. Na *Revista de Processo*, dirigida por Arruda Alvim em São Paulo, foi publicado um ensaio clássico de Mauro Cappelletti sobre as formações sociais e a emergência dos interesses difusos na justiça civil.

Por meio de uma sofisticada análise comparativa sobre as transformações dos mecanismos de defesa de direitos em casos de violações em massa – seja nos casos onde há danos coletivos em razão de esquemas monopolistas, em distorção à economia de mercado, seja nos casos em que um mesmo fornecedor coloca em risco um número massivo de consumidores –, Cappelletti afirmou categoricamente que os heróis da década de 1970 não seriam os advogados aptos a lutar sozinhos em favor dos fracos e inocentes, mas os Ralph Nader, os Martin Luther King, aqueles que, em suas palavras:

> [...] sabem organizar seus planos de luta em grupo em defesa dos interesses difusos, coletivos, meta-individuais, tornando a submeter as tradicionais estruturas individualísticas de tutela – entre as quais aquelas judiciais – às necessidades novas, típicas da moderna sociedade de massa (CAPPELLETTI, 1977, p. 137).

O ensaio de Cappelletti captou o espírito de um tempo ao criticar a "insuficiência de uma tutela meramente individual" (CAPPELLETTI, 1977, p. 130) e ao ponderar que "atividades e relações se referem sempre mais frequentemente a categorias inteiras de indivíduos, e não a qualquer indivíduo" (CAPPELLETTI, 1977, p. 131). Na síntese do jurista italiano, "os direitos e deveres não se apresentam mais, como nos Códigos tradicionais, de inspiração individualística-liberal, como direitos e deveres essencialmente individuais, mas meta-individuais e coletivos" (CAPPELLETTI, 1977, p. 131). Daí a preocupação, na Constituição italiana, do reconhecimento de direitos e deveres sociais e coletivos.

O ensaio de Cappelletti criticou duas alternativas que, segundo ele, seriam frustrantes para lidar com a adequada tutela dos interesses difusos. A primeira seria a primazia do Ministério Público. Partindo de uma análise do cenário italiano e francês, Cappelletti argumentou que o Ministério Público seria muito próximo ao Executivo, seria pouco responsivo a novas demandas sociais – como o combate à difamação racial e à discriminação na França –, muito ensimesmado em sua própria carreira, muito afeito a um trinômio "furto, roubo e homicídio" (CAPPELLETTI, 1977, p. 139) e pouco ativo "na defesa dos interesses coletivos tornados vitais na sociedade moderna, tidas como a proteção das liberdades fundamentais das minorias étnicas, políticas, religiosas, a salvaguarda do ambiente e a tutela dos consumidores" (CAPPELLETTI, 1977, p. 139).

Em síntese, Cappelletti manifestou uma profunda desconfiança das capacidades do Ministério Público de adequadamente operar de forma autônoma e responsiva aos interesses difusos, tal como feito por Fábio Comparato em conferência na OAB em agosto de 1979. Na ocasião, Comparato analisou a problemática dos interesses difusos – bens ou interesses que não se ligam a pessoas determinadas, mas a toda a coletividade ou a grupos de contornos indefinidos – e sustentou que o Ministério Público, "tal como se acha enfeudado no aparelho estatal, tampouco é levado a se movimentar na defesa de interesses que não são próprios do Estado" (COMPARATO, 1979, p. 216). Essa desconfiança gerou, também, forte apreensão na comunidade de Promotores de Justiça no Brasil. Segundo relato de um dos Promotores de Justiça do Ministério Público do Rio de Grande do Sul, a organização de um colóquio com Mauro Cappelletti em 1984 foi central para convencê-lo das especificidades do Ministério Público no Brasil e da viabilidade de um sistema de ações civis públicas. Segundo Tupinambá Azevedo, em depoimento sobre os 30 anos da Lei da Ação Civil Pública na Escola Superior do Ministério Público do Rio Grande do Sul, um dos objetivos estratégicos desse encontro foi a obtenção do apoio de Mauro Cappelletti e a sensibilização de que seu artigo de 1977 não refletia a realidade brasileira. Para os promotores do RS, o estilo de atuação do MP no Brasil era menos acoplado aos interesses do Estado e mais próximos de campos emergentes dos direitos difusos, como proteção dos consumidores e proteção ambiental.[13]

A segunda alternativa criticada foi justamente a adotada pelo Brasil na CPI dos Consumidores de 1977: a criação de órgãos públicos altamente especializados. Para Cappelletti, a criação de organismos públicos especializados para representar o interesse público ou a "ordem pública" sofreria de um problema crônico ao "assumir uma psicologia burocrática e uma estrutura hierárquica que, muitas vezes, tornam a própria ação lenta, rígida, muito centralizada" (CAPPELLETTI, 1977, p. 142). Para Cappelletti, faltariam a essas organizações "agressividade, imaginação e flexibilidade", pois estariam sempre presas a um legalismo paralisante, tornando-se "entidades inúteis, custosas, paralisantes para a vida econômico-social" (CAPPELLETTI, 1977, p. 142), além de se tornarem suscetíveis às pressões políticas dos grupos de poderes que deveriam controlar. Partindo de um diálogo com o alemão Hein Kötz – que também havia identificado um problema de atuação pública diante dos interesses sociais difusos (*breitgestreute Allgemeininteressen*) –, Cappelletti alertou que "nem mesmo as entidades públicas especializadas estão em condições de assegurar uma adequada tutela aos interesses coletivos econômicos, sociais e ambientais" (CAPPELLETTI, 1977, p. 143).

---

13 Essa também é a opinião de Heloisa Carpena, do MP-RJ, que relatou em entrevista um histórico de construção de capacidades de atuação do MP nessas áreas na década de 1970. A pesquisa de Rogério Antes (1999) também destaca a construção de um discurso próprio, corporativista, pelo MP.

Conforme a análise de Mauro Cappelletti, a melhor solução estaria em uma *despublicização do direito,* no sentido de fortalecimento das iniciativas privadas à tutela de interesses coletivos. Os exemplos notáveis dessa proposta seriam o modelo alemão de defesa contra a concorrência desleal, que habilitaria comerciantes e associações a agirem sem necessidade de prova de dano direto, e o *Clean Air Act* de 1970 dos EUA, que permitiu que "qualquer cidadão privado, ainda que não pessoalmente interessado, pode agir contra sujeito privado ou entidade pública que cause poluição na atmosfera, em violação à lei federal" (CAPPELLETTI, 1977, p. 145). Cappelletti via nas *class actions* dos EUA um modelo promissor, ao permitirem que um autor de uma ação coletiva pudesse agir sem necessidade de um *Attorney General*. Mais do que isso, via nessa estrutura coletiva de defesa de direitos uma ruptura com o processo civil individualista e tradicional (CAPPELLETTI, 1977, p. 147).

Em diálogo com Norberto Bobbio, Mauro Cappelletti argumentou que, apesar da "profunda aversão" da sociedade liberal aos *corps intermédiaires* (formações sociais intermediárias que compunham a estrutura portadora do feudalismo, que deveriam ser eliminadas para a mediação do cidadão com o Estado apenas por meio da família), seria necessário um fortalecimento dos "corpos intermediários" por meio de um cuidado constante com a possibilidade de eles se transformarem em "temível centro de poderes e de opressão" (CAPPELLETTI, 1977, p. 149). Por isso, para Cappelletti, o movimento de reconhecimento das sociedades intermediárias em sua capacidade jurídica deveria ser acompanhado de um contextual movimento de freio, de limite, de controle, que poderiam ser exercidos por juízes ou pelo próprio Ministério Público, na verificação da idoneidade das associações civis que defendem interesses difusos.

Como argumentado por Antonio Gidi em artigo publicado na revista *American Journal of Comparative Law*, as teses de Cappelletti fomentaram em uma série de publicações de José Carlos Barbosa Moreira, Ada Pellegrini Grinover, Waldemar Mariz Oliveira Junior (GIDI, 2003, p. 324-325) e outros intelectuais preocupados com uma tradição brasileira de processo coletivo e acesso à justiça, existente desde a "ação popular" e das reformas de democratização do direito de peticionamento (SILVA, 2007). Já existia, no interior do processo civil brasileiro, um movimento progressista de contestação do paradigma liberal de justiça. Cappelletti foi bem recepcionado e disseminado justamente por dar uma elegante moldura intelectual a uma contestação pré-existente no direito brasileiro.

Curiosamente, como bem observou Antonio Gidi, ao passo que na Itália as teorias sobre direitos difusos foram desqualificadas como um ideário excêntrico de "acadêmicos de esquerda" (GIDI, 2003, p. 325), no Brasil, dada a reputação de José Carlos Barbosa Moreira e Ada Pellegrini Grinover, especialmente no interior do sistema de justiça – ambos, por exemplo, tinham diálogo com Alfredo Buzaid e outros processualistas que faziam parte do *establishment* político durante o governo militar –, as portas foram abertas para um sistema de tutela coletiva, impulsionado por um importante movimento de fermentação e desenvolvimento de doutrina especializada sobre tutela dos interesses difusos.

Como argumentado por Rogério Antes (1999), Pedro Lenza (2003) e Antonio Gidi (2003), as teorias de direitos difusos foram recepcionadas por um grupo de elite da intelectualidade jurídica, com fortes laços com o Ministério Público e os departamentos de Processo Civil de importantes universidades como a USP, UERJ e UFRGS. Um primeiro passo foi dado pelo processualista José Carlos Barbosa Moreira, da UERJ, que teve uma carreira sólida na Procuradoria Geral do Estado do Rio de Janeiro. Em um ensaio pioneiro de 1977, publicado na terceira série de *Temas de Direito Processual*, Barbosa Moreira desenvolveu um estudo interpretativo sobre o caráter coletivo da ação popular no direito brasileiro e os instrumentos de tutela jurisdicional dos interesses difusos, dialogando com Mauro Cappelletti e com a doutrina italiana de vanguarda (BARBOSA MOREIRA, 1977). Nesse estudo, argumentou-se, como notado por Fabio Comparato, que, para a proteção da mais ampla gama de interesses coletivos, as ações deveriam caber não apenas a qualquer cidadão, "mas também a qualquer [membro] do povo e também a associações reconhecidas de utilidade pública" (COMPARATO, 1979, p. 217), inexistindo uma representação de vontades (típica do direito privado), mas sim uma representação de interesses.

O ensaio de Cappelletti se tornou leitura obrigatória em uma série de seminários coordenados no início da década de 1980 por Ada Pellegrini Grinover – influente professora de processo civil da Faculdade de Direito da Universidade de São Paulo e um dos principais nomes na articulação da Lei da Ação Civil Pública e nos estudos de processo civil coletivo –, e por outros intelectuais de processo civil. Entre 1982 e 1984, Grinover promoveu uma série de seminários sobre "tutela dos interesses difusos" e envolveu-se em um grupo de trabalho sobre reforma do direito processual, articulado principalmente por processualistas de São Paulo. Formado por processualistas influentes (Cândido

Dinamarco, Kazuo Watanabe, Waldemar Mariz Oliveira Unior, Ada Pellegrini Grinover), o grupo teve a tarefa de transformar essas novas ideias jurídicas em um projeto de lei, que posteriormente foi levado ao Congresso Nacional pelo Dep. Flavio Bierrenbach (PMDB-SP).

Nesse mesmo período, como bem explica o cientista político Rogério Arantes (1999), uma elite intelectual do Ministério Público articulou um projeto paralelo de reforma. Em 1983, ocorreu o XI Seminário Jurídico dos Grupos do Ministério Público de São Paulo, com aprovação de uma proposta formulada por Nelson Nery Junior, Edis Milaré e Camargo Ferraz de elaboração de um projeto de lei sobre ação civil pública. A partir de então, iniciaram-se os conflitos intelectuais e políticos sobre a legitimidade ativa na tutela dos interesses difusos. Como documentado por Arantes, muitos membros do Ministério Público pleitearam uma "titularidade exclusiva" da ACP, porém, pela influência de Nelson Nery Junior, admitiram a co-titularidade das associações (ARANTES, 2002, p. 51-61). Ainda não havia, nem mesmo dentro do Ministério Público, uma clara noção democrática das possibilidades de distribuição de poderes para as associações civis, fortalecendo as capacidades de atuação de cidadãos e ONGs por meio da formulação de ações civis públicas.

Em 1984, Grinover coordenou a publicação do livro *A tutela dos interesses difusos*. Nele, José Carlos Barbosa Moreira argumentou que as características básicas dos interesses difusos seriam a existência de uma pluralidade de titulares, em número indeterminado e indeterminável, e a indivisibilidade do objeto do interesse, cuja satisfação "necessariamente aproveita em conjunto a todos, e cuja postergação a todos em conjunto prejudica" (BARBOSA MOREIRA, 1984).

Como notado por Antonio Gidi, em um período de uma década, o direito brasileiro construiu uma sólida doutrina interna (GIDI, 2003, p. 324-328), formulada a partir das bases do direito processual brasileiro, sobre soluções coletivas da lide e um processo civil coletivo, que deu origem ao inquérito civil e ação civil pública. Já não era preciso utilizar a doutrina italiana, pois intelectuais brasileiros haviam criado uma teoria de base, que serviu de ideia-força para um conjunto de reformas institucionais.

2.2. O IMPACTO DO DEBATE AMBIENTAL E O PAPEL CENTRAL DO MINISTÉRIO PÚBLICO

O surgimento de uma teoria sobre direitos difusos no Brasil foi acompanhado de um processo de transformação do direito ambiental no Brasil e uma reorganização das funções do Ministério Público, que utilizou estrategicamente a ascensão dos conflitos ambientais para defender modificações e novos poderes ao Ministério Público, como a instituição do inquérito civil, que ampliaria os poderes de requisição de certidões, informações, exames e perícias, qualificando como crime a recusa, o retardamento ou a omissão de dados técnicos requisitados (ARANTES, 2002, p. 65-72).

Como explicado por José Geraldo Filomeno Brito, um dos autores do Código de Defesa do Consumidor, o surgimento de uma teoria sobre "interesses difusos" no discurso do Ministério Público brasileiro ocorreu em um período de transformações sobre o direito ambiental, que forneceu as bases para uma atuação distinta por parte do Ministério Público. Esse mesmo diagnóstico é apresentado por Ada Pellegrini Grinover sobre o surgimento de um "direito processual coletivo" (GRINOVER, 2011, p. 25-60) no Brasil. Para Grinover, o Brasil foi um dos países pioneiros na criação e implementação dos processos coletivos entre os países de *civil law*, ou seja, países de tradição jurídica de inspiração romano-germânica, cuja fonte primária do direito é a lei e o código. O percurso dessa transformação ocorreu pela força do Ministério Público e pela "mudança de mentalidade" (WATANABE, 2011, p. 61-62) da comunidade de direito processual – menos individualista e egoísta e mais participativa e solidária – diante da emergência do debate sobre os direitos ambientais.

A primeira reforma ocorreu em 1977, no mesmo ano de publicação do famoso ensaio de Mauro Cappelletti. Em plena ditadura, ocorreu uma reforma da Lei da Ação Popular, fazendo com que "os direitos difusos ligados ao patrimônio ambiental" (GRINOVER, 2011, p. 25) passassem a receber tutela jurisdicional por intermédio da legitimação do cidadão. Esse aspecto foi bem notado por José Carlos Barbosa Moreira, que identificou os germes da tutela dos interesses difusos com relação ao patrimônio ambiental na ação popular (BARBOSA MOREIRA, 1977). No entanto, o instituto da ação popular garantia apenas a determinação judicial de invalidação de um ato administrativo lesivo, e não obrigações de fazer ou procedimentos semelhantes a uma *injunction* no regime de *class actions*. Havia, também, o gargalo da legitimação processual, centrada no cidadão, mas não em uma estrutura institucionalizada de proteção de interesses difusos, como associações civis sem fins lucrativos. Até o momento, as organizações da sociedade civil não estavam explicitamente legitimadas a promover a defesa de interesses difusos.

Posteriormente, em 1981, a Lei n. 6.938 previu a titularidade do Ministério Público para as ações ambientais de responsabilidade penal e civil. A Lei da Ação Civil Pública, quatro anos depois, tratou dos "interesses transindividuais ligados ao meio ambiente e ao consumidor" (GRINOVER, 2011, p. 25), criando uma tutela diferenciada por meio de regras e princípios que "rompiam com a estrutura individualista do processo civil brasileiro e, de outro lado, acabaram influindo no Código de Processo Civil" (GRINOVER, 2011, p. 25).

Como sustentou Rogério Arantes, essa Política (Lei n. 6.938/1981)

> [...] pode ser considerada o marco jurídico inicial da normatização de interesses difusos e coletivos no Brasil e também da inclusão de novos instrumentos processuais, em especial a legitimidade do MP para proposição de ação de responsabilidade civil e criminal por danos causados ao meio ambiente (Arantes, 1999, p. 85).

O promotor passou a funcionar como defensor do interesse coletivo. Com a experiência constituída no campo ambiental, promotores e juristas do campo processual como José Carlos Barbosa Moreira e Ada Pellegrini Grinover atuaram com forte pressão política para formalização de uma ação específica para tutelar interesses difusos, gerando "uma série de estudos e até um movimento de lobby que levou à criação e edição da Lei n. 7.347, de 1985, que foi a lei que criou a ação civil pública" (ARANTES, 1999, p. 86), com uma demanda represada de participação, inclusive no sistema de justiça.

É importante observar que o debate sobre direitos ambientais no Brasil foi impulsionador de uma reforma processual que, posteriormente, afetou todo o microssistema de direitos difusos, incluindo a proteção de dados pessoais.

A instituição de uma Política Nacional do Meio Ambiente, centrada em interesses transindividuais e na dignidade humana, representou um marco para superação de uma dicotomia clássica de bens particulares e bens públicos (ou interesses particulares e interesses públicos). José Geraldo Filomeno Brito, em ensaio sobre os trinta anos do Código de Defesa do Consumidor, argumentou que as iniciativas de defesa do meio ambiente do Ministério Público foram determinantes para a criação das primeiras estruturas institucionais para defesa dos direitos difusos no Brasil. Em outubro de 1982, por deliberação do

Conselho Nacional de Procuradores-Gerais de Justiça, recomendou-se aos Ministérios Públicos a "criação e consequente implementação de organismos destinados a proteger o consumidor, o meio ambiente e as vítimas de crime" (FILOMENO BRITO, 2021, p. 70). Em dezembro de 1982, foi aprovada a Lei Complementar Estadual n. 304 (Lei Orgânica do Ministério Público), que deferiu ao procurador-geral da Justiça a competência para designar, em cada comarca, um promotor de justiça que se incumbisse da proteção ao meio ambiente.

Em um cenário de "pouca difusão da questão consumerista" (FILOMENO BRITO, 2021, p. 70), foi criada a posição de Promotor de Justiça-Curador de Proteção ao Consumidor, nas instalações físicas do Procon de São Paulo, em uma situação de "experimentação de caminhos alternativos" (FILOMENO BRITO, 2021, p. 70) na qual inexistiam instrumentos processuais adequados para tutela de direitos difusos e coletivos. Também no Rio de Janeiro, no mesmo período, iniciou-se um trabalho pioneiro de proteção ao consumidor.

Como notado pelo sociólogo Bernando Sorj, as relações entre o Procon e o Ministério Público nesse período de redemocratização foram profícuas. O primeiro órgão oficial de proteção do consumidor surgiu em São Paulo na década de 1970 e se espalhou por todos os estados brasileiros e em nível municipal. Como explicado por Sorj, apesar de o Procon orientar-se ao atendimento individual, ele ajudou a promover também processos coletivos, apoiando organizações da sociedade civil ou o Ministério Público. Como lembrado por Sorj, o Procon de São Paulo foi criado no final da ditadura militar e "atraiu para seus quadros uma nova geração de profissionais que se identificava com a ideia de lutar contra o autoritarismo e pelo fortalecimento da sociedade civil" (SORJ, 2006, p. 55). A cessão do espaço para o Promotor de Justiça do Consumidor não foi por acaso. Em muitos casos de atuação do Ministério Público, houve uma sinergia de atuação com o Procon (SORJ, 2006, p. 56).

O debate sobre direito ambiental acabou servindo como pivô para configurar as características de transindividualidade e sobre bens jurídicos que teriam um "objeto indivisível", ou seja, que tivessem uma titularidade indeterminada por circunstâncias de fato. Assim, o meio ambiente como um interesse difuso seria caracterizado por um elemento de não divisibilidade, por ultrapassar os limites de direitos e obrigações de um indivíduo. Na expressão de Rodolfo Mancuso, um dos juristas que teorizou sobre a especificidade dos direitos difusos, estes seriam interesses que transpassam "a órbita dos grupos institucionalizados, pelo fato de que a indeterminação dos sujeitos concernentes não permite sua *captação* ou *atribuição* em termos de exclusividade" (MANCUSO, 2004, p. 94).

Em contraste a uma "estreiteza da concepção tradicional do direito subjetivo, marcada profundamente pelo liberalismo individualista" (WATANABE, 2011, p. 70), houve um esforço de teorização sobre as diferenças entre interesses essencialmente coletivos, que seriam os difusos. Por influência de José Carlos Barbosa Moreira (1977, 1984) e Ada Pellegrini Grinover (1984), optou-se por um critério de indeterminação dos titulares e inexistência de relação jurídica base, no aspecto subjetivo, e por indivisibilidade do bem jurídico, no aspecto objetivo. Essa foi uma teoria central para a elaboração do Código de Defesa do Consumidor, como será visto a seguir.

Tanto no exemplo de Mauro Cappelletti (1977) como na literatura nacional (BARBOSA MOREIRA, 1984; WATANABE, 1984; GRINOVER, 1984, 1987), os exemplos de ilícitos ambientais eram configurados como violações aos interesses difusos. Por exemplo, a realização de uma atividade industrial danosa ao meio ambiente, como despejo de um produto tóxico em um rio do qual dependem diversas comunidades, faz com que o bem jurídico protegido seja indivisível (a qualidade da água do rio como um todo e não parte dela). Ao mesmo tempo, inexistiria determinação dos titulares ou uma relação jurídica base, no plano subjetivo (nenhuma comunidade seria, de algum modo, cliente ou consumidora dos serviços daquela indústria).

No caso ambiental, seria evidente a natureza indivisível dos interesses e direitos transindividuais. Trata-se de bem jurídico que pertence a todos e a ninguém ao mesmo tempo. Como defendido por Kazuo Watanabe, esse tipo de interesse deveria ser protegido de forma *molecular*, e não atomizada, em benefício de todas as pessoas atingidas. Nesse sentido, a tutela jurisdicional dos interesses difusos deveria se concretizar por meio de uma demanda coletiva, cuja sentença deveria fazer coisa julgada *erga omnes,* ou seja, para todas as partes dentro de um território e jurisdição (WATANABE, 1984).

Como argumentado por Ada Pellegrini Grinover em conferência ao Tribunal de Justiça do Estado do Pará, em dezembro de 1983, a proteção do meio ambiente e dos direitos coletivos dos consumidores demandaria tutelar interesses que não encontram apoio em uma relação-base bem definida, "reduzindo-se o vínculo entre as pessoas a fatores conjunturais ou extremamente genéricos, a dados de fato frequentemente acidentais e mutáveis" (GRINOVER, 1984, p. 284). Seriam conflitos de contraposição de grupos *versus* grupos, colocando-se em xeque o "conceito clássico de direito subjetivo, centro de todo o sistema clássico burguês" (GRINOVER, 1984, p. 284). Em diálogo com o jurista italiano Massimo Villone, Grinover argumentou que o problema fundamental da proteção dos interesses difusos seria a "correta colocação institucional dos procedimentos de mediação que têm por objeto a solução de conflitos meta-individuais" (GRINOVER, 1984, p. 285). A tutelabilidade desses direitos, por meio da criação de instrumental necessário para sua proteção, significaria "acolher novas formas de participação, como instrumento de racionalização do poder" (GRINOVER, 1984, p. 285).

Para Grinover, necessidades coletivas como o direito ao ambiente, à saúde e à informação exigiriam uma profunda reforma não só material do direito, mas principalmente processual, considerando que é no processo que direitos declarados se tornam direitos assegurados. Em lugar de "lides intersubjetivas", surgiriam "conflitos meta-individuais" (GRINOVER, 1984, p. 288). Conforme argumentou Grinover, "a tutela jurisdicional de situações não mais meramente individuais transforma-se na expressão de uma apropriação coletiva de bens comuns [...] por intermédio da justiça" (GRINOVER, 1984, p. 289). Como será discutido posteriormente, há uma conexão profunda desse aspecto com as reconfigurações dos direitos à proteção de dados pessoais, que também podem ser vistos pelo prisma de uma apropriação de bens comuns por intermediação do Judiciário. No plano teórico abstrato, trata-se de uma relevante ligação com a perspectiva de acesso à justiça.

2.3. AS ALIANÇAS TÁTICAS ENTRE PROCESSUALISTAS E PROMOTORES NA APROVAÇÃO DA LEI DA AÇÃO CIVIL PÚBLICA

Apesar do notável avanço conquistado pela reforma das Ações Populares e pela Política Nacional do Meio Ambiente, o papel do Ministério Público e das associações civis não estava bem definido para diversos tipos de ilícitos e lesões a direitos transindividuais. Dado o impulso de um projeto de lei modelo sobre tutela de interesses difusos, uma ampla aliança entre processualistas e membros do Ministério Público avançou na aprovação do projeto de lei da Ação Civil Pública no Brasil (Projeto de Lei 8.984/1983).

Em 1984, José Geraldo Brito Filomeno e Antonio Herman de Vasconcellos e Benjamin escreveram um ensaio intitulado *A proteção ao consumidor e o Ministério Público*, apresentado no VI Congresso Nacional do Ministério Público. Nele, explicaram que o Ministério Público sofria severas restrições do Código de Processo Civil para ajuizar ação civil pública em defesa do consumidor. A solução seria uma reforma jurídica para uma proteção avançada e moderna "para tutela de seus interesses" (FILOMENO; BENJAMIN, 1985).

Nesse mesmo Congresso realizado em São Paulo, bastante estratégico em dimensão política, foram aprovadas as teses de que (i) a proteção ao consumidor é dever do Estado, (ii) os direitos do consumidor, bem como sua proteção pelo Ministério Público, devem ser previstos expressamente na nova Constituição, (iii) a proteção ao consumidor não pode ser conferida com exclusividade ao Ministério Público, sendo fundamental a existência e o funcionamento de associações privadas com o mesmo fim (FILOMENO; BENJAMIN, 1985).

Em 1984, uma série de textos jurídicos sobre "direitos difusos" foram publicados n'*O Estado de São Paulo*, dando o tom da discussão parlamentar sobre o Projeto de Lei 8.984/1983, com forte apelo por parte de doutrinadores como Kazuo Watanabe, Ada Pellegrini Grinover e Eros Grau, em defesa de um regime jurídico apto a tutelar direitos difusos por meio de instrumentos processuais de tutela coletiva (WATANABE, 1984; GRINOVER, 1984). Em 25 de julho de 1985, no mesmo dia em que José Sarney criou o Conselho Nacional de Defesa do Consumidor, foi divulgada a sanção presidencial da Lei 7.347/1985. Ao relatar a aprovação, *O Estado de São Paulo* notificou a transformação, dando ênfase ao veto de Sarney sobre a ampliação da ação civil pública para tutela de interesses difusos não previstos em lei, por "estender esse instrumento de defesa dos valores sociais indisponíveis a outros interesses difusos, inominados e não definidos na lei" e "por entender que a complexidade da vida social indicar outros interesses difusos serão objeto de oportuna disciplinação legislativa" (LEIS..., 1985, p. 13).

Na época, a Lei das Ações Civis Públicas foi considerada um enorme avanço e uma vitória do campo progressista de processo civil (GRINOVER, 1987). A lei promoveu uma série de transformações no direito brasileiro, antes mesmo da criação do Código de Defesa do Consumidor. Primeiro, definiu como objeto da ação a condenação em dinheiro ou o cumprimento de obrigação de fazer ou não fazer. Segundo, instituiu um fundo para o qual são revertidas as indenizações (o Fundo de Direitos Difusos, atualmente sob gestão de um conselho próprio, operado pelo Ministério da Justiça e Segurança Pública). Terceiro, garantiu a legitimidade ativa do Ministério Público para defesa dos direitos difusos e para associações constituídas há pelo menos um ano e que incluam, entre suas finalidades institucionais, a proteção ao meio ambiente, ao consumidor e/ou ao patrimônio histórico e cultural. Quarto, imprimiu mais força ao regime de responsabilidade objetiva, no qual se torna desnecessária a demonstração de elemento subjetivo presente no ato lesivo ao interesse difuso ou coletivo, bastando a comprovação de relação de causalidade entre a ação e o dano para que haja condenação, sem necessidade de demonstração de existência subjetiva da culpa. Quinto, previu a inversão do ônus prova, instituto também previsto no Código de Defesa do Consumidor. Sexto, permitiu aos magistrados dar efeito suspensivo aos recursos, para evitar dano irreparável à parte. Sétimo, permitiu a concessão de medida cautelar, não apenas de caráter preventivo, mas também dotada de caráter executório, antecipando uma obrigação de fazer ou não fazer, a fim de afastar o risco de grave lesão a tais direitos (ZANATTA; SOUZA, 2021).

A Lei da Ação Civil Pública abriu caminhos para que organizações da sociedade civil pudessem também ajuizar ações contra atos lesivos à coletividade. A redação original da Lei previa que a ação principal e a cautelar poderiam ser propostas pelo Ministério Público, pela União, pelos Estados e Municípios. Mas também poderiam ser propostas por associações que estivessem constituídas há pelo menos um ano (art. 5º, Lei 7.347/1985). Posteriormente, já no governo Lula, foi aprovada a Lei 11.448/2007, que modificou o art. 5º da Lei da Ação Civil Pública para deixar explícito que a Defensoria Pública também possui legitimidade para propor a ação principal e cautelar. No governo Dilma Rousseff, a Lei 13.004/2014 ampliou o conceito de "patrimônio público e social" e determinou que as ações cautelares de uma ACP podem servir para "evitar dano ao patrimônio público e social, ao meio ambiente, ao consumidor, à honra e à dignidade de grupos raciais, étnicos ou religiosos, à ordem urbanística ou aos bens e direitos de valor artístico, estético, histórico, turístico e paisagístico".

Atualmente, fala-se muito da importância da ação civil pública para reparação do dano social, incluindo processos algorítmicos com consequências racistas que podem ser vistas como uma violação a valores democráticos comunitários.

Como explicado por Rogério Arantes (1999), o Ministério Público assumiu protagonismo na construção ativa de sua própria legitimidade e nas reformas jurídica em torno dos direitos difusos, gerando algumas situações conflituosas com a própria sociedade civil. Como explicado por Rogério Arantes, nos documentos de apresentação e justificativa dos projetos de lei sobre ações civil públicas, nota-se um conjunto de "diferentes intenções quanto à regulamentação da defesa dos direitos coletivos" (ARANTES, 2002, p. 71). Ao passo que os juristas defendiam a crescente conscientização e o estímulo à participação da sociedade civil, o MP chegou a se posicionar como legítimo tutor dos "interesses indisponíveis da sociedade", coroando as conquistas do MP com a Lei Complementar 40/1981. No final do processo de negociação com o Ministério da Justiça – envolvendo troca de textos com lideranças do Ministério Público –, o texto definiu que associações civis teriam ampla legitimidade, contrariando as intenções, de parte do MP, de ser o único órgão estatal a ter legitimidade para mobilizar ações civis públicas.

Com a aprovação da Lei da Ação Civil Pública em 1985, os passos seguintes dessa transformação dos direitos difusos foram a incidência política na Assembleia Constituinte e os trabalhos de formulação do Código de Defesa do Consumidor, que instituíram o regime de responsabilidade civil objetiva e a "revolucionária tutela coletiva do consumidor" (FILOMENO BRITO, 2021, p. 77-78). Com esses processos, lançaram-se as bases para criação de um subsistema de processo de tutela coletiva no Brasil (ZAVASCKI, 2009).

2.4. A FORMULAÇÃO DO CDC: IDEIAS-FORÇA E A TEORIA DOS DIREITOS DIFUSOS

Em 1985, o diagnóstico de juristas e do próprio governo federal era de um cenário de caos e desorganização com relação à defesa do consumidor. Existiam centenas de projetos de lei em tramitação e dezenas de entidades especializadas, como o Procon de São Paulo, criado de forma pioneira na década de 1970 (SORJ, 2006, p. 55-56). A pressão da sociedade civil crescia lentamente, por meio de associações e organizações dedicadas ao assunto. Em 1974, no Rio de Janeiro, havia sido criado o Conselho de Defesa do Consumidor (Condecon). Em Curitiba, em 1976, havia sido criada a Associação de Defesa e Orientação do Consumidor. Em Porto Alegre, a Associação de Defesa do Consumidor (Adecon). Mesmo com o surgimento de um novo tipo de associativismo e de experiências estaduais que se disseminaram, como o Procon de São Paulo, no nível federal havia pouca experiência consistente de formulação de políticas públicas de defesa dos direitos dos consumidores.

Mesmo com o diagnóstico da Comissão Parlamentar de Inquérito de 1977 sobre problemas de violação dos direitos do consumidor, pulverização legislativa e necessidade de unificação da legislação de defesa do consumidor, nada havia sido feito. O grande divisor de águas foi a formulação do Anteprojeto do Código de Defesa do Consumidor, entre 1987 e 1989, que contou com uma geração de professores progressistas ligados às pautas de assimetrias de poderes, desigualdades, insuficiências dos mecanismos clássicos do direito privado e reorganização do direito processual em dimensão coletiva (GRINOVER; BENJAMIN, 2019). Esta seção detalha o trabalho de formação da Comissão de Juristas que elaborou o CDC, o enfoque em proteção de dados pessoais na formulação do art. 43 do Código e as estratégias de separação analítica dos direitos coletivos, pensados a partir da divisão entre "direitos difusos", "direitos coletivos" e "direitos individuais homogêneos". O CDC possui um conjunto de "ideias-força" que são extremamente relevantes para a discussão sobre a proteção de dados pessoais no Brasil. Compreender sua trajetória política e intelectual na Nova República é uma estratégia de resgate dessas ideias.

2.4.1. *A FORMAÇÃO DA COMISSÃO DE JURISTAS E O TRABALHO DE FORMULAÇÃO DO CDC*

Em julho de 1985, dois meses após a aprovação da Resolução n. 39/248 na 106ª reunião plenária da Organização das Nações Unidas, José Sarney criou o Conselho de Defesa do Consumidor, com objetivo de coordenar as atividades das entidades de defesa de consumidor (os Procons) e promover uma harmonização dos diferentes diplomas legais. O Conselho ficou sem atuação política por quase dois anos, quando ex-deputado Flavio Bierrenbach, que havia sido convidado para assumir a posição de Diretor do Conselho, propôs a criação de uma Comissão de Juristas, formada em 1987. Como reconhecido pelo então Ministro da Justiça, Paulo Brossard, o movimento de criação do Conselho foi fortalecido pela Resolução da ONU que recomendou aos países a elaboração de normas de proteção aos direitos dos consumidores (BROSSARD, 2019, p. 11). O primeiro governo da Nova República buscou criar construir uma nova institucionalidade para as relações de mercado e a reforma do direito do consumidor foi visto como algo benéfico pelo Executivo.

A principal proposta de Bierrenbach, validada por Brossard, foi a criação de um Anteprojeto de Código de Defesa do Consumidor. A partir do impulso político dado pelo governo federal e pelo Conselho, reuniram-se Ada Pellegrini Grinover, Daniel Roberto Fink, José Geraldo Brito Filomeno, Kazuo Watanabe e Zelmo Denari. Além dos encontros oficiais do Conselho, realizados em Brasília, o grupo se reunia em um apartamento em São Paulo, alugado como escritório de grupo de estudos. Ainda em 1987, valendo-se da legitimidade ativa para proposição de ações civis públicas, surgiu o Instituto Brasileiro de Defesa do Consumidor (Idec), organização civil sem fins lucrativos, fundada por Marilene Lazzarini, que havia integrado o Procon de São Paulo no final da década de 1970 (SORJ, 2006, p. 58).

Como se observa dos registros históricos disponíveis, a Comissão imprimiu um ritmo de vanguarda aos trabalhos legislativos no Brasil, valendo-se do que havia de mais avançado, no plano jurídico, em instrumentos legislativos de proteção dos consumidores. A partir de interações internacionais – como o XII Congresso Mundial de Defesa dos Consumidores e a *International Organization of Consumers Union* (IOCU) – e do estudo de projetos de lei da França e Bélgica, a Comissão construiu um Anteprojeto de Código de Defesa do Consumidor no período de um ano. Conforme relatório de Ada Pellegrini Grinover, além de professores conectados às teorias dos direitos difusos, a Comissão contou com apoio de jovens lideranças do Ministério Público, como Mariângela Sarrubbo, Antonio Herman Vasconcellos e Benjamin e Eliana Cáceres, que haviam formulado inquéritos e ações judiciais para proteção de interesses difusos. A consolidação do trabalho ocorreu com o Projeto de Lei 1.955/1989, elaborado pelo deputado Michel Temer (PMDB-SP). O texto da Comissão passou por uma espécie de *roadshow*: foi "divulgado e debatido em diversas capitais, recebendo, assim, críticas e sugestões" (GRINOVER; BENJAMIN, 2019, p. 59). Em janeiro de 1989, foi divulgado parecer da Comissão, justificando acolhimento ou rejeição das propostas.

O processo da Assembleia Constituinte também foi central para a defesa do consumidor no Brasil. Inicialmente não previsto na proposta original da Comissão Afonso Arinos, o Ministério Público conseguiu avançar uma série de mudanças constitucionais importantes, como a inclusão de um direito fundamental à defesa do consumidor no art. 5º, inciso XXXII ("O Estado promoverá na forma da lei a defesa do consumidor") e a inclusão da competência do Ministério Público para proteção dos interesses difusos (art. 129, CF). As Defensorias Públicas também alcançaram moldura constitucional como "instituição essencial à função jurisdicional do Estado" (art. 134, CF), cabendo-lhe orientação jurídica e defesa dos necessitados. Por fim, dentre os Atos das Disposições Constitucionais Transitórias, determinou-se que o Congresso Nacional, dentro de cento e vinte dias da promulgação da Constituição, elaborasse um Código de Defesa do Consumidor (ADCT, art. 48, CF). Com essa norma programática da Constituição Federal, de outubro de 1988, criou-se forte ambiente jurídico para aprovação do CDC.

Conforme argumentado por Patrícia Fonseca, os intelectuais responsáveis pela elaboração do Anteprojeto fizeram um esforço ativo de construção de legitimidade nacional e internacional sobre o texto proposto. Em 1989, foi realizado um Congresso Internacional de Direito do Consumidor em São Paulo, que contou com alguns dos principais intelectuais do campo de defesa de consumidor, como Thierry Boirgoinie (presidente da Comissão Real de elaboração de um Código de Defesa do Consumidor na Bélgica), Ewoud Hondius (Universidade de Utrecht, da Holanda), Eike Von Hippel (Max Planck Institute, Alemanha), Norbert Reich (*Zentru fur Europaische Rechstpolitk,* de Bremen) e Mario Frota (Universidade do Porto). O Anteprojeto foi aclamado como um dos textos mais avançados do mundo e influenciou o debate no Congresso (FONSECA, 2014, p. 148-149).

No segundo semestre de 1989, diversos projetos concorriam, ao mesmo tempo, para sua aprovação no Congresso. Além do projeto apresentado via Michel Temer, havia um projeto bastante original apresentado pelo deputado Geraldo Alckmin (PL 1.149/1988) e um projeto do deputado José Yunes (PL 1.449/1988). Havia, ainda, dois projetos do Senado Federal: o PL 01/89, de autoria do senador Ronan Tito, e o PL 97/89, do senador Jutahy Magalhães. Segundo relatório apresentado por Ada Pellegrini Grinover (1989), esses projetos possuíam diversos pontos em comum, como um elenco de direitos básicos dos consumidores; a proteção à saúde e à segurança do consumidor; a responsabilidade civil por insegurança dos bens e serviços (os chamados "acidentes de consumo"); a responsabilidade civil por vícios de qualidade por inadequação de bens e serviços; o regramento da oferta e da publicidade; o controle das práticas e cláusulas abusivas; os bancos de dados e a cobrança de dívidas de consumo; além de sanções administrativas, penais e "facilitação de acesso à justiça para o consumidor com a disciplina processual correspondente" (BRASIL, 1989, p. 144). Os projetos, no entanto, apresentavam divergências sobre a nomenclatura diversa para o objeto da relação de consumo ("produto e serviço" ou "bem e serviço"), a possibilidade de inversão do ônus da prova como direito básico do consumidor, a responsabilidade civil pura para vícios de qualidade por insegurança de bens e serviços (algo previsto no projeto de Alckmin e não nos outros), o controle administrativo preventivo e abstrato das condições gerais dos contratos pelo Ministério Público (algo previsto nos projetos de Magalhães e Alckmin) e variações sobre as sanções penais.

A Comissão de Juristas do Conselho Nacional de Defesa do Consumidor apoiou o projeto de Michel Temer (BRASIL, 1989, p. 146), porém rapidamente um acordo político foi firmado com Geraldo Alckmin para harmonização dos projetos no decorrer dos trabalhos de uma Comissão Mista. Tal Comissão foi formada entre Senado e Congresso, que, com apoio da PRODASEN, trabalhou a partir de um quadro comparativo dos cinco projetos de lei. Uma grande audiência pública foi realizada para debater "pontos polêmicos do código" e apresentação de sugestões. Conforme relatório do deputado Joaci Goes, essa audiência pública foi "palco do contraditório mais amplo possível, premissa para o entendimento e posicionamento do relator em relação aos pontos conflitantes" (BRASIL, 1989, p. 7).

Segundo Goes, buscou-se um clima de tolerância e espírito conciliatório, que se manifestou na "busca de um consenso total, em posições intermediárias, cuja flexibilidade atendeu a todos os interessados" (BRASIL, 1989, p. 7). Tal como ocorreu com a Lei Geral de Proteção de Dados Pessoais, entre 2016 e 2018, buscou-se um "texto possível", que não agradasse a todas as partes (BIONI; RIELLI, 2022). Trata-se, afinal, de expediente comum de processos democráticos.

A Comissão Mista concluiu os trabalhos com uma proposta de Código dividida em seis partes. A primeira focada nos direitos básicos dos consumidores, incluindo uma Política Nacional de Relações de Consumo, direitos sobre prevenção e reparação de danos, práticas comerciais de proteção contratual e sanções administrativas. Uma segunda parte centrada em infrações penais, elencando crimes contra as relações de consumo. Uma terceira parte sobre defesa do consumidor em juízo, incluindo normas processuais sobre julgamento de ações em defesa do consumidor, como as coletivas para defesa de interesses individuais homogêneos. Uma quarta parte sobre Sistema Nacional de Defesa do Consumidor, com diretrizes sobre organização da participação do Estado na defesa do consumidor. Uma quinta parte sobre convenção coletiva de consumo, criando mecanismos de convenção e autorregulação. Uma sexta parte centrada em ajustes de outras legislações, tornando-as coerentes com o Código (BRASIL, 1989, p. 8).

Segundo relatou Ada Pellegrini Grinover, o principal *locus* de *lobby* ocorreu na regra da inversão do ônus da prova como direito básico dos consumidores, nas regras de responsabilidade civil objetiva e na possibilidade de um *habeas data* coletivo, vetado por Fernando Collor, talvez por pressão empresarial. Como relatado pelos autores, os 42 vetos foram resultado de *lobbies* que não haviam conseguido sensibilizar a Comissão Mista e que, "vencidos nas audiências públicas, voltaram à carga na instância governamental" (GRINOVER; BENJAMIN, 2019, p. 61). Os vetos mais absurdos, para Grinover e Benjamin, foram os que suprimiram as multas civis e os que eliminaram o direito básico de participação dos consumidores e dos órgãos constituídos para sua defesa na formulação das políticas de consumo.[14] Para eles, alguns vetos seriam totalmente ineficazes, "por ter ficado o assunto regulado em outros dispositivos não vetados" (GRINOVER; BENJAMIN, 2019, p. 61) como a aplicabilidade da matéria processual à defesa de outros interesses difusos, coletivos e individuais homogêneos (vetada no art. 89, mas mantida no art. 90 e 110, IV) e a "aplicabilidade do *habeas data* à tutela dos direitos e interesses dos consumidores" (GRINOVER; BENJAMIN, 2019, p. 61), prevista no art. 86, pois esse direito também estaria apresentado no art. 43 do CDC.

O Código de Defesa do Consumidor buscou uma "proteção eficiente do consumidor no mercado de consumo" (BRASIL, 1989, p. 146) e foi celebrado como importante vitória aos consumidores, especialmente pela dimensão coletiva imprimida em toda a legislação. Conforme explicado por Ada Pellegrini Grinover, o CDC criou um "minissistema brasileiro de processos coletivos" (GRINOVER, 2011, p. 25), juntamente com a Lei da Ação Civil Pública, demarcando uma linha evolutiva de um processo individualista para um processo social. São inúmeros os elementos relevantes e substanciais do direito do consumidor, como a introdução de direitos básicos do consumidor, o reconhecimento de sua vulnerabilidade, a criação do conceito de "contratos de adesão" e a introdução do regime de responsabilidade civil por vício ou fato do produto ou serviço. Considerando o enfoque deste trabalho, será analisada, a seguir, a abordagem do CDC para a proteção de dados pessoais e a consolidação da divisão entre os tipos de direitos coletivos, o que

---

14 O direito à participação era previsto em diversos projetos. No projeto de Alckmin (1.149/1988), definiu-se como direito básico do consumidor a "participação e consulta na formulação das políticas que os afetem diretamente, e a representação de seus interesses por intermédio das entidades públicas ou privadas de proteção ou defesa do consumidor" (ALCKMIN, 1988, p. 3871).

tem efeitos substanciais para o debate sobre a natureza dos interesses protegidos em ações civis públicas sobre proteção de dados pessoais.

2.4.2. A PROTEÇÃO DE DADOS PESSOAIS NO CÓDIGO DE DEFESA DO CONSUMIDOR

Conforme explicado por Ada Pellegrini Grinover e Kazuo Watanabe, o *habeas data*, formulado na Constituição Federal de 1988, serviu de inspiração para um novo tipo de remédio que pudesse ser mobilizado pelos consumidores na ampliação do seu direito básico à informação e à contenção de abusos informáticos, no espírito previsto por José Afonso da Silva. No entanto, para além da tentativa de mobilização do *habeas data* para dentro do microssistema de proteção dos consumidores, a principal contribuição do Código de Defesa do Consumidor para a proteção de dados pessoais foi a constituição de uma seção específica sobre os bancos de dados e cadastros de consumidores, cristalizada no importante art. 43 do CDC. É consenso, entre pesquisadores do campo da proteção de dados pessoais no Brasil, que o art. 43 do CDC serviu de primeira estrutura normativa apta a proteger um conjunto de direitos da personalidade dos consumidores com relação ao fluxo de seus dados pessoais (DONEDA, 2006; BESSA, 2008; BESSA, 2011; SCHERTEL MENDES, 2014).

É interessante o percurso de formulação dessa estrutura normativa. Antonio Herman Benjamin, em versão comentada do Código de Defesa do Consumidor, explicou que as inspirações do art. 43 do CDC não vieram do direito comunitário europeu, tampouco das regras europeias de proteção de dados pessoais, como se poderia supor, à primeira vista.

A inspiração direta do art. 43 do CDC, no final da década de 1980, surgiu dos debates promovidos por organizações civis estadunidenses, como a *National Consumer Law Center*, que havia elaborado um anteprojeto de lei-modelo chamado *National Consumer Act* em 1970, e o *Fair Credit Reporting Act*, legislação estadunidense aprovada em 1970 (BENJAMIN, 2019, p. 557). Para Benjamin, o modelo criado no Código de Defesa do Consumidor, "quando comparado com os modelos de controle de bancos de dados de outros países, continua a ser um dos avançados sistemas do mundo" (BENJAMIN, 2019, p. 557), assegurando um conjunto de proteções sem inviabilizar a atuação dos corretores de dados e birôs de crédito. Em depoimento dado em evento do Conselho de Estudos Judiciários da Justiça Federal em 2021, Benjamin explicou:

> Essa matéria [de proteção de dados pessoais] sensibilizou a comissão, pois naquele momento havia muitos abusos, e ainda existem, mas que foram muito reduzidos, pois o Código é muito preciso e objetivo – não é vago! – acerca dos serviços de proteção de crédito, chamados de SPCs, administrados pelas associações comerciais e empresas como Serasa. Hoje nós temos outra realidade. Mas há centenas de precedentes do Superior Tribunal de Justiça, súmulas e toda uma jurisprudência que evoluiu na esteira do art. 43 e seguintes. [...] Hoje esse tema é muito mais importante do que era naquela época. Hoje o problema não é somente sobre cobrança de dívidas de consumidores. Estamos falando de bancos de dados que têm, a rigor, a vida, a personalidade, os desejos, as relações, não só de consumidores, mas de cidadãos, de todo o mundo e todas as idades.

Como se observa da redação do art. 43, há uma grande preocupação com princípios de justiça na abertura e na utilização de cadastros de consumo, especialmente tendo em vista o modelo de negócios operado pelos Serviços de Proteção ao Crédito, que criaram, desde sua origem, na década de 1950, no Brasil, "uma malha gigantesca de coleta, gerenciamento e fornecimento de dados" (BENJAMIN, 2019, p. 560). Para Antonio Herman Benjamin, a preocupação do legislador consistiu em ponderar os riscos a garantias constitucionais inalienáveis diante da estrutura sofisticada dos bancos de dados e da natureza do poder da informação (distinta, para Benjamin, do poder tecnológico, econômico e militar). Nesse sentido, não consistia na proteção de interesses isolados ou fragmentados, mas na "defesa da coletividade dos bons devedores", considerando-se "a natureza social amplíssima dos interesses protegidos" (BENJAMIN, 2019, p. 562).

Para Benjamin, o abuso no manejo das informações pelos bancos de dados deveria ser conceitualizado como "dano social" e como uma "danosidade difusa e não individual" (BENJAMIN, 2019, p. 564). Diante de um conjunto de práticas existentes à época, como utilização irregular de informações para forçar o pagamento de débito ou inabilitação creditícia do consumidor, o art. 43 do CDC buscou inibir tais práticas, "procurando regular a coleta, arquivamento e fornecimento de informações sobre o consumidor, impondo a tais organismos responsabilidades proporcionais aos valores constitucionais com os quais têm interface" (BENJAMIN, 2019, p. 565). De forma estratégica, o jurista não negou a importância do fluxo de informações para uma economia de mercado que necessita de informações sobre os consumidores para operações de crédito, mitigação de riscos e diminuição dos custos de transação, como defendido por economistas. A solução buscada por Herman Benjamin, inspirada no modelo estadunidense, foi a de regulação dos processos de construção de perfis sobre o consumidor e garantia de um conjunto básico de direitos, habilitando o surgimento de birôs de crédito e "mercadores da informação" dentro de um contexto regulado e orientado ao interesse público. O espírito não foi de proibição, mas de regulação.

Na síntese de Benjamin, o art. 43 buscou inspiração nos princípio de equidade, imparcialidade e respeito pelo direito à privacidade do *Fair Credit Reporting Act* e criou um modelo regulatório centrado em quatro funções: (i) garantia da privacidade do consumidor; (ii) indução à transparência na coleta, no armazenamento e no gerenciamento de informações; (iii) imposição de padrões temporais e de veracidade; e (d) instituição do dever de reparar eventuais danos causados (BENJAMIN, 2019, p. 567).

O "espírito da legislação" foi bem captado por José Tavares Guerreiro, em obra coordenada em 1992 por René Ariel Dotti e José Cretella Junior sobre o Código de Defesa do Consumidor (TAVARES GUERREIRO, 1992). Para ele, dada a insuficiência dos meios tradicionais para proteger os interesses dos consumidores, seria necessária a adoção de mecanismos modernos de tutela, considerando a "extraordinária rapidez com que os bancos de dados podem elaborar perfis de informação do indivíduo" (TAVARES GUERREIRO, 1992, p. 143), a possibilidade de desvios de finalidade na utilização dos dados, a própria falibilidade dos processos informáticos e as ameaças aos direitos da personalidade.

Conforme explicado por Danilo Doneda, apesar de não formular uma regra geral de consentimento para abertura dos cadastros, os direitos básicos de acesso às informações pessoais, de acesso às fontes dos dados pessoais, de retificação em caso de imprecisão, de ser comunicado após abertura de cadastro e de ter uma limitação temporal ao uso de informações relativas a inadimplência – todos previstos no art. 43 – serviram como base jurídica para afirmação de um discurso sobre proteção de dados pessoais na década de 1990 no Brasil, o que fortaleceu o processo subsequente de formulação de uma Lei Geral de Proteção de Dados Pessoais. Para Doneda, é possível reconhecer no CDC "a presença de alguns dos princípios de proteção de dados pessoais" (DONEDA, 2020, p. 287) previstos na LGPD, ainda que, no contexto da década de 1990, fosse impossível a definição de um "sistema geral" (DONEDA, 2020, p. 287).

Laura Schertel Mendes, partindo de uma leitura integrada do art. 43 do CDC com os artigos 4° e 6°, sustenta que o Código foi um dos "precursores e catalisadores no processo de evolução do conceito de privacidade" ao estabelecer "uma proteção integral da pessoa nas relações de consumo, seja dos seus interesses econômicos, seja da sua integridade e personalidade" (SCHERTEL MENDES, 2014, p. 200). Para Schertel Mendes, uma dupla dimensão do direito fundamental à proteção de dados pessoais se apresentou no CDC, mesmo que de forma incompleta quando comparado com a Lei Geral de Proteção de Dados Pessoais. Uma primeira, relacionada a um dever de proteção formulado na Política Nacional das Relações de Consumo e a uma tutela da personalidade do consumidor. Uma segunda, relacionada aos direitos subjetivos dos consumidores de controlarem o fluxo de seus dados, por meio dos direitos assegurados no art. 43. Por esses motivos, Schertel Mendes fala de uma "tutela da personalidade no Código de Defesa do Consumidor" (SCHERTEL MENDES, 2014, p. 196-200), antecipando os movimentos da Secretaria Nacional de Consumidor de reconhecimento dos direitos da personalidade como basilares à defesa do consumidor no Brasil.

É notável como o sucinto art. 43 do CDC apresentou, na realidade, uma espécie de "feixe de direitos" (adaptando a expressão clássica sobre *bundle of rights*), mesclando elementos de direito público e privado. Em uma dimensão regulatória mais ampla, o Código definiu que "bancos de dados e cadastros relativos a consumidores, os serviços de proteção ao crédito e congêneres são considerados entidades de caráter público" (art. 43, § 4º, CDC). Conforme explicado por Benjamin, essa norma derrubou a visão dos "defensores do *ancien régime*" que pregavam total desproteção e não regulação dos birôs de crédito e associações ligadas aos bancos. Assegurou, também, uma estratégia de mobilização do *habeas data,* ao acoplar o uso de dados pessoais em bancos de dados como uma atividade de interesse público, em alinhamento ao texto final da Constituição Federal sobre o *habeas data.*

Como explicou Benjamin, não foi um movimento legislativo de pouca importância. Ao utilizar a expressão "caráter público", o legislador quis dizer que foram impostas "obrigações e limitações adicionais" a partir de um "aparato legislativo próprio para sua disciplina". Para Benjamin, o legislador confinou os bancos de dados "à geografia das liberdades públicas, válidas normalmente contra o Estado e seus apêndices", em um movimento de expansão, para o setor privado, das regras de "transparência, *due process*, rigor formal e conteúdo" (BENJAMIN, 2019, p. 578).

Ademais, o art. 43 do CDC trouxe um conjunto de princípios com relação a veracidade, clareza e objetividade (art. 43, § 1º, CDC). Para

Benjamin, o CDC criou uma limitação sobre os tipos de dados a serem utilizados, traçando um limite entre informações relevantes e não relevantes para arquivos de consumo, a partir do conceito de "informação objetiva". Mesmo sendo uma ideia filosoficamente questionável – pode-se assumir como premissa que toda informação é interpretada e possui um caráter subjetivo construído pelo empreendimento interpretativo comunitário, sendo imprópria a ideia de objetividade –, juridicamente ela faz sentido, na medida em que busca uma adesão a um contexto mercadológico específico e cria a possibilidade de identificar "dados espúrios" em situações específicas. Nesse sentido, Benjamin sustentou, em bom português, que os arquivos seriam "de consumo e não de disse me disse ou mexerico" (BENJAMIN, 2019, p. 606).

Informações sobre tipos de bares frequentados, casas noturnas preferidas, músicas mais apreciadas, orientação ideológica não poderiam ser aceitas, a não ser que fortemente vinculadas ao mercado em si. Nesse sentido, o conceito de "informação objetiva"[15] do art. 43 do CDC inaugurou uma espécie de análise contextual da privacidade, que somente é operável a partir de uma análise do contexto sobre os fluxos de dados e dos agentes participantes dessas transações (NISSEMBAUM, 2011).

Esse "feixe de direitos" envolve outros de mais simples compreensão. O terceiro direito, por exemplo, foi uma imunidade temporal com relação às "informações negativas", limitadas a cinco anos (art. 43, § 1º, CDC), prazo distinto quando se trata do "Cadastro Positivo", que envolve informações sobre habitualidade de pagamentos que podem ser armazenados por quinze anos (BESSA, 2011).

Um quarto direito foi "direito de ser informado" no momento de abertura de cadastros, fichas e registros envolvendo dados pessoais e de consumo (art. 43, § 2º, CDC). Mesmo não sendo propriamente uma base legal de tratamento de dados pessoais centrada no consentimento, a legislação garantiu centralidade à dignidade de ser tratado com respeito e ser informado sobre o

---

15 Nota-se certa imprecisão no termo utilizado no art. 43 do CDC. Em consulta ao *National Consumer Act* de 1970 formulado pela *National Consumer Law Center*, observou-se que a Seção 8.211 ("Relevance of Information") estipulava a regra de que nenhum birô de crédito deveria reportar informações que não fossem "razoavelmente relevantes, baseados em critérios objetivos". A inexistência de critérios objetivos constituiria uma violação aos direitos de privacidade. Nesse sentido, ao invés de uma regra estipulando que "os dados devem ser objetivos", seria mais coerente definir que o controlador dos dados somente poderia utilizar informações razoavelmente relevantes baseados em critérios objetivos.

uso de suas próprias informações. Esse direito, em especial, tem sido objeto de grandes discussões, em razão da Lei 15.659/2015, que introduziu regras específicas sobre o parágrafo segundo, como recebimento de mensagens por Whatsapp e a necessidade de Aviso de Recebimento, que recebeu veto do então governador Geraldo Alckmin. O assunto foi parar no Supremo Tribunal Federal por meio da ADI 5224. Para a OAB, as unidades federativas poderiam complementar normas gerais ditadas pela União, expandindo *o modo como a comunicação poderia ocorrer*, valendo-se de regra geral estipulada pelo CDC. Para a Câmara de Dirigentes Lojistas, pelo contrário, a regulação substituiu a disciplina conferida pelo CDC, trazendo novas normas gerais sobre a matéria, de modo conflitante. Em 2020, no curso da ADI 5978, a PGR argumentou que exigências adicionais sobre a forma de comunicação, como a inclusão de Aviso de Recebimento, não extrapolaram os limites da competência suplementar conferida pelo art. 24, V e VIII, da Constituição Federal. Em outras palavras: os Estados podem aprofundar o "direito de ser informado", tomando o CDC como base.

Além desses direitos, que podem ser desdobrados da interpretação do art. 43, o CDC garantiu centralidade à "harmonização dos interesses dos participantes das relações de consumo" com base na boa-fé (art. 4º, III) e à "coibição e repressão eficientes de todos os abusos praticados no mercado de consumo" (art. 4º, VI). Nesse sentido, também instituiu, como direito básico do consumidor, a "efetiva prevenção e reparação de danos patrimoniais, morais, individuais, coletivos e difusos" (art. 6º, VI).

O direito à informação previsto no art. 6º do CDC foi uma grande conquista, que se tornou aliado estratégico do modo como o Judiciário passou a encarar violações de direitos com relação aos dados pessoais. Inicialmente previsto no projeto de Geraldo Alckmin de 1988 como um "direito à informação sobre os diferentes produtos e serviços", com enfoque em quantidade e qualidade e sobre os "riscos que apresentam" (art. 3º, IV, PL 1.149/1988), nos trabalhos da Comissão Mista de 1989 ele foi ampliado para um direito básico de informação "clara e adequada" sobre os diferentes produtos e serviços, incluindo características, composição e preço, além dos riscos apresentados (BRASIL, 1989, p. 13).

Com relação à combinação do direito à informação com os direitos previstos no art. 43, CDC, Antonio Herman Benjamin argumentou que se pode falar em um "direito à informação veraz", que impede o desacoplamento do dado com sua fonte, um "direito à informação objetiva", que impede um uso descontextualizado e com dados não essenciais em um mercado específico, um "direito à informação clara", que se traduz em imunidade contra conteúdos prolixos e contraditórios, e "um direito à informação de fácil compreensão", que se traduz em dever, por parte do controlador, de apresentar as informações em língua nacional, de fácil entendimento, sem códigos, símbolos, idiomas estrangeiros ou termos técnicos incompreensíveis " (BENJAMIN, 2019, p. 609-610).

O direito básico a uma informação adequada inaugurou, também, um debate jurisprudencial sobre a natureza das obrigações impostas aos fornecedores. Vários casos paradigmáticos surgiram especialmente no campo da rotulagem e da alimentação. No Superior Tribunal de Justiça, em casos de aplicação do direito à informação, criou-se uma forte jurisprudência sobre os direitos básicos à informação e seus componentes. No julgamento do Recurso Especial 1.515.895, em caso envolvendo associação civil que ajuizou ação coletiva com a finalidade de obrigar empresa a veicular no rótulo de alimentos industrializados informação sobre determinado tipo de proteína, o STJ tratou da relação entre informação adequada e liberdade de agir, demonstrando que informações falsas e incompletas afetam a liberdade de escolha consciente. Nesse sentido, a Corte entendeu que há uma relação umbilical entre a "autodeterminação do consumidor" e a informação que lhe é transmitida, que não deve ser do "standard mínimo", mas sim do "standard mais completo possível" (BRASIL, 2017, p. 11). Dada a relação de vulnerabilidade do consumidor, é dever do fornecedor, que possui conhecimento sobre seus serviços e produtos, fornecer a maior quantidade possível de informações e esclarecimentos para que ele possa tomar atitudes conscientes.

Na síntese de Benjamin, o art. 43 do CDC criou uma estrutura de direitos correlatos. Eles implicam não só um conjunto de direitos, mas também "direitos espelhos", intrinsicamente relacionados a um conjunto de obrigações e deveres aos agentes econômicos que realizam o uso dos dados pessoais.

Em termos jurídicos, o ato do arquivamento, segundo a lógica do Código de Defesa do Consumidor, inaugura os direitos subjetivos básicos de direito de ser comunicado, direito de acesso, direito de retificação e direitos de notificação de terceiros. Ao mesmo tempo, implica direitos correlatos de "respeito à finalidade noticioso-prospectiva dos arquivos de consumo, qualificação adequada de informação adequada, linguagem apropriada e vida útil" (BENJAMIN, 2019, p. 623). Conforme argumentou Benjamin, a falha no respeito a esses direitos correlatos desmonta a pretensão de exercício regular do direito previsto no Código Civil (art. 188, I), invadindo-se o terreno do abuso de direito.

Trata-se, precisamente, do raciocínio firmado no julgamento do Recurso Especial 1.419.697-RS, relatado pelo ministro Paulo de Tarso Sanseverino em 2014, que identificou a centralidade do Código de Defesa do Consumidor e da Lei do Cadastro Positivo como limites jurídicos que determinam as fronteiras sobre o abuso de direito na utilização dos sistemas de pontuação de risco de crédito, que pode ensejar aspectos discriminatórios abusivos (BRASIL, 2014).

Conforme decidido pelo STJ, a prática comercial de constituição de sistemas de pontuação de risco de crédito (*credit scoring*) é lícita e possui previsão legal. Não há necessidade de consentimento do consumidor para que uma consulta seja feita. No entanto, na avaliação de risco de crédito, devem ser respeitados os limites estabelecidos pelo sistema de proteção do consumidor no sentido de tutela da privacidade e máxima transparência nas relações negociais. O desrespeito aos limites legais na utilização do *credit scoring*, como no caso de utilização de uma "informação excessiva" (como a diferenciação a partir das músicas ouvidas ou filmes assistidos no Netflix), configura "abuso no exercício desse direito", ensejando responsabilidade objetiva e solidária do fornecedor, do responsável pelo banco de dados e do consulente (BRASIL, 2014).

Nota-se, tanto no desenho do art. 43 do Código de Defesa do Consumidor, como na paradigmática decisão do Superior Tribunal de Justiça sobre a legalidade do *credit scoring*, um grande interesse em definir critérios de justiça ao fluxo de dados, atrelados a um conjunto de direitos subjetivos e direitos correlatos que se tornam obrigações por parte do controlador de dados pessoais. Trata-se de uma conexão importante, em termos jurídicos, entre uma tradição inaugurada pelo Código de Defesa do Consumidor e o espírito da Lei Geral de Proteção de Dados Pessoais, que também se orienta a uma visão sobre os fluxos adequados de dados pessoais e a princípios de justiça atrelados ao tratamento desses dados.

2.4.3. A DIFERENCIAÇÃO ENTRE DIREITOS INDIVIDUAIS, COLETIVOS E DIFUSOS NA TEORIA BRASILEIRA

É consenso, entre cientistas políticos e juristas brasileiros, que uma das principais criações intelectuais do direito brasileiro no final da década de 1980 foi a teoria sobre "direitos coletivos" e as subdivisões analíticas entre os chamados direitos coletivos, os direitos difusos e os direitos individuais homogêneos (ARANTES, 1999; LENZA, 2003; WATANABE, 2011). Como argumentou José Luis Bolzan de Morais há mais de duas décadas, o direito brasileiro, ao introduzir o conceito de "interesses transindividuais" em uma tradição politizada de direitos sociais e de direitos coletivos, rompeu com critérios clássicos de interesses individuais centrados em disponibilidade do direito, no seu caráter excludente, no exercício pessoal e em conflituosidade mínima (BOLZAN DE MORAIS, 1996). Como identificado por Ada Pellegrini Grinover, os interesses difusos e transindividuais implicam ampla conflituosidade, exercícios de direitos em grupo, comunhão e indisponibilidade do bem tutelado, que é de todos e, ao mesmo tempo, de ninguém de forma exclusiva (GRINOVER, 1984, pp. 284-288).

Kazuo Watanabe, um dos participantes do processo de elaboração do art. 81 do CDC, argumentou que essa criação intelectual teve um objetivo bastante pragmático de introdução de uma nova mentalidade nos profissionais do direito, para a uma superação das teorias privatistas clássicas e do domínio de um processo civil ainda centrado em lides intersubjetivas (WATANABE, 2011). Em meio a uma discussão intelectual que parecia não levar a lugar algum sobre as diferenças conceituais entre "interesses"[16] e "direitos" (MANCUSO, 2004), Watanabe, Grinover, Barbosa Moreira e outros intelectuais diretamente envolvidos com a elaboração do capítulo sobre tutela coletiva dos consumidores no CDC optaram por uma estratégia pragmática de união entre os dois conceitos (os "interesses" e os "direitos"), focalizando em reformas jurídicas de ampliação de tutelabilidade.

Assim, introduziram o art. 81 do CDC, que diz que "a defesa dos interesses e direitos dos consumidores e das vítimas poderá ser exercida em juízo individualmente, ou a título coletivo". O CDC também criou uma divisão, amplamente aceita pela doutrina, entre direitos difusos, coletivos e individuais homogêneos. A partir de um consenso firmado entre processualistas em curto período de tempo, essa divisão levou em consideração um plano *subjetivo* e um *objetivo*, como dito anteriormente. No plano subjetivo, a questão da indeterminação dos titulares e a existência ou inexistência de relação jurídica base. No plano objetivo, a indivisibilidade do bem jurídico. O quadro abaixo sintetiza a diferenciação e a proposta conceitual adotada no Código de Defesa do Consumidor.

---

16 Na síntese de Rodolfo Mancuso, partindo do jurista francês Henri Capitant, os interesses interligam uma pessoa a um bem da vida em virtude de um determinado valor que esse bem possa representar para uma pessoa (MANCUSO, 2004, p. 19).

Quadro 4 - Separação analítica entre direitos difusos, coletivos e individuais homogêneos no CDC

Categoria	Texto legal	Plano subjetivo	Plano objetivo	Exemplos da literatura
Direitos difusos	I - interesses ou direitos difusos, assim entendidos, para efeitos deste código, os transindividuais, de natureza indivisível, de que sejam titulares pessoas indeterminadas e ligadas por circunstâncias de fato;	Inexistência de relação jurídica base Pessoas indeterminadas	Natureza indivisível do interesse	Propaganda abusiva Derramamento de poluentes em rios e nascentes Toxicidade em produto produzido em massa e usado como insumo Colocação no mercado de produto com alto grau de nocividade
Direitos coletivos	II - interesses ou direitos coletivos, assim entendidos, para efeitos deste código, os transindividuais, de natureza indivisível de que seja titular grupo, categoria ou classe de pessoas ligadas entre si ou com a parte contrária por uma relação jurídica base;	Relação jurídica base entre as pessoas ou com o causador do dano Pessoas determináveis	Natureza indivisível do interesse	Contestação do reajuste do plano de saúde Remoção de ilícito em relações entre associados de clubes, sindicatos e grupos constituídos *Recall* de carro com defeito
Direitos individuais homogêneos	III - interesses ou direitos individuais homogêneos, assim entendidos os decorrentes de origem comum;	Circunstâncias de fato (ou de direito decorrentes de origem comum posterior à lesão) Titulares determinados ou determináveis no momento da execução da liquidação e execução da sentença	Natureza divisível do interesse	Direito de indenização no caso de queda de avião Contestação de pacotes "combo" de TV por assinatura

Fonte: Elaborado pelo autor a partir do CDC (1990) e de Watanabe (2011)

Como se vê no quadro acima, nos interesses difusos, a natureza indivisível e a inexistência de relação jurídica base não possibilitam a determinação dos titulares. Como explica Watanabe, em um plano mais abstrato, sempre seria possível encontrar algum vínculo nos direitos difusos, como a nacionalidade (*e.g.* pessoas todas brasileiras). Mas, juridicamente, essa relação jurídica base é aquela "da qual é derivada o interesse tutelado, portanto interesse que guarda relação mais imediata e mais próxima com a lesão ou ameaça de lesão" (WATANABE, 2011, p. 74). Os interesses difusos demandam uma proteção "molecular", em benefício de todos os atingidos por uma mesma lesão. Portanto, somente pode ser suficiente uma demanda coletiva, agregada, cuja sentença fará coisa julgada *erga omnes* (art. 103, I, CDC).

Nos interesses individuais homogêneos também pode inexistir relação jurídica base. O que importa é que sejam interesses decorrentes de origem comum, como diz o CDC. É a lesão que gera o vínculo com a parte contrária. É uma relação jurídica que pode nascer da lesão e que apresenta particularidades individualizadas, como explica Kazuo Watanabe:

> Essa relação jurídica nascida da lesão, ao contrário do que acontece com os interesses ou direitos "difusos" ou coletivos, que são de natureza indivisível, é individualizada na pessoa de cada um deles, e isto permite a determinação ou ao menos a determinabilidade das pessoas atingidas. A determinabilidade se traduz em determinação efetiva no momento em que cada prejudicado exercita seu direito, seja por meio de demanda individual, seja por meio de habilitação por ocasião da liquidação da sentença na demanda coletiva para tutela de interesses ou direitos individuais homogêneos (art. 97, CDC). Não se identificando todos os prejudicados na demanda coletiva, a liquidação e execução poderão ser promovidas coletivamente, destinando-se o produto da indenização, nestas hipóteses, ao Fundo criado pela Lei 7.347/1985 ("fluid recovery", art. 100, CDC). Com o uso da expressão "transindividuais de natureza indivisível" [nos direitos coletivos] se descartou, antes de mais nada, a ideia de interesses individuais agrupados ou feixe de interesses individuais da totalidade dos membros de uma entidade ou de parte dela (WATANABE, 2011, p. 74).

Apesar de parecer abstrata ou muito teórica, essa diferenciação conceitual tornou-se crucial para o futuro dos debates da proteção de dados pessoais no Brasil. Não é pelo fato de terem origem comum que os direitos são homogêneos. Ada Pellegrini Grinover e Kazuo Watanabe defenderam uma espécie de "teoria de gradiente" (que poderia ser chamada de "teoria espectral"), no sentido de a origem comum ser *próxima* ou *remota*.

No caso de uma queda de avião (como ocorreu no voo TAM 3054, que ocasionou a morte de 199 pessoas em junho de 2007) ou de uma cerveja envenenada que cause a morte de consumidores (como ocorreu na Cervejaria Backer, de Minas Gerais, que levou 10 pessoas à morte em 2020), a origem comum é facilmente identificada como *próxima*. Mas no caso de produtos "potencialmente nocivos", que podem ter tido como causa próxima um uso inadequado, reduz-se a homogeneidade do direito: "quanto mais remota for a causa, menos homogêneos serão os direitos" (Watanabe, 2011, p. 76).

Entre pessoas distintas, a partir de uma mesma origem, podem ocorrer tipos de danos variados. Para que a *tutela seja coletiva*, é preciso que as relações de fato e de direito sejam fortemente semelhantes. Em alguns casos, pode inexistir homogeneidade entre situações de fato ou de direito, sendo necessário avaliar em juízo a prevalência de dimensões coletivas sobre as individuais. Como defendido por Ada Pellegrini Grinover, se os direitos fossem considerados heterogêneos – se a origem for muito mais remota do que próxima, inexistindo prevalência da dimensão coletiva sobre a individual –, a tutela coletiva *não poderia ser admita*, por falta de possibilidade jurídica do pedido (GRINOVER, 2011, p. 133). Trata-se de um constructo intelectual importante, no plano do direito processual, que impacta as discussões de acesso à justiça.

Para Watanabe, essas diferenças acabaram gerando confusões interpretativas nas cortes brasileiras. Muitos interesses coletivos têm sido tratados como interesses individuais homogêneos. Muitas vezes, interesses coletivos, que seriam indivisíveis, também têm sido limitados a um determinado segmento geográfico da sociedade, em uma "inadmissível atomização de interesses ou direitos de natureza indivisível" (WATANABE, 2011, p. 80).

Essa discussão é relevante para os fins da tese não por ser uma reconstrução de uma ideia processual específica, mas porque um número relevante de casos sobre tutela coletiva em proteção de dados pessoais passa pelo enfrentamento da natureza dos "interesses coletivos" em questão. Esses casos abordam, também, a mobilização de um argumento, em especial por parte de grandes empresas de tecnologia e de agentes violadores de direitos difusos à proteção de dados pessoais, de que certos tipos de violação não geram danos difusos e são percebidas de formas distintas por diferentes pessoas, sendo incabível uma concepção de "dimensão coletiva", atraindo-se apenas uma tutela individual, por cada indivíduo que se sentiu lesado. Há, portanto, uma grande repercussão política, para o exercício dos direitos de proteção de dados pessoais, por trás de uma discussão aparentemente "técnica".

2.4.4. A ASSIMILAÇÃO DA TEORIA BRASILEIRA DOS DIREITOS DIFUSOS PELO JUDICIÁRIO

Já no início dos anos 1990, o Judiciário brasileiro enfrentou alguns casos paradigmáticos sobre os direitos coletivos que deram legitimação à teoria construída nos anos que antecederam a formulação do Código de Defesa do Consumidor. Em novembro de 1991, o Superior Tribunal de Justiça julgou uma ação civil pública proposta pelo Ministério Público Federal por suspeita de contaminação em razão do acidente de Chernobyl. O argumento de que os direitos seriam disponíveis – e de que cada pessoa poderia proteger seu próprio direito – foi afastado, e o que Judiciário reconheceu que o bem jurídico tutelado seria o dos "direitos difusos", considerando-se que a toxicidade da carne importada representava um problema para todas as pessoas, independentemente de relação jurídica base (BRASIL, 1992).

Em 1994, o STJ julgou uma ação civil publicada formulada pelo Ministério Público contra cobrança indevida de taxa de iluminação pública. Em voto do ministro Demócrito Reinaldo, a Corte entendeu que a suspensão do indevido pagamento de taxa de iluminação pública, embora "pertinente a pessoas naturais", se visualizada em conjunto, "em forma coletiva e impessoal", transcenderia a "esfera de interesses individuais" e passaria a constituir "interesses da coletividade como um todo", sendo plenamente cabível a ação coletiva (BRASIL, 1994).

Para Watanabe, esse caso foi importante, pois o que estava em jogo – o que era objeto de litigiosidade – não era o conjunto de *interesses individuais* dos membros de uma coletividade, mas sim "a tutela dos interesses de toda uma coletividade" (WATANABE, 2011, p. 82).

Esses conceitos, aos poucos, foram também assimilados pelo Supremo Tribunal Federal. Em fevereiro de 1997, o Supremo Tribunal Federal julgou o Recurso Extraordinário 163231-SP, envolvendo a Associação Notre Dame de Educação e Cultura e o Ministério Público do Estado de São Paulo. O caso foi relatado pelo ministro Maurício Correa. No plano processual, o caso envolvia a capacidade postulatória do Ministério Público para ajuizar ação civil pública sobre mensalidades escolares, a partir de uma leitura integrada entre a Lei da Ação Civil Pública, a Constituição Federal e o Código de Defesa do Consumidor. No plano material, envolvia o descumprimento de reajuste de encargos educacionais legalmente estabelecidos pelo Conselho Estadual de Educação e uma violação de interesses coletivos. Diante do descumprimento da norma, o Ministério Público argumentou que a desobediência ao cumprimento das disposições legais seria de "interesse transindividual", afetando consumidores indetermináveis que viessem a integrar o corpo discente do estabelecimento educacional.

Em apelação julgada pelo Tribunal de Justiça de São Paulo, o Judiciário alegou que o Ministério Público tinha alargado excessivamente suas competências e que o caso demandaria advogados das famílias prejudicadas, sendo incabível a tese de direitos difusos ou coletivos. Foram interpostos embargos de declaração, que foram rejeitados pelo TJSP. O Ministério Público apresentou recurso extraordinário por violação do art. 129, III, da Constituição Federal. No Recurso, o MP argumentou que a decisão do TJSP era "exclusivamente privatística", "de cunho individualista, inspirado no liberalismo", e que os direitos dos consumidores seriam "de índole coletiva". Na petição, o MP argumentou que não estava defendendo direitos individuais, de uma pessoa física determinada, mas sim de toda a classe, de toda a categoria de consumidores, inclusive consumidores futuros. Para o Ministério Público, o direito de impugnar reajustes ilegais de mensalidade era coletivo, pois existia relação jurídica base. A coletividade seria indeterminada, porém determinável, sendo essa uma circunstância decisiva para caracterizar o interesse como coletivo.

O voto do ministro Correia, acompanhado por todos os ministros do STF, apresentou algumas teses inéditas na Corte. Primeiro, a de que a ação civil pública, disciplinada pela legislação de 1985, recebeu status constitucional no art. 129, III, CF, que determinou que é função do Ministério Público promover a ACP. Segundo, que o Código de Defesa do Consumidor consolidou uma separação conceitual entre os interesses difusos e coletivos, superando uma problemática existente na doutrina italiana sobre o "caráter misterioso" dos interesses difusos.

Para Correia, o direito brasileiro encerrou o debate ao impor um critério de determinabilidade/indeterminabilidade previsto no Código de Defesa do Consumidor. O caso, portanto, envolveria direitos coletivos, por serem as pessoas pertencentes a um grupo de pessoas determináveis, possuindo uma só base jurídica. Os direitos coletivos, que seriam transindividuais, teriam uma aproximação com o fenômeno associativo, com o fato de as pessoas estarem em uma relação de coletividade. O trecho abaixo sintetiza o raciocínio do Ministro:

> Não paira nenhuma dúvida que a recorrida autorizou o aumento das mensalidades *contra legem*, sendo certo inclusive que há farta prova nos autos

de que não se obedeceu à legislação da época quando se reuniu a comunidade escolar, através da Associação de Pais e Mestres, descumprindo-se nuclearmente o que então determinava a Lei n. 8.030/1990, que disciplinava a forma das cobranças das respectivas mensalidades. Procurado o Ministério Público de São Vicente, por alguns pais que tinham dificuldade em arcar com o ônus do aumento, optou o representante do *Parquet* pela propositura da ação civil pública. Estaria o MPE extrapolando as suas atribuições? Parece-me que não, pois dessa forma procedente o fez com base no dispositivo constitucional do artigo 129, inciso III, da Carta Política, que a ele assegura a proteção de outros interesses difusos e coletivos, e fundadamente assim estava legitimado não só pela norma constitucional, como também pelo próprio Código de Defesa do Consumidor [...] Se o universo dos alunos e de seus pais é indeterminado mas determinável, porque basta a coleta dos dados perante a instituição recorrida para se levantar a nominata respectiva, nem por isso se retira o caráter dos interesses coletivos, que pelo referido Código são definidos como transindividuais de natureza indivisível, de que seja titular grupo, categoria ou classe de pessoas ligadas entre si ou com a parte contrária por uma relação jurídica-base (BRASIL, 1997b, p. 755).

O ministro Marco Aurélio, em voto subsequente, argumentou que a política judiciária deveria se pautar pelas ações coletivas, dada a ênfase conferida pela Constituição Federal de 1988 a essas ações. Para Marco Aurélio, o caso envolveu "um interesse que pode e deve ser rotulado como coletivo" (BRASIL, 1997b), sendo notável o descumprimento da regra constitucional pelo Tribunal de Justiça de São Paulo.

Houve uma divergência conceitual importante, entretanto. Para o ministro Celso de Mello, não haveria dúvida sobre o papel do Ministério Público para a promoção de interesses difusos e coletivos, dada a "coletivização" do direito brasileiro, em especial no campo processual. No entanto, para o ministro, a pretensão em causa objetiva, em sede de processo coletivo, seria a de "conferir tutela efetiva a direitos individuais, de extração constitucional, de caráter homogêneo, decorrentes de origem comum e objeto de proteção dispensada pelo ordenamento positivo e, em particular, pelo Código de Defesa do Consumidor" (BRASIL, 1997b). Apesar de não ter ocorrido uma discussão em Plenário – os votos foram simplesmente lidos e apresentados em sequência –, nota-se uma pequena divergência conceitual. Ao passo que para os ministros Correia e Marco Aurélio os direitos seriam coletivos em sentido estrito, para Celso de Mello os direitos seriam individuais homogêneos, sendo também coletivos em sentido amplo.

Conforme explicou Kazuo Watanabe, essa divagação abstrata sobre a natureza dos direitos é inócua, sendo mais proveitosa uma análise sobre a *natureza dos pedidos* em cada caso concreto. Se o pedido fosse de devolução dos valores indevidamente cobrados, gerando uma reparação na esfera jurídica individual de cada aluno ou família, os interesses seriam indubitavelmente individuais homogêneos. Mas como o pedido da ação civil pública foi de adequação das mensalidades (obrigação de fazer) às normas do Conselho Estadual de Educação, o pedido de tutela era um bem indivisível de *todo um grupo*, constituindo um direito coletivo em sentido estrito. Nesse sentido, Watanabe concluiu que os interesses tutelados no Recurso Extraordinário 163231-SP eram, sem dúvidas, coletivos.

Em poucos anos, em síntese, a teoria dos direitos difusos – a separação entre os direitos individuais homogêneos, coletivos e difusos – consolidou-se no Judiciário, criando uma mentalidade mais afeita a esses conceitos. Essa assimilação é um processo em andamento. Mais adiante, será discutido como essa teorização possui enorme relevância prática para a tutela coletiva dos dados pessoais. Essa tradição jurídica pré-existente tem moldado os debates no Judiciário sobre em quais situações os direitos de proteção de dados pessoais podem ser defendidos coletivamente por meio das ações civis públicas. Seguindo a tradição de Kazuo Watanabe, o que importa nessa definição é a natureza dos pedidos. Por isso, uma teorização abstrata sobre quais direitos de proteção de dados pessoais são difusos ou coletivos mostra-se inútil. É apenas no caso concreto, no litígio, que essa diferenciação se mostra relevante e deve ser estudada.

2.5. CONCLUSÃO DO CAPÍTULO

O Código de Defesa do Consumidor introduziu um conjunto de novos pontos de partida para o direito brasileiro. Em encontro promovido pelo Ministério Público de São Paulo em 2010, José Geraldo Brito Filomeno argumentou que a formação filosófica do Código de Defesa do Consumidor partiu de alguns diagnósticos. Em primeiro lugar, havia necessidade de harmonização de inúmeras leis esparsas sobre inversão de ônus da prova, garantia da segurança e qualidade, responsabilidade objetiva por defeitos e condições de anulação de cláusulas abusivas. Em segundo lugar, havia a necessidade de reconhecimento das condições de vulnerabilidade e desigualdade de poderes entre consumidores e fornecedores. Essa legislação introduziu as desigualdades e as assimetrias de poder como ponto de partida para qualquer reflexão sobre as relações jurídicas, em uma afirmação política de justiça social.

A ascensão dos direitos difusos, a construção de um modelo jurídico para o processo coletivo e a construção do Código de Defesa do Consumidor foram processos jurídicos relevantes e progressistas, pois introduziram uma discussão democrática sobre o processo civil e sobre as conformações da justiça civil diante de uma sociedade em profunda transformação, na qual os conflitos individuais se somariam aos conflitos de massa, de grupos de consumidores e cidadãos, em posições desiguais dentro de uma economia capitalista periférica.

Como afirmou Ada Pellegrini Grinover em uma conferência em 1996, o CDC, "todo permeado pela ideia da vulnerabilidade", mostrou uma preocupação pela "instrumentalidade substancial e maior efetividade do processo" (GRINOVER, 1996, p. 284). O movimento jurídico feito na década de 1980 permitiu a criação de novas técnicas, ampliando "o arsenal de ações coletivas previstas pelo ordenamento" (GRINOVER, 1996, p. 285), em um movimento de "desobstrução do acesso à justiça" (GRINOVER, 1996, p. 285).

Se as ideias progressistas de Mario Cappelletti, Vittorio Denti e Michele Taruffo foram rejeitadas na Itália, por serem muito progressistas para o pensamento jurídico da década de 1970 e por modificarem práticas centenárias da justiça civil, no Brasil essas ideias foram retrabalhadas, reorganizadas e expandidas por uma comunidade de direito processual que mudou as regras do jogo e emplacou duas reformas jurídicas fundamentais: a Lei da Ação Civil Pública e o Código de Defesa do Consumidor.

Como "feitos" dessa comunidade, entre o período de 1985 a 1990, podem-se destacar a teorização sobre direitos individuais homogêneos, direitos coletivos e direitos difusos; a formulação de um novo tipo de ação para tratamento de reparação de danos pessoalmente sofridos e a possibilidade de *fluid recovery*; um refinamento sobre a coisa julgada com relação ao objeto do processo coletivo e uma série de outras técnicas que ampliaram a tutela coletiva no Brasil. Essas reformas tiveram como objeto central a solução de conflitos meta-individuais. Conforme se argumentou neste capítulo, esse foi um trabalho intelectual de relevância, que envolveu também alianças táticas entre processualistas e promotores, em um grande esforço de incidência e reforma legislativa. Nesse período, os professores de direito processual trabalharam com uma verdadeira agenda de *advocacy*, para usar um temo contemporâneo, avançando casas significativas no xadrez da redefinição do direito brasileiro em um período de redemocratização.

Nesse sentido, como discutido anteriormente, a partir da compreensão desse contexto e dessas reformas jurídicas e institucionais é possível avançar a uma compreensão mais clara do art. 22 da Lei Geral de Proteção de Dados Pessoais, que trata da defesa dos interesses dos titulares de dados, incluindo os mecanismos de tutela individual e coletiva. No momento em que a LGPD menciona o "disposto na legislação pertinente", com relação ao exercício coletivo de direitos e à reparação por danos coletivos, ela remonta a todo o microssistema de tutela coletiva, inaugurado na década de 1980.

Essas reformas não foram apenas processuais. Nos termos discutidos nesta seção, para os intelectuais formuladores do Código de Defesa do Consumidor, o abuso no manejo das informações pelos bancos de dados deveria ser conceitualizado como dano social e como uma danosidade difusa, e não individual. Inspirado no *Fair Credit Reporting Act* e em "leis modelo" de proteção a aspectos discriminatórios e coletivos, o capítulo *Bancos de dados e cadastro de consumidores do CDC* inaugurou uma gramática jurídica coletiva. Na tradição do CDC, não se trata simplesmente de se instituírem direitos individuais aos consumidores. A legislação opera em um nível de complexidade muito maior que isso.

Neste capítulo argumentou-se, também, que o art. 43 do CDC criou uma estrutura de direitos correlatos. Eles implicam não só um conjunto de direitos, mas também "direitos espelhos", intrinsecamente relacionados a um conjunto de obrigações e deveres aos agentes econômicos que realizam o uso dos dados pessoais. No pensamento de Antonio Herman Benjamin, já se encontra a ideia de que o tratamento de dados pessoais instaura direitos subjetivos de ser comunicado, de ter acesso aos dados, de corrigi-los e direitos de notificação de terceiros. Ao mesmo tempo, criam-se direito correlatos de respeito à finalidade, de qualificação adequada da informação, de linguagem apropriada e compreensível e de uma vida útil aos dados. A jurisprudência do Superior Tribunal de Justiça também tem reforçado esse raciocínio. A decisão do caso paradigmático sobre *credit scoring*, formulada pelo ministro Paulo de Tarso Sanseverino, reconheceu a criação das obrigações de boa-fé, a maximização da transparência e a garantia dos direitos de transparência e respeito às finalidades específicas, coibindo o abuso de direito na utilização de dados excessivos. Trata-se, precisamente, do espírito introduzido pelo CDC no art. 43.

Do ponto de vista substancial, para uma compreensão da proteção de dados pessoais como um direito fundamental, a introdução do Código de Defesa do Consumidor também possui um papel central na identificação de uma dualidade constitutiva da disciplina, que varia de posição dentro de um espectro entre o individual e o coletivo. A introdução de novos direitos básicos dos consumidores não significou apenas a ampliação de um repertório jurídico de direitos individuais. Por ser um dever do Estado, garantido constitucionalmente, e por envolver uma Política Nacional de Relações de Consumo, que exige uma atuação permanente do poder público na promoção desses direitos, nas reduções das vulnerabilidades e na busca pelo reequilíbrio das relações, o Código de Defesa do Consumidor instituiu também "obrigações positivas" ao Estado e um dever-fazer constante de regulação nos mercados.

Enfim, o processo de formulação da Lei das Ações Civis Públicas, a autonomização do Ministério Público, a afirmação de prerrogativas constitucionais de defesa de interesses difusos, o reconhecimento do dever do Estado de proteção dos consumidores e a constituição arrojada do Código de Defesa do Consumidor podem ser vistos como um *vetor de trajetória institucional de direitos difusos* que passou a influenciar no tensionamento entre as dimensões individuais e coletivas da proteção de dados pessoais. Essa trajetória ampliou as categorias de "direitos coletivos", permitindo uma separação conceitual entre direitos individuais homogêneos, direitos coletivos e direitos difusos, e criou condições instrumentais de acesso à justiça por meio da ação civil pública.

CAPÍTULO 3. O PERCURSO DA REGULAÇÃO DA PROTEÇÃO DE DADOS: UMA PERSPECTIVA SOCIAL E COLETIVA

A formulação da Lei Geral de Proteção de Dados Pessoais no Brasil ocorreu em uma espécie de "berço consumerista", já caracterizado por uma doutrina dos direitos fundamentais, por uma concepção de direito econômico intervencionista, por valores de justiça social e por uma aceitação das teorias sobre direitos coletivos e difusos, detalhada no capítulo anterior. Antes de ser formulado como o Projeto de Lei 5.276/2016, unificado ao Projeto de Lei 4.060/2012 e discutido em uma Comissão Especial de Tratamento e Proteção de Dados Pessoais, o texto da lei foi gerido por um processo participativo e democrático, em dois momentos – primeiramente, em 2010 e, depois, em 2015 –, tendo como texto-base uma proposta formulada dentro do Departamento de Proteção e Defesa do Consumidor do Ministério de Justiça.

Este capítulo analisa o processo de identificação da proteção de dados pessoais como "objeto de regulação" (KELLER, 2019) pelo governo federal, a partir de uma junção de acadêmicos, especialistas e membros do poder executivo no final da década de 2000, deslocando o eixo de análise para a década que antecedeu a aprovação da LGPD.

Aprofundando o diagnóstico feito por Danilo Doneda (2020) sobre o processo histórico da LGPD, este capítulo oferece como contribuição com uma análise qualitativa das transformações internas do SNDC, das relações com a agenda de comércio exterior no MDIC e das influências exercidas pelo DPDC nos momentos embrionários da legislação, expondo novos dados colhidos por entrevistas com agentes públicos e análises documentais. Argumenta-se que as decisões de reforma institucional dentro do DPDC geraram vetores de facilitação para uma "perspectiva social e coletiva" (REGAN, 2022) da proteção de dados pessoais, combinada com a afirmação de direitos individuais. Este berço facilitou uma combinação entre as técnicas já existentes de defesa do consumidor e a tutela coletiva de direitos presentes na LGPD.

3.1. UMA GRADATIVA MUDANÇA DE ENFOQUE: DOS PROBLEMAS CONSUMERISTAS AO DEBATE SOBRE ECONOMIA DE DADOS NA INTERNET E A REGULAÇÃO SETORIAL

Na década de 1990, as principais disputas jurídicas sobre proteção de dados estavam relacionadas à inclusão abusiva em fichas de consumo, manutenção excessiva em cadastros de negativação por gestores de bancos de dados (*e.g.* Sistema de Proteção ao Crédito, Câmara de Dirigentes Lojistas) e violações a direitos básicos de acesso e informação previstos no art. 43 do Código de Defesa do Consumidor (BESSA, 2019). Isso se refletiu na própria atividade jurisdicional. No início da década de 1990, o Superior Tribunal de Justiça se dedicou a decidir casos sobre a aplicabilidade do art. 43 do Código de Defesa do Consumidor e direitos básicos dos consumidores de serem indenizados pela inclusão indevida em cadastros negativos, capazes de gerar situações de "opressão econômica", nos termos do ministro Ruy Rosado Aguiar (SCHERTEL MENDES, 2014).

No entanto, para além das questões clássicas de "fichas de consumo" e "cadastros de consumidores", a progressiva expansão da Internet comercial no Brasil inaugurou um pequeno debate, mais de nicho, sobre modelos de regulação de privacidade e proteção de dados pessoais no contexto da governança da Internet. Esta seção discute como esses debates surgiram, as ideias de alguns textos da época e a influência do discurso sobre autorregulação promovido pelo governo dos EUA.

3.1.1. *O SURGIMENTO DE NOVOS DEBATES SOBRE PRIVACIDADE E AS TENSÕES EM TORNO DE UM MODELO DE GOVERNANÇA DA INTERNET NO PAÍS*

O surgimento do mercado de serviços de conexão à Internet em 1995 no Brasil, em paralelo à constituição do Comitê Gestor da Internet (CGI.br), fomentou um pequeno debate sobre a intensificação da coleta de dados por meio de rastreadores (*cookies*), dados de conexão, dados de endereço I.P. e novas possibilidades de "cruzamentos dessas informações", como na "construção de perfis socioeconômicos das pessoas, cujo conteúdo e cuja utilização lhes escapa" (LINS, 2000, p. 11). Apesar de existir um diagnóstico sobre a "criação de uma legislação apropriada" (LINS, 2000, p. 11), o movimento legislativo foi praticamente inexistente nesse período, como observado por Bernardo Lins, consultor legislativo da Câmara dos Deputados.

Os debates legislativos internacionais, como a Diretiva Europeia de 1995 e a formulação do Children On-line Privacy Protection Act (COPPA) em 1998 nos EUA, foram acompanhados por uma pequena comunidade de especialistas no Brasil, que trabalhavam na intersecção entre direito e informática. Por exemplo, Carlos Alberto Rohrmann, na época membro da Computer Law Association e próximo aos debates feitos nos EUA, questionou os limites de autorregulação para o problema da privacidade on-line no Brasil e a tese de que os códigos dos programadores seriam a "lei da internet", em alusão ao debate lançado por Lawrence Lessig e as vertentes de autorregulação do ciberespaço naquele período (HIRSCH, 2010). Ao observar a dimensão constitucional da privacidade no direito brasileiro, Rohrmann defendeu o argumento de necessidade de uma lei brasileira específica para abordar questões relacionadas à informação adequada ao usuário da Internet, ao direito de decidir sobre a coleta de dados, à autorização para repasse de dados a terceiros, à necessidade de política de segurança para dados, à garantia de integridade dos dados e ao direito de pleno acesso e retificação de dados coletados on-line (ROHRMANN, 2000). Essas ideias, no entanto, circulavam muito mais dentro de um pequeno círculo acadêmico, já que ainda não haviam sido internalizadas pelas esferas política ou legislativa.

As discussões sobre privacidade e a revolução das "infovias" (termo utilizado para designar a Internet nos seus primeiros anos de expansão comercial) também assumiam uma relação ambígua com as possibilidades técnicas da criptografia e uma proteção maior da privacidade pela própria tecnologia. Uma matéria publicada n'*O Estado de São Paulo* em fevereiro de 1995, escrita por Steven Levy, é exemplar dessa ambiguidade. Ao abordar um mundo em transição depois de um *bit bang*, a matéria apresentou as visões do criptógrafo Whitdield Diffie – criador da criptografia por chaves públicas assimétricas (criptografia assimétrica) – e as possibilidades de uma disputa pela privacidade por meio da tecnologia e da criptografia:

> Atualmente, até mesmo a conversa mais remota pode ser monitorada por bugs ou microfones do tipo shotgun. Aparelhos de escuta podem ser instalados em telefones: telefones celulares podem ser rastreados por scanners baratos; o correio eletrônico pode ser examinado por hackers da Internet. Existem também as montanhas de informações armazenadas sobre qualquer pessoa em databases de todos os tipos. Na era da informação, as pessoas são como livros abertos. Mas as mesmas forças da tecnologia que roubaram nossa privacidade podem restaurá-la. Graças ao trabalho de

criptógrafos como Diffie, atualmente é possível imaginar um sistema pelo qual técnicas de codificação deixam as conversas e as mensagens longe de espionagem (LEVY, 1995, p. 12).

Apesar de textos acadêmicos e matérias jornalísticas abordarem o modo como o surgimento da Internet provocaria novas formas de ameaças à privacidade, a discussão não assumiu os tons de uma agenda pública ou regulatória em sentido forte. A limitação do debate sobre economia da internet e o surgimento das técnicas de perfilização e rastreadores também era moldada pelo fato de o acesso à Internet no Brasil ainda ser bastante elitizado e concentrado.

No final dos anos 2000, o Brasil possuía 150 provedores de acesso à Internet, 380 mil domínios registrados e apenas 10 milhões de usuários conectados, um número equivalente a 5,7% da população brasileira, segundo estimativas da Rede Nacional de Ensino e Pesquisa (RNP, 2001). Os EUA, no mesmo período, já possuíam 55% da população conectada, e o Canadá possuía 60% da população on-line. Apesar de existir uma crescente literatura sobre a explosão de técnicas de rastreamento por diferentes *cookies* e métodos de coleta de dados pessoais por *softwares* e aplicações de internet, o governo dos EUA exercia influência no debate sobre as vantagens econômicas, para consumidores e para os negócios, de uma abordagem regulatória de baixa intensidade. Isso se acoplava, também, a uma estratégia regulatória de separação da exploração comercial da Internet com a exploração dos serviços de telecomunicação, altamente regulados.

Essa estratégia do governo Bill Clinton – de estímulo à economia da Internet e de separação dos modelos regulatórios construídos para o setor de serviços de telecomunicações – foi seguida de perto pelo governo Fernando Henrique Cardoso, especialmente pelos Ministérios da Comunicação e da Ciência e Tecnologia, por meio de uma nota conjunta, de maio de 1995, que definiu a "importância estratégica" da inserção do Brasil "na era da informação", a partir do estímulo à iniciativa privada e do papel do setor público no estímulo ao surgimento de provedores e usuários, o que impulsionou o modelo multissetorial de governança da Internet do Comitê Gestor da Internet já defendido por pesquisadores da Fapesp, Rede Nacional de Ensino e Pesquisa e entidades civis especializadas, como o IBASE (ADACHI, 2011; ROSA, 2019; HOLMES; ANASTÁCIO, 2020).

Por meio da Norma 4 do Ministério das Comunicações – elaborada após um processo de influência política do ministro Sergio Motta que envolveu Betinho e Carlos Afonso (IBASE) e Tadao Takahashi (RNP), ambos interessados em uma proposta de democratização do acesso às redes e à governança participativa (SOLAGNA, 2020, p. 100-101) –, o Brasil encontrou uma alternativa jurídica bastante caseira para o impasse entre telecomunicações e regulação do acesso à Internet no país. Partindo do art. 61 da Lei Geral das Telecomunicações sobre "serviço de valor adicionado" enquanto atividade que acrescenta a um serviço de telecomunicações novas utilidades relacionadas a acesso, armazenamento, movimentação e recuperação de informações, a norma promoveu uma separação conceitual entre *Internet* (nome genérico que designa o conjunto de redes, os meios de transmissão e comutação, os roteadores, os equipamentos e os protocolos necessários à comunicação entre computadores, bem como o "software" e os dados contidos nesses computadores), *serviço de conexão à Internet* (nome genérico que designa serviço de valor adicionado, que possibilita o acesso à Internet a usuários e provedores de serviços de informações) e *serviço de valor adicionado* (serviço que acrescenta, a uma rede preexistente, um serviço de telecomunicações, meios ou recursos que criam novas utilidades específicas, ou novas atividades produtivas, relacionadas a acesso, armazenamento, movimentação ou recuperação de informações). Essa formulação conceitual oferece uma primeira blindagem jurídica para expansão dos serviços de conexão à Internet.

A preocupação maior dessa comunidade técnica (Demi Getschko, Tadao Takahashi, Michael Stanton, Liliane Tarouco, entre outros) era dupla: (i) evitar o domínio do sistema Telebrás e da estrutura de regulação de telecomunicações, que posteriormente estruturou-se na Agência Nacional de Telecomunicações e (ii) explicitar a dimensão autorregulatória, para a expansão dos serviços de conexão à Internet, e o papel de estímulo do Comitê Gestor da Internet, por meio de padrões técnicos (ADACHI, 2011).

Como argumentado por Demi Getschko, a "batalha dos protocolos" (GETSCHKO, 2009) já havia sido vencida pelos pioneiros da Internet – com ampla aceitação e utilização do TCP/IP, desenvolvido por Robert Khan e Vint Cerf, que substituiu, na prática, a imposição jurídica de utilização do padrão ISO/OSI defendido pela *International Telecommunication Union* (ITU) e pelos reguladores de telecomunicações –, mas foi preciso vencer uma batalha jurídica para assegurar uma disseminação rápida da Internet no país. A classificação da Internet como Serviço de Valor Adicionado (SVA) "impediu uma eventual regulação que engessaria a expansão da rede e criou o cenário de disseminação rápida e sólida entre os brasileiros" (GETSCHKO, 2009, p. 3). Para Getschko, a opção brasileira de apoiar um sistema de governança da Internet privado e global foi acertada, pois, "pela natureza distribuída e incontrolável da rede", apenas soluções globais teriam "eficiência e funcionalidade" (GETSCHKO, 2009, p. 3).

Naquele período, o foco principal não era criar regras específicas de proteção de dados para a camada de aplicações de Internet, mas explicitar a distinção entre uma camada de infraestrutura de telecomunicações, uma camada de conexão lógica e transporte de dados (composta por padrões técnicos de DNS, TCP/IP e outros) e uma camada de aplicações de Internet – uma separação posteriormente consagrada nas definições do Marco Civil da Internet em 2014, que compreende a Internet como o sistema constituído pelo conjunto de protocolos lógicos, estruturado em escala mundial para uso público e irrestrito, com a finalidade de possibilitar a comunicação de dados entre terminais por meio de diferentes redes. O debate central de regulação estava longe de ser sobre a questão da proteção de dados pessoais. O enfoque estava em diferenciar telecomunicações de serviços de valor adicionado e retirar qualquer competência da Anatel sobre questões de governança e expansão da Internet no Brasil, incluindo o transporte de dados.

Após consolidar um modelo de governança multissetorial – centrado na ideia de uma governança transparente, multilateral, democrática, com ênfase em "criação coletiva" e participação de vários setores da sociedade – e criar uma estrutura institucional distinta da Anatel, o Comitê Gestor da Internet passou a capitanear debates sobre privacidade a partir de interações e engajamentos com grupos de estudos preparatórios à Cúpula Mundial da Sociedade da Informação (WSIS), que ocorreu em Genebra em dezembro de 2003. Dois meses antes do encontro de Genebra, o Presidente Luiz Inácio Lula da Silva assinou o Decreto n. 4.829 (BRASIL, 2003), que redefiniu o Comitê Gestor da Internet, atribuindo, ao Comitê, o papel de "estabelecer diretrizes estratégicas relacionadas ao uso e desenvolvimento da Internet no Brasil" (art. 1º, I); de "promover estudos e recomendar procedimentos, normas e padrões técnicos e operacionais, para a segurança das redes e serviços de Internet" (art. 1º, III); de "articular ações relativas à proposição de normas e procedimentos relativos à regulamentação das atividades inerentes à Internet" (art. 1º, IV) e de "ser representado nos fóruns técnicos nacionais e internacionais relativos à Internet" (art. 1º, VI).

Foi somente no período pós-Cúpula Mundial que o Comitê Gestor da Internet passou a abordar explicitamente o assunto da privacidade em suas resoluções, que antes assumiam um caráter eminentemente técnico sobre estrutura de funcionamento da Internet no país. No período de constituição do primeiro *Internet Governance Forum* (IGF), formulado pela ONU como desdobramento da Cúpula Mundial da Sociedade da Informação, iniciou-se uma aproximação entre membros do CGI, Gilberto Gil (Ministro da Cultura) e Stefano Rodotà (Autoridade de Proteção de Dados Pessoais da Itália). Tal aproximação ocorreu apenas em 2005.

Como relatado por Anna Masera, Gilberto Gil e Stefano Rodotà foram grandes entusiastas de uma Constituição para a Internet, discutida em Tunis em 2005, na segunda etapa do Cúpula Mundial da Sociedade da Informação, que havia sido dividida entre um encontro em Genebra em 2003 e um encontro na Tunísia em 2005 (MASERA, 2005). Em 2005, em uma carta chamada *Tunisie Mon Amour*, Stefano Rodotà liderou a assinatura de uma Declaração de Direitos para Rede, que contou com assinatura de Gilberto Gil, Lawrence Lessig, Richard Stallman, Stefano Quintarelli e uma série de ativistas, membros do sistema de governança da Internet e acadêmicos. A carta *Tunisie Mon Amour* defendia que a Internet era o maior espaço público já construído pela humanidade e que estaria promovendo uma enorme redistribuição de poder. A carta *Tunisie Mon Amour* dizia:

> Em nome da segurança, as liberdades são restringidas. Em nome de uma lógica de mercado míope, restringem-se as possibilidades de acesso ao conhecimento. Alianças entre grandes corporações e Estados autoritários buscam impor novas formas de censura. A Internet não deve se tornar uma ferramenta para controlar melhor os milhões de pessoas que a utilizam, para extrair dados pessoais contra a vontade dos interessados, para fechar em cercas proprietárias novas formas de conhecimento. Para evitar esses perigos, não se pode confiar apenas na capacidade natural de reação da Internet. É hora de afirmar alguns princípios como parte da nova cidadania planetária: liberdade de acesso, liberdade de uso, direito ao conhecimento, respeito à privacidade, reconhecimento de novos bens comuns. Somente o pleno cumprimento desses princípios constitucionais permitirá encontrar o justo equilíbrio democrático com as necessidades de segurança, mercado e propriedade intelectual (PER UNA DICHIARAZIONE, 2005).

Apesar da assinatura de Gilberto Gil e da participação ativa do Ministério da Cultura na Cúpula Mundial da Sociedade da Informação – que defendeu uma forte agenda de "cultura livre" e uma concepção de Internet como bem comum, que merecia ser "considerada, protegida, fundamentada como instrumento aberto, amplo, estratégico, democrático para o futuro do desenvolvimento da humanidade" (PIMENTEL, 2005) –, a Carta serviu mais como movimento simbólico. Surgiram coalizões dinâmicas no *Internet Governance Forum* sobre princípios e direitos para uso da Internet, dezenas de documentos e manifestos de entidades civis e a reverberação de uma discussão no CGI, que posteriormente formulou o Decálogo para Governança da Internet, que dialoga parcialmente com a carta *Tunisie Mon Amour.*

Entre 1995 e 2005, a problemática da proteção de dados pessoais não era tratada de forma sistematizada pelos atores de governança da Internet, mas sim em uma dimensão principiológica. A privacidade foi identificada como pilar dos direitos humanos para expansão do uso da Internet. Mas esse movimento não implicou um debate mais robusto sobre que tipo de legislação de proteção de dados pessoais seria desejável no Brasil. Nesse campo, em específico, não existiu uma clara separação conceitual entre direito à privacidade e direito à proteção de dados pessoais; tampouco um vínculo entre proteção de dados pessoais e direitos difusos.

3.1.2. *A INFLUÊNCIA DO DISCURSO SOBRE AUTORREGULAÇÃO, PROTEÇÃO DO CONSUMIDOR E FOMENTO AO COMÉRCIO ELETRÔNICO NAS AMÉRICAS*

Paralelamente ao processo de estruturação dos mecanismos de governança da Internet e de separação do campo regulatório das telecomunicações, um fenômeno institucional relevante, de caráter geopolítico, foi a influência exercida pelos EUA na defesa de um forte discurso sobre fomento ao comércio eletrônico e diminuição de encargos regulatórios relacionados à proteção de dados pessoais sobre empresas da camada de aplicações de Internet.

É certo que esse discurso de desregulação contou com a exceção das fortes regras sobre privacidade de crianças por meio do *Children's On-line Privacy Protection Act* – o COPPA, legislação que possui um caráter paternalista, que se justifica pela vulnerabilidade dos sujeitos protegidos. Como argumentado pela filósofa Anita Allen, quando se trata de regulação de tecnologias e privacidade nos EUA, "a história é diferente com crianças e adolescentes" (ALLEN, 2011, p. 175). Como crianças estão sujeitas a intervenções paternalistas de diferentes tipos, os argumentos liberais sobre riscos do paternalismo estatal não fazem sentido, considerando que crianças não possuem plena liberdade de escolha e toda a sociedade – família e governo – possui responsabilidade em limitar danos às crianças. Nesse sentido, como argumenta Allen, a aprovação da COPPA foi uma exceção à regra liberal de não intervenção, perseguida pelo governo dos EUA, a partir de uma justificativa paternalista de coercibilidade e proibição do tratamento de dados de crianças menores de 13 anos de idade, mesmo com a indiferença das crianças e das famílias sobre o valor ou importância desses dados (ALLEN, 2011, p. 175-180).

Com relação à proteção de dados pessoais, durante a década de noventa, dominou nos EUA um discurso liberal sobre liberdade de escolhas individuais, deveres de transparência e intervenções regulatórias mínimas, com enfoque em inovação e fomento da atividade econômica (BENNETT; GANTT, 1993; CODY, 1998; HIRSCH, 2010). As diversas tentativas feitas por ativistas da Epic e Center for Technology and Democracy de construção política de uma legislação nacional de proteção de dados pessoais – ou mesmo de constituição de uma *Data Protection Authority*, uma velha sugestão de Alan Westin e Arthur Miller, que remontava à década de 1970 – foram sistematicamente derrotadas. As únicas vitórias significativas da década de 1990 nos EUA, em termos legislativos, ocorreram em setores específicos, como a saúde (com aprovação do *Health Insurance Portability and Accountability Act* em 1996) e setor financeiro (com aprovação do *Financial Modernization Act* em 1999). Também ocorreram regulações setoriais, impondo deveres de proteção à privacidade para empresas de ligação telefônica (*Telephone Consumer Protection Act* de 1991), locadoras de filmes (*Video Privacy Protection Act* de 1984) e provedoras de serviços de comunicação eletrônica (*Electronic Communications Privacy Act* de 1998).

O debate sobre *privacy rights* nos EUA encontrava-se fortemente ancorado em discussões sobre as vantagens de um sistema de autorregulação mais flexível e de estímulo às empresas de Internet, como Google, Altavista e AOL. Enquanto o *New York Times* anunciou uma espécie de "corrida de ouro dos dados", com a possibilidade de monetização e mineração de qualquer tipo de dado (um clique em um site de compras, um padrão de clique e retorno que sinalizasse desistência de intenção de consumo), a *Federal Trade Commission* (FTC) ressaltou a importância estratégica de expansão do comércio digital e os benefícios produzidos por um comércio mais eficiente, a redução dos custos de publicidade, a livre circulação de informação e as habilidades de consumidores terem acesso a mais informação em menos tempo, bem como de serem beneficiados pela facilitação de busca e pesquisa daquilo que provavelmente gostariam de fazer (CODY, 1998, p. 1184-1186).

Em documento de trabalho produzido pelo *Information Policy Commitee* em 1997, argumentou-se que a maior habilidade de perfilização e personalização de publicidade permitiria mais competição nos mercados eletrônicos, produzindo redução de custos aos consumidores. A economia da publicidade on-line seria "vital para o crescimento do comércio eletrônico, pois com a redução dos custos de marketing mais companhias começariam a conduzir comércio on-line, o que levaria à redução dos preços gerais para consumidores" (CODY, 1998, p. 1187).

Nesse sentido, a abordagem regulatória escolhida nos EUA foi a de maximização de bem-estar ao consumidor em uma lógica econômica tradicional – centrada em mais informação, menores custos aos consumidores e maior diversidade de produtos e serviços – e de escolha, caso a caso, de violações graves aos direitos de privacidade, por meio da atuação seletiva da *Federal Trade Commission*, órgão que possui competência para identificação de atos ilícitos no comércio e nos direitos dos consumidores (HIRSCH, 2010; SOLOVE & HARTZOG, 2014). É nesse sentido que Julie Cohen chama atenção para uma infraestrutura jurídica, criada já nos anos 1990, que permitiu a expansão do capitalismo de dados nos EUA (COHEN, 2019).

Ao analisar a atuação da FTC nos principais casos de privacidade no final da década de 1990, Chris Hoofnagle argumentou que a FTC, dada sua capacidade limitada de *staff* e de atuação, escolhia casos representativos com grandes méritos, priorizava a proteção das atividades de crianças, baseava-se principalmente na teoria de atos enganosos (*deceptive acts*), utilizava pouco a teoria de atos injustos (*unfairness,* segundo a qual "atos injustos" seriam aqueles suscetíveis de causar danos substanciais aos consumidores, sem que fossem razoavelmente evitáveis por eles, nem fossem superados por benefícios compensatórios) e possuía uma abordagem cautelosa sobre danos monetários em casos de privacidade (HOOFNAGLE, 2001).

O caminho adotado nos EUA, nesse período, foi de pouca aderência aos *Fair Information Practices Principles* (FIPPs) e de uma espécie de "corrida ao fundo do poço" (HOOFNAGLE, 2001). As reações foram majoritariamente estaduais, inexistindo uma legislação federal sobre proteção de dados pessoais. O Estado da Califórnia criou, em 2001, seu *Office of Privacy Protection,* como uma divisão do *Department of Consumers Affairs.* O estado de Vermont aprovou o *Privacy of Consumer Financial and Health Information Regulation*, com regras protetivas de consentimento e *opt-in* para compartilhamento de informações financeiras e relativas à saúde com corretores de dados. Em 2003, a Califórnia foi o primeiro estado a formular uma legislação sobre incidentes de segurança (*data breach legislation*). Duas décadas depois, 50 estados passaram a ter leis de incidentes de segurança, apesar do diagnóstico de aumento exponencial de ataques e "falha do direito" por focar muito nos incidentes em si e pouco nas questões mais holísticas de gerenciamento de riscos, como a responsabilidade de empresas que produzem *softwares* vulneráveis, dispositivos que são lançados e não atualizados, não mitigação de incentivos a condutas de risco e reduzido olhar sobre organizações que treinam profissionais que produzem situações de risco (SOLOVE; HARTZOG, 2022).

Como relatou Chris Hoofnagle (2002), esse movimento expansionista de defesa dos consumidores implicou uma difusão de leis estaduais setoriais e um compromisso da FTC de ampliar recursos para a área de privacidade, promover assistência em casos de roubos de identidade e atuar em casos paradigmáticos nas Cortes.

Apesar das campanhas civis em defesa de uma lei geral de proteção de dados pessoais, construídas a partir dos princípios fundamentais dos FIPPs reconhecidos pela OCDE, os EUA mantiveram uma abordagem fundamentada nos poderes de aplicação de direitos consumeristas da *Federal Trade Commission* e na construção de uma jurisprudência casuística em privacidade, advinda da adjudicação administrativa (SOLOVE; HARTZOG, 2014), tornando a FTC uma espécie de regulador *de facto* para questões de privacidade e proteção de dados pessoais (HOOFNAGLE, 2016). Autores como John Judis argumentaram que, no nível federal, houve um alinhamento entre os burocratas da administração Clinton e os grupos empresariais e as elites, que "traíram a confiança pública" ao negarem qualquer tipo de regulação de privacidade e proteção de dados pessoais para empresas de Internet, recebendo enormes benefícios fiscais e moratórias decorrentes da aplicação de normas regulatórias. A gestão de Clinton "ignorou grupos de consumidores ao determinar como regular a privacidade dos consumidores na Internet" (JUDIS, 2001, p. 231). Para Judis, "ao invés de definir regras que o governo deveria aplicar, a administração escolheu deixar a aplicação para a própria indústria – uma abordagem *laissez-faire* que lembrou os anos 1870 ou 1920 ao invés da Era Progressista" (JUDIS, 2001, p. 232).

Nesse período, em síntese, o governo dos EUA preocupava-se com a expansão do comércio eletrônico e da economia da internet a partir da proteção do bem-estar do consumidor, sem mecanismos regulatórios rigorosos. Mesmo na academia, autores influentes dos EUA, como Lawrence Lessig, defendiam que não seria necessária uma lei geral de proteção de dados pessoais, mas sim tecnologias de expansão do controle dos consumidores, *privacy enhancing technologies* e soluções que pudessem ser criadas de forma espontânea e autorregulada pela própria comunidade de desenvolvedores, tecnólogos e empresários (LESSIG, 2006, p. 210-239) – um argumento profundamente criticado por Marc Rotenberg, que considerou que Lessig não compreendeu a natureza dos princípios de uso justos da informação, defendendo um argumento ultraliberal de indivíduos "isolados no mercado", providos de técnicas de escolhas supostamente bem informadas. Para Rotenberg, o argumento de Lessig apresenta falhas conceituais profundas, pois ignora que a história da proteção da privacidade é a "regulação do design de tecnologias pelas vias de instituições públicas" e que as arquiteturas não são pré-determinadas, mas podem estar sujeitas a "razão, debate público e Império do Direito" (ROTENBERG, 2001, p. 6).

Não é possível dizer em que medida essa influência geopolítica dos EUA ocorreu no Brasil, no sentido de estimular uma abordagem centrada em autorregulação, inovação e parâmetros de defesa do consumidor. Como dito, o Brasil já possuía o Código de Defesa do Consumidor e acadêmicos como Rohrmann (2000) e Kaminski (2000) defendiam uma abordagem regulatória centrada em transparência, informações adequadas ao consumidor e um regramento mínimo sobre princípios. O que ocorreu na década de 2000 foi uma fragmentação da proteção de dados pessoais em leis setoriais, até uma maturação da necessidade de uma lei geral, um processo construído aos poucos. Não se pode ignorar, no entanto, a força geopolítica dos EUA na reflexão sobre como regular economias emergentes de Internet, inclusive as centradas em dados pessoais.

3.1.3. O ESTADO REGULADOR NO PERÍODO FHC E A FRAGMENTAÇÃO DA PROTEÇÃO DE DADOS

Em linhas gerais, o panorama da proteção de dados pessoais no governo Fernando Henrique Cardoso pode ser caracterizado por, ao menos, três fenômenos. Em primeiro lugar, a manutenção da centralidade da defesa do consumidor em todo o programa de reforma do Estado e de reforço sobre a importância dos instrumentos jurídicos pelo Código de Defesa do Consumidor – um fenômeno que teve repercussões significativas também pela crescente adoção da legislação consumerista nas Cortes e no Superior Tribunal de Justiça. Em segundo lugar, uma fragmentação legislativa por meio de normas como a Lei Geral de Telecomunicações (Lei 9.472/1997), que incluiu regras sobre proteção de dados pessoais como direito básico dos usuários de serviços de telecomunicações; a Lei do Sigilo Bancário e o Código Civil, que trouxe um importante capítulo sobre direitos da personalidade. Finalmente, em terceiro lugar, uma estratégia de indução aos serviços de conexão à Internet e às aplicações de Internet – o pequeno mercado de buscadores, comércio eletrônico, novos negócios na camada de aplicações da Internet – de forma mais alinhada ao modelo regulatório adotado na gestão Clinton e pelo governo dos EUA, evitando que esse campo fosse regulado pelas instâncias tradicionais de telecomunicações.

A abordagem do "Estado regulador" formulada por Bresser-Pereira e Fernando Henrique Cardoso apostava na tecnicidade das novas agências reguladoras, nos mecanismos de transparência e participação social, abdicando das grandes soluções burocráticas e centralizadoras, a partir de um diagnóstico sobre as fórmulas desenvolvimentistas e sobre o histórico autoritário brasileiro. Havia uma espécie de estratégia de "setorialização", que pensava a regulação a partir dos prismas dos setores regulados, da privatização e da concorrência nesses setores (OLIVEIRA, 1998). Havia, naquele momento, uma aproximação mais estratégica com o ideal estadunidense de setores regulados, e um deslocamento do aparato estatal como indutor da concorrência e da formulação de regras para setores econômicos específicos. Como argumentado por Paulo Lessa Mattos, essa "formação do novo Estado regulador" (LESSA MATTOS, 2006) representou um movimento político de transformação da burocracia estatal, amparada em um diagnóstico intelectual defendido por Fernando Henrique Cardoso. As principais características desse novo Estado regulador seriam a criação de agências reguladoras independentes, as privatizações de empresas estatais, a terceirização de funções administrativas do Estado e a regulação da economia pelas técnicas administrativas de defesa da concorrência, de proteção do consumidor e de correção de falhas de mercado. Essa abordagem regulatória setorial também apostou na criação de mecanismos jurídico-institucionais de participação de setores da sociedade civil no controle democrático do processo de formulação de conteúdo de regulação.

Considerando-se as características desse profundo projeto de reforma estatal da década de 1990 e do início da década de 2000, não é de se entranhar que o Brasil tenha adotado uma abordagem fragmentada para a privacidade, vista a partir de setores, mais próxima do modelo dos EUA (DONEDA, 2006). As normas de proteção de dados pessoais não eram inexistentes, porém ainda eram pensadas sem uma divisão clara em relação aos direitos de privacidade, sendo formuladas dentro de experiências regulatórias setoriais. Por exemplo, as questões de privacidade foram instituídas no sistema financeiro a partir da Lei do Sigilo Bancário e pela atuação regulatória do Banco Central do Brasil. No setor de telecomunicações, as regras de proteção de dados pessoais foram instituídas pela Lei Geral de Telecomunicações e, posteriormente, pelo Regulamento Geral dos Direitos dos Consumidores (RGC).

De acordo com o RGC, o consumidor dos serviços de telecomunicações possui o direito de "privacidade nos documentos de cobrança e na utilização de seus dados pessoais pela prestadora" (Art. 3º, VII, Resolução Anatel/CD n. 632/2014). A estratégia também era uma aposta no fomento do controle democrático pela sociedade civil (LESSA MATTOS, 2006). Em 2001, por exemplo, a Anatel instituiu um Conselho Consultivo como órgão de participação institucionalizada da sociedade na agência, de existência obrigatória e funcionamento permanente. O Conselho Consultivo é formado por doze conselheiros, sendo dois deles da sociedade civil e dois de entidades representativas dos usuários de telecomunicações. Entre as atribuições do Conselho está, desde 2001, o poder de opinar sobre "medidas para defesa da privacidade das telecomunicações e dos usuários de telecomunicações" (Regimento do Conselho Consultivo da Anatel, art. 7º, I, l).

Ao passo que o governo Clinton investiu em forte discurso de autorregulação, fomento ao comércio eletrônico e atuação seletiva da FTC (JUDIS, 2001; ROTENBERG, 2001) – construindo uma jurisprudência de assuntos de privacidade para aplicações de Internet e posicionando a FTC como "reguladora primária da privacidade informacional" (HOOFNAGLE, 2016) –, a estratégia brasileira concentrou-se na reforma do Estado e na formulação de regulações setoriais, tendo a proteção de dados pessoais um caráter secundário e incidental. As mudanças mais significativas passaram a ocorrer com a reorganização da estrutura de defesa do consumidor e a "tomada de bola" que o DPDC fez com o MDIC com relação à proteção de dados pessoais. É o que será abordado a seguir.

3.2. A REORGANIZAÇÃO DO SISTEMA NACIONAL DE DEFESA DO CONSUMIDOR E O NOVO PAPEL ASSUMIDO PELO DPDC

A reorganização do SNDC nos governos Lula e Dilma permitiu uma ampliação das discussões sobre proteção de dados pessoais e criou capacidades institucionais para lidar com novos problemas de violação de direitos coletivos, como monitoramento e tratamento abusivo de dados de consumidores de serviços de aplicativos de navegação de Internet. Explica-se, a seguir, como o SNDC superou um "estado de crise" e de que modo o DPDC passou a exercer papel central nos debates sobre proteção de dados pessoais no início do século XXI, deslocando a discussão de uma agenda regional de comércio eletrônico para uma agenda de proteção de direitos fundamentais, em aproximação à perspectiva social e coletiva dos direitos dos consumidores e em contraste com a orientação estadunidense da década de 1990, ainda pautada pelo paradigma do *notice and consent*, na forte crença na capacidade de escolha dos consumidores e em direitos individuais.

3.2.1. *A TENTATIVA DE SUPERAÇÃO DO ESTADO DE CRISE DO SNDC E A REORGANIZAÇÃO DO DPDC*

O Sistema Nacional de Defesa do Consumidor (SNDC) é regulamentado pelo Código de Defesa do Consumidor e pelo Decreto n. 2.181 de março de 1997. Ele congrega Procons, Ministério Público, Defensoria Pública, Delegacias de Defesa do Consumidor, Juizados Especiais Cíveis e organizações civis de defesa do consumidor, que devem atuar de forma articulada e integrada com a Secretaria Nacional do Consumidor.

Como argumentado por Marcelo Sodré, a construção de uma política nacional de proteção dos direitos do consumidor foi um processo gradual, complexo e dotado de grandes dificuldades institucionais práticas. Diferentemente do conteúdo substancial das normas jurídicas do Código de Defesa do Consumidor – que encontravam amparo nas legislações europeias e em normas-modelo produzidas por entidades civis nos EUA – a ideia de uma Política Nacional das Relações de Consumo (Art. 4°, CDC) apresentou um problema de *policy*, de política pública, e não simplesmente um problema de construção de artefatos políticos (SODRÉ, 2007). Como relatado por Sodré, a execução de políticas públicas e de coordenação institucional se mostrou tarefa bem mais complexa do que a simples afirmação de direitos. Uma coisa é o direito nos livros e sua aplicação formal. Outra coisa é a construção de políticas públicas, que envolvem outras competências e habilidades, não mais restritas ao saber jurídico, mas sim a uma arte política de gestão, articulação e decisão.

A formulação de um Sistema Nacional de Defesa do Consumidor ocorreu sem um saber específico, roteiros de boas práticas ou experiências exitosas do passado. Em síntese, como resumiu Marcelo Sodré, foi um processo de experimentação institucional que buscou a ampliação de poderes pré-constituídos, mas que encontrou grandes dificuldades de coordenação institucional e planejamento estratégico nos seus primeiros anos.

A partir da coordenação do Departamento Nacional de Defesa do Consumidor (DPDC), na época integrante da Secretaria Nacional de Direito Econômico, estruturou-se um Sistema Nacional de Defesa do Consumidor (SNDC) a partir de órgãos federais, estaduais, distritais e municipais e de entidades privadas de defesa do consumidor. Foi uma tentativa de unificação das centenas de Procons municipais e estaduais – criados a partir de demandas concretas nos territórios e por diferentes modelos organizacionais (uns relacionados ao governo estadual, outros relacionados ao Município, outros relacionados ao Legislativo municipal) –, entidades da administração pública (Ministério da Justiça), órgãos do sistema de justiça e entidades privadas que passaram a integrar o SNDC, como Associação Nacional do Ministério Público do Consumidor (MPCON), Instituto Brasileiro de Defesa do Consumidor (Idec), Instituto Brasileiro de Políticas e Direito do Consumidor (Brasilcon), Conselho Nacional de Defensores Públicos Gerais (Condege) e o Fórum Nacional das Entidades Civis de Defesa do Consumidor (Fonaje). Seguindo uma tendência já existente no campo da regulação ambiental, criou-se uma estrutura de sistema nacional com a composição de agentes não estatais.

Essa estratégia ambiciosa de constituição de um sistema, no sentido de um "conjunto de instituições políticas ou sociais, estruturada de forma organizada, na qual as diversas partes se relacionam entre si, a partir de princípios ou ideias comuns" (SODRÉ, 2007, p. 155) encontrou dificuldades diante de impasses políticos e institucionais de articulação, integração e coesão. Marcelo Sodré, em seu estudo clássico sobre a formação do SNDC, apontou diversos problemas de comunicação entre os órgãos, dificuldades de trocas de experiências e ausência de coordenação para procedimentos administrativos alinhados e uma visão estratégica de prioridades e atuação conjunta. Sodré chegou a defender que o SNDC operou como uma "ficção jurídica" diante da ausência de integração da perspectiva normativa e processual administrativa entre os órgãos (SODRÉ, 2007). Durante a década de 1990, o trabalho político do SNDC foi de criação de relações entre Procons, órgãos públicos e privados, porém sem uma agenda estratégica em sentido forte.

Com a chegada de Lula ao Palácio do Planalto em 2003, o ministro da Justiça Márcio Thomaz Bastos organizou uma equipe de trabalho para reorganização do SNDC a partir de mudanças estruturais no modo como as informações eram organizadas e no modo como o SNDC poderia ter uma visão mais sistemática dos conflitos existentes nas mais de 700 unidades dos Procons.[17] A gestão do ministro Márcio Thomaz Bastos tornou-se conhecida pela ampla agenda programática de reformas – a reforma do Judiciário e a criação dos conselhos nacionais de Justiça e do Ministério Público, a modernização da Polícia Federal, a criação de penitenciárias federais, a reforma do Sistema Brasileiro de Concorrência, a Estratégia Nacional de Combate à Lavagem de Dinheiro, entre outras – e pelo recrutamento de jovens lideranças da Faculdade de Direito da Universidade de São Paulo, que assumiram posições executivas importantes para a implementação de reformas institucionais.

Entre os nomes dessa geração de jovens advogados da USP estão, entre muitos, Marcelo Bicalho Behar, que foi assessor especial e chefe de gabinete de Marcio Thomaz Bastos entre 2003 e 2007, Pedro Abramovay, que foi assessor especial do Ministério da Justiça entre 2004 e 2006, Luiz Armando Badin, que dirigiu a Consultoria Jurídica do Ministério da Justiça entre 2003 e 2006, e Beto Vasconcelos, que também foi assessor de Marcio Thomaz Bastos e teve protagonismo na Casa Civil como subchefe de Assuntos Jurídicos.

Contando com o apoio político dos secretários, o Ministério da Justiça buscou lideranças da defesa do consumidor para reorganizar a dinâmica de trabalho do SNDC. Ricardo Morishita, que havia trabalhado com Marcelo Sodré no Procon de São Paulo, aceitou o convite da equipe de Marcio Thomaz Bastos e assumiu a coordenação do Departamento de Proteção e Defesa do Consumidor e incorporou muitos dos aprendizados e lições institucionais formulados no Procon de São Paulo, como as colaborações com o Ministério Público em conflitos ambientais ou as parcerias com o Departamento Jurídico XI de Agosto,

---

17 Entrevista com Ricardo Morishita em 10 de fevereiro de 2021.

instituição centenária de estudantes da USP, para apoio em projetos e pesquisas sobre lesões coletivas aos consumidores.

A transição de Morishita rumo ao DPDC foi apoiada por Gustavo Marrone,[18] que foi diretor da Fundação Procon de São Paulo entre 2002 e 2005, e por Alexandre de Moraes, à época, Secretário de Justiça e da Defesa da Cidadania do Estado de São Paulo (Marrone havia sido Coordenador do Grupo Setorial de Informações Estratégicas da Secretaria durante a gestão de Moraes). Com o apoio de Moraes e Marrone, ligados ao PSBD, Morishita fez uma transição politicamente sustentada como servidor público do governo do PT e pôde canalizar as experiências do Procon de São Paulo na nova gestão do DPDC em Brasília.

Em 2003, o DPDC passou a ser reorganizado para romper com um isolacionismo que existia no DPDC, que era criticado por não ter assumido um papel de sistema (SODRÉ, 2007). Um plano de governo foi formulado para o período de quatro anos, com enfoque na organização dos sistemas de informação, na reorganização da estrutura dos processos administrativos, na busca por "tirar do papel" um cadastro nacional de sistema de reclamações e na articulação de um relacionamento com as agências reguladoras, que ainda viviam uma relação conflituosa.

Meses após a chegada de Ricardo Morishita, Juliana Pereira da Silva deixou o cargo de coordenadora do Procon Municipal de Franca e assumiu e tornou-se assessora especial da Secretaria de Direito Econômico, na equipe de Daniel Goldberg. Como será visto, Juliana Pereira teve um papel central na coordenação do Sistema Nacional de Informações e Defesa do Consumidor (Sindec) e na defesa da criação da Secretaria Nacional do Consumidor (Senacon), criada em 2012. Essas inovações institucionais deram nova cara ao DPDC em Brasília, fortaleceram a defesa do consumidor e ampliaram as condições de trabalho em rede. Com apoio político no Ministério da Justiça e profissionais com bom trânsito nos Procons, o DPDC iniciou uma trajetória notável de reformas institucionais, que, posteriormente, impactaram a agenda de proteção de dados pessoais.

---

18 Entrevista com Ricardo Morishita em 10 de fevereiro de 2021.

3.2.2. A REORGANIZAÇÃO DA INFRAESTRUTURA DA DEFESA DO CONSUMIDOR: FUNDOS PÚBLICOS E SISTEMAS DE INFORMAÇÃO

Os primeiros anos da gestão de Morishita frente ao DPDC foram caraterizados por uma profunda reorganização de política pública, com enfoque em reorganização da gestão, das áreas estratégicas e do enfoque de atuação do DPDC. Em 2000, uma consultoria do Banco Interamericano de Desenvolvimento (BID) havia apontado para a necessidade de um sistema integrado de informações de defesa do consumidor. Em 2002, uma consultoria da Ernest & Young contratada pelo DPDC havia apontado problemas estruturais de gestão da informação e indicado experiências que poderiam servir de base para um sistema. Esses diagnósticos foram aproveitados para um trabalho de reorganização estratégica, focada em articulação do sistema, redesenho do sistema de informações e reorganização da gestão dos procedimentos administrativos.

Isso garantiu ao DPDC condições de trabalho mínimas, impulsionadas por um trabalho de lideranças muito jovens na Secretaria de Direito Econômico (DSE), como o advogado Daniel Goldberg, que havia abandonado a advocacia privada e se tornado Secretário de confiança do ministro Bastos aos 27 anos de idade. Conforme defendido por Goldberg, Badin e outros jovens gestores, a estratégia da SDE era mobilizar o Fundo de Direitos Difusos (FDD) para políticas públicas e reorganizar as articulações entre Procons, criando mecanismos de integração entre eles, para evitar duplicidade de atuação sancionatória. Em superação a diversas críticas sobre a falta de estratégia legal para gerência dos recursos do FDD, em outubro de 2003, o Conselho do Fundo aprovou a Resolução 11/2003, que definiu trâmite administrativo para apreciação de projetos apresentados.

A reestruturação do FDD e de sua governança e a ampliação de seus recursos teve papel significativo na estratégia de renovação do DPDC e de reorganização do SNDC. Como explicado por Arthur Badin, que presidiu o Conselho do FDD entre 2003 e 2005, a arrecadação do FDD passou de R$ 5.778.000 em 2000 para R$ 30.038.000 em 2007 (BADIN, 2008). O governo passou a estimular a ampla participação social na apresentação de projetos pleiteando recursos ao CFDD. Como resultado, em 2007 foram apresentados 3.654 projetos, em comparação com apenas 28 projetos em 2000. Nesse período de 2000 a 2007, foram apoiados 200 projetos – incluindo projetos de reestruturação informática e de dados dos Procons – com uma destinação de mais de 23 milhões de reais para as iniciativas (BADIN, 2008).

A correta utilização dos recursos do FDD, impulsionada pelo aumento de arrecadação em razão da atuação repressiva em direito da concorrência, tornou-se um habilitador para novos projetos de modernização administrativa, seguindo os preceitos legais da Lei 9.008/1995. Com a melhor utilização do FDD, por meio de seu Conselho, que inclui a participação da sociedade civil organizada, o DPDC, no início do governo Lula, passou a estimular projetos estratégicos de informatização, de aumento de capacidade de atuação dos órgãos de defesa do consumidor e de educação para direitos (BADIN, 2008). A adequada governança do FDD passou a ter um papel estratégico no financiamento de projetos dentro do próprio SNDC, o que gerou condições de modernização administrativa, programas de inteligência de informações sobre ilícitos dos consumidores e utilização de sistemas automatizados e bancos de dados.

Apesar dos problemas que ocorreram nos anos seguintes, com o contingenciamento dos recursos do FDD para gerar superávit fiscal (entre 2011 e 2016 o FDD arrecadou R$ 1.750.000,00) – algo que se tornou objeto de ação civil pública em 2017 pelo Ministério Público Federal, com *amicus curiae* do Idec (Justiça Federal, 3ª Região, 6ª Vara Federal de Campinas, Processo n. 5008138-68.2017.4.03.6105) –, o redesenho de governança do FDD estimulou projetos e capacidades de atuação dos membros do SNDC.

Nos últimos anos, o FDD tornou-se alvo de importantes decisões judiciais, revertendo um processo desastroso de desvirtuamento do fundo e de utilização indevida dos seus recursos (conforme Nota Técnica 23/2021/CGPFF/DPPDD/Senacon/MJ, somente 17% dos recursos foram efetivamente utilizados para finalidades estabelecidas em lei). Em 2018, a Justiça Federal determinou que a União deveria criar conta corrente específica para segregar financeiramente os recursos destinados ao FDD, "de modo a impedir que eles continuem compondo reserva financeira" (BRASIL, 2018b). Em 2021, o MPF exigiu que o Tesouro Nacional restitua ao FDD quase R$ 3,2 bilhões, remanejados para o pagamento de dívida pública. Conforme argumentado pela Procuradoria Regional dos Direitos do Cidadão do MPF, o FDD não compõe receita de nenhum ente político. São recursos afetados a determinadas finalidades, para aplicação prevista em lei, e são pertencentes a toda a sociedade brasileira, não podendo ser alocados para amortização de dívida pública.

A trajetória de redesenho do FDD pelo DPDC e as contestações judiciais promovidas pelo MPF para que ocorra uma devida utilização política dos recursos importa significativamente ao campo da proteção de dados pessoais, considerando-se que o produto de arrecadação das multas aplicadas pela Autoridade Nacional de Proteção de Dados Pessoais será destinado ao FDD, conforme art. 52, § 5°, da Lei 13.709/2018.

Um segundo movimento estratégico do DPDC nesse período foi a instituição do Sistema Nacional de Informações e Defesa do Consumidor (Sindec). Com a liderança de Juliana Pereira frente ao projeto, iniciado em setembro de 2003, o DPDC organizou um programa em cinco fases: uma fase preparatória, o mapeamento, a capacitação, o treinamento e a produção de dados. A estratégia centrava-se em uma ampla campanha de divulgação sobre a importância de organização das informações em escala nacional, por meio do apoio formal dos Procons estaduais e municipais. Ofícios de adesão foram expedidos, junto com minutas de convênio e planos de trabalho validados pela Secretaria de Direito Econômico e o DPDC. Logo nos primeiros anos, foram interligados ao Sindec os estados: Acre, Pará, Mato Grosso, Tocantins, Bahia, Goiás, Minas Gerais, Espírito Santo, São Paulo e Paraíba. Na visão do Ministério da Justiça, o Sindec criou uma ferramenta de política pública para o exercício de um controle social de fato.

Ao longo dos anos, o Sindec passou a ser visto como experiência de inovação em políticas públicas, ao consolidar os registros em bases locais, formando um banco nacional de informações sobre violações dos direitos dos consumidores, acessível a consumidores, empresas e Procons. Ao disponibilizar ferramentas para consulta e elaboração de relatórios gerenciais, o Sindec estimulou uma análise agregada dos conflitos e definições de atuação estratégica dos Procons, integrando 26 Procons Estaduais e 600 Procons Municipais no período de quinze anos (2005-2020). Segundo dados do Sindec de 2022, há 24 Estados integrados, 744 cidades integradas e 959 pontos de atendimento. O Sindec também garantiu visibilidade ao índice de solução preliminar médio, com variações de 62% em 2005, 63,13% em 2011, 74,81% em 2016 e 73,54% em 2021.

O Sindec permitiu uma radiografia mais precisa da natureza dos problemas que atingem, em média, os consumidores que se relacionam com os Procons nos territórios. A partir do Sindec é possível ver que os atendimentos saíram de quase 300 mil, em 2006, para mais de 2 milhões e meio, em 2016. É possível compreender, também, mudanças na natureza das lesões coletivas aos consumidores. Se em 2006 os maiores problemas eram cobranças abusivas em planos de celular (12%) e cartão de crédito (12%), em 2016, as principais áreas problemáticas continuavam a ser telecomunicações e assuntos financeiros. Já em 2021, os problemas de telecomunicações foram ultrapassados pelos abusos por bancos comerciais, como cobranças abusivas e casos de crédito consignado, muitos dos quais instrumentalizados por usos abusivos de dados pessoais. Somente no primeiro semestre de 2021, a Senacon aplicou multas de R$ 29 milhões em face dos Bancos Cetelem, Pan, Itaú, BMG e Safra.

Esse aumento dos ilícitos consumeristas em contratos bancários, identificado pelo Sindec, pode ter influenciado a decisão da Secretaria Nacional do Consumidor em priorizar uma atuação repressiva diante de problemas de usos abusivos de dados pessoais nos casos de créditos consignados e população idosa.

Uma pesquisa realizada pelo Instituto Brasileiro de Defesa do Consumidor em 2021, ao analisar 27 casos (processos administrativos) de atuação da Senacon em proteção de dados pessoais, identificou que 37% relacionavam-se a instituições bancárias (TORRES; OMS, 2021, p. 5). A pesquisa identificou uma atuação tematicamente concentrada no problema do uso abusivo de dados pessoais em ofertas e concessão de empréstimos consignados, um problema também evidente no Sindec.

O Sindec passou a operar como espinha dorsal de informações sobre as violações dos direitos dos consumidores e como uma infraestrutura compartilhada entre Procons e membros do SNDC, o que gerou um fortalecimento do sistema pela troca de informações e pela capacidade de enxergar violações coletivas a direitos, em nível molecular e agregado. Em casos como processo administrativo contra o Banco Itaú, por "abordagem por telefone de idosos aposentados e pensionistas do INSS" e "violação de dados pessoais do idoso", foi possível analisar a ocorrência desse mesmo tipo de ilícito em centenas de Procons espalhados por todo o Brasil e acompanhar, de forma dinâmica, o crescimento do número de reclamações, tornando a atuação do DPDC mais estratégica e responsiva aos problemas concretos da população brasileira. O Sindec, enfim, tem dado visibilidade, desde 2005, ao surgimento dos problemas com empresas de comércio eletrônico e ilícitos ocorridos no ambiente digital.

A reorganização do FDD e a instituição do Sindec foram instrumentais para uma política nacional de proteção de dados pessoais, acompanhados de um processo de fortalecimento do DPDP que culminou em sua reestruturação em 2012 na Secretaria Nacional do Consumidor. Ao passo que o Sindec pode sinalizar ilícitos consumeristas nos territórios, mensuráveis pelos Procons, o FDD pode estimular ações de reparações, campanhas de conscientização e trabalhos realizados pela sociedade civil. Essas foram conquistas importantes que tiveram participação do DPDC.

3.2.3. A ESTRATÉGIA DE ADVOCACY DO DPDC: INSERÇÃO PROATIVA EM DEBATES NACIONAIS E INTERNACIONAIS E A AGENDA DE COMÉRCIO ELETRÔNICO

No governo Lula, o DPDC passou a defender uma imagem de formulador de políticas nacionais de consumo e não apenas de um órgão de atendimento de demandas dos consumidores, afastando-se de uma concepção tradicional sobre os Procons de uma perspectiva assistencialista. O DPDC passou a combinar uma presença cada vez maior nos fóruns internacionais; um trabalho opinativo sobre novos projetos de lei e propostas regulatórias dentro do próprio governo a um trabalho legislativo, formulado a partir de Decretos assinados pela Presidência.[19] O DPDC assumiu uma postura proativa nas agendas da rotulagem dos transgênicos – em diálogo com Embrapa, Anvisa, Ministério do Meio Ambiente, Idec e Greenpeace – e no decreto do SAC, por exemplo. Esse movimento definiu uma nova institucionalidade ao DPDC, não mais restrito aos processos administrativos e à coordenação dos Procons, mas como um agente político ativo na definição de soluções legislativas futuras e na construção de uma agenda reguladora, em diálogo relativamente horizontal com outras unidades do governo federal.

Um fato importante da estratégia de *advocacy* foi a aproximação do DPDC com os órgãos internacionais e articulações regionais para avaliação das legislações e dos sistemas de defesa do consumidor, em uma estratégia latino-americana de aprimoramento das normas de defesa do consumidor, apoiada pela presidência de Lula e pela visão de seu governo sobre política externa e integração latino-americana. Na gestão de Ricardo Morishita, o DPDC aproximou-se da *Consumers International*, rede de entidades civis sem fins lucrativos sediada em Londres, que possuía

---

19 Entrevista com Ricardo Morishita em 10 de fevereiro de 2021.

escritório em Santiago, no Chile, para formulação de estratégias para a América Latina. A *Consumers International* havia mobilizado a criação do Fórum de Agências de Governo de Proteção do Consumidor na América Latina, que havia promovido encontros em Santiago e no Panamá. Em 2004, o governo brasileiro assumiu a presidência do Fórum. Em um encontro realizado em São Paulo, em 24 de junho de 2004, o Fórum lançou a "Carta de São Paulo", com a intenção de articular um sistema integrado de proteção do consumidor na América Latina, coordenando políticas e ações de maneira eficiente. A carta foi assinada pelas principais autoridades de defesa do consumidor dos países sul-americanos.

Em 2005, o DPDC cumpriu a promessa anunciada na Carta de São Paulo e lançou o relatório *Defesa do consumidor na América Latina: atlas geopolítico*, consolidando informações sobre vinte países da América Latina, que foram consultados sobre as perspectivas de proteção e defesa do consumidor em seus territórios. O atlas – caracterizado como uma pesquisa comparativa, feita a partir de questões idênticas enviadas a representantes dos vinte países – identificou que a maioria dos países latino-americanos possui proteção constitucional à defesa do consumidor e um Código de Defesa do Consumidor, com exceção de Bolívia e Belize. O atlas identificou um elevado grau de similitude entre o conteúdo das normas protetivas aos consumidores, tanto de uma dimensão constitucional quanto de direito material.

A pesquisa também identificou que os sistemas nacionais de defesa do consumidor estimulam as relações entre Estado e entidades civis, porém apenas com apoio logístico e capacitação, existindo um grande gargalo de apoio financeiro à sociedade civil organizada. Poucos países possuem um sistema de fundo de direitos difusos que pode apoiar ONGs. O Brasil é um deles. A pesquisa também identificou que o Brasil apresenta um cenário atípico, com maior interação do Ministério Público, enquanto nos outros países latino-americanos é mais comum a participação das Defensorias Públicas nas ações de defesa de direitos dos consumidores (DEPARTAMENTO DE PROTEÇÃO E DEFESA DO CONSUMIDOR, 2005, p. 7-8). O objetivo do atlas, conforme explicitado pelo próprio DPDC, era fortalecer a construção de um "necessário sistema latino-americano de defesa do consumidor" (DEPARTAMENTO DE PROTEÇÃO E DEFESA DO CONSUMIDOR, 2005, p. 10).

A agenda de integração latino-americana, fortemente assumida pelo Ministério da Justiça e pelo governo federal, contou com outras iniciativas que foram fundamentais para um diagnóstico estratégico sobre os direitos dos consumidores em perspectiva regional. Após a produção do Atlas, fruto do esforço político construído no Fórum de Agências de Governo de Proteção do Consumidor na América Latina, o Brasil celebrou, em 25 de junho de 2005, um acordo interinstitucional com a Argentina, no qual os órgãos de defesa do consumidor dos dois países – o DPDC e a *Subsecretaría de Defensa de la Competencia y del Consumidor* – assumiram o compromisso de elaborar um quadro comparativo sobre as legislações dos dois países, expandindo a análise para Peru e Paraguai.

Essa estratégia de pesquisa e monitoramento comparativo assumido pelo DPDC foi fortalecida pelo papel que o Brasil passou a assumir no Mercosul e no Comitê Técnico n. 07, voltado à proteção do consumidor. No âmbito do Mercosul, diversos comitês técnicos buscam harmonização normativa e a uniformidade de políticas do bloco em áreas distintas. Especificamente no âmbito da proteção do consumidor, o Comitê Técnico n.7 (CT-7) passou a se dedicar à "necessidade de contribuir com a integração entre os países do Mercosul" e a "facilitar pesquisas para futuras ações no âmbito da política de defesa do consumidor" (DEPARTAMENTO DE PROTEÇÃO E DEFESA DO CONSUMIDOR, 2008, p. 11). Havia uma preocupação, por parte do governo, de manter um alto nível de proteção dos consumidores e, ao mesmo tempo, de fortalecer a agenda regional do Mercosul, em benefício econômico comum aos membros do bloco.

A proposta de um estudo comparativo entre Argentina, Brasil, Peru e Paraguai foi fortalecida em Reunião Ordinária do Comitê Técnico n. 07 do Mercosul em setembro de 2006, que registrou a importância dos Associados do Mercosul em integrarem o estudo comparativo. O seu objetivo era perceber a existência de identidade entre os sistemas jurídicos nacionais, propiciando integração dos países no âmbito de políticas de proteção dos consumidores, bem como reconhecer diferenças legislativas significativas, o que ofereceria a "possibilidade de adoção de medidas de aperfeiçoamento daquelas normas que utilizem padrões inferiores de proteção, com a finalidade de que o fornecimento de produtos e serviços na América Latina tenha um standard mínimo de qualidade" (DEPARTAMENTO DE PROTEÇÃO E DEFESA DO CONSUMIDOR, 2008, p. 12).

Nesse estudo comparativo, identificaram-se divergências entre Brasil e Argentina com relação à proteção de dados pessoais. Se no Brasil existia uma prevalência do direito do consumidor, com regras consumeristas de transparência e acesso e uma regulação dos gestores de bancos de dados como entidades de natureza pública, na Argentina não seria a lei de proteção do consumidor que regulamentaria os bancos de dados, mas uma lei de proteção de dados pessoais. O estudo também destacou que a lei argentina previa "um órgão de controle desses bancos de dados, com a função de controlar a observância das normas de integridade e segurança dos dados por esses bancos e aplicar sanções administrativas àquelas que descumpram essas normas" (DEPARTAMENTO DE PROTEÇÃO E DEFESA DO CONSUMIDOR, 2008, p. 103).

A agenda latino-americana de comércio internacional, em razão da atuação vigorosa do DPDC, então vinculado à Secretaria de Direito Econômico do Ministério da Justiça, acabou servindo como um espaço de sensibilização ao tema de proteção de dados pessoais no Brasil em um meio já fortemente influenciado pelas noções de direitos coletivos, vulnerabilidades e assimetrias – conceitos constitutivos do campo da defesa do consumidor.[20]

Esse processo acabou gerando as condições de fermentação dos debates sobre um anteprojeto de lei geral de proteção de dados pessoais, entre os anos de 2008 e 2010, a partir de um grupo de trabalho diretamente ligado à agenda de direitos dos consumidores. Esse "berço consumerista" proporcionou uma visão jurídica atenta às dimensões coletivas dos dados pessoais e uma visão maximizadora dos princípios constitucionais de acesso à justiça.

3.3. DA INTEGRAÇÃO REGIONAL AO ANTEPROJETO DE LEI DE PROTEÇÃO DE DADOS PESSOAIS

Como argumentado por Danilo Doneda, a formulação de um Anteprojeto de Lei de Proteção de Dados Pessoais no Brasil foi influenciada por um consenso crescente sobre "sistematização e uniformização de uma normativa geral" (DONEDA, 2021, p. 51) e por processos em andamento que influenciaram a origem da LGPD, relacionados a uma estratégia de integração comercial latino-americana por meio do Mercosul que, apesar de não ter gerado uma normativa efetiva ou uma "política comum para o bloco em matéria de proteção de dados pessoais" (DONEDA, 2021, p. 52), funcionou como um fórum indutor de discussões.

---

20 Sou grato a Danilo Doneda pela conversa sobre este tópico e a ideia de sensibilização do DPDC.

O argumento de que a LGPD é "claramente inspirada pela *General Data Protection Regulation*" com "conceitos e definições quase idênticas" (GOLDBERG; SÁ, 2019) é falho ao ignorar de onde surge a LGPD e qual a influência originária de debates que envolviam o livre fluxo de dados, no contexto latino-americano, e a manutenção de uma tradição jurídica firmada em conceitos sobre direitos fundamentais, proteção às partes vulneráveis, manutenção da boa-fé nas relações privadas e amplo acesso à justiça, incluindo meios de tutela coletiva.

O surgimento da proteção de dados pessoais no Brasil é um fenômeno muito mais complexo do que um transplante jurídico da Europa. Para compreender corretamente a origem da LGPD, é indispensável conhecer o contexto dos debates de integração no Mercosul, a relação da proteção de dados com a agenda de comércio eletrônico, a influência exercida pelos debates constitutivos do Marco Civil da Internet e a forte presença dos direitos dos consumidores dentro do DPDC, espaço institucional de origem do Anteprojeto de Lei de Proteção de Dados Pessoais em 2010. É o que se argumenta a seguir.

3.3.1. *A INFLUÊNCIA DO MERCOSUL NO FOMENTO AOS DEBATES SOBRE PROTEÇÃO DE DADOS PESSOAIS*

O Mercado Comum do Sul (Mercosul) foi instituído pelo Tratado de Assunção, em 1991, a partir de uma articulação política entre as repúblicas da Argentina, do Brasil, do Paraguai e do Uruguai. O Tratado de Assunção estipulou que o Mercosul teria como objetivo acelerar o desenvolvimento econômico e social dos Estados Partes, melhorando as condições de vida de seus habitantes por meio da harmonização dos mercados de consumo e garantia de proteção do consumidor. Partindo de uma tradição de cooperação entre Brasil e Argentina desde a época da ditadura militar, passando ao período de democratização, o Mercosul foi pensado como "uma iniciativa geopolítica visando integrar toda a América do Sul, e uma alternativa regional (espécie de "Plano B") dentro da abertura à globalização mundial" (GRANATO, 2015, p. 8). Entre os marcos institucionais relevantes por trás da criação do Mercosul estão a fundação da Associação Latino-Americana de Integração, na década de 1980, e a Declaração de Iguaçu, assinada em novembro de 1985 pelos presidentes José Sarney (Brasil) e Raul Alfonsín (Argentina), um documento tido como "marco fundamental nos esforços empreendidos pelos dois países, no sentido de uma colaboração durável e de efeitos mutuamente benéficos" (SILVA, 1988, p. 88).

Desde a assinatura do Protocolo de Ouro Preto, vigente a partir de dezembro de 1995, o Mercosul possui uma estrutura institucional composta por: (i) Conselho do Mercado Comum (CMC), órgão supremo responsável pela política de integração, formado pelos Ministros de Relações Exteriores e de Economia e que exerce a titularidade da personalidade jurídica do Mercosul (art. 8º, III, Protocolo de Ouro Preto); (ii) Grupo Mercado Comum (GMC), órgão executivo responsável por fixar programas de trabalho e negociar acordos com terceiros em nome do Mercosul, integrado por representantes dos Ministérios de Relações Exteriores e Economia e representantes do Bancos Centrais dos Estados parte e (iii) Comissão de Comércio do Mercosul (CCM), órgão decisório técnico, responsável por apoiar o Grupo Mercado Comum em políticas comerciais, pronunciando-se por Diretivas.

O Mercosul conta com o Foro Consultivo Econômico Social (FCES), órgão de representação dos setores econômicos e sociais que se reúne semestralmente pelo Plenário do Foro e pode emitir recomendações, produzir análises sobre impacto social e econômico da integração, propor normas e políticas econômicas e sociais e realizar consultas nacionais ou internacionais (Regimento Interno do Foro, Resolução n. 22/12 GMC/Mercosul). O Foro se pronuncia por meio de recomendações ao Grupo Mercado Comum (GMC), que não possuem caráter normativo vinculante.

Apesar do enfoque do Foro sobre questões de direitos dos consumidores, o principal espaço institucional de reflexão e produção de recomendações sobre direitos consumeristas da perspectiva de integração dos membros do Mercosul foi – e é até hoje – o Comitê Técnico n. 07, criado em fevereiro de 1995, que tem por finalidade "debater propostas de uniformização normativa e o fomento de políticas públicas em matérias comerciais no âmbito do bloco, aproximando a atuação do Mercosul aos ideais desenvolvidos pela teoria comunitária" (DODE JR.; FRIEDRICH, 2021, p. 103).

O Comitê Técnico n. 07 (CT-7) tinha uma missão ambiciosa. Sua origem remonta à Decisão do Conselho Mercado Comum (CMC) n. 11/1993 de instituir uma comissão de estudos de direito do consumidor para harmonização das legislações dos Estados Parte, "o que era praticamente impossível pelo nível de integração a que o bloco se propunha" (DODE JR.; FRIEDRICH, 2021, p. 106). Ao longo dos anos, a comunidade jurídica de defesa do consumidor encarou o Comitê com certa desconfiança, dada a hipótese de que grandes corporações e agentes poderosos do setor privado poderiam enxergar o direito do consumidor como barreira ao livre comércio, influenciando o Mercosul em uma agenda de "flexibilização de direitos" e em uma harmonização que pudesse fragilizar as amplas conquistas jurídicas obtidas pelo Código de Defesa do Consumidor.[21] Isso pois o direito do consumidor era visto, da perspectiva do Mercosul, como componente da Comissão de Comércio.

O CT-7 tem funcionado a partir de uma lógica de pesquisa, discussão, produção de consenso, realização de consultas públicas e submissão de recomendações ao Grupo Mercado Comum (GMC). No período de 1995 a 2010, o CT-7 produziu, entre diversas recomendações, o Protocolo de Santa Maria de Relações de Consumo (1996) e o Regulamento Comum para Defesa do Consumidor (1997). O primeiro teve como objetivo fixar "normas de competência para contratos firmados entre partes domiciliadas em diferentes países que compunham o Mercosul", ao passo que o segundo teve como objetivo "uniformizar a legislação brasileira em matéria de consumo" (DODE JR.; FRIEDRICH, 2021, p. 107), tendo o Brasil como opositor.

Esse cenário ambíguo – de fortalecimento de uma perspectiva de integração, com a possibilidade de um regime jurídico em que a lei aplicável ao consumidor é a mais benéfica, somada a uma preocupação constante de fragilização de direitos em uma harmonização indutora ao comércio – foi o que mobilizou o DPDC e o governo brasileiro a prestarem mais atenção à agenda de proteção de dados pessoais. Esse foi um movimento induzido pela agenda de comércio e de integração regional, também influenciada pelas relações entre União Europeia e países latino-americanos.

A partir dessa agenda regional de comércio, o Ministério do Desenvolvimento, Indústria e Comércio Exterior (MDIC) iniciou, em 2004, um movimento de discussão sobre um regime jurídico para a proteção de dados pessoais e as perspectivas de integração regional entre os países do Mercosul, tendo em vista, também, as possibilidades de um Acordo Mercosul-União Europeia. A força motriz dessas discussões era o Sub-Grupo de Trabalho 13 do Mercosul (SGT13), "responsável pelo debate e encaminhamento de propostas sugeridas pelos países-membro em temas referentes ao Comércio Eletrônico" (DONEDA, 2021, p. 51).

---

21 Entrevista com Ricardo Morishita em 10 de fevereiro de 2021.

Como observado por Danilo Doneda, foi o MDIC, em parceria com o Ministério da Justiça, que organizou o "I Seminário Internacional sobre Proteção de Dados Pessoais", entre 23 e 25 de novembro de 2005 em São Paulo, que trouxe ao Brasil diversas autoridades e juristas especializados em proteção de dados pessoais (Doneda, 2021, p. 51), incluindo os presidentes das autoridades de proteção de dados pessoais da Argentina (Juan Antonio Travieso – representado no dia por Pablo Segura), da Espanha (José Luiz Piñar Manas) e da Itália (Stefano Rodotà). O encontro, que também teve a presença de representantes da *Federal Trade Commission* dos EUA (Elena Gasol Ramos) e do *Research Centre for Information Law* da Suíça (Herbert Burke), foi viabilizado por uma ampla coordenação de esforços entre o MDIC; o Ministério da Justiça (MJ); consultores jurídicos e juristas brasileiros – em especial, os professores Danilo Doneda, Gustavo Tepedino e Newton de Lucca –; a Câmara Brasileira de Comércio Eletrônico e empresas como Serasa e Banco do Brasil, apoiadoras do evento.

O enfoque sobre o Mercosul e as questões de comércio foram notáveis nesse encontro, como se depreende da solenidade de abertura, feita por Rogério Vianna, à época, Gerente de Comércio Eletrônico da Secretaria de Tecnologia Industrial do MDIC:

> Alguns podem perguntar por que o MDIC, um Ministério voltado para o desenvolvimento da indústria nacional e do comércio exterior, está realizando este seminário. E a razão é muito simples: este tema afeta direta e crescentemente a capacidade do país para atrair investimentos e negócios em T.I., que envolvem processamento eletrônico de dados pessoais. Assim é que, no âmbito do SGT13, um grupo de trabalho institucional do Mercosul que se ocupa de comércio eletrônico e temas afins, uma proposição de normativa comum sobre a matéria foi oficialmente proposta pela Argentina há pouco mais de um ano. Ao aceitar discutir o tema nesse foro (do qual participa o Ministério da Justiça, o qual liderou a elaboração de Normativa já aprovada, relativa a Proteção do Consumidor no Comércio Eletrônico), o Brasil se compromete a analisa-lo e negociar o texto proposto, processo este que está em sua fase inicial (VIANNA, 2006, p. 2).

A leitura detalhada dos anais desse pioneiro seminário evidencia que a mola propulsora dos debates iniciais sobre proteção de dados pessoais se imbricava a uma teia mais complexa de processos políticos e comerciais concomitantes, envolvendo a agenda de integração brasileira dentro do Mercosul; a movimentação da República da Argentina de pautar o debate sobre harmonização das normas de proteção de dados pessoais – após um trabalho político de obtenção de adequação perante a Comissão Europeia e as autoridades que compunham a *Article 29*

–; o interesse brasileiro em atração de investimentos e de apresentação de um quadro jurídico capaz de apresentar previsibilidade e uniformidade em todo o território nacional e uma movimentação geopolítica mais próxima do eixo Mercosul-União Europeia.

Nesse contexto, existia também a emergente influência do processo de integração ibero-americana, da qual se destaca a Declaração de Antigua, que criou a Rede Ibero-Americana de Proteção de Dados e que declarou a proteção de dados pessoais como um "direito fundamental", integrante de um processo de "construção da comunidade ibero-americana como espaço de convergência e de inclusão política, econômica, social e cultural" (CUMBRE IBEROAMERICANA DE JEFES DE ESTADO Y DE GOBIERNO, 2003, p. 9).

Além da organização do Seminário, o MDIC e o Ministério da Justiça apresentaram um questionário para especialistas com diversas perguntas, incluindo uma que dizia: "É preferível um sistema de proteção de dados pessoais baseado em uma lei geral ou então através de intervenções setoriais?". A pergunta evidenciava, ainda que de forma implícita, uma cisão entre o chamado "modelo estadunidense" sobre *informational privacy* e o "modelo europeu" sobre proteção de dados pessoais (DONEDA, 2006).

Em sua palestra, Stefano Rodotà – que se apresentou como um "velho soldado da proteção de dados pessoais" – argumentou pela necessidade de leis gerais de proteção de dados pessoais, baseadas em princípios comuns e integrantes de um "contexto mais amplo que o puramente nacional" (RODOTÀ, 2006, p. 69), partindo de uma dimensão constitucional da proteção de dados pessoais. Rodotà defendia sua posição citando quatro boas razões: (i) a compreensão de que a proteção de dados pessoais é um novo direito fundamental que se apresenta como componente essencial de liberdade e cidadania no século XXI; (ii) uma legitimação social forte sobre ampla aceitação das tecnologias dentro de certos parâmetros (e não simplesmente em razão da lógica do mercado); (iii) o enfrentamento de "efeitos poluidores" de uma nova era tecnológica, na qual as Tecnologias da Informação e Comunicação (TICs) apresentam-se como amplamente benéficas para comunicação, negócios e convivências, mas também apresentam um fenômeno de poluição do ambiente das liberdades civis e (iv) a tendência de securitização após o 11 de setembro e a ampliação dos mercados centrados em identidade, biometria e vigilância, transformando o corpo em senha (RODOTÀ, 2006, p. 69-70).

Após uma longa reflexão sobre as transformações do corpo eletrônico, as novas formas de controle biométrico, os desafios de privacidade mental diante do avanço da ciência e a capacidade de inferência sobre orientações políticas e relacionais diante da análise de metadados (de telefonemas e uso de aplicações de Internet), Rodotà abordou explicitamente o papel estratégico do Mercosul em impulsionar normas de proteção de dados pessoais, alertando "as consciências para a importância de regras básicas comuns na América Latina, em grandes países como o Brasil e em toda a área do Mercosul" (RODOTÀ, 2006, p. 74).

Rodotà recomendou que o Brasil adotasse o mesmo caminho que a Argentina, buscando regras comuns como as adotadas nos países europeus. Afirmou, também, que "se duas das grandes regiões mundiais, como o Mercosul e a União Europeia, moverem-se na mesma direção, isto pode significar um evento da maior importância política, tanto no sentido da proteção de direitos e de eficiência econômica" (RODOTÀ, 2006, p. 74).

O Seminário do MDIC/MJ serviu como marco de sensibilização e "alerta de consciências", para usar a expressão de Stefano Rodotà. Nas palavras de Doneda, o Seminário exemplificou o modo como os debates sobre proteção de dados pessoais no Mercosul geraram um "estopim" que deu origem a um crescente debate sobre o tema pelo governo brasileiro (DONEDA, 2021, p. 51). Como argumentado por Leonardo Bessa, promotor de justiça do Ministério Público do Distrito Federal e Territórios, o Seminário foi extremamente importante para evidenciar a importância do tema da proteção de dados pessoais, que ainda não era tão visível no Brasil.[22] Nos anos seguintes, o SGT13 continuou trabalhando em uma perspectiva de harmonização, produzindo um documento sobre proteção de dados pessoais e livre circulação, deliberado em reunião em 28 de maio de 2010. O documento foi apresentado do Grupo Mercado Comum (GMC), "porém nunca chegou a ser deliberado para que viesse a se tornar uma normativa efetiva no Mercosul" (Doneda, 2021, p. 52). Em outras palavras, apesar de toda a tração do SGT13, da forte presença da Argentina e no exemplo dado pela adequação às regras europeias e das articulações de Rogério Vianna no MDIC dentro de uma agenda de investimentos e comércio eletrônico no Mercosul, o debate sobre proteção de dados pessoais deslocou-se do comércio exterior para o Ministério de Justiça.

---

22 Entrevista com Leonardo Bessa em 16 abril de 2022.

3.3.2. *DO COMÉRCIO EXTERIOR AO NÚCLEO DURO DO MINISTÉRIO DA JUSTIÇA: O CAMINHO DA INTERNALIZAÇÃO DA AGENDA DENTRO DO DPDC*

Como argumentado por Ricardo Morishita e por Danilo Doneda, os debates realizados no CT-7 e no SGT-13 acenderam um alerta dentro do Ministério da Justiça e, mais especificamente, do Departamento de Proteção e Defesa do Consumidor. A proteção de dados pessoais passou a ser vista de forma estratégica, sendo possível aproveitar um discurso favorável sobre a viabilidade de uma LGPD a partir dos argumentos sobre ampliação das transferências internacionais de dados, possibilidades de ampliação dos investimentos em empresas nacionais de T.I. e fomento de negócios centrados em dados. As avenidas do comércio geraram oportunidade de um discurso protetivo aos direitos fundamentais, em uma tradição coletivista de direitos dos consumidores.

O que ocorreu nos anos seguintes foi uma espécie de internalização do debate sobre uma lei geral de proteção de dados pessoais no Ministério da Justiça, a partir da convergência de uma série de pautas e de uma colaboração, cada vez mais próxima, entre gestores públicos, acadêmicos, membros do Ministério Público e profissionais ligados à governança da Internet no Brasil.

Partindo da experiência do Seminário de 2005, os diálogos entre núcleos acadêmicos e o DPDC se intensificaram. Houve também um crescente interesse pelo tema da proteção de dados pessoais por profissionais de dentro do DPDC. Em 2007, quando do lançamento da pesquisa comparativa sobre Argentina, Brasil, Paraguai e Peru, a equipe de Ricardo Morishita contava com Vitor Morais de Andrade como Coordenador-Geral de Supervisão e Controle e Laura Schertel Mendes como Gestora Governamental do DPDC, profissionais que passaram a trabalhar, em suas próprias pesquisas, com o tema da proteção de dados pessoais. Laura Schertel Mendes havia ingressado em junho de 2006 no DPDC e, durante esse período, conduziu uma pesquisa pioneira na Universidade de Brasília sobre as aproximações entre a proteção de dados pessoais e o direito fundamental à proteção do consumidor no direito brasileiro.

As relações acadêmicas existentes também favoreceram uma nova composição do DPDC. Danilo Doneda, que havia realizado doutorado na Universidade Estadual do Rio de Janeiro com período de estudos em Camerino, na Itália, com apoio da Capes, tinha construído fortes relações com professores de proteção de dados pessoais na Europa. Nessa época na Itália, Doneda havia feito um pedido para pesquisar, por um período de tempo, na *Autorità Garante de Protezione di Dati*, com intermédio de um professor de direito civil de Peruggia. Esse período na *Autorità* garantiu a Doneda aproximações com servidores da autoridade, como Rocco Panetta. Na Itália, Doneda escreveu boa parte de sua tese *Da Privacidade à Proteção de Dados Pessoais*, defendida em 2004.[23] Ao retornar para o Brasil, Doneda aproximou-se de centros de pesquisa como o Centro de Tecnologia e Sociedade (CTS) e de uma comunidade emergente de pesquisa em proteção de dados pessoais, como Leonardo Bessa, que realizou uma tese sobre bancos de dados de consumidores e cadastro positivo, e, posteriormente, Laura Schertel Mendes, que havia iniciado uma investigação de matriz consumerista na UnB.

Uma história particular também ocorreu, fortalecendo essas relações entre especialistas e membros do governo. Leonardo Bessa havia assistido à defesa de doutorado de Danilo Doneda na UERJ. Quando Newton de Lucca organizou trabalhos de uma Comissão de Comércio Eletrônico e colaborou com Rogério Vianna na organização do Seminário de Proteção de Dados Pessoais em 2005, Leonardo Bessa indicou o nome de Danilo Doneda como consultor jurídico e consultor, ora formal, ora informal, do MDIC e do MJ.[24] A partir dessa interação, o nome de Doneda passou a circular com maior frequência no Ministério da Justiça. Esse foi o primeiro movimento de aproximação de Danilo Doneda ao DPDC, durante a gestão de Ricardo Morishita.

Nos anos seguintes, a defesa do consumidor foi fortalecida institucionalmente por diversos processos, o que facilitou a "tomada de bola" do DPDC. No II Pacto Republicano, firmado entre os três poderes em outubro de 2009, a defesa do consumidor foi incluída nos elementos prioritários, acompanhando diagnóstico formulado no VI Congresso do Sistema de Defesa do Consumidor. Posteriormente, o Poder Executivo formulou o Decreto n. 7.738/2012, que criou a Secretaria Nacional do Consumidor e atribuiu a ela a responsabilidade de elaborar e coordenar a Política Nacional de Relações de Consumo. Em 2013, no Dia Mundial do Consumidor, o governo lançou o Plano Nacional de Defesa do Consumidor e Cidadania e afirmou que a defesa do consumidor não era mais política de governo, mas sim "política de Estado" (DEFESA, 2013).

---

23 Entrevista com Danilo Doneda em 03 de fevereiro de 2021.

24 Entrevista com Danilo Doneda em 03 de fevereiro de 2021.

A internalização da agenda da proteção de dados pessoais no DPDC parece não ter ocorrido pelo simples fato de uma institucionalização mais robusta do órgão. Como será visto adiante, ela ocorreu também por uma série de trocas, relações, conexões e uma relevante agenda latino-americana de proteção de dados pessoais, inspirada nos valores e nos conceitos jurídicos consolidados no continente europeu. Não é difícil enxergar uma forte relação de influência da Carta de Direitos Fundamentais da União Europeia, que reconheceu o direito fundamental à proteção de dados pessoais, nas movimentações latino-americanas para que os países da região também reconhecessem tal direito como fundamental. Além da relevância das teorias de direitos fundamentais e intercâmbios intelectuais na área jurídica, existiam conexões entre autoridades de proteção de dados pessoais europeus e latino-americanos, aproximações diplomáticas e uma forte presença de Espanha e Portugal na Rede Ibero-Americana de Proteção de Dados Pessoais. Todos esses elementos ajudam a compreender a força do "modelo europeu" (DONEDA, 2006) no debate brasileiro.

3.3.3. *AS RELAÇÕES ACADÊMICAS LATINO-AMERICANAS, A REDE IBERO-AMERICANA DE PROTEÇÃO DE DADOS PESSOAIS E O MERCOSUL*

Entre 2005 e 2009, Danilo Doneda tornou-se um nome forte dentro da Rede Ibero-Americana de Proteção de Dados Pessoais, fundada em 2003, como especialista na matéria no Brasil. Durante esse período, Doneda editou um blog chamado *Habeas Data Brasil* e o utilizou como um repositório permanente de conjuntura sobre o tema. Doneda também avançou na articulação de um fórum virtual chamado *Foro de Habeas Data*, criado com Pablo Palazzi, da Argentina, Nelson Remolina, da Colômbia, e Renato Jijena Leiva, do Chile. Esse *Foro* reuniu e articulou um conjunto de *blogs* focados em *habeas data* na América Latina, unindo professores latino-americanos dedicados à proteção de dados pessoais, muitos deles próximos da Rede Ibero-Americana.

Em Cartagena de Indias, na Colômbia, foi aprovado, em maio de 2007, o documento *Directrices para la Armonización de la regulación de protección de datos en la Comunidad Iberoamericana*, elaborado no V Encuentro Iberoamericano de Protección de Datos. Em 2008, também em Cartagena de Índias, a Rede Ibero-Americana de Proteção de Dados Pessoais realizou seu 6º encontro anual e publicou o documento *Un compromiso para alcanzar estándares internacionales de proteción de datos y privacidad.* Foi neste encontro que Danilo Doneda conheceu Laura Schertel Mendes,[25] que participou representando o DPDC do Ministério da Justiça.[26]

O documento aprovado pela Rede ressaltou que o tratamento massivo e seletivo de informações pessoais deveria ser legítimo, proporcional e para finalidades justificáveis. O documento apresentou dez recomendações para a região latino-americana e conclamou um "impulso a padrões de proteção de dados pessoais que possam culminar na adoção de um instrumento jurídico comum por parte das organizações internacionais competentes" (REDE IBERO-AMERICANA DE PROTEÇÃO DE DADOS PESSOAIS, 2008, p. 2). Entre os dez princípios, estavam: (i) os dados pessoais devem ser obtidos de forma leal e lícita, com a manutenção do poder de decisão da pessoa sobre a informação que a afeta; (ii) as pessoas devem ser educadas na proteção de dados pessoais e devem ser informadas sobre quem e para que fins seus dados são tratados; (iii) as finalidades do tratamento devem ser específicas e concretas; (iv) o tratamento de dados pessoais deve ser proporcional aos fins que os justificam; (v) os dados pessoais devem ser exatos e verdadeiros; (vi) é preciso identificar categorias de dados que, por sua sensibilidade, exigem uma proteção reforçada; (vii) é preciso garantir a confidencialidade e a segurança da informação pessoal; (viii) as pessoas devem ter a possibilidade de conhecer que informação é tratada, podendo retificá-la, se inexata, obter o seu cancelamento, se desnecessária, e se opor ao tratamento; (ix) as limitações para todas as garantias anteriores devem ser fundadas em razões de interesse público; (x) deve existir uma autoridade que permita que essas garantias sejam efetivas (REDE IBERO-AMERICANA DE PROTEÇÃO DE DADOS PESSOAIS, 2008, p. 2).

Esse encontro, realizado em 2008, sensibilizou o DPDC a trabalhar com uma agenda forte de proteção de dados pessoais. Um primeiro rascunho sobre o Anteprojeto de Lei de Proteção de Dados Pessoais foi, de fato, iniciado durante o encontro de Cartagena em 2008, tendo por base uma consultoria técnica feita ao Ministério de Ciência e Tecnologia, envolvendo parâmetros regulatórios de um projeto de acordo com o Mercosul.[27]

---

25 Entrevista com Danilo Doneda em 03 de fevereiro de 2021.

26 Em abril de 2007, Laura Schertel Mendes foi nomeada coordenadora da Coordenação-Geral de Assuntos Jurídicos do Departamento de Proteção e Defesa do Consumidor da Secretaria de Direito Econômico.

27 Informações providas por Danilo Doneda em 2022.

Nesse mesmo ano, Schertel Mendes defendeu seu mestrado na Universidade de Brasília, com uma dissertação que analisou os problemas da exploração comercial de dados pessoais, o avanço das técnicas de perfilização, a "indústria de bancos de dados" e as vantagens de um regime jurídico pautado em uma lei geral de proteção de dados pessoais (trabalho posteriormente convertido em livro, em 2014). Em sua conclusão, Schertel Mendes apontou:

> Entendemos ser necessário criar no país uma cultura jurídica apta a compreender a proteção dos dados pessoais como um direito fundamental autônomo, que tem origem no direito à privacidade, mas dele se separa, em razão das transformações sociais e tecnológicas. Cumpre também estabelecer no país uma arquitetura regulatória, capaz de fazer emergir o tema da proteção de dados pessoais como um verdadeiro setor de políticas públicas, composto por instrumentos estatutários, sancionatórios, bem como por um órgão administrativo, responsável pela implementação e aplicação da legislação. Isso exige instrumentos legais próprios, órgãos reguladores específicos, uma rede de especialistas e juristas, um robusto grupo de ativistas dispostos a demonstrar todo tipo de abuso e violações, uma crescente comunidade acadêmica especializada no tema, bem como uma rede internacional (SCHERTEL MENDES, 2008, p. 149).

Além dos emergentes trabalhos jurídicos, um movimento importante para o crescimento dos debates acadêmicos sobre vigilância e proteção de dados pessoais foi a organização de um primeiro encontro sobre *Vigilância, Segurança e Controle Social* realizado em março de 2009 na PUC-PR, graças aos esforços de Rodrigo Firmino, Fernanda Bruno, Marta Kanashiro e Nelson Botello. O encontro foi co-organizado pelo Programa de Pós-Graduação em Gestão Urbana (PUC-PR) e pelo Programa de Pós-Graduação em Comunicação e Cultura (UFRJ).

Havia um movimento crescente dentro da academia – seja no direito ou nas ciências sociais, como no núcleo da Rede latino-americana de estudos sobre vigilância, tecnologia e sociedade (Lavits) – que também passou a se posicionar em defesa da necessidade de uma lei geral de proteção de dados pessoais, o que foi, posteriormente, abraçado como agenda política dentro do Ministério da Justiça. Esse movimento acadêmico de crítica à vigilância e ao uso abusivo de dados, ainda que limitado, garantiu uma legitimidade maior para a agenda política da proteção de dados pessoais.

A Rede Ibero-Americana de Proteção de Dados Pessoais também pode ser vista por seu caráter de reforço a uma legitimidade acadêmica e regional. Apesar de não ter influenciado diretamente no Anteprojeto de Lei de

Proteção de Dados Pessoais e de não ter uma conexão forte com os debates do Mercosul, a Rede fortaleceu conexões entre especialistas e serviu de legitimação para a centralidade de uma agenda regional. Isso se combinou a outros processos existentes, não diretamente relacionados com a Rede, como o *Proyecto de acuerdo sobre protección de datos personales y libre circulación de los datos*, que previa uma Comissão de Coordenação de Proteção de Dados Pessoais do Mercosul, além de estabelecer princípios, direitos dos titulares e mecanismos de peticionamento e reclamação perante um órgão de controle local ou uma instância judicial.

Apesar de o acordo sobre proteção de dados pessoais e livre circulação de dados (Mercosur/XII SGT 13/DR n. 04/04) não ter sido concretizado, ele mobilizou o governo brasileiro a debater o assunto. Além do "efeito Mercosul", determinados fatos políticos no contexto nacional também foram centrais para impulsionar uma agenda legislativa capaz de produzir uma Lei Geral de Proteção de Dados Pessoais.

3.3.4. *O CASO PHORM E A ATUAÇÃO ESTRATÉGICA DO DPDC*

O ano de 2010 foi central para a mudança de rumos dentro do governo federal com relação à proteção de dados pessoais. O primeiro movimento significativo dado pelo DPDC na construção de uma agenda de LGPD foi a elaboração de um estudo sobre proteção de dados nas relações de consumo, encomendado por Laura Schertel Mendes e Ricardo Morishita e confiado a Danilo Doneda, após as aproximações feitas em Cartagena, na Colômbia.

O trabalho, publicado pela Escola Nacional de Defesa do Consumidor, sistematizou diversas discussões sobre a centralidade da proteção de dados pessoais como direito fundamental e a necessidade de um sistema jurídico mais avançado que o art. 43 do Código de Defesa do Consumidor e as regras constitucionais de *habeas data*. O documento apontou claramente a necessidade de superação do debate sobre "informações creditícias" e a necessidade de uma norma geral sobre proteção de dados, apta a ter uma maleabilidade suficiente para abordar diversas situações de potencial ofensa aos direitos da personalidade dos cidadãos, diante do avanço tecnológico e de novas técnicas de perfilização (DONEDA, 2010). Esse documento notabilizou-se por ser o primeiro estudo oficial do DPDC sobre proteção de dados pessoais e uma porta de entrada para o projeto político de um Anteprojeto de Lei de Proteção de Dados Pessoais, anunciado em novembro de 2010.

O DPDC estreitou os laços com a Rede Ibero-Americana de Proteção de Dados Pessoais e passou a acompanhar encontros anuais e eventos como a 31ª Conferência Internacional de Autoridades de Proteção de Dados. Além disso, construiu apoio político para o tema da proteção de dados pessoais perante o SNDC e entidades civis especializadas, como o Brasilcon e o Idec. Laura Schertel Mendes passou a ser Coordenadora de Supervisão e Controle do DPDC, vocalizando o tema em eventos públicos e críticas, feitas pelo DPDC, ao projeto de Cadastro Positivo.

O segundo passo significativo foi o avanço de investigações em casos de grande notoriedade sobre privacidade e Internet na estrutura do DPDC. O mais importante desses casos, no período de 2010, envolveu a empresa estadunidense Phorm, que já havia sido alvo de amplos protestos no Reino Unido desde 2008, em razão de seu modelo de negócios de publicidade direcionada, a partir da inclusão de rastreadores em navegadores de sítios eletrônicos (WATERS, 2009).

O modelo de negócios da empresa Phorm gerou críticas, debates no parlamento inglês e até uma carta aberta de Tim Berners Lee, fundador da Web, em 2009. A Phorm criou um modelo de negócios a partir do qual poderia, por meio de *deep packet inspection* (DPI), analisar não somente as informações de roteamento do protocolo TCP/IP, mas realizar uma inferência baseada no conteúdo da URL, criando inferências e rotulagens a partir das preferências das pessoas por certos tipos de sítios eletrônicos (encontros românticos, política, esportes, etc.). A empresa, fundada como 121Media nos EUA, desenvolveu uma espécie de solução *spyware* para a publicidade, determinando hábitos de navegação de um usuário na Internet para exibição de publicidade dirigida. Diante dos protestos massivos no Reino Unido, a *British Telecom* anunciou que não trabalharia em parceria com a Phorm, dado o grau de ilicitude de sua operação.

Em março de 2010, o repórter Christopher Williams do *The Register* anunciou que a empresa Phorm tinha planos de entrada no Brasil, a partir de negociações feitas com as empresas Oi, Estadão, iG, Terra e UOL, mirando nos mais de 67 milhões de usuários de Internet no país. O objetivo da empresa era desenvolver soluções de perfilização a partir da interceptação do tráfego de dados e da análise das buscas feitas em sítios eletrônicos, permitindo a construção de perfis para publicidades direcionadas (WILLIAMS, 2010). A notícia repercutiu no Brasil. Aos poucos, o assunto ganhou repercussão na mídia, chamando a atenção do experiente jornalista Elio Gaspari. Em texto de 31 de março de 2010,

Gaspari criticou a parceria do grupo UOL e da Folha de São Paulo com a Phorm. Ao analisar o modo como o *software* Navegador funcionava para clientes Oi, Gaspari teceu críticas duríssimas sobre violações de direitos:

> No Google, o sujeito entra se quiser, quando quiser, para usar ferramentas que lhe são oferecidas de graça. Velox e Oi são fornecedoras de um serviço remunerado e vendem o acesso à banda larga a 4,5 milhões de clientes. A Oi trapaceia na maneira como oferece o "Navegador". O sujeito liga a máquina, aciona o Velox e vê uma tela que lhe apresenta a "facilidade" (em relação a quê?). A lisura recomendaria que a empresa mencionasse, de saída, a função rastreadora do "Navegador". Até aí, manipulam a comunicação. No lance seguinte, recorrem a uma pegadinha para capturar clientes. Quando a tela do "Navegador" aparece, o mimo é oferecido com o aviso de que ele "já está ativo". A tela do "Navegador" permite que o consumidor desative a ferramenta, mas não é assim que se faz. Uma pessoa não pode ser obrigada a desativar algo que não solicitou. Pouco custaria à Oi informar, com clareza que o "Navegador" rastreará o freguês, garantido-lhe a privacidade (GASPARI, 2010).

O caso ganhou repercussão e ficou no radar do DPDC. Em 03 junho de 2010, Bruno Ferrari e Camila Guimarães escreveram a matéria *Um espião em seu computador* para a revista Época Negócios, detalhando os planos de operação da empresa no Brasil, as parcerias com a empresa de telecomunicações Oi e o grupo UOL e os limites éticos e jurídicos desse tipo de solução tecnológica. Além de afirmar que a Phorm "rastreia tudo que você faz", a matéria criticou a necessidade de coletar tais dados e gerar esse tipo de receita, considerando que o acesso à Internet já seria precificado e pago pelo próprio usuário (FERRARI; GUIMARÃES, 2010).

A repercussão foi grande. Em 23 de junho de 2010, o DPDC instaurou processo administrativo contra a TNL PCS S.A. (Grupo Oi) por suspeita de violação dos direitos do consumidor, em particular dos direitos fundamentais à privacidade e à intimidade, em razão dos riscos trazidos pela adoção da tecnologia da Phorm na rede da Oi. Ao passo que o contrato entre Phorm e Telefônica foi aprovado pelo Cade – sob o argumento estritamente concorrencial, de que a transação promoveria apenas uma integração vertical entre o site da Terra e os serviços de publicidade on-line da Phorm –, o DPDC tomou o caso como um dos principais da agenda de proteção de dados pessoais e direitos dos consumidores. Em outubro de 2010, o DPDC prestou esclarecimentos sobre o caso em audiência pública da Comissão de Constituição, Justiça e Cidadania (CCJ) do Senado Federal, dada a repercussão do caso. Na ocasião, Laura Schertel Mendes criticou a inexistência de transparência, boa-fé e consentimento informado para tratamento dos dados (SCHERTEL MENDES, 2010).

O caso Phorm pode também ter auxiliado na construção de um "momento político" adequado para o DPDC tornar-se protagonista em um Anteprojeto de Lei de Proteção de Dados Pessoais, apoiado pelo Ministério da Justiça no segundo semestre de 2010. A atuação do DPDC conferiu legitimidade ao órgão para a condução dos debates sobre proteção de dados pessoais. Ao mesmo tempo, as polêmicas mundiais em torno do caso evidenciaram a insuficiência de normas jurídicas aptas a lidar com ilícitos de dados e proteção dos direitos fundamentais dos cidadãos com relação à coleta e uso abusivo de dados pessoais no Brasil. O caso Phorm pode ser visto como marcador importante na trajetória.

Em 23 de julho de 2014, o Departamento de Proteção e Defesa do Consumidor multou a Oi em R$ 3,5 milhões por monitorar dados de navegação de usuários e revendê-los a anunciantes. O processo administrativo identificou violação ao direito à informação, à proteção contra publicidade enganosa e direito à privacidade. O caso Phorm pode ser considerado o primeiro processo administrativo sobre profiling, considerando que a Phorm mapeava tráfegos de dados do consumidor para compor perfis de navegação, estruturando um mercado para anunciantes e agências de publicidade. A Oi alegou que interrompeu o uso do Phorm em março de 2013.

3.3.5. *A PARCERIA ENTRE DPDC/MJ, FGV E CGI E A CONSULTA PÚBLICA DO APL*

Um segundo indicativo do momento político protagonizado pelo DPDC foi o seminário internacional, realizado entre 11 e 12 de agosto de 2010, intitulado *Desafios e Perspectivas para a Proteção de Dados Pessoais no Brasil*, realizado pelo DPDC com apoio do Ministério da Ciência e Tecnologia, do Ministério do Desenvolvimento, Indústria e Comércio Exterior e da Agência Brasileira de Desenvolvimento Industrial (ADBI), a partir de um apoio institucional da UNESCO. O responsável técnico por esse Seminário foi Danilo Doneda, que possuía uma vinculação como consultor da UNESCO. Somente em 2012 Danilo Doneda ingressou no DPDC, após a saída da Laura Schertel Mendes para seu doutorado na Alemanha.

Ancorado nas relações e articulações construídas pelo DPDC na Rede Ibero-Americana de Proteção de Dados Pessoais, o evento contou com a participação de Juan Antonio Traviesso (Argentina), Luís Lingnau da Silveira (Portugal) e Felipe Rotondo (Uruguai). O evento reforçou a mensagem de um atraso regulatório brasileiro, em comparação com os vizinhos latino-americanos, e da importância comercial da proteção de dados pessoais para uma perspectiva de integração regional e obtenção de adequação perante a União Europeia.

Esse evento pode ser visto como uma transição simbólica e definitivaa entre a jurisdição do Ministério do Desenvolvimento, Indústria e Comércio Exterior para o Ministério da Justiça. Valendo-se da experiência da Secretaria de Assuntos Legislativos de processos consultivos colaborativos, como tinha ocorrido no Marco Civil da Internet, o Ministério da Justiça propôs uma parceria com o Observatório Brasileiro de Políticas Digitais para a estruturação de um primeiro debate público e participativo sobre o Anteprojeto de Lei de Proteção de Dados Pessoais.

O Observatório Brasileiro de Políticas Digitais foi criado por uma parceria entre o Centro de Tecnologia e Sociedade da Escola de Direito da Fundação Getúlio Vargas no Rio de Janeiro (CTS/FGV) e o Comitê Gestor da Internet no Brasil (CGI.br). Seu objetivo era "analisar de forma permanente e institucional as principais iniciativas de regulamentação da internet e políticas públicas voltas à rede" e realizar "a análise de políticas no plano internacional que possuam impacto direto sobre as decisões regulatórias brasileiras". (CGI.BR; NIC.BR, 2012) Apresentando-se como *think tank*, o Observatório foi responsável por organizar o blog de debates públicos *http://culturadigital.br/dadospessoais/*, lançado em 30 de novembro de 2010, em evento no Ministério da Justiça. Participaram o então Secretário de Direito Econômico, Diego Faleck, o secretário de Assuntos Legislativos, Felipe de Paula, a diretora do DPDC, Juliana Pereira, a coordenadora do DPDC, Laura Schertel, e o coordenador do Observatório Brasileiro de Políticas Digitais, Danilo Doneda.

O objetivo do blog era "consultar a sociedade civil sobre os termos do projeto que propõe um marco regulatório sobre a utilização de dados pessoais do cidadão brasileiro", tornando pública uma primeira versão do que viria a se tornar a LGPD. O fato de o Anteprojeto ter sido formulado no DPDC por lideranças do debate de proteção de dados pessoais com bastante afeição pela tradição brasileira de direito do consumidor produziu um texto aberto à coletivização de dados pessoais e à ampliação do acesso à justiça por meio da tutela coletiva. O texto também surgiu em sintonia com as recomendações feitas no Mercosul sobre uma possível integração regional fundada em princípios de proteção de dados pessoais que buscavam combinar estímulo ao fluxo de dados com uma forte linguagem garantista, centrada nos tradicionais princípios de usos justos da informação (os FIPPs, influentes nos princípios da OCDE).

Em concordância com Lemos (2014), Brito Cruz (2015), Solagna (2015) e Abramovay (2017), notou-se nesse processo uma espécie de estratégia de experimentação democrática, que foi uma das marcas do Ministério da Justiça durante os governos Lula. Trata-se de um processo significativo para a experiência democrática brasileira. Rompendo com a lógica das negociações secretas em comércio exterior, das opacidades dos Grupos Técnicos do Mercosul, e da estratégia *low profile* seguida pelo MDIC, a mobilização do debate para o DPDC permitiu tanto uma mudança substancial do texto original – mais garantista e mais centrado em uma linguagem de proteção de direitos fundamentais dos cidadãos – como uma mudança procedimental. A proteção de dados pessoais passou a ser "objeto de regulação" (KELLER, 2019) por um método distinto e mais democrático, mesmo que as evidências empíricas demonstrassem uma baixa participação quantitativa e um domínio argumentativo de poucas associações e instituições já minimamente inseridas nesse debate.

O lançamento da consulta pública do Anteprojeto pode ser visto, em retrospectiva, como um anúncio público de uma agenda participativa, já ancorada em uma tradição consumerista, especialmente pela presença permanente do DPDC em todas as ações relacionadas à formulação de um texto base. Nesse sentido, de partida, o tensionamento entre dimensões individuais e coletivas da proteção de dados pessoais foi deslocado para um modelo muito mais centrado em valores sociais de regulação, afastando-se uma estratégia puramente centrada em autorregulação ou em estímulos de tecnologias de *notice and choice*, tal como defendido pela *Federal Trade Commission* no final da década de 1990. O movimento foi de aproximação com a experiência europeia e latino-americana de regulação, muito mais centrada em direitos fundamentais, na centralidade do consentimento livre e informado, na estratégia regulatória de modulação das possibilidades de usos dos dados pessoais a partir dos princípios de finalidade e de necessidade – que funcionam como técnicas de regulação *ex ante* – e na afirmação de um conjunto de direitos individuais e coletivos, incluindo a possibilidade de defesa metaindividual desses direitos.

3.4. CONCLUSÃO DO CAPÍTULO

Durante as décadas de 1990 e 2000, o Brasil ampliou as estratégias de expansão do "Estado regulador" com enfoque em proteção dos consumidores, formulação de agências reguladoras e legislações setoriais econômicas. A proteção de dados pessoais não alçou a posição de "objeto de regulação", nos termos de Clara Keller, porém iniciaram as discussões embrionárias sobre que tipo de legislação seria adequado para atingir objetivos geopolíticos de integração regional econômica e fluxos internacionais de dados pessoais, em um cenário de expansão da Internet comercial e progressiva transformação digital da sociedade.

O capítulo aprofundou diagnósticos formulados por Doneda (2021) e Bioni e Rielli (2022) sobre a transição de uma agenda pautada pelos interesses brasileiros de atuação no Mercosul para uma discussão centrada em direitos, assumida pelo Departamento de Proteção e Defesa do Consumidor do Ministério da Justiça. Como argumentado aqui, um fator importante – e ainda pouco estudado pela literatura – é a reorganização do SNDC e a trajetória institucional de construção de uma estratégia de *advocacy* formulada pelo DPDC durante o governo Lula.

Ao deixar de ser visto como uma espécie de "Procon federal", posicionando-se muito mais como formulador de políticas públicas para todo o sistema de defesa dos consumidores e como articulador de uma agenda regional de proteção de direitos – com forte protagonismo latino-americano –, o DPDC criou as próprias condições de apropriação da agenda de proteção de dados pessoais, em uma transição que ocorreu, em linhas gerais, do MDIC para o MJ.

Essa trajetória institucional criou condições de aproximação do DPDC com a recém-formada Rede Ibero-Americana de Proteção de Dados Pessoais e mobilizou parte de seu *staff* para uma atuação focada em proteção de dados pessoais. Valendo-se de um conjunto de conexões com consultores de outras áreas do governo, acadêmicos e membros especializados de organizações civis – o que poderia ser descrito como uma pequena "comunidade de *policy*" em proteção de dados pessoais, valendo-se da terminologia empregada por Colin Bennett (1992) –, foram criadas condições para que um Anteprojeto de Lei de Proteção de Dados Pessoais assumisse uma perspectiva garantista, centrada em direitos e em diálogos significativos com a tradição consumerista e de estudos críticos de direito civil.

Esse movimento institucional permitiu uma formulação jurídica brasileira, que não é simplesmente uma adaptação dos princípios da OCDE sobre limitação da coleta de dados; qualidade dos dados; especificação de finalidade; limitação de uso; salvaguardas de segurança, abertura e livre acesso; participação individual e *accountability* (ROTENBERG, 2001, p. 16-17). Tampouco é uma imitação da legislação argentina ou dos padrões propostos pelo Mercosul. O Anteprojeto combinou uma linguagem de direitos individuais com uma concepção regulatória intervencionista – chamada por Keller (2019) de tradição de "comando e controle", pouco afeita à corregulação – e porosa à gramática dos direitos difusos e aos mecanismos de tutela coletiva.

Se é que existe uma "brasilidade" na formação da Lei Geral de Proteção de Dados Pessoais no Brasil, ela pode ser resumida em três elementos notáveis. Primeiro, um forte caldo de cultura consumerista, internalizado pelo DPDC no Ministério da Justiça e pela herança da abordagem inaugurada pelo Código de Defesa do Consumidor. Segundo, um interesse de adaptar e aproveitar diferentes experiências legislativas em proteção de dados pessoais, sejam elas europeias ou latino-americanas, formatando-as à cultura jurídica local, como nas provisões sobre boa-fé e acesso à justiça. Terceiro, um interesse pragmático em conciliar um regime jurídico de proteção de direitos fundamentais com uma agenda comercial de fluxo de dados e comércio eletrônico de uma perspectiva regional. Essa origem facilitou uma construção jurídica afeita às dimensões coletivas, porém sem uma transgressão das normas típicas de proteção de dados pessoais e de sua linguagem orientada aos direitos individuais e segurança jurídica.

CAPÍTULO 4. **A PROTEÇÃO COLETIVA DE DADOS PESSOAIS EM DISPUTA NO DESENHO DA LGPD**

Dados pessoais têm dimensão coletiva?

Por trás dessa pergunta simples, há um grande debate teórico sobre as limitações de uma abordagem jurídica centrada em proteção de "dados identificados" ou "identificáveis" e a habilitação de direitos individuais relacionados ao controle do fluxo desses dados (WATCHER; MITTELSTADT, 2019). Se o capitalismo de dados se move a partir de análises inferenciais de informações extraídas de metadados e padrões de comportamentos em grupo – não mais a partir de dados cadastrais providos pelos cidadãos e relacionados a um sujeito específico, mas sim dados que são tomados dos dispositivos e produzidos por sofisticados processos de descobertas de informações em bases de dados, correlações estatísticas e técnicas de perfilização em grupo (HILDE-BRANDT; KOOPS, 2010) –, que soluções jurídicas e institucionais seriam adequadas para uma proteção coletiva de direitos? Como combinar as gramáticas liberais com noções relacionais dos dados e fomentar proteções coletivas e comunitárias?

Esse tema jurídico e filosófico, bastante complexo, traduz-se na legislação brasileira e na articulação dos atores políticos no período de formulação da Lei Geral de Proteção de Dados Pessoais. Apesar de uma construção ainda tímida sobre o potencial coletivo dos Relatórios de Impacto à Proteção de Dados Pessoais e dos instrumentos de deliberação coletiva sobre a licitude de tratamento de dados que afetam coletividades e interesses difusos (MANTELERO, 2016), o debate brasileiro foi caracterizado por alguns embates que evidenciam o tensionamento entre concepções individuais tradicionais e uma concepção coletiva, que dá ênfase não ao tratamento do dado pessoal em si, mas às consequências dos usos de dados, ao tipo de conhecimento produzido pela combinação de dados e técnicas de aprendizado em máquinas que operam com perfis e aos possíveis ilícitos diante de inferências analíticas abusivas, derivadas de perfis.

Como será argumentado a seguir, a proteção coletiva dos dados pessoais, no processo de construção da LGPD, pode ser vista por um vetor de incidência no processo legislativo, no qual esse tensionamento fica mais evidente. Enquanto diversos atores empresariais se articularam para uma legislação restritiva, centrada na afirmação de direitos diante do tratamento de dados pessoais identificados e identificáveis que pudessem causar

A proteção coletiva dos dados pessoais no Brasil **207**

algum tipo de violação de privacidade individual, acadêmicos, membros do governo e atores da sociedade civil buscaram superar uma concepção atomística e centrada na ideia de privacidade individual.

Além de mobilizarem um forte discurso de tutela coletiva na dimensão processual de acesso à justiça – algo também conquistado no processo de construção do Marco Civil da Internet –, tais atores conseguiram vitórias significativas no plano material da legislação, em especial pela concepção abrangente do conceito jurídico de "dados pessoais" e pela aplicabilidade de direitos individuais e coletivos com relação a ilícitos e abusividades cometidas em processos de perfilização em grupo e análise automatizada de dados (HILDEBRANT, 2008; COHEN, 2013; WATCHER; MITTELSTADT, 2019).

Este capítulo não fará uma reconstrução política da formulação da LGPD e não apresentará um mapeamento completo de todos os pontos de dissenso sobre a legislação, como regime jurídico de responsabilidade civil, definição das bases legais para tratamento de dados pessoais, definição das obrigações para relatório de impacto à proteção de dados pessoais, mecanismos de sanção por violação à legislação ou regras para transferência internacional de dados pessoais. Diante da multiplicidade de dissensos e pontos de discussão ao longo de 8 anos, o tensionamento entre dimensões individuais e coletivas será analisado por dois momentos específicos. Em primeiro lugar, pela tentativa de modificação da legislação em 2015, no momento de apresentação de uma segunda versão do Anteprojeto de Lei de Proteção de Dados Pessoais. Em segundo, pelo período inicial de discussão da Comissão Especial de Tratamento e Proteção de Dados Pessoais, quando o setor privado se articulou em defesa de um "Manifesto" pela proteção de dados pessoais e investimentos econômicos.

Esses dois momentos foram selecionados, pois eles são representativos de um debate teórico de fundo, que está no coração desta tese. As ideias de que inexistem danos no livre fluxo de dados anonimizados e de que não há violações aos "direitos individuais de privacidade" no tratamento de dados agregados ou de dados relacionados à construção de perfis comportamentais a partir de vastas quantidades de dados tidos como "insignificantes" (metadados de dispositivos e aplicações de Internet, informações de geolocalização, informações de mobilidade e *bluetooth beacons,* rastreadores de navegação, informações de velocímetros e informações físicas de nanodispositivos) são representativas de um certo tipo de narrativa que tenta minimizar a aplicabilidade dos direitos fundamentais de proteção de dados pessoais e sua natureza multidimensional em uma dimensão coletiva. Nesse sentido, diz Marion Albers:

> A proteção de dados tem a ver com proteção contra criação de perfis de personalidade, a proteção da reputação de uma pessoa, a proteção contra estigmatização e discriminação, a proteção de expectativas normativamente justificadas de privacidade, a proteção contra roubo da identidade, a proteção contra vigilância e a proteção da integridade contextual. Esses exemplos ilustram que a proteção de dados não compreende um bem juridicamente tutelado que seja uniforme. Há, pelo contrário, interesses complexos e múltiplos que devem ser protegidos (ALBERS, 2016, p. 37).

Em 2016, Marion Albers sustentou, em tom profundamente crítico ao paradigma liberal clássico dos direitos fundamentais e à visão estreita de autodeterminação informacional como sinônimo de controle individual sobre os dados, que "os padrões de pensamento e descrição usados na legislação sobre a proteção de dados precisam ser refletidos criticamente e reconceitualizados" (ALBERS, 2016, p. 29). Para Albers, o enfoque deveria estar orientado ao conhecimento produzido contextualmente no tratamento de dados (e não nos *dados em si*) e em uma reorientação das concepções sobre direitos fundamentais, muito mais atreladas aos "direitos de tomar conhecimento e obter informações, com direitos de participar e influenciar decisões, com direitos de ser protegido pelo Estado ou com garantias institucionais" (ALBERS, 2016, p. 36). Seria precário insistir em autodeterminação, liberdade de decisão e propriedade. O que está em jogo, segundo Albers, é um plexo de fenômenos sobre a *sociabilidade dos indivíduos* e as proteções voltadas, por exemplo, à contenção de abusividade, estigmatização e discriminação.

Em 2019, Sandra Watcher e Brent Mittelstadt argumentaram que a cultura dominante sobre proteção de dados pessoais, tanto em leis como nas Cortes, está profundamente despreparada para lidar com processos de discriminação algorítmica e novos riscos de análises inferenciais, em especial inferências e previsões não intuitivas e inverificáveis sobre comportamentos e preferências por métodos de inteligência artificial e *Big Data* (WATCHER; MITTELSTADT, 2019). Parte desse despreparo está em uma dificuldade de compreensão de como perfilizações ocorrem por meio de "inferências sensíveis", inferências que não são baseadas em dados pessoais tradicionais (*e.g.* nome, endereço, identificador pessoal informado em um cadastro típico), mas em dados não pessoais, anonimizados, relacionados a comportamentos observáveis por correlações e métodos estatísticos (WATCHER; MITTELSTADT, 2019, p. 570-575).

Analisando as limitações das leis de proteção de dados pessoais, a filósofa francesa Antoinette Rouvroy sustentou que o problema da "governamentalidade algorítmica" do tempo presente é que essa modalidade de governo social com base no tratamento algorítmico de grandes volumes de dados não está interessado no *indivíduo*, mas nas "intersecções estatísticas de descobertas de atributos infrapessoais que transpiram da existência diária, e padrões de comportamentos supraindividuais, impessoais, mas preditivos" (ROUVROY, 2020, p. 26). Como teorizado por outra filósofa, Mireille Hildebrandt, o desafio da mobilização dessa herança da proteção de dados pessoais estaria no deslocamento para os limites éticos de como somos computados em atributos relacionais supraindividuais por técnicas de perfilização automatizada, nas quais máquinas são pré-programadas para recuperar correlações inesperadas em massas de dados agregados em grandes bancos de dados (HILDEBRANDT, 2008, p. 60-61).

Essa crítica não reside somente no pensamento europeu. Na aguda observação de Neil Richards e Woodrow Hartzog – professores na Washington University in St. Louis e na Northeastern University, respectivamente –, é preciso elaborar uma forma diferente de ver a proteção de dados pessoais hoje. Ela tem menos a ver com os dados em si e mais a ver com as pessoas, seus relacionamentos e a eticidade do conhecimento produzido por inferências. É sobre as relações sociais que estruturam processos de exposição, classificação e catalogação (RICHARDS; HARTZOG, 2020).

Nessa "guinada relacional", a proteção de dados preocupa-se com o que as partes poderosas devem às partes vulneráveis, assumindo explicitamente as relações de assimetria e poderes: "não apenas com suas informações pessoais, mas com as coisas que veem, as coisas em que podem clicar, as decisões que são tomadas a respeito delas" (RICHARDS; HARTZOG, 2020, p. 2). É menos sobre a *natureza dos dados*, ou se eles levam a uma identificação de uma pessoal natural por si só, e mais sobre a *natureza do poder* a partir do conhecimento construído a partir dos dados e conjuntos de características acerca de classes de pessoas, muitas vezes construídas artificialmente.

Como será argumentado, o ativismo digital que tem se constituído desde o Marco Civil da Internet no Brasil tem tentado analisar essa questão, mesmo que sem uma articulação teórica explícita. Antes de aprofundar esse elemento teórico, em conjunção com uma análise sobre o processo de incidência legislativa na LGPD, este capítulo analisará o processo de influência do Marco Civil da Internet na LGPD, em especial seu impulso a um ativismo mais qualificado, que passou a orbitar em torno da Coalizão Direitos na Rede.

4.1. ATIVISMO DIGITAL E A INFLUÊNCIA DO MARCO CIVIL DA INTERNET NA PROTEÇÃO DE DADOS PESSOAIS

O ano de 2010 foi chave para a definição da agenda normativa para questões de Internet e dados pessoais no Brasil, em especial pela relação de influência entre o processo de elaboração do Marco Civil da Internet e a construção de um debate sobre um "Marco Normativo de Privacidade e Proteção de Dados Pessoais" (DONEDA, 2010), que se tornou o embrião de uma Lei Geral de Proteção de Dados Pessoais no Brasil.

A eleição da primeira mulher como Presidenta da história do país garantiu continuidade de poder ao Partido dos Trabalhadores e às equipes de gestores da Secretaria de Assuntos Legislativos do Ministério da Justiça (SAL/MJ). A SAL/MJ tinha como grande projeto a elaboração colaborativa do Marco Civil da Internet, que havia passado por uma primeira consulta pública em 2009 com 800 contribuições e uma segunda consulta pública on-line, realizada entre abril e maio de 2010, com 1.168 contribuições (CRUZ, 2015). Havia um estilo particular de pensamento dentro da SAL/MJ, centrado nas possibilidades de discussão democrática por meio da Internet, produzindo inteligência coletiva a partir das redes (ABRAMOVAY, 2014).

Apesar das múltiplas perspectivas e conflitos em torno da elaboração de uma legislação para a Internet no Brasil, havia um grande eixo mobilizador do ativismo digital, em suas variadas formas políticas e organizacionais – incluindo coletivos não institucionalizados, associações sem fins lucrativos e organizações comerciais –, e da estratégia de lideranças da SAL/MJ: a aprovação de uma legislação de natureza civil, centrada em direitos e garantias fundamentais no uso da Internet, antes de qualquer legislação de natureza penal, influenciada pela Convenção de Budapeste e pelos esforços de combate aos cibercrimes defendidos pela Polícia Federal, por promotores e diretores de grandes bancos e entidades do sistema financeiro (CRUZ, 2015; SOLAGNA, 2015). Como argumentado por Francisco Brito Cruz, nos bastidores, a moeda de troca para a não aprovação do PL de Cibercrimes de 1999 foi a apresentação de um novo pacote de cibercrimes (o PL 2.793/2011 e a "versão desidratada" do PL 84/1999), aprovado em 2012 (CRUZ, 2015, p. 44). Essa moeda de troca, por sua vez, habilitou a defesa do Marco Civil da Internet. Como será argumentado, o trabalho de formulação da LGPD foi influenciado, também, pelo histórico de construção do Marco Civil da Internet. ·

4.1.1. A INFLUÊNCIA DO MARCO CIVIL DA INTERNET POR UMA PERSPECTIVA PROCEDIMENTAL

Em 2010, o Brasil havia experimentado um movimento inovador de se pensar a política por meio da Internet, estimulando novas formas de participação pelas tecnologias disponíveis à época, em especial a cultura Web 2.0 de "blogagem" e autocomunicação distribuída em rede. Como documentado nas dissertações de Paulo Será Santarem (2010) e Fabrício Solanga (2015) e na tese de doutorado de Pedro Abramovay, entre 2006 e 2010, o ativismo digital havia conseguido emplacar uma mudança de narrativa sobre o Projeto de Lei de Cibercrimes (apelidado de "AI-5 digital" por Sérgio Amadeu); criado técnicas de peticionamento digital e mobilizações entre ativistas profissionalizados (integrantes de entidades civis sem fins lucrativos) e amplas comunidades on-line de fãs; mobilizado o ministro Tarso Genro e o presidente Lula em eventos como Fórum Brasileiro de Software Livre (FISL) – a partir da forte articulação de Marcelo Branco, liderança do movimento de *software* livre no Rio Grande do Sul (SOLAGNA, 2020) – e apresentado um discurso sobre uma alternativa de política, que foi encampado pelo Ministério da Justiça como oportunidade para um "sistema deliberativo" que pudesse construir consenso de forma transparente (ABRAMOVAY, 2017, p. 50-67).

A experiência do Marco Civil da Internet exerceu uma dupla influência. Primeiro, com relação do método. Conforme depoimento de Pedro Abramovay, a SAL/MJ desejava produzir novos métodos de debates públicos "no qual cada pessoa pudesse ver o argumento do outro" (ABRAMOVAY, 2014). O envolvimento de Ronaldo Lemos e do CTS/FGV no processo de construção da rede social Cultura Digital – hospedada pelo Ministério da Cultura e apoio técnico da Rede Nacional de Pesquisa (RNP) – se deu no contexto de indução de um amplo debate colaborativo, de natureza transparente, observável e com mensuração quantitativa (quantas pessoas se manifestaram?) e qualitativa (que contribuição elas trouxeram ao debate?). Em entrevista para Fabrício Solagna, Guilherme Almeida, que dirigiu a SAL/MJ, explicou que a FGV garantia uma respeitabilidade acadêmica e uma imagem de ponderação importante nesse processo. A última palavra, no entanto, cabia ao Ministério da Justiça (SOLAGNA, 2015).

Como notado por Fabro Steibel, a decisão governamental de realizar uma consulta *por meio da Internet* envolvia o deslocamento do *locus* do debate dos espaços físicos localizados em Brasília para uma URL pública e aberta, "capaz de hospedar um debate político on-line" (STEIBEL, 2012, p. 39), gerando uma "inteligência coletiva emergente" (STEIBEL, 2012, p. 41), apesar das limitações de inclusão desse tipo de iniciativa on-line, que pressupõe conectividade à internet, tempo disponível, capacitação jurídica e interesse político no assunto.

Após a finalização do processo de consulta pública do Marco Civil em 2010, abriu-se a oportunidade de utilização do mesmo ferramental para discussão de uma Lei Geral de Proteção de Dados Pessoais. Nesse sentido, o método de participação política do MCI (CRUZ, 2015; ABRA-MOVAY, 2017) criou uma trajetória institucional e de aparato sociotécnico que foi aproveitada para o debate de uma futura LGPD. A partir de um trabalho de um pequeno grupo – envolvendo Danilo Doneda, Yasodara Córdova, Guilherme Alberto Almeida de Almeida, Paulo René da Silva Santarém, Ricardo Poppi e Thais de Faria –, experimentou-se um processo de estímulo ao debate público pelo formato do blog Cultura Digital, combinado com o uso da plataforma de *microblogging* Twitter para a divulgação da consulta lançada em 2010 para debater uma primeira versão do APL de proteção de dados pessoais. A apresentação das Diretrizes e Termos de Uso do sítio *culturadigital.br/dadospessoais* dizia que o debate não era um processo de votação e não buscava gerar dados quantitativos ou plebiscitários, mas "incentivar a colocação de argumentos que possam servir de subsídios para a conclusão da elaboração do projeto de lei", levando-se em conta o "caráter democrático do processo". A ideia de utilizar os *inputs* das contribuições na plataforma Cultura Digital e também mapear os comentários feitos no Twitter ou no Facebook alinhava-se a um diagnóstico de "democracia expandida" e de "mapear a assimilar as contribuições feitas espontaneamente [...] no habitat natural da internet" (LEMOS, 2014, p. 6).

Além disso, como observou Fabrício Solagna (2015), a experiência de consulta pública inovadora do Ministério da Justiça mobilizou um *ethos* participativo do ativismo da sociedade civil, que teve um papel crucial no processo de aprovação do Marco Civil da Internet, especialmente após os fortes embates com o setor de telecomunicações, em razão das propostas normativas sobre neutralidade de rede. Por meio de entrevistas, Solanga (2015) reconstruiu essa trajetória e o modo como o impulso inicial do "Mega Não" (movimento em rede iniciado por blogs contra o Projeto de Lei de Cibercrimes) e das redes de ativismo deu origem a uma movimentação articulada, especialmente após junho de 2013, entre Intervozes, Fora do Eixo, Vida Sem Catraca, Fundação Perseu Abramo, Barão de Itararé, Coletivo Digital, Fórum Nacional de Democratização das Comunicações (FNDC), Associação Software Livre, Idec, Instituto Bem Estar Brasil, Proteste e Partido Pirata. Muitas dessas organizações compuseram o coletivo "Marco Civil Já!" em 2013.

Analisando pelo prisma sociológico e pela instituição de práticas de ativismo na sociedade civil, o Marco Civil da Internet gerou um legado relevante para a proteção de dados pessoais. A defesa do MCI aproximou ONGs, mobilizou doadores e filantropias (como Fundação Ford, Open Society Foundations, Luminate e outros) e viabilizou um trabalho profissionalizado de *advocacy* que permitiu o surgimento da Coalizão Direitos na Rede em 2016, uma rede de entidades civis que teve papel de destaque na mobilização social em defesa da LGPD (SOLAGNA, 2020; BIONI; RIELLI, 2022). É certo que essas redes se intensificaram em 2016 em torno da temática da proteção de dados pessoais, porém parece correto afirmar que o processo de estímulo à participação civil no Marco Civil da Internet influenciou a formulação da LGPD.

Em 2010, antes do surgimento da Coalizão Direitos na Rede e ainda sob forte influência dos eventos relevantes daquele período (o surgimento do *Wikileaks* por Julian Assange, as lutas contra novas leis de *copyrights* e a defesa dos direitos de livre utilização da Internet), algumas ONGs já estavam acompanhando de perto o processo de discussão de um APL de proteção de dados pessoais.

Analisando documentos daquele período, nota-se que a abertura da consulta pública sobre proteção de dados pessoais em 2010 foi celebrada pela sociedade civil organizada como um marco importante do processo democrático, tanto do lado empresarial quanto do lado de defesa dos direitos coletivos. A Câmara Brasileira de Comércio Eletrônico manifestou-se positivamente sobre a consulta. Felipe Palhares, então coordenador do Comitê Jurídico da Câmara, disse que o modo de debate público conduzido pelo Ministério da Justiça seria o "formato mais democrático" (SANTOS, 2011). O Instituto Brasileiro de Defesa do Consumidor (Idec) também elogiou a proposta. Em matéria da Revista do Idec intitulada *Sorria, você está sendo monitorado*, o Idec explicou a trajetória de formulação do texto de discussão, a importância do assunto dentro do DPDC desde 2005 e o modo como a legislação poderia oferecer respostas a questões problemáticas, como o caso Phorm, que permitiria a intercepção de "toda a navegação do usuário" (IDEC, 2010, p. 22).

4.1.2. A INFLUÊNCIA DO MARCO CIVIL DA INTERNET POR UM VIÉS MATERIAL

O Marco Civil da Internet (MCI) e a LGPD diferem substancialmente em termos de técnicas, objetivos e conteúdo. O MCI é intencionalmente principiológico e foi pensado como uma experiência inovadora de agregação de temas diversos, como neutralidade de rede, liberdade de expressão, responsabilidade civil dos intermediários, controle parental na Internet e mecanismos democráticos de governança e expansão das redes. O MCI aproveitou experiências regulatórias estrangeiras formuladas desde 1998, como sustentou Ronaldo Lemos (2014), porém ele foi construído sem experiência equivalente internacional. Já o Anteprojeto de Lei de Proteção de Dados Pessoais, ao ser primeiramente formulado entre 2008 e 2010, já possuía décadas de experiência legislativa, uma forte tradição legislativa sem grandes variações e um contexto regional de apoio, incluindo uma lei-modelo formulada pela Organização dos Estados Americanos (OEA) e um projeto de acordo para o Mercosul, com elementos substanciais próximos ao que foi adotado na primeira versão do Anteprojeto de Lei de Proteção de Dados Pessoais.

Mesmo assim, é possível analisar uma influência de conteúdo normativo do Marco Civil da Internet. Apesar de ser uma legislação profundamente principiológica e pouco detalhada sobre um regime jurídico de proteção de dados pessoais, a versão concluída em 2010 sobre o Anteprojeto de Lei do Marco Civil da Internet trouxe quatro elementos importantes para essa trajetória inicial da LGPD. Primeiro, a inclusão da defesa do consumidor como fundamento da disciplina do uso da Internet, junto com direitos humanos e o exercício da cidadania em meio digitais, reforçando a ideia de "diálogo das fontes" e a conexão entre Código de Defesa do Consumidor e Marco Civil da Internet, influenciados pelas normas da Constituição Federal (SCHERTEL MENDES, 2014). Essa foi uma contribuição da Fundação Procon de São Paulo que garantiu condições de igualdade entre livre iniciativa e direitos dos consumidores, conforme texto da Constituição Federal.

Em segundo lugar, o Marco Civil da Internet incluiu princípios para o uso da Internet no Brasil, separando, conceitualmente, a "proteção da privacidade" da "proteção aos dados pessoais, na forma da lei".

Com isso, criou-se uma estratégia de "engate" entre as normas e uma diferenciação conceitual já adotada tanto pela Carta de Direitos Fundamentais da União Europeia (RODOTÀ, 2014, p. 40-44) quanto pela Declaração de Antigua (2003), firmada por países latino-americanos, que declarou a proteção de dados pessoais como um "direito fundamental" autônomo.

O MCI, se aprovado, explicitaria a necessidade de uma Lei Geral de Proteção de Dados Pessoais. Esse desenho estava posto desde 2010, em período concomitante à formulação de um primeiro texto-base sobre a proteção de dados pessoais pelo Ministério da Justiça. Como observado por um intérprete do MCI logo após sua aprovação, o Marco Civil buscou preencher lacunas sobre privacidade no Brasil, mas exigiu, também, uma "lei específica para tratar do tema", cabendo à LGPD definir "requisitos básicos de segurança"; estabelecer uma "distinção entre dados pessoais e dados pessoais sensíveis"; estatuir normas sobre "transferência internacional de dados" e estipular uma "Autoridade de Garantia, para atualizar e fiscalizar as normas sobre proteção de dados pessoais" (CARVALHO LIMA, 2014, p. 163).

O terceiro elemento foi a inclusão da proteção de dados pessoais dentro do capítulo "Dos direitos e garantias dos usuários". Na versão elaborada entre 2010 e 2011, o acesso à Internet seria "essencial ao exercício da cidadania" e os usuários teriam como direitos básicos, entre outros, (i) inviolabilidade e o sigilo de suas comunicações pela Internet, salvo por ordem judicial, nas hipóteses e na forma que a lei estabelecer para fins de investigação criminal ou instrução processual penal; (ii) informações claras e completas constantes dos contratos de prestação de serviços, com previsão expressa sobre o regime de proteção aos seus dados pessoais, aos registros de conexão e aos registros de acesso a aplicações de Internet, bem como práticas de gerenciamento da rede que possam afetar a qualidade dos serviços oferecidos; e (iii) garantia do direito à privacidade como condição para o pleno exercício do direito de acesso à Internet (Lei 12.965/2014, Art. 8º). O Marco Civil da Internet também blindou qualquer possibilidade de técnicas de *deep packet inspection* a partir de um discurso forte sobre neutralidade de rede. Em meio à polêmica da empresa Phorm e ao processo administrativo instaurado pelo DPDC, explicados anteriormente, a proposta do MCI também ofereceu uma resposta normativa clara. O texto original dizia que "na provisão de conexão à Internet, onerosa ou gratuita" seria "vedado monitorar, filtrar, analisar ou fiscalizar o conteúdo dos pacotes de dados, ressalvadas as hipóteses admitidas em lei".

Como notado por Marcel Leonardi, na etapa final de aprovação do Marco Civil da Internet, ocorreram modificações substanciais com relação à retenção de dados. O MCI, "lamentavelmente", "impôs um modelo de guarda obrigatória de dados para os provedores de aplicação, e não facultativa, como originalmente previsto" (LEONARDI, 2014, p. 624). A lei adotou um modelo único de retenção de dados de forma indiscriminada, ao invés de um modelo de preservação de dados efetivamente ligados a um ato ilícito praticado. Para os ativistas da privacidade (BENNETT, 2008), a inclusão foi uma derrota.

Criou-se, no entanto, um regramento sóbrio, no qual o sigilo dos dados cadastrais e de conexão poderia ser afastado quando um usuário de Internet cometesse um ato ilícito e houvesse investigações em curso. Esse acesso poderia ocorrer mediante ordem judicial específica. Os pedidos de guarda de registros, na lógica do art. 22, também deveriam obedecer a critérios específicos, como fundados indícios de ocorrência de ilícito, justificativa motivada da utilidade dos registros para fins de investigação e período ao qual referem-se os registros, devendo o juiz tomar as "providências necessárias para assegurar a proteção da privacidade dos indivíduos" (LEONARDI, 2014, p. 627). As regras sobre guarda de registros e dados pessoais, previstas do art. 10 ao art. 17 do MCI, vão além do que é estipulado em uma lei de dados pessoais. Nesse sentido, o MCI possui temáticas, como a requisição judicial de registros (art. 22), que não existem na LGPD.

Em termos materiais, o MCI avançou em uma concepção de liberdades positivas e de controle com relação aos dados pessoais. Na análise de Chiara Teffé e Maria Celina Bodin Moraes, o MCI afirmou uma concepção da privacidade como controle da circulação das informações pessoais, ultrapassando o eixo "pessoa-informação-segredo" para se estruturar no eixo "pessoa-informação-circulação-controle", como havia teorizado Stefano Rodotà (2004). Na ausência de uma lei geral de proteção de dados, o MCI antecipou "uma série de direitos essenciais para o usuário da rede, com base no controle e na autodeterminação informativa" (TEFFÉ; BODIN DE MORAES, 2017, p. 124), criando uma gramática comum sobre finalidade na coleta de dados, pertinência e contenção de não abusividade.

Por fim, o quarto elemento foi a menção expressa à "defesa dos interesses e direitos" que "poderá ser exercida em juízo, individual ou coletivamente, na forma da lei", fazendo uma conexão, ainda que de forma implícita, com a Lei da Ação Civil Pública e o Código de Defesa do Consumidor. Como notado por Francisco Brito Cruz, o texto final permaneceu idêntico à minuta, sendo a menção expressa à tutela individual e coletiva um dispositivo "bem recebido pelos usuários que fizeram comentários" (CRUZ, 2015, p. 90). Essa era uma ideia-força mantida desde o começo dos debates em 2009, quando o texto foi elaborado de forma colaborativa pela Internet.

Na apresentação do Projeto de Lei 2.126/2011, em mensagem assinada por José Eduardo Cardozo, Miriam Belchior, Aloizio Mercadante e Paulo Bernardo Silva, os ministros ressaltaram o aspecto de acesso à justiça, por meio da tutela coletiva, e o encadeamento do MCI com outras futuras normas que poderiam fazer parte do repertório legislativo do Partido dos Trabalhadores:

> [...] o último capítulo prevê expressamente a possibilidade de que a defesa dos interesses e direitos pertinentes ao uso da Internet seja exercida de forma individual ou coletiva, na forma da lei. No panorama normativo, o anteprojeto representa um primeiro passo no caminho legislativo, sob a premissa de que uma proposta legislativa transversal e convergente possibilitará um posicionamento futuro sobre outros temas relacionados à internet que ainda carecem de harmonização, como a proteção de dados pessoais, o comércio eletrônico, os crimes cibernéticos, o direito autoral, a governança da internet e a regulação da atividade dos centros públicos de acesso à internet, entre outros (BRASIL, 2011).

Parece razoável afirmar que a formulação inicial do Marco Civil da Internet ofereceu uma série de subsídios metodológicos, com relação ao método de envolvimento por plataformas on-line e ao diálogo multissetorial, e substanciais, relacionados à proteção da privacidade e à tutela dos dados pessoais, incluindo sua dimensão coletiva. Mesmo tendo deslanchado politicamente após o escândalo Snowden e as subsequentes revelações de espionagem de empresas estatais e de membros do governo Dilma Rousseff em 2013 – um fenômeno tido como central pelos estudos qualitativos sobre a história do MCI (SOLAGNA, 2015; CRUZ, 2015, ABRAMOVAY, 2017) –, o MCI afirmou a importância de uma legislação específica sobre proteção de dados pessoais desde 2010, o que auxiliou na estratégia de lançamento de um Anteprojeto.

As lutas em comum em defesa do Marco Civil da Internet, especialmente em um contexto pós-Snowden (CRUZ, 2015, p. 130-142), criaram as condições para que essas organizações trabalhassem em conjunto na regulamentação do MCI em 2015 e na fundação da Coalizão Direitos na Rede em junho de 2016, coletivo de entidades civis que formulou a campanha *Seus Dados São Você*[28] em 2017, em defesa da aprovação do Projeto de Lei 5.276/2016, o PL de proteção de dados pessoais apresentado pelo governo federal após a sistematização da segunda consulta pública, realizada em 2015.

Em síntese, o processo do Marco Civil da Internet ofereceu três contribuições significativas à afirmação da proteção de dados pessoais. Em um plano metodológico, criou uma possibilidade de discussão democrática participativa. Em um plano material, promoveu a separação entre privacidade e proteção de dados pessoais e antecipou elementos materiais de proteção de dados pessoais para aplicações de Internet. Ainda, criou oportunidades de atuação política coletiva, fortalecendo uma espécie de ativismo em privacidade e proteção de dados pessoais (BENNETT, 2008) a partir da articulação de organizações civis focadas em direitos digitais.

4.2. O DEBATE SOBRE TUTELA COLETIVA NA ORIGEM DA LGPD

Ao se analisar, em retrospectiva, o processo de formulação do Anteprojeto de Lei de Proteção de Dados Pessoais, alguns traços tornam-se salientes sobre o tipo de legislação almejada por seus redatores originários. Em primeiro lugar, o discurso de uma "tutela forte e específica pelo ordenamento jurídico", no sentido de garantia de um conjunto de direitos e de uma estrutura de aplicação que pudesse mobilizar o aparato estatal. Em segundo lugar, o argumento de que os dados "representam a própria pessoa" e que o "processamento influencia diretamente a sua vida, afetando oportunidades, escolhas e a liberdade da pessoa". Em terceiro lugar, um forte discurso em torno da capacidade de "controle e titularidade sobre suas próprias informações pessoais". Esses três argumentos foram apresentados na página inicial do *Marco Normativo de Privacidade e Proteção de Dados*, hospedado

---

[28] Como se nota na Revista do Idec de dezembro de 2010, a frase "Seus dados são você" havia sido utilizada por Laura Schertel Mendes, então Coordenadora de Supervisão e Controle do DPDC para elucidar a importância da proteção de dados pessoais no cotidiano (IDEC, 2010, p. 22).

dentro da plataforma *Cultura Digital* do Ministério da Justiça em novembro de 2010.

Como argumentado por Danilo Doneda, a espinha dorsal do Anteprojeto não difere dos FIPPs (*Fair Information Practices Principles*), que se disseminaram nos trabalhos técnicos da OCDE e influenciaram normas como a Diretiva de 1995 da União Europeia. A proposta brasileira intencionalmente aproximou-se de um padrão regular, sem grandes inovações ou mudanças substanciais, do que existia em leis internacionais. Parte da estratégia era avançar o argumento de que o Brasil estava seguindo uma tendência internacional, apoiada, inclusive, pelas recomendações da OCDE sobre fluxo de dados em economias integradas.

O Idec, ao publicar matéria sobre o Anteprojeto "do DPDC" (IDEC, 2010, p. 23), traduziu os FIPPs como *Princípios da Informação Justa*. Para o Idec, a lei tinha como coração o princípio da *transparência* (o titular dos dados deve ser informado de qualquer uso que seja feito deles); o princípio da *qualidade* (os dados devem corresponder à realidade e sempre estar atualizados); o princípio da *finalidade* (o uso dos dados deve seguir o que foi comunicado previamente a seu titular, sendo restrita sua transferência a terceiros); o princípio do *livre acesso* (o cidadão deve poder acessar seus próprios dados); e o princípio da *segurança* (as informações devem ser protegidas de extravio, destruição, modificação, transmissão ou acesso não autorizado).

De fato, os cinco princípios constavam na primeira versão para debate. No entanto, existiam também cinco outros, incluindo princípio da *necessidade* (limitação da utilização de dados pessoais ao mínimo necessário); o princípio da *proporcionalidade* (tratamento apenas nos casos em que houver relevância e pertinência em relação à finalidade); o princípio da *boa-fé objetiva* (respeito à lealdade e à boa-fé objetiva no tratamento de dados pessoais); o princípio da *prevenção* (dever de adoção de medidas capazes de prevenir a ocorrência de danos em virtude do tratamento de dados) e o princípio da *responsabilidade* (reparação, nos termos da lei, de danos individuais e coletivos).

No processo de investigação empírica – por meio de análises de documentos de *lobby*, audiências públicas e comentários nos portais de consulta pública –, imaginou-se que o setor privado havia feito uma pressão argumentativa contra os instrumentos de tutela coletiva e contra uma concepção explicitamente afeita aos direitos difusos. No entanto, como será visto, o *lobby* empresarial deslocou-se para outros eixos. Curiosamente, as associações privadas que participaram dos debates sobre a LGPD não se opuseram à tutela coletiva e a uma concepção metaindividual desses direitos. Pelo contrário, utilizaram a existência de uma ampla tradição de defesa de consumidor, dos Procons, do SNDC, das Defensorias Públicas, ONGs e Ministério Público como argumento retórico para tentar impedir a constituição de uma Autoridade Nacional de Proteção de Dados Pessoais.

O remédio tornou-se veneno no jogo de *lobby* nos primeiros anos. Somente em 2014 e 2015, o setor privado passou a enxergar valor em uma Autoridade Nacional de Proteção de Dados Pessoais, capaz de assegurar segurança jurídica, defendendo tal ideia, em um período no qual "alianças táticas" foram formadas por diferentes setores (BIONI; RIELLI, 2022).

4.2.1. *A NÃO OPOSIÇÃO À TUTELA COLETIVA PELO SETOR PRIVADO*

Especificamente com relação à tutela coletiva, a primeira versão do texto, discutida em 2011, apresentou um desenho que se manteve relativamente resiliente e sem amplas contestações por parte do setor privado. A articulação do *lobby* privado na primeira consulta pública concentrou-se fundamentalmente no conceito de dados pessoais, na flexibilização dos qualificadores do consentimento, na defesa de uma divisão entre "dados privados" e "dados públicos", que poderiam ser explorados comercialmente sem embaraços – um argumento fortemente defendido pelos birôs de crédito como Serasa e SPC –, no regime de responsabilidade civil e na oposição à criação de uma Autoridade de Proteção de Dados Pessoais (chamada de Conselho Nacional de Proteção de Dados Pessoais no texto original) que tivesse poder sancionatório em sentido forte.

Na versão original, constava no Anteprojeto o art. 7º, o embrião do art. 22 da Lei Geral de Proteção de Dados Pessoais ("A defesa dos interesses e dos direitos dos titulares de dados poderá ser exercida em juízo, individual ou coletivamente, na forma do disposto na legislação pertinente, acerca dos instrumentos de tutela individual e coletiva"), que dizia:

> A defesa dos interesses e direitos dos titulares de dados poderá ser exercida em juízo individualmente ou a título coletivo, na forma do disposto nos artigos 81 e 82 da Lei 8.078, de 11 de setembro de 1990, na Lei 7.347 de 24 de julho de 1985 e nos demais instrumentos de tutela coletiva estabelecidos em lei (ANTEPROJETO..., 2011).

A proposta não encontrou qualquer oposição por parte do setor privado. As críticas e sugestões apresentadas foram no sentido de aprimorar o dispositivo. Nota-se, inclusive, uma estratégia de apresentação da mesma contribuição por diferentes entidades, o que evidencia um grau de coordenação nas críticas e na formulação de sugestões pelas organizações de grande porte do setor privado.

Das 794 contribuições realizadas nessa primeira consulta pública, não foi possível encontrar qualquer resistência frontal ao modelo de tutela coletiva, contrariando a hipótese inicial de pesquisa sobre a existência de um tensionamento entre concepções individualistas e coletivistas sobre a proteção de dados pessoais. Essa resistência também foi praticamente inexistente na segunda consulta pública, realizada em 2015.

É possível interpretar esse fenômeno a partir de alguns fatores estruturais. A primeira interpretação é que o sistema de tutela coletiva já estava consolidado desde início da década de 1990 e atuante inclusive na temática de privacidade e proteção de dados pessoais, sendo impossível um movimento de reversão institucional. Um caso é bastante ilustrativo desse movimento e da centralidade dos mecanismos de tutela coletiva. Em 2007, o Conselho Nacional de Trânsito (Contran) editou uma norma sobre obrigatoriedade de usos de chips (RFids) em novos veículos, permitindo a localização e a identificação do veículo por sistema GPS. O Denatran alegou que, no Brasil, 380 mil veículos eram roubados por ano, sendo que apenas 180 mil eram recuperados, e que os chips seriam necessários para controle de veículos roubados.

O Ministério Público Federal ajuizou uma ação civil pública, contestando a Resolução do Contran. De acordo com o MPF, o acoplamento de dados do Denatran com as informações coletadas pelos chips de rastreamento geraria violações a direitos fundamentais. Na ação civil pública, o MPF argumentou, com base em informações fornecidas pelas montadoras (obtidas por meio de inquérito), que, por meio do chip, seria possível ter acesso aos dados e às 200 últimas localizações do veículo, mesmo que o rastreador estivesse desligado. Para o MPF, a potencialidade associada a um chip de rastreamento seria contrária à expectativa de privacidade da pessoa, incômoda à sua liberdade e geraria o resfriamento do seu comportamento (*chilling effect*).

Em decisão de abril de 2009, a Justiça Federal decidiu, em primeira instância, que a instalação do chip de rastreamento não seria obrigatória, removendo os efeitos jurídicos da Resolução do Contran. Na sentença, o juiz Douglas Gonzales, da 7ª Vara Cível de São Paulo, entendeu que o chip antifurto "permite o rastreamento de veículos ainda que sem a autorização dos proprietários – e até mesmo com o equipamento desligado – e, caso seja obrigatório, irá ferir o direito à privacidade" (SANGIOVANNI, 2009). O caso evidenciou algo que já era discutido pela literatura na época: que o Ministério Público teria um papel primordial na identificação de ilícitos à privacidade e na proteção coletiva desses direitos, por meio das ações civis públicas (LEONARDI, 2012).

A segunda hipótese interpretativa é a de que os esforços empresariais de modificação do Anteprojeto não estavam associados a um problema no exercício coletivo desses direitos, mas sim à modificação substancial de novos direitos a partir de interesses de negócios, como na tentativa de modificação dos elementos de qualificação do consentimento (que para muitos grupos empresariais não deveriam ser *específicos* nem tampouco *expressos*, por prejudicarem o ambiente de inovação digital e os usos de dados em modelos de *Big Data*) e na introdução do legítimo interesse como base legal para tratamento de dados pessoais (que se tornou umas das principais frentes de batalha a partir de 2015 e fortemente apoiada pelo *Center for Information Policy Leadership*).

Como será visto a seguir, o reconhecimento de um sistema de "defesa de todos os direitos individuais e coletivos previstos na nossa Constituição" – realizado por DPDC, Ministério Público, Defensorias Públicas, Procons e ONGs, conforme explicado neste capítulo – foi utilizado por uma parte do setor privado como argumento contra uma Autoridade de Proteção de Dados Pessoais. Discute-se, a seguir, como essa oposição se estruturou e quais foram os tensionamentos existentes.

4.2.2. A RETÓRICA DA TUTELA COLETIVA CONTRA A AUTORIDADE GARANTE

Apesar da inexistência de uma oposição sistemática à tutela coletiva e à tradição consumerista que inspirou parcialmente o Anteprojeto de Lei de Proteção de Dados Pessoais, os primeiros anos foram marcados por uma profunda resistência ao modelo de autoridade independente de proteção de dados, um elemento tido como central na disciplina jurídica da proteção de dados pessoais (FLAHERTY, 1986; BENNETT, 1992). Como notado em outro estudo, a análise empírica das contribuições das empresas entre 2010 e 2011 não deixa dúvidas de que "houve uma forte mobilização do setor privado e empresarial contra a criação da Autoridade Garantidora de proteção de dados pessoais" (ZANATTA, 2015, p. 467).

De acordo com as entrevistas realizadas, esse período foi marcado por estranhamentos, desconfiança e uma estrutura de *lobby* marcadamente nacional. Foi somente nos anos seguintes, especialmente após o escândalo Snowden (2013) e o início da segunda consulta pública, que grupos extremamente profissionalizados passaram a incidir na formulação da LGPD, construindo um discurso favorável a uma Autoridade Nacional de Proteção de Dados Pessoais.

Entre esses grupos profissionalizados, estavam o *Information Accountability Foundation* (IAF) e o *Centre for Information Policy Leadership* (CIPL), ambos fundados por Martin Abrams, que havia sido vice-presidente de políticas informacionais da Experian e uma figura muito influente no desenvolvimento das *APEC Cross Border Privacy Rules*. Com a chegada em peso de organizações profissionalizadas de incidência política em regulação de tecnologia – como a *BSA The Software Alliance*, a *Entertainment Software Association*, a *American Bar Association Sections of Antitrust Law and International Law*, a *Brazil U.S. Business Council*, o *Interactive Advertising Bureau*, a *Information Technology Industry Council*, entre outros que contribuíram formalmente em 2015 – houve uma orientação do setor privado em defesa de uma autoridade capaz de garantir segurança jurídica, previsibilidade e regras claras para o setor, a partir de competências legais pré-definidas e discutidas junto com o setor privado.[29]

Em 2015, entidades como a Câmara Brasileira de Comércio Eletrônico se posicionaram a favor de uma autoridade de proteção de dados pessoais. Em carta assinada pela Camara e-net, Leonardo Palhares defendeu a criação de um órgão nacional específico, independente e exclusivo com a competência de interpretar, fiscalizar e fazer cumprir a lei de proteção de dados pessoais. A Brasscom também se posicionou contra a vagueza da expressão "órgão competente", manifestando-se a favor da menção explícita à Autoridade Nacional de Proteção de Dados Pessoais, enquanto órgão nacional específico, independente e dedicado exclusivamente à interpretação, fiscalização e cumprimento da lei. Esta visão é profundamente distinta da visão do setor de telecomunicações e do setor de marketing direto nos primeiros anos de discussão da LGPD.

Na segunda metade do processo legislativo, entre 2014 e 2018, o posicionamento do setor privado mudou substancialmente com relação

---

29 Entrevista com Gustavo Artese em abril de 2022.

a uma Autoridade Nacional de Proteção de Dados Pessoais. Em junho de 2018, uma carta assinada por 19 entidades civis,[30] 7 entidades empresariais,[31] 9 entidades acadêmicas[32] e o MPDFT, as organizações afirmaram que haviam aprendido com a experiência internacional que a grande maioria dos países que possuem leis gerais de proteção de dados pessoais só "conseguiram uma aplicação eficiente dessas leis na medida em que estabeleceram uma Autoridade de Proteção de Dados Pessoais". A carta também afirmou:

> Somente mediante a criação de tal mecanismo institucional é que foi possível alcançar uma tutela efetiva da privacidade dos cidadãos, ao mesmo tempo em que se propiciou a segurança jurídica na aplicação desta para os atores regulados, sejam eles do setor público ou privado. Assim, defendemos a criação de uma Autoridade de Proteção de Dados Pessoais funcionalmente independente para o Brasil. Dada a importância do tema, é imprescindível que não haja qualquer subordinação do órgão regulador à administração pública direta ou indireta. Aconselhamos ainda que seja criado um conselho multissetorial composto por membros dos setores público e privado, do terceiro setor e da academia para efeito de aconselhamento e acompanhamento das atividades da entidade reguladora (COALIZÃO DIREITOS NA REDE, 2018).

---

30 Actantes; Casa da Cultura Digital Porto Alegre; Centro de Estudos da Mídia Alternativa Barão de Itararé; Coding Rights; Coletivo Digital; Coolab – Laboratório Cooperativista de Tecnologias Comunitárias; Instituto Beta: Internet & Democracia; Instituto Brasileiro de Defesa do Consumidor; Instituto Nupef; Instituto de Tecnologia e Equidade (IT&E); Internet Sem Fronteiras; Intervozes – Coletivo Brasil de Comunicação Social; Movimento Mega Não; Prioridade Absoluta – Instituto Alana; Proteste – Associação de Consumidores; Open Knowledge; Instituto Alana; Instituto Update e Labhacker.

31 Associação Brasileira das Empresas de Software – ABES; Associação Brasileira das Empresas de Tecnologia da Informação e da Comunicação – BRASSCOM; Associação Brasileira de Provedores de Internet e Telecomunicações – ABRINT; Associação Brasileira On–line to Offline – ABO2O; Associação Brasileira de Crédito Digital – ABCD; Associação Brasileira da Indústria Inovadora em Saúde – ABIIS e Câmara Brasileira de Comércio Eletrônico – Camara–e.net.

32 Grupo de Estudos em Direito; Tecnologia e Inovação do Mackenzie; Grupo de Pesquisa em Políticas Públicas para o Acesso à Informação/GPoPAI–USP; Instituto de Tecnologia e Sociedade do Rio de Janeiro/ITS–Rio; Rede latina–americana de estudos sobre vigilância; tecnologia e Sociedade /LAVITS; Laboratório de Tecnologias Livres da UFABC; Instituto Igarapé; Instituto de Referência em Internet e Sociedade/IRIS; Centro de Direito; Internet e Sociedade do Instituto Brasiliense de Direito Público/CEDIS; IP.Rec – Instituto de Pesquisa em Direito e Tecnologia do Recife.

Por mais que seja óbvio, hoje, entender as razões pelas quais as empresas privadas poderiam defender um modelo de autoridade independente – como a segurança jurídica, a redução de custos regulatórios diante da centralização da tomada de decisões por uma única autoridade, a melhor capacidade de direcionamento de *lobby* e influência política em um número reduzido de atores políticos, a garantia de decisões vistas como mais "técnicas" e não simplesmente "políticas" sobre proteção de dados pessoais, a capacidade de estabelecimento de diálogos tecnicamente especializados por membros de uma mesma comunidade de *policy*, entre outras razões –, houve um movimento de oposição no início da década de 2010. Nos primeiros anos de discussão, não houve uma "composição multissetorial" (BIONI; RIELLI, 2022), como explicam Bruno Bioni e Mariana Rielli.

A história desse conflito, que antecede o processo de composição multissetorial e alinhamento de interesses entre diferentes setores, é bastante peculiar. O SinditeleBrasil, entidade que agrega os interesses políticos e regulatórios das maiores empresas de telecomunicações do país, atacou a proposta de criação de uma "Autoridade Garante". Tome-se como exemplo o notável comentário feito pela instituição diante da proposta de art. 22 do Anteprojeto:

> O Sinditelebrasil entende, ainda, não ser adequada a criação de uma autoridade garantidora para a proteção de dados. Inúmeros elementos demonstram a desnecessidade de uma nova entidade para atuar exclusivamente na proteção de dados pessoais. Destacamos que, apesar de não haver um marco legal específico para a proteção de dados, a tutela deste direito sempre foi provida pelos órgãos atualmente existentes. No próprio âmbito institucional do Estado brasileiro a defesa de todos os direitos individuais e coletivos previstos na nossa Constituição é realizada por diversas instituições (ie. DPDC, Ministério Público, PROCON, entre outros). Nesse sentido, o titular dos dados pessoais que se julgar ofendido em seu direito tem a seu dispor uma série de entidades cujas competências legais já permitem a reparação do dano administrativamente ou em juízo, inclusive a tutela de direitos difusos ou coletivos diante do risco imposto à sociedade. Assim, sugere-se a supressão, em toda a minuta de Projeto de Lei, da figura a "Autoridade de Garantia" (ANTEPROJETO..., 2011).

Desde o início, instituições como Fundação Procon-SP, Proteste, Idec e Ordem dos Advogados do Brasil participaram da discussão, fortalecendo visões aderentes aos direitos coletivos e difusos. O fato notável, como dito, foi a estratégia de mobilização do argumento sobre a existência de um regime de acesso à justiça e à tutela coletiva – uma vitória do movimento jurídico progressista – para justamente *combater a ideia de uma autoridade independente de proteção de dados pessoais*, em situação prejudicial a uma adequada proteção de direitos por uma entidade especializada, com quadros aptos a investigar casos de alta complexidade técnica com relação a uso abusivo de dados.

Além do SinditeleBrasil, essa mesma estratégia discursiva foi utilizada por pela Associação Brasileira de Televisão por Assinatura (ABTA), que já havia argumentado que "a dignidade, a liberdade e a igualdade da pessoa não têm qualquer relação com o objeto do projeto de lei" (ANTEPROJETO..., 2011). Em meio a uma série de argumentos sobre supressão de artigos e flexibilização de obrigações impostas às empresas – em uma clara estratégia de minimização de encargos regulatórios e construção de uma legislação facilitadora de negócios intensivos em dados –, a ABTA contribuiu com o capítulo I ("Autoridade de Garantia") no título II sobre "Tutela administrativa" no seguinte sentido:

> A Associação Brasileira de Televisão por Assinatura salienta que, a princípio, entende ser desnecessária a criação de uma Autoridade de Garantia para a proteção de dados. A entidade sustenta que diversos órgãos do Estado podem cumprir esta função, tais como o DPDC, o Ministério Público, o Procon, entre outros. É destacado o fato de que a criação de tal instituição significa a criação de uma estrutura extremamente custosa e complexa, com poderes regulatórios que podem até mesmo embaraçar a garantia dos direitos fundamentais previstos na Constituição (ANTEPROJETO..., 2011).

Essa mesma estratégia foi acompanhada pela Associação Brasileira de Marketing Direto, a Associação Brasileira das Relações Empresa Cliente, a Associação Brasileira de Anunciantes e a Qualidade da Informação Brasil. Juntas, as organizações se posicionaram contra a criação de uma Autoridade de Proteção de Dados Pessoais e afirmaram que seria "desnecessária" a criação desse órgão, por "existirem órgãos e entidades com capacidade de controle, fiscalização e sanção" (ANTEPROJETO..., 2011).

O contraponto coube às entidades civis. A Ordem dos Advogados do Brasil, Seccional de São Paulo, defendeu a ideia de uma Autoridade de Garantia, composta por integrantes da sociedade civil e por membros do Judiciário. A Fundação Procon São Paulo apoiou a proposta da Autoridade e argumentou que seria importante atribuir a ela capacidade de verificação das condições de segurança para o tratamento adequado de dados pessoais antes da autorização de funcionamento, tomando por base o exemplo de Portugal. O Grupo de Políticas Públicas e Acesso à Informação (GEPOPAI/USP) apoiou a estrutura de Autoridade e sugeriu um parágrafo único dando "caráter *multistakeholder*" aos moldes do Comitê Gestor da Internet. A Associação Brasileira de Direito da Informática defendeu ser crucial definir atribuições da Autoridade em parceria com a iniciativa privada. Já o Idec apoiou a ideia da Autoridade, porém ressaltou a importância da afirmação da proteção de dados pessoais como garantia essencial do consumidor. Assim, o Idec sugeriu um novo inciso ao artigo 39 (sobre a Autoridade) no seguinte sentido: "atuar em cooperação institucional com o Departamento de Proteção e Defesa do Consumidor, órgãos e entidades do Sistema Nacional de Defesa do Consumidor e demais instâncias públicas afetas ao tema da proteção da privacidade e proteção dos dados pessoais" (ANTEPROJETO..., 2011).

Para Bruno Bioni e Mariana Rielli, a consulta pública de 2011 não foi muito proveitosa do ponto de vista de consensos, revelando uma série de "estranhamentos" e "desconhecimento" dos atores envolvidos com relação à proteção de dados pessoais (BIONI; RIELLI, 2022). Nota-se, aqui, uma profunda distorção do significado do regime brasileiro de tutela coletiva, como se ele fosse contraditório com um regime de tutela administrativa, estruturado por uma Autoridade Garante. A conquista institucional do "microssistema de tutela de direitos coletivos" (ZAVASCKI, 2009) passou a ser utilizada como um argumento de oposição, por parte de organizações lobistas do setor privado, à adoção de um "modelo europeu" de proteção de dados pessoais, que exige uma estrutura administrativa especializada na aplicação desses direitos (DONEDA, 2006).

Além dessa inusitada utilização retórica da tutela coletiva como argumento frontal contra uma estrutura administrativa de aplicação de direitos, a consulta pública de 2010-2011 mostrou posicionamentos com graus distintos de oposição. A Câmara e-Net, por meio da organização de um grupo de estudos que construiu um posicionamento final, mostrou-se favorável ao projeto, propondo mudanças mais adequadas ao setor privado e a um modelo multisetorial inspirado no Comitê Gestor da Internet. Empresas como Nokia, Equifax e Oi fizeram críticas duras às propostas de consentimento expresso e direitos básicos dos titulares. Já a "tropa de choque" que se mobilizou contra praticamente toda a estrutura do Anteprojeto, em especial contra a estrutura de tutela administrativa por uma Autoridade e a possibilidade de corregulação, foi formada pela ABEMD, SinditeleBrasil, ABRAREC, ABTA e a tradicional ABA.[33]Pelo perfil das associações que se opuseram ao Anteprojeto nesse período, nota-se que o *lobby* não foi conduzido por grandes empresas de tecnologia – como Google, Facebook e Mercado Livre, que iriam organizar seus escritórios e times de *policy* apenas nos anos seguintes –, mas por associações que representavam os interesses de atividades comerciais de *marketing* de dados, *marketing* de relacionamento, *marketing* direto, *call center*, *telemarketing*, *database marketing*, CRM e telecomunicações.

Diante desse setor, formo-se um impasse – que Danilo Doneda chamou de "estado psicológico de negação"[34] – que, além de se opor frontalmente ao modelo regulatório proposto, mobilizou a tutela coletiva como argumento de oposição ao elemento central de aplicação desses direitos. Negando as tendências já observadas na academia de "autorregulação supervisionada pelo Estado" (SANTANNA, 2011), tais setores inicialmente se opuseram a qualquer tipo de ingerência ou poder estatal de aprovação e supervisão de códigos de boas práticas elaborados setorialmente. Essas tensões iniciais foram deslocadas para o Seminário Anual de Privacidade do Comitê Gestor da Internet, que se tornou importante *locus* de debate sobre o tema no Brasil. O impasse foi desarmado apenas na segunda consulta pública de 2015. Nos documentos de *lobby* apresentados pelas associações privadas, nota-se já um posicionamento favorável a uma ANPD e a conselhos multissetoriais e participativos.

4.3. AS ARTICULAÇÕES DA INDÚSTRIA DE *MARKETING* DIRETO

Diante da situação conflituosa gerada – caracterizada por uma oposição quase frontal do setor de marketing direto ao texto elaborado por Danilo Doneda e por Laura Schertel Mendes –, o setor privado rapidamente articulou-se para apresentação de um Projeto de Lei alternativo, o PL 4060/2012, do Deputado Milton Monti (PR-SP), criado praticamente a partir dos encontros promovidos pela Associação Brasileira de Marketing Direto (ABEMD).

---

33 A Associação Brasileira de Anunciantes (ABA) é uma entidade sem fins lucrativos fundada em 1959 e que reúne as maiores empresas anunciantes do Brasil. Veja-se: https://aba.com.br/historia/.

34 A expressão é usada na entrevista do projeto *Memória da LGPD* produzido pelo Data Privacy Brasil em 2020.

Conforme descrito pela própria ABEMD, entidade civil sem fins lucrativos, fundada em 1976 para representar os interesses de empresas de *marketing*, o PL 4060/2012 surgiu de uma articulação no 5º Congresso da Indústria da Comunicação, realizado pela Associação Brasileira de Agências de Publicidade, em especial uma Comissão intitulada *One-to-One: personalização x privacidade*. Nesse Congresso, foram aprovadas três recomendações: (i) de que fossem criados mecanismos para garantir a privacidade e a liberdade dos indivíduos no âmbito da comunicação personalizada; (ii) de que fosse criado e implementado um conselho de autorregulamentação que definisse princípios e parâmetros éticos para tratamento de dados; (iii) de que as futuras regulamentações para tratamento de dados pessoais garantissem uma convivência entre princípios constitucionais de livre iniciativa, liberdade de expressão e informação comercial e proteção dos consumidores (ASSOCIAÇÃO BRASILEIRA DE MARKETING DIRETO, 2014, p. 2).

A estratégia do setor de *marketing* direto foi bastante agressiva. Após o Congresso, foi publicado um *Código Brasileiro de Autorregulamentação para o Tratamento de Dados Pessoais* e uma *Carta de Princípios sobre Tratamento de Dados Pessoais*. Em 2013, a ABEMD organizou uma reunião com a Secretaria Nacional do Consumidor, já reformulada após processo de reconstrução institucional no governo Dilma, liderado por Juliana Pereira e pelo ministro José Eduardo Cardozo. A organização tinha como estratégia de *lobby* a oposição à tese de destruição de bases de dados que tivessem irregularidades jurídicas e a oposição ao argumento de "consentimento expresso" ou *opt-in* obrigatório para o tratamento de dados pessoais para fins de *marketing*. Para reforçar sua capacidade de diálogo com a Senacon e de estratégia, a ABEMD contratou como consultor o advogado Vitor Morais de Andrade, que havia sido Coordenador de Supervisão e Controle na gestão de Ricardo Morishita. Efraim Kapulski, então Presidente da ABEMD, foi um dos estrategistas que mais combateu o Anteprojeto nesses primeiros esforços. Influente no setor de *marketing*, havia sido membro do Conselho Consultivo da Abrinq, diretor executivo de revistas da Editora Globo e gerente de publicidade na Editora Abril. Na visão da ABEMD, a lei de dados pessoais iria impedir a atuação do setor de *marketing* direto. Kapulski tornou-se, assim, uma espécie de porta-voz da "tropa de choque" formada por associações de *marketing* de São Paulo, que iniciaram um trabalho permanente de incidência em Brasília.

Uma evidência desse posicionamento contrário e das estratégias de incidência para desmobilizar o projeto de lei de 2010 é o depoimento de Efraim Kapulski sobre duas reuniões realizadas com o ministro Cardozo do Ministério da Justiça, em 2013 e 2015. Em depoimento em vídeo elaborado para os associados da ABEMD e disponibilizado ao público, Kapulski explicou que foram realizadas duas reuniões oficiais, além de um encontro em Lisboa, nos quais diversas críticas foram apresentadas ao projeto e ao "potencial desastroso" que ele teria ao setor de *marketing* direto (ABEMD, 2015).

A apresentação da posição da ABEMD é ilustrativa de um processo conflituoso na elaboração do Anteprojeto e de uma espécie de "reconfiguração" ocorrida entre 2014 e 2015. De fato, com o lançamento da Consulta Pública de 2015, um novo texto, muito mais maduro e conciliatório, veio ao debate público, contando com ampla participação empresarial e social (DONEDA, 2021). Além da complexidade da matéria e da necessidade de ajustes e conciliações, houve uma incapacidade de avanço da LGPD de forma concomitante ao Marco Civil da Internet.

Com o amadurecimento dos debates legislativos, as propostas formuladas pela indústria de *marketing* direto foram deslocadas para um espectro cada vez mais radical, no sentido de um fundamentalismo de livre mercado que seria incompatível com os desenvolvimentos internacionais, incluindo os posicionamentos da *Federal Trade Commission* sobre *accountability* e novos direitos em uma economia de *Big Data* e as profundas transformações geradas pela *General Data Protection Regulation*, que elevaram o patamar de proteção jurídica de direitos básicos assegurados aos cidadãos europeus com relação aos seus dados pessoais.

Mesmo com a diminuição do prestígio da ABEMD no debate público e as teses minimalistas por trás do PL 4060/2012, diferentes atores econômicos buscaram influenciar o debate público sobre o regime jurídico de proteção de dados pessoais a partir de teses sobre não aplicabilidade da LGPD diante de situações de tratamento de "dados anônimos", que não permitiriam a identificabilidade dos indivíduos. Esse debate evidenciou dissensos teóricos importantes com relação aos direitos básicos dos titulares em um contexto de *Big Data*. Nesse sentido, é importante a lição do jurista Alessandro Mantelero sobre o que está em jogo na dimensão coletiva da proteção de dados pessoais:

> Na era do *big data*, novas tecnologias e poderosos analíticos [*analytics*] tornam possível coletar e analisar grandes quantidades de dados para testar e

identificar padrões no comportamento de grupos de indivíduos e para realizar decisões que afetam a dinâmica interna dos grupos, com consequências para questões coletivas das pessoas envolvidas. No entanto, esses grupos são distintos daqueles identificados na literatura sobre privacidade em grupo, na realidade eles são criados pelos coletores de dados selecionando clusters específicos de informação. Os coletores de informação modulam [shape] a população que eles buscam investigar. Eles coletam informação sobre várias pessoas, que não conhecem os outros membros do grupo e, em muitos casos, não estão cientes das consequências de pertencer a este grupo. Este é o caso da perfilização em grupo, das soluções de scoring e aplicações de policiamento preditivo (MANTELERO, 2016, p. 245).

A tentativa de diversos agentes econômicos foi de ignorar essa discussão teórica e não reconhecer o processo de constituição algorítmica de um grupo a partir de grandes quantidades de dados para a identificação de padrões de comportamentos. Na realidade, a tese sobre "dados anônimos" buscava abrir um caminho de completa desregulamentação e de uma ideologia *laissez-faire* para a exploração econômica desses dados, habilitando uma infraestrutura de extrativismo digital e inexistência de reconhecimento de direitos de contestação (COHEN, 2019).

4.4. DIVERGÊNCIAS E TENTATIVAS DE LIMITAÇÃO DOS DIREITOS DE PROTEÇÃO DE DADOS PESSOAIS

Olhando pelo retrovisor, em especial no período constitutivo da Lei Geral de Proteção de Dados Pessoais no Poder Executivo e do Poder Legislativo, é possível identificar, dentro desse vetor de incidência no processo legislativo, tentativas de limitação dos direitos de proteção de dados pessoais que funcionaram como tentativas de impedimento de uma dimensão coletiva desses direitos. Como exemplos desses tensionamentos, duas controvérsias serão analisadas: a disputa sobre não aplicabilidade da legislação em cenários de *Big Data* e tratamento de "dados anônimos" (*anonymized data*). Chamarei esses tensionamentos de "tensionamentos materiais" entre as dimensões individuais e coletivas na proteção de dados pessoais. Eles revelam concepções teóricas profundamente distintas sobre contornos desses novos direitos em construção.

4.4.1. A CONTROVÉRSIA SOBRE DADOS ANÔNIMOS (2015-2016) E A AMPLIAÇÃO DA TUTELA JURÍDICA NO DESENHO DA LEGISLAÇÃO

Substancialmente, a nova versão do Anteprojeto de Lei de Proteção de Dados Pessoais de 2015 apresentou diversas mudanças significativas em comparação com o texto inicial apresentado em 2010, ainda no período de discussão do Marco Civil da Internet. No período de cinco anos, houve também um amadurecimento do debate público e um envolvimento cada vez maior de *think tanks*, empresas, centros de pesquisa e escritórios de advocacia.

Na parte de princípios (art. 6º), o antigo "princípio da proporcionalidade" foi substituído pelo "princípio da adequação", que diz respeito ao tratamento compatível com as finalidades almejadas e com as legítimas expectativas do titular de acordo com o contexto. A menção explícita à "segurança física e lógica" foi substituída pelo "princípio da segurança", relacionado à utilização de medidas técnicas e administrativas constantemente atualizadas, proporcionais à natureza das informações tratadas e aptas a proteger os dados de acesso não autorizados e situações acidentais ou ilícitas de destruição, perda, alteração, comunicação ou difusão. O "princípio da responsabilidade", que fazia menção explícita à tutela coletiva, foi removido do novo Anteprojeto.

O chamado "princípio da não discriminação", incluído no texto, foi criticado pelo setor de seguros, a partir do argumento de que diversas atividades dependeriam de avaliação de risco. A Associação Brasileira de Internet (Abranet) também criticou a proposta de princípio de não discriminação e recomendou a adoção de uma distinção entre *discriminação positiva* e *discriminação ilícita*, considerando que a discriminação com base em dados poderia ser lícita e positiva em diversas ocasiões, como definição de perfil de cliente para análise de risco de crédito ou mesmo em situações securitárias (JUNQUEIRA, 2020).

Quanto aos conceitos basilares, o Anteprojeto trouxe a concepção de "dados sensíveis" como dados que revelem a "origem racial ou étnica, as convicções religiosas, filosóficas ou morais, as opiniões políticas, a filiação a sindicatos ou organizações de caráter religioso, filosófico ou político, dados referentes à saúde ou à vida sexual, bem como dados genéticos" (ANTEPROJETO..., 2015). O texto foi criticado por aqueles que exigiam a inclusão de "dados biométricos" e por aqueles que diziam que "dados financeiros" ou dados que revelassem "condição socioeconômica" pudessem também ser incluídos.

Como sistematizada pelo InternetLab, a consulta pública gerou uma série de "questões controversas" em diversas frentes, como a estrutura de aplicação dos direitos,[35] os direitos básicos dos titulares, a possibilidade de reutilização livre de dados anonimizados e as imunidades diante do tratamento automatizado de dados pessoais. Uma mudança sutil e relevante foi a delimitação do objeto da lei. A versão anterior dizia que os objetivos centrais da lei seriam a proteção dos direitos fundamentais de liberdade, intimidade e privacidade. A versão de 2015 abandonou o conceito de intimidade – muito forte, por exemplo, no trabalho de Dotti (1980) – e delimitou o objeto da lei em torno da proteção dos direitos fundamentais de liberdade, privacidade e livre desenvolvimento da personalidade.

Um dos pontos substanciais de tensionamento entre a dimensão individual e coletiva ocorreu no debate sobre a anonimização de dados pessoais e sua livre utilização, a partir de uma espécie de *regime de exceção,* construído a partir de uma regra de não aplicabilidade da Lei Geral de Proteção de Dados Pessoais nos casos de tratamento de "dados anônimos". Como observado por Bruno Bioni (2020), esse conflito é de extrema importância, pois é a partir da definição do conceito de "dado pessoal" utilizado na legislação que são definidos os limites de tutela jurídica. Como notado por Bioni, ocorreu, no interior desse embate, uma cisão de teorias e "modelos", que o autor chamou de "expansionista" e "reducionista" (BIONI, 2020). O modelo expansionista define os dados pessoais como informações relacionadas à pessoa identificável, indeterminada e com vínculo mediato, indireto ou inexato. Já o modelo reducionista enxergaria o dado pessoal como uma informação relacionada a uma pessoa identificada, específica, determinada e com vínculo imediato, direto e preciso.

A partir do projeto de pesquisa *Privacidade e Vigilância,* apoiado pela Fundação Ford e coordenado pelos professores Jorge Machado, Pablo Ortellado e Marcio Moretto Ribeiro (do Grupo de Pesquisa em Políticas Públicas para Acesso à Informação da Universidade de São Paulo), Bruno Bioni publicou, em 2015, um texto que se tornou seminal na

---

35 As empresas de telecomunicações – SinditeleBrasil, Vivo, Claro e GSMA –, por exemplo, mantiveram a posição de que não seria necessário criar uma autoridade de proteção de dados pessoais, considerando a existência do SNDC e do Ministério Público, posição formulada em 2010.

discussão. Partindo de uma discussão sobre as técnicas de tratamento de dados pessoais em bases de dados relacionais e técnicas de segmentação e classificação, esse estudo argumentou que a moldura reducionista seria inadequada diante da realidade de uma mudança computacional e técnica mais profunda no capitalismo de dados.

O argumento feito por Bioni (2015) foi de uma menor importância da exploração econômica de informações organizadas em *Structured Query Language* (SQL, bases caracterizadas por colunas e linhas que permitem estabelecer um vínculo direto entre os dados e seus respectivos titulares) e o surgimento de uma economia da *Big Data* que se apoia em bases de dados não estruturadas, nas quais as informações estão dispersas, não havendo uma correlação imediata estabelecida entre pessoa e informação. Tal como observado por Mireille Hildebrandt, teóricos que estudaram o processo de extração de valor de vastas bases de dados não estruturadas e técnicas de aprendizado por máquinas que são capazes de criar correlações não antevistas pelos programadores que organizam as bases de dados (HILDEBRANDT, 2008), o estudo argumentou que "dado o momento atual em que bases não estruturadas têm ditado cada vez mais as práticas de mineração de dados, associadas à tecnologia do *Big Data*, a escolha por um conceito reducionista de dados pessoais tende a ter pouca penetração na realidade" (BIONI, 2015, p. 22).

Partindo dos estudos de Paul Ohm, Latanya Sweeney e Arvind Narayaran – e diversos estudos experimentais que demonstraram a falibilidade de técnicas de de-identificação e vasta capacidade de cruzamento de bases de dados para reversão do processo de anonimização –, o relatório dos pesquisadores da USP foi enfático ao argumentar que o conceito de "dado anônimo" seria falho e inadequado, sendo inadmissível uma concepção reducionista do conceito de dado pessoal:

> Sempre existirá a possibilidade de uma base de dados anonimizada ser agregada a outra para a sua reidentificação. É o que se costuma chamar de entropia da informação [...], que é o uso de uma informação auxiliar para a reversão do processo de anonimização [...]. Não faltam atores e um manancial de dados para desbancar qualquer processo de anonimização. Tem-se um contexto que é completamente antagônico à promessa semântica de dados anônimos, como aquele que não seria capaz, em hipótese alguma, de identificar um sujeito. Por isso, sua falibilidade tem se mostrado consensual, até mesmo entre aqueles que são seus defensores mais ferrenhos [...]. Com isso, migra-se um discurso que outrora sustentava a irre-

versibilidade do processo de anonimização para uma abordagem centrada na mitigação dos riscos dessa reversibilidade (BIONI, 2015, p. 28-29).

O argumento defendido por Abranet, Claro, IAB, Vivo e outras empresas centrava-se na tese de que nenhum tipo de violação de privacidade individual ocorreria na livre utilização de dados anonimizados para tomada de decisões. Até hoje, no mercado de segmentação geográfica, o conceito de "dados anônimos" continua a ser utilizado para a defesa de modelos de negócios centrados em *geofencing*, que são estruturados a partir da coleta de Device Ids, sendo possível impactar usuários que estiverem em um determinado local, delimitado por latitude e longitude.

Por outro lado, entidades como GPoPAI/USP, CTS-FGV, Intervozes e Coding Rights argumentaram que o processo de anonimização seria sempre reversível, existindo um risco permanente de reidentificação. O quadro a seguir sistematiza os argumentos em oposição.

Quadro 5 - Argumentos mobilizados na Consulta Pública de 2015 sobre dados anônimos

Argumentos favoráveis à aplicabilidade da LGPD para dados anônimos		Argumentos contrários à aplicabilidade da LGPD para dados anônimos	
Autores	*Comentário*	*Autores*	*Comentário*
Bruno Bioni	O processo de anonimização dos dados pessoais é, sempre, um processo reversível. Com a tecnologia do *Big Data* associada à prática de agregação de dados tem se tornado totalmente falacioso essa figura dos dados anônimos.	RELX Group	Dados anônimos não devem ser considerados como dados pessoais, já que a técnica de anonimização é uma forma "eficaz" de quebrar o vínculo entre um dado e um indivíduo. Mesmo que haja riscos de reversão desse processo, esse risco é "insignificante".
Maria Cunha de Melo, GPoPAI, Joana Varon, Veridiana/ Intervozes	Haverá sempre um risco de reindetificação, o que torna o dado anônimo algo totalmente elusivo. Em razão dessa potencialidade inerente ao dado anonimizado de levar à identificação de um indivíduo, ele deve estar dentro do escopo da lei.	Cisco	Isso é, justamente, o que o próprio APL visa a estabelecer ao conceituar dado anônimo como aquele que não é suscetível de ser razoavelmente utilizado para identificar um indivíduo.
GPoPAI, CTS-FGV, Veridiana/ Intervozes, Joana Varon	Uma parcela significativa dos defensores propõe, inclusive, a substituição do termo dados anônimos por dados anonimizados. Procura-se enfatizar o processo de anonimização, ao invés de se criar uma qualificação (anônimo) que não guardaria correspondência com a realidade, sendo apenas uma ficção.	Brasscom	Por isso, o tratamento de dados anônimos deve ser feito sem quaisquer exigências e formalidades.

Fonte: adaptado pelo autor com base em Internetlab (2016)

As críticas formuladas por acadêmicos e organizações da sociedade civil encontram fundamento na literatura que se dedica a estudar a reidentificação de "dados anonimizados". Essa literatura problematiza a grande quantidade de informações disponíveis e a tremenda facilidade de promover a reidentificação de uma pessoa, considerando que 63% das pessoas nos EUA já poderiam ser identificadas apenas com o cruzamento das informações que não seriam exclusivas de uma pessoa, como gênero, data de nascimento e CEP. Nesse sentido, explica Boris Lubarsky:

> Hoje, quase tudo sobre nossas vidas é gravado digitalmente e armazenado em algum lugar. Toda interação com a tecnologia cria dados sobre aquele usuário. Cada compra com cartão de crédito, diagnóstico médico, pesquisa no Google, postagem no Facebook ou preferências da Netflix é outro ponto de dados registrado sobre esse usuário individual. Além disso, cada relatório do censo, compra de casa, registro de eleitor, histórico médico e geolocalização do celular é registrado e armazenado. Estes dados são então analisados e utilizados pelas entidades que os recolhem. A Netflix analisa as preferências do usuário para recomendar filmes; pesquisadores médicos estudam dados de pacientes para encontrar novos tratamentos e curas; e o Google revisa as consultas de pesquisa para melhorar seus resultados de pesquisa. Esses dados agregados também são vendidos e transmitidos a terceiros, como empresas de análise, empresas de marketing ou corretores de dados comerciais. [...] A proliferação de informações publicamente disponíveis on-line, combinada com um hardware de computador cada vez mais poderoso, tornou possível a reidentificação de dados "anônimos". Isso significa que os dados limpos agora podem ser rastreados até o usuário individual ao qual se relacionam. Os dados depurados geralmente são reidentificados pela combinação de dois ou mais conjuntos de dados para encontrar o mesmo usuário em ambos. Essas informações combinadas geralmente revelam informações de identificação direta sobre um indivíduo (LUBARSKY, 2016, p. 202).

O problema desse debate, como bem notado por Sandra Watcher e Brent Mittelstadt, é uma concepção teórica tradicional que sustenta que, para que os direitos de proteção de dados pessoais sejam aplicados, os dados devem estar apropriados para identificar um indivíduo. Esse argumento é problemático, pois a "identificabilidade de um dado é fluida e pode modificar-se com o tempo, dependendo das ligações, ataques de re-identificação e outros progressos tecnológicos" (WATCHER; MITTELSTADT, 2019, p. 616). Partindo-se de uma perspectiva sobre as dimensões coletivas da proteção de dados pessoais e a lógica interna da perfilização, nota-se que inferências extraídas de dados anônimos e não pessoais ainda podem "gerar riscos para titulares de dados" (WATCHER; MITTELSTADT, 2019, p. 617).

Desse modo, exigir a "identificabilidade" como "pré-requisito para exercício de direitos individuais" cria obstáculos para o exercício de direitos fundamentais e para a mitigação de riscos diante dos modelos de negócios existentes. Por essa razão, Watcher e Mittelstandt argumentam que não seria necessário atribuir direitos individuais de controle sobre os dados anonimizados – algo inviável e até mesmo inócuo –, mas sim instituir um regime jurídico com "canais melhorados de tutela diante de modelos, perfis e outros conhecimentos de fundo construídos a partir de terceiros [*third-parties*] e dados anônimos, subsequentemente aplicados a indivíduos identificáveis" (WATCHER; MITTELSTADT, 2019, p. 617).

Na esteira do pensamento de Hildebrandt e Albers, precisamos focalizar a natureza do conhecimento produzido pelo uso de dados anonimizados e os potenciais usos detrimentais gerados a grupos sociais, especialmente nos casos de profiling e segmentação social. É preciso, nesse sentido, irmos além do paradigma clássico da identificabilidade e das distinções entre "pessoal e não pessoal". Essa focalização exclusiva na natureza estática do dado no momento de sua coleta e na sua conceituação a priorística é um dos elementos mais poderosos do tensionamento material entre a dimensão coletiva e individual da proteção de dados pessoais, neutralizando a dimensão coletiva em prol de um modelo focado apenas no indivíduo e na tutela jurídica em casos exclusivos de identificabilidade individual.

A solução dada pelo Ministério da Justiça foi instituir que "os dados anonimizados serão considerados dados pessoais para os fins desta lei quando o processo de anonimização ao qual foram submetidos for revertido ou quando, com esforços razoáveis, puder ser revertido" (art. 13, ANTEPROJETO…, 2015), um modelo que amadureceu até a construção do regime jurídico finalmente previsto na Lei 13.709/2018. Em outubro de 2015, o Idec elogiou a versão do anteprojeto de lei de proteção de dados do Ministério da Justiça, sustentando que ele trazia "avanços importantes para assegurar os direitos dos consumidores em relação ao uso de suas informações pessoais" (IDEC, 2015). Para o Idec, os principais avanços do texto estavam na qualificação do consentimento como inequívoco, na substituição do conceito de "dados anônimos" por "dados anonimizados", na aplicabilidade da legislação em situações de criação de perfis comportamentais e na ampliação de uma gramática protetiva aos direitos dos cidadãos (IDEC, 2015).

O parágrafo primeiro do artigo 13 do Anteprojeto de 2015 trouxe uma redação crucial: "poderão ser igualmente considerados como dados pessoais para os fins desta lei os dados utilizados para a formação de perfil comportamental de uma determinada pessoa natural, ainda que não identificada" (ANTEPROJETO…, 2015). Com essa redação, o Anteprojeto posicionou-se claramente sob um viés coletivo e preventivo, atacando a problemática de reidentificação das pessoas a partir de dados inicialmente anonimizados e as técnicas de perfilização em grupo (HILDEBRANDT, 2008). Essa proposta foi mantida, com uma sutil mudança, e considerada um dos pilares mais importantes de atuação da sociedade civil organizada no período de atuação da Coalizão Direitos na Rede, por organizações como GPOPAI, Coding Rights, Intervozes e Idec. Diz a legislação atual:

> Art. 12. Os dados anonimizados não serão considerados dados pessoais para os fins desta Lei, salvo quando o processo de anonimização ao qual foram submetidos for revertido, utilizando exclusivamente meios próprios, ou quando, com esforços razoáveis, puder ser revertido.
> § 1º A determinação do que seja razoável deve levar em consideração fatores objetivos, tais como custo e tempo necessários para reverter o processo de anonimização, de acordo com as tecnologias disponíveis, e a utilização exclusiva de meios próprios.
> § 2º Poderão ser igualmente considerados como dados pessoais, para os fins desta Lei, aqueles utilizados para formação do perfil comportamental de determinada pessoa natural, se identificada.
> § 3º A autoridade nacional poderá dispor sobre padrões e técnicas utilizados em processos de anonimização e realizar verificações acerca de sua segurança, ouvido o Conselho Nacional de Proteção de Dados Pessoais. (BRASIL, 2018a).

Não sabemos exatamente em que momento, na Comissão Especial de Tratamento e Proteção de Dados Pessoais, ocorreu a mudança da expressão "ainda que não identificada" para a expressão "se identificada". Apesar da mudança específica da palavra, entendemos que, em uma interpretação sistêmica da LGPD, não há uma eliminação da tutela jurídica nas hipóteses de formação de perfil comportamental por dados anonimizados. Isso pois a LGPD adota um parâmetro de razoabilidade de reversibilidade no caput do art. 12. Além disso, três argumentos teóricos podem ser oferecidos aqui. O primeiro é que o paradigma da identificabilidade individual é inadequado para a proteção de dados pessoais. O segundo é que o processo de modulação comportamental baseado em profiling (exemplo: o encaixe de uma pessoa em um dos modelos analíticos do Mosaico da Serasa ou o encaixe de um usuário do TikTok em uma das categorias de comportamento emocional e de consumo) permite a produção de conhecimento modificada para essas pessoas, sendo este um dos bens jurídicos tutelados e não o uso lícito da informação em si, pois o enfoque está nas pessoas e não na tutela da informação. O terceiro é que, diante da centralidade da perfilização nas técnicas contemporâneas de aprendizado por máquinas, a inexistência de tutela jurídica seria incompatível com a lógica da legislação como um todo.

Com essa mudança, mesmo que aberta a um debate jurídico não totalmente resolvido, superou-se um modelo clássico e estático centrado nos tipos de dados coletados na origem, que seriam gatilhos de direitos individuais de acesso e controle, para um modelo contemporâneo de análise contextual (BIONI, 2020), centrado nas consequências dos usos de dados, no tipo de conhecimento produzido pela combinação de dados e técnicas de aprendizado em máquinas que operam com perfis (HILDEBRANDT; KOOPS, 2010) e nos possíveis ilícitos diante de inferências analíticas abusivas, derivadas de perfis (WATCHER; MITTELSTADT, 2019).

Na esteira do que formulado por Bioni (2015), Danilo Doneda e Diego Machado argumentam que o raciocínio jurídico por trás da Lei Geral de Proteção de Dados Pessoais não é mais o de "predileção semântica" entre dado pessoal e dado anônimo – como ocorrido na controvérsia de segunda consulta pública promovida pelo Ministério da Justiça –, adotando-se uma posição de *continuum*, de gradiente, a partir de uma concepção que assume como premissa que processos de anonimização podem levar à reidentificação, a partir do conjunto de técnicas computacionais mobilizadas para promover a reidentificação de indivíduos:

> Com uma abordagem orientada pelo risco, há o surgimento de propostas que visualizam entre o dado pessoal e o dado anônimo um gradiente de cores ou um *continuum* com categorias que superam a lógica binária dado pessoal/dado anônimo, informações a que não se aplicam o regime de proteção de dados pessoais. É nesse contexto que se coloca a ideia de dados pseudonimizados (DONEDA; MACHADO, 2019, p. 149).

Da segunda versão do texto em 2015 à finalização da redação final da LGPD em 2018, consolidou-se uma concepção jurídica centrada em: (i) riscos de reidentificação e (ii) exame de razoabilidade sobre reversibilidade de um dado considerado anonimizado (BIONI, 2015; DONEDA; MACHADO, 2019; BIONI, 2020). Apoiando-se em uma crítica à robustez da anonimização, presente no trabalho de Paul Ohm e a sua tese sobre o castelo de cartas e as falsas promessas desmoronadas pelas evidências empíricas da ciência da computação (OHM, 2010), Doneda e Machado (2019) sustentam que a LGPD orientou-se por uma moldura dinâmica, processual, que considera diferentes riscos de reidentificação no processo de anonimização, como "distinção" (possibilidade de se isolar alguns ou todos os registros que destacam uma pessoa em uma base de dados); "possibilidade de ligação" (capacidade de se estabelecer uma conexão entre pelo menos dois registros relativos ao mesmo indivíduo ou mesmo grupo de pessoas) e "inferência" (possibilidade de deduzir, com uma significativa probabilidade, o valor de um atributo a partir dos valores de um conjunto de atributos).

Nesse sentido, o dado anonimizado é considerado "dado relativo a titular que não possa ser identificado, considerando a utilização de meios técnicos razoáveis e disponíveis na ocasião de seu tratamento" (art. 5º, III, Lei 13.709/2018) (BRASIL, 2018a). Abandonando o conceito jurídico de dado anônimo, o modelo jurídico centra-se no conceito de anonimização ("utilização de meios técnicos razoáveis e disponíveis no momento do tratamento, por meio dos quais um dado perde a possibilidade de associação, direta ou indireta, a um indivíduo" [BRASIL, 2018a]), que é considerado em uma perspectiva provisória, não definitiva e sempre cercada por riscos. Como sintetiza Bruno Bioni, a escolha normativa feita no Brasil foi a rejeição da concepção reducionista e a utilização de um critério de razoabilidade, uma diretriz acerca do que pode ser um risco aceitável-tolerável (BIONI, 2020, p. 75-76), que demandará, pelos agentes decisórios, uma análise contextual dos fluxos das informações. Essa moldura aberta, contextual, centrada nos riscos às pessoas e abusividades de técnicas de análise inferencial e catalogação social, é um elemento central da dimensão coletiva da proteção de dados pessoais.

Nas disputas de posicionamentos e visões, consagrou-se o posicionamento dos acadêmicos de universidades públicas e especialistas de organizações da sociedade civil que defendiam a reversibilidade do dado anonimizado, tornando-o dado pessoal para os fins de aplicação da lei, um critério de "razoabilidade objetiva" para que desdobramentos da reversão gerem consequências jurídicas e uma conceituação específica para dados pessoais utilizados em "aferição algorítmica de perfil comportamental" (FALEIROS JUNIOR; MARTINS, 2021). Como destacam os professores Guilherme Magalhães Martins e José Luiz de Moura Faleiros Junior, o desenho final produz uma coletivização da proteção de dados pessoais, no sentido do reconhecimento de riscos e de um compromisso, por parte dos controladores de dados, de constante avaliação dos seus processos de anonimização à luz "das melhores técnicas da matemática e da ciência da computação" (FALEIROS JUNIOR; MARTINS, 2021, p. 393).

Ainda é cedo para avaliar o significado e impacto desse conjunto de obrigações e as implicações coletivas do dever de apresentação, ao público e à comunidade, de informações sobre as técnicas de anonimização utilizadas e os riscos associados a elas. Como notado por Sérgio Negri e Carolina Giovanini, a subutilização desses instrumentos pode levar a uma conduta de *"privacywashing"*, mobilizada como um verniz de legitimação para práticas abusivas e lesivas à proteção de dados pessoais:

> O problema da narrativa da anonimização é que, por vezes, os aplicativos se limitam a informar que utilizam dados anonimizados, mas não há qualquer informação sobre qual técnica de anonimização foi utilizada e os seus potenciais riscos. Quando a anonimização é utilizada apenas como um instrumento retórico capaz de afastar a aplicação de um regime de tutela mais rigoroso e criar uma falsa imagem de proteção de dados, pode-se falar de uma conduta de *privacywashing*. [...] A existência de dois regimes separados [dados pessoais e dados anônimos] pode levar a um comportamento empresarial estratégico voltado para explorar esses conceitos, isto é, as corporações podem passar a fundamentar suas políticas de privacidade nessa distinção para limitar ou eliminar as obrigações impostas pelo ordenamento. As técnicas de anonimização podem ser utilizadas discursivamente na exploração desta distinção, facilitando as técnicas de *privacywashing*. (NEGRI; GIOVANINI, 2020, p. 130-132).

As disputas sobre os *direitos dos titulares* mostram, também, um tensionamento entre dimensões individuais e coletivas da proteção de dados pessoais, vistas pelo vetor da incidência no processo legislativo. Associações de *lobby* empresarial, como a *Business Software Alliance* e a *US Business Council*, buscaram limitar os direitos dos titulares a partir de critérios de "esforços razoáveis" ou "razoabilidade" (sugerindo um "direito de acesso razoável a dados", que seria limitado quando o acesso apresentasse informações sobre outras pessoas e colocasse em risco privacidade e segurança de terceiros). A Federação Brasileira dos Bancos (Febraban) também sugeriu que os direitos de oposição ao tratamento de dados pessoais nas hipóteses de dispensa de consentimento somente pudessem ser exercidos mediante uma comprovação prévia de descumprimento da legislação, criando condicionantes para o exercício desses direitos.

No entanto, o Ministério da Justiça não se deixou influenciar por tais propostas. Além de manter a proposta inicial de quatro direitos básicos – confirmação de existência de tratamento de dados; acesso aos dados; correção de dados incompletos, inexatos ou desatualizados e anonimização, bloqueio ou eliminação de dados desnecessários, excessivos ou tratados em desconformidade com a lei – o governo incluiu mais três direitos sugeridos pela sociedade civil e por órgãos de defesa do consumidor: o direito de "portabilidade, mediante requisição, de seus dados pessoais a outro fornecedor de serviço ou produto"; o direito de "eliminação, a qualquer momento, de dados pessoais cujo tratamento o titular tenha consentido" e o direito de "aplicação das normas de defesa do consumidor, quando for o caso, na tutela da proteção de dados pessoais". Posteriormente, na finalização do texto da Comissão Especial da Câmara dos Deputados, esse direito de aplicação das normas do consumidor foi substituído por um parágrafo ao art. 18 da LGPD, que prevê que o direito de peticionamento instituído no § 1º do art. 18 também "poderá ser exercido perante os organismos de defesa do consumidor".

Em concordância com Doneda e Machado (2019), Bioni (2020) e Negri e Giovanini (2020), pode-se afirmar que o resultado do processo de disputas sobre a abrangência da tutela jurídica e o conceito de dados pessoais, na construção da Lei Geral de Proteção de Dados Pessoais, foi uma sofisticação da discussão em direção a uma concepção dinâmica e centrada nos riscos gerados às pessoas e à coletividade, diante de técnicas de reversibilidade do processo de anonimização. Além dos critérios objetivos de custo e tempo, a legislação trouxe um elemento de análise sobre "meios próprios" e técnicas disponíveis por terceiros, compondo uma espécie de matriz de risco para se analisarem as possibilidades de anonimização. A legislação trouxe, também, o conceito de "pseudonimização", um tratamento por meio do qual um dado perde a possibilidade de associação, direta ou indireta, a um indivíduo, senão pelo uso de informação adicional, mantida separadamente pelo controlador, em ambiente controlado e seguro. Essa solução aproximou consideravelmente o Brasil da União Europeia e do modelo jurídico construído na *General Data Protection Regulation*.

4.4.2. OS DIREITOS ASSOCIADOS AO PROFILING E OS LIMITES DOS DIREITOS COLETIVOS DE AVALIAÇÃO DE IMPACTO: UMA PREOCUPAÇÃO DA SOCIEDADE CIVIL

Em junho de 2016, em Porto Alegre, ativistas de doze organizações da sociedade civil fundaram a Coalizão Direitos na Rede, uma rede de entidades civis em defesa dos pilares do Marco Civil da Internet e da agenda de direitos digitais. Valendo-se da agregação de diferentes associações civis, bem como do apoio da Fundação Ford, a Coalizão Direitos na Rede exerceu um papel central nos debates sobre a Lei Geral de Proteção de Dados Pessoais desde a perspectiva dos interesses coletivos e difusos.

Um mês antes, em 13 de maio de 2016, iniciava-se a tramitação do Projeto de Lei 5276/2016, projeto de lei de proteção de dados pessoais preparado pelo Ministério da Justiça, em um dos últimos atos da Presidente Dilma Rousseff, ao lado do decreto de regulamentação do Marco Civil da Internet, a Política de Dados Abertos do governo federal e o programa Brasil Inteligente. Para reforçar a análise pelo Congresso, a Presidência instituiu regime de urgência, uma proposta consensuada com o senador Aloysio Nunes (PSDB/SP), relator do PLS 330/2013.

Um dos primeiros trabalhos da Coalizão, liderado por Bia Barbosa (Intervozes) e Renata Mielli (Barão de Itararé), foi a introdução da temática ao Deputado Orlando Silva, do PCdoB de São Paulo, para que ele repetisse uma condução da experiência do PL de Migração, no qual houve uma parceria de trabalho com outros partidos políticos, em formato multissetorial, como Bruna Furlan (PSDB-SP). A Coalizão, então, passou a operar e a incidir nas negociações políticas para constituição de uma Comissão Especial de Tratamento e Proteção de Dados Pessoais. Paralelamente, Orlando Silva articulou um movimento para que o PL 5276/2016, já apensado ao PL 4060/2012, tramitasse por quatro comissões da Câmara dos Deputados, o que deu início a uma Comissão Especial, habilitando uma "trilha rápida", o que foi aprovado por Rodrigo Maia, então presidente da Câmara dos Deputados.

Em 26 de outubro de 2016, a Comissão Especial foi criada e iniciou um trabalho colaborativo com diversas organizações civis e empresariais. Iniciou-se, também, um diálogo, por parte do relator Orlando Silva, com as entidades da Coalizão Direitos na Rede, em especial Intervozes, GPOPAI/USP, Artigo 19, Idec, Barão de Itararé, entre outros.

Os ativistas da Coalizão Direitos na Rede encontraram-se no final do ano em Guadalajara, no México, onde assinaram uma carta de afirmação de direitos para a Internet no Brasil e denunciaram as tentativas do governo Michel Temer de modificar a estrutura do Comitê Gestor de Internet. No mês seguinte, em janeiro de 2017, publicaram uma carta aberta em defesa do PL 5276/2016 por seis fatores (DIA..., 2017). Primeiro, por ser um projeto resultado do "amplo engajamento social" e da discussão colaborativa em duas etapas. Esse processo culminou em mais de 2.000 contribuições e resultou, na percepção da Coalizão, em uma "redação equilibrada, a fim de salvaguardar a inovação e a proteção da privacidade dos cidadãos".

O segundo ponto de defesa foi a abrangência dos fundamentos do PL 5276/2016, em especial do princípio da não discriminação. De acordo com a Coalizão, esse princípio seria central para lidar com "modelos de negócios baseados na criação de perfis e segmentação de pessoas" e usos de "softwares de previsão de crimes". Para a Coalizão, os princípios do PL 5276/2016 ofereceriam condições melhores de mitigação de riscos, que poderiam aprofundar "ainda mais as desigualdades estruturais do país e marginalizar segmentos inteiros da população".

O terceiro ponto de defesa da Coalizão foi um debate técnico sobre o tratamento baseado em legítimo interesse. Para a Coalizão, essa hipótese deveria ser uma "exceção à regra" de autorização do titular dos dados. Ao passo que o Projeto de Lei do Senado (PLS) 330/2013 havia caminhado para uma legislação mais flexível com relação ao legítimo interesse, o PL 5276/2016 impunha maiores "freios e contrapesos", como transparência para que o titular possa exercer direito de oposição, implementação de padrões de segurança para mitigar riscos à privacidade e possibilidade de auditoria e apresentação de "relatórios de impacto" exigidos por um "órgão competente".

O quarto ponto defendido pelos ativistas foi o cuidado do PL 5276/2016 com os riscos de reidentificação e o conceito de anonimização. A Coalizão alertou que, como a grande maioria dos cidadãos possui uma combinação única de data de nascimento, gênero e CEP, a combinação desses dados pseudonimizados poderia ser utilizada para identificar uma pessoa natural. Para os ativistas, o texto do 5276/2016 era superior ao do Senado com relação a uma demonstração efetiva de anonimização e aos cuidados com esse processo.

O quinto ponto da Coalizão foi a discussão sobre a centralidade dos perfis comportamentais e da perfilização (*profiling*). A produção de perfis seria uma das forças motrizes da economia digital que, ao invés de identificar precisamente um indivíduo, trabalharia na construção de "personas virtuais", que seriam utilizadas para "encaixar as pessoas em categorias para fins de segmentação". A carta aberta da Coalizão mobilizou um argumento explicitamente sociológico para o problema da perfilização no país. Segundo a manifestação das entidades, um dos perigos do "uso descontrolado do *profiling*" em países que lutam contra a desigualdade econômica é que os perfis "tendem a perpetuar e reforçar a desigualdade social e discriminação contra minorias raciais, étnicas, religiosas e outras". Para tanto, seria necessário garantir na legislação amplos poderes de auditoria, bem como conceitualizar a utilização de "dados para formação de perfil comportamental" como categoria jurídica que implica a aplicação da legislação de proteção de dados pessoais.

Como estratégia de acompanhamento sistemático dos projetos de lei e defesa do PL 5276/2016, a Coalizão Direitos na Rede se reuniu no Rio de Janeiro no início de 2017 e decidiu formular uma campanha nacional em defesa da proteção de dados pessoais. Em setembro de 2017, foi anunciada a campanha *Seus Dados São Você*, que consistia em um esforço arquitetado por diversas organizações na produção de pesquisas, matérias e ações cívicas em defesa de uma lei geral de proteção de dados pessoais. A Coalizão realizou duas ações imediatas de lançamento: um ato público no Seminário de Privacidade e Proteção de Dados Pessoais do Comitê Gestor da Internet, realizado em São Paulo, e um painel no VII Fórum da Internet do Brasil, realizado no Rio de Janeiro.

A campanha *Seus Dados São Você* tornou-se, também, um vetor de incidência política. Por meio da integração e da articulação estratégica de diversas ONGs – como Coding Rights, Idec, Intervozes, Artigo 19, Proteste, Nupef, entre outras –, as entidades civis passaram a organizar ações de incidência coletiva no parlamento, estreitando os laços com os deputados membros da Comissão Especial. A partir da alocação de pessoas dedicadas em Brasília para um diálogo permanente com parlamentares, a Coalizão passou a operar como uma rede com múltiplos nódulos – como, por exemplo, nódulos orientados à pesquisa jurídica sobre LGPD; outros nódulos mais focados em ações de grande impacto midiático e mobilização de redes sociais como Facebook e Twitter; outros nódulos voltados a soluções tecnológicas de anonimato e criptografia, em uma estrutura de "esfera pública em rede" (FARIS; ROBERTS *et al.*, 2016) com camadas funcionalmente distintas –, porém com esforço canalizado e coordenado de atuação estratégica em Brasília.

Entre outubro de 2016 e março de 2018, a Comissão Especial de Tratamento e Proteção de Dados Pessoais na Câmara dos Deputados, sob liderança dos deputados Orlando Silva e Bruna Furlan, realizou um conjunto de audiências públicas (11, no total) e dois seminários internacionais, promovendo uma espécie de "conciliação" dos múltiplos interesses em jogo, na tentativa de apresentar um texto substitutivo aos PLs 4060/2012 e ao PL 5676/2016 (BIONI; RIELLI, 2022). Orlando Silva e Bruna Furlan adotaram uma mesma estratégia de diálogo com as partes interessadas: abertura total ao diálogo e identificação dos pontos que seriam negociáveis ou inegociáveis no texto de lei, da perspectiva de múltiplas partes interessadas. Diversas empresas de setores específicos tentaram apresentar emendas para fragmentar o texto e criar diversos campos de exceção, porém quase todas as propostas foram rejeitadas, em defesa de uma estratégia de "lei geral".

O debate sobre *profiling* e direitos dos titulares voltou a ganhar centralidade a partir de uma espécie de reação do *lobby* empresarial, que agiu rapidamente para que a Comissão Especial de Tratamento e Proteção de Dados Pessoais fosse influenciada por um "Manifesto" do setor privado, contendo os principais elementos de uma suposta "melhoria" do texto legislativo proposto. Aproveitando a instauração da Comissão Especial e o início dos trabalhos de audiências públicas temáticas organizadas pelos deputados Silva e Furlan, a Brasscom elaborou um documento sobre "pontos críticos" do PL 5276/2016, entregue em mãos aos deputados membros da Comissão Especial.

Esses pontos críticos diziam respeito a potenciais colisões entre o Marco Civil da Internet e a LGPD (a ideia de que o MCI pudesse ser visto como "lei setorial específica", sobrepondo-se a uma "lei geral" como a LGPD); à aplicabilidade da lei somente nos casos em que os dados fossem "coletados e tratados no território nacional"; à definição do conceito de "dado pessoal" como aquele que "identifique de forma exata e precisa uma pessoa natural"; à limitação do princípio da finalidade para "propósitos legítimos" (eliminando as menções de finalidades específicas e explícitas); à eliminação do direito de acesso facilitado à forma e à duração do tratamento; à eliminação do direito de manifestação de oposição na hipótese de tratamento com base no legítimo interesse; à conceitualização da identificação "de forma exata e precisa" para reversibilidade da anonimização; à ampliação das possibilidades de transferência internacional de dados (incluindo incentivos à criação de programas de governança da privacidade pelas empresas) e à delimitação da responsabilidade civil dos controladores e operadores "dentro dos limites de sua atuação pelos danos decorrentes na cadeia de tratamento de dados" (BRASSCOM, 2016, p. 2-27).

Nota-se que a estratégia da Brasscom não foi de tentativa de limitação da tutela coletiva e dos mecanismos processuais de defesa de direitos, mas sim da *própria raiz da legislação*, propondo uma limitação do conceito mesmo de dado pessoal. Com essa estratégia, a Brasscom buscou impedir que a aplicabilidade da legislação de proteção de dados pessoais pudesse ocorrer em situações de perfilização, segmentação e clusterização (ZARSKY, 2002; HILDEBRANDT, 2008), justamente as situações nas quais há produção de dados inferenciais e consequências significativas de modulação comportamental em razão do tipo de "encaixe" que é feito de uma pessoa dentro dos perfis constituídos por processos de aprendizado por máquinas (WATCHER; MITTELSTADT, 2019). Dizia o texto da Brasscom:

> Um conceito amplo de dado pessoal pode inibir o desenvolvimento da economia e a inovação baseada em dados, na medida em que o tratamento engloba dados que são meramente relacionados às pessoas naturais. Uma conceituação ampla tornaria praticamente todos os dados produzidos pela atividade humana sujeitos à Lei, que não possam ser utilizados para identificar inequivocamente o titular, inibindo, desta forma, que novas empresas e novos modelos de exploração de tais dados para fins sociais e/ou econômicos desenvolvam-se no Brasil. [...] A informação de que uma pessoa gosta de esportes ou de literatura pode ser considerado um dado relacionado a uma pessoa, porém, isoladamente, esse tipo de informação é totalmente incapaz de efetivamente identificar uma pessoa natural ou de afetar de qualquer modo a sua privacidade e, portanto, não deveria ser considerado um dado pessoal (BRASSCOM, 2016, p. 4).

Posteriormente, uma versão sintética desse documento, com quatro páginas, foi produzida como um texto-síntese das posições da Brasscom. A Associação lançou um ataque centrado em uma visão minimalista de dados pessoais (BIONI, 2020), na redução de direitos dos titulares, na defesa de um regime de responsabilidade subjetiva e não solidária na cadeia de tratamento de dados e na facilitação dos fluxos internacionais de dados, reduzindo a capacidade de aplicação da lei.

O movimento gerou uma reação forte por parte do Idec e da Coalizão Direitos na Rede. Em dezembro de 2016, uma carta aberta aos membros da Comissão Especial foi produzida, contra-argumentando, item por item, o documento de posição da Brasscom. A movimentação da entidade acendeu um alerta, dentro da Coalizão, sobre a agenda de incidência de parte do setor privado. Boa parte da coordenação de esforços entre organizações da sociedade civil concentrou-se na garantia de participação em audiências públicas, na mobilização de fortes argumentos em defesa de um regime "garantista" (centrado nos direitos dos titulares de dados) e na desmobilização das tentativas de flexibilização e enfraquecimento do texto original do PL 5276/2016.

O resultado final da LGPD não cedeu às pressões de parte do setor privado de desconfiguração da legislação. Como notado por diversos autores (DONEDA, 2020; BIONI, 2020; ZANATTA; SOUZA, 2019; MARTINS, 2022), a Lei Geral de Proteção de Dados Pessoais orienta-se a uma adequada tutela individual e coletiva centrada nas *consequências dos usos dos dados pessoais*, concebidos de forma abrangente, como qualquer informação que possa levar à identificação de uma pessoa natural, incluindo informações utilizadas para formação de perfil comportamental, nos termos do art. 12, § 2º, que diz que poderão ser igualmente considerados como dados pessoais "aqueles utilizados para formação do perfil comportamental de determinada pessoa natural, se identificada".

Como visto, as estratégias de contenção das dimensões coletivas da proteção de dados pessoais no processo de construção da Lei Geral de Proteção de Dados Pessoais não se apresentaram a partir de uma oposição frontal ao modelo de tutela coletiva de direitos e à mobilização dos mecanismos judiciais já existentes desde a Lei da Ação Civil Pública e o Código de Defesa do Consumidor. Os embates jurídicos que buscaram tensionar a LGPD para uma dimensão individual, da perspectiva do *lobby* privado organizado, buscaram modificar os elementos basilares da legislação, retornando a uma matriz teórica que procurava relacionar identificabilidade, tratamento de dados pessoais de pessoa identificada e danos à privacidade individual. Em outras palavras, o tensionamento processual foi muito menor que o tensionamento material entre as dimensões individuais e coletivas.

4.4.3. O TENSIONAMENTO COM A MATRIZ INDIVIDUALISTA DE PROTEÇÃO DE DADOS PESSOAIS PROVOCADO PELO PROFILING

Como notado por Pedro Martins, "a proteção de dados, enquanto garantia que visa a proteger indivíduos contra riscos decorrentes de atividades de tratamento de dados, aplica-se em uma dimensão coletiva, já que essas atividades podem abranger toda uma sociedade" (MARTINS, 2022, p. 34), seja no caso de agências estatais ou no caso de grandes entidades privadas.

Um dos pontos centrais do *profiling* – que pode ser traduzido como perfilização ou como perfilhamento – é que tal técnica se relaciona muito mais a grupos sociais do que a indivíduos em si, o que provoca uma tensão na matriz individualista da proteção de dados pessoais. Na década de 1990, Roger Clarke já havia percebido tal fenômeno ao problematizar os avanços das ciências da computação e a vasta produção de dados pessoais que ocorreria com o avanço dos microcomputadores e da Internet comercial. Para Clarke, as técnicas de inferência sobre características da "classe de uma pessoa", a partir da análise estatística de experiências passadas de pessoas com mesmos padrões comportamentais, teriam papel central em uma economia centrada em dados. Como notado por Clarke, o *profiling* permitiria também ajustes finos e um processo permanente de enriquecimento de dados e ajustes aos conjuntos de atributos e características (CLARKE, 1993). Dada a sofisticação de seu funcionamento, ele seria um "desafio oculto" na regulação de uma economia de vigilância datificada.

Ao teorizar sobre a ubiquidade do *profiling* no capitalismo de dados contemporâneo, a filósofa do direito Mireille Hildebrandt identificou algumas características que são ainda mais perturbadoras, sob a perspectiva de uma completa inadequação às molduras jurídicas tradicionais de proteção de dados pessoais. Primeiro, porque, com o advento do *automated profiling*, máquinas são pré-programadas para recuperarem correlações inesperadas em massas de dados agregados em grandes bancos de dados. Segundo, pois o *automated profiling* é uma forma distinta de produção de conhecimento. Ele é um processo de descoberta de conhecimento em bases de dados do qual a mineração de dados faz parte, integrando as etapas de registro de dados; agregação e monitoramento; identificação de padrões nos dados; interpretação de resultados; checagem dos resultados e monitoramento de dados futuros e aplicação dos perfis (HILDEBRANDT, 2008). Terceiro, porque, com a *overdose* de "dados triviais" sobre nossos movimentos, temperaturas, interações com objetos, interações com coisas, seria possível constituir um novo tipo de conhecimento sobre nossos hábitos, preferências e o estado do ambiente, com enfoque na análise e na predição de aspectos comportamentais. O enfoque do *profiling* não está na análise de atributos individuais de uma pessoa. Ele está na produção de um conhecimento a partir de massas de dados capazes de inferirem e anteciparem o comportamento de pessoas que são encaixáveis em um determinado perfil.

O tensionamento com as dimensões coletivas pode ser mais bem compreendido a partir das características do *group profiling* e do *automated profiling*, conduzidos de forma automatizada por máquinas e que podem basear-se em "conjuntos menores de elementos compartilhando uma ou mais correlações com outros elementos" ou "generalizações desses conjuntos de elementos em uma categoria" (HILDEBRANDT; GUTWIRTH, 2008, p. 3), uma espécie de *cluster* que pode ser descoberto como resultado das técnicas de mineração de dados. Tal como percebido pelos técnicos do Conselho da Europa em 2010, a preocupação está na capacidade de agregação de informações sobre grupos populacionais, estabelecendo correlações que sejam capazes de criar perfis grupais que possam ser aplicados para classificar indivíduos por meio dessa identificação com um perfil e, assim, predizer estatisticamente seu comportamento futuro (COUNCIL OF EUROPE, 2010, p. 23).

Como explica Mireille Hildebrandt, o *profiling* automatizado envolve tanto um conjunto de tecnologias (RFID, sensores, computadores) quanto um conjunto de técnicas, como limpeza, agregação e mineração de dados. A junção das tecnologias com as técnicas dá origem às práticas de *profiling*, que servem para a construção e a aplicação de perfis com ou sem intervenção humana (HILDEBRANDT, 2008, p. 17-18). Para Hildebrandt, essa "perfilização automatizada", em linhas gerais, pode ser definida como um processo de descoberta de correlações de dados em bases de dados – que podem ser utilizadas para identificar ou representar um sujeito humano ou não humano, individual ou em grupo – e de aplicação de perfis (conjuntos de dados correlacionados) que individualizem e representem um sujeito ou identifiquem um sujeito como membro de um grupo ou categoria (HILDEBRANDT, 2008, p. 41). Os perfilizadores não estão interessados em *causas ou razões*, diz Hildebrandt, mas simplesmente em uma *predição confiável*, que permita uma decisão adequada. Em sentido filosófico, trata-se de uma radicalização do pragmatismo de Charles Sanders Peirce, no sentido de um conhecimento puramente centrado nos *efeitos*, que dispensa uma elaboração conceitual prévia (HILDEBRANDT, 2008, p. 18). Como dito anteriormente, na mineração de dados, as hipóteses emergem das correlações e as respostas são dadas para perguntas que não foram previamente formuladas.

O elemento nada trivial do *profiling* é justamente entender as possibilidades de uma perfilização automatizada em grupo que não leve em consideração informações pessoais e individuais como relevantes. Conforme explicado por Hildebrandt, o imperativo do *group profiling* é estabelecer correlações entre os dados e constituir uma categoria que possua certos atributos. Isso ocorre por meio de meios técnicos de clusterização e associação, muito bem descritos por Tal Zarsky em um pioneiro artigo publicado no *Yale Journal of Law and Technology*, que aborda as origens e o funcionamento das técnicas de *Knowledge Discovery in Databases* – mais conhecido como "KDD" (ZARSKY, 2002).

A clusterização tem por objetivo dividir uma base de dados em diversos subgrupos homogêneos (ZARSKY, 2002, p. 10). Por exemplo, em uma análise sobre usuários do aplicativo Tinder (aplicativo de encontros), poderiam ser encontradas traços similares e inesperados entre as pessoas, de forma não pré-definida. A clusterização com base em KDD poderia levar a um sub-agrupamento entre pessoas que manifestam opinião política em seu perfil com tipos de aparelhos celulares utilizados, por exemplo. Poderia levar a outro sub-agrupamento entre usuários solitários em festividades como Natal, Ano Novo e Dia dos Namorados. E assim por diante. O objetivo da clusterização é buscar certo nível de "afinidade estatística" (ZARSKY, 2002, p. 10), criando divisões em grupos a partir da força das correlações entre diferentes variáveis. A clusterização, enfim, cria aquilo que Hildebrandt chama de "categorias", e não comunidades pré-existentes, sendo que os membros do grupo clusterizado *não necessariamente sabem* que estão formando uma comunidade (mesmo que apenas de cunho estatístico e virtual). Em seu artigo, Tal Zarsky argumentou que a clusterização e a perfilização são comuns no mercado de seguros para fins preditivos, representando economias com relação ao custo de obtenção de informações adicionais sobre novos clientes.

Um segundo elemento importante da perfilização é o que Tal Zarsky chamou de "regras de associação" (ZARSKY, 2002, p. 12-15). Há praticamente duas décadas, Zarsky havia notado que a Amazon utilizava algoritmos sofisticados de identificação de preferências a partir da descoberta de relações entre os seus usuários. Assim, apenas pela pesquisa sobre certos tipos de livros (*e.g.* livros sobre privacidade e proteção de dados pessoais) é possível identificar gostos musicais com alta probabilidade de acerto, em razão da análise de informações do que as pessoas que compraram livros de privacidade escutaram e compraram de discos. Inexistindo uma variação gritante entre estilos musicais preferidos entre os usuários que compraram tais livros, por exemplo, podem-se construir diversas regras lógicas preditivas (Se A=1 e B=1 então C=1 com probabilidade P; Se A=1 e não B=1 então C=1 com probabilidade P, etc.), considerando-se a ocorrência relativa e o grau de veracidade da regra diante de uma amostra populacional (ZARSKY, 2002, p. 12-14). Nesse sentido, Zarksy afirmou, já em 2002, que uma das grandes apostas da economia de aplicações de Internet – incluindo seus sistemas de recomendações – seria o *profiling* com base na clusterização e nas regras de associação, o que poderia gerar situações de discriminações socialmente desejáveis ou reprováveis (ZARSKY, 2002, p. 23-26).

Mireille Hildebrandt elaborou também uma divisão entre perfil distributivo (*e.g.* categoria de mulheres solteiras que possuem o atributo de não serem casadas) e perfil não distributivo (um grupo onde nem todos os membros compartilham dos atributos do perfil do grupo) nas práticas de perfilização. Segundo ela, "o uso de perfis não distributivos implica que os perfis são sempre probabilísticos" (HILDEBRANDT, 2008, p. 21), pois se baseiam na chance de que certa correlação irá ocorrer, com base em ocorrências passadas. Eles são os comumente usados nas indústrias de seguros, CRM (*Customer Relationship Management*), discriminação de preços e automação decisória no sistema de justiça (HILDEBRANDT, 2008, p. 21-22).

Assim como Schertel Mendes e Mattiuzzo (2019), Hildebrandt entende que a generalização e a perfilização são fenômenos corriqueiros, cotidianos e desejáveis para a vida cívica, na esteira do pensamento de Frederick Schauer. O problema, para Hildebrandt, é o surgimento de uma perfilização "maquínica autonômica", que se apoia em um comportamento autonômico no qual redes de máquinas tratam dados, constroem conhecimento e tomam decisões sem qualquer tipo de intervenção ou consciência humana. O que preocupava Hildebrandt, há mais de dez anos, era o avanço da indústria de computação e aplicações de Internet que pudessem operacionalizar um tratamento completamente automatizado de dados pessoais, sem intervenção humana, com capacidade de agregação e monitoramento de dados, identificação de padrões nos dados, interpretação de resultados, aplicação de perfis e construção de correlações entre atributos entre indivíduos associados a esses perfis, criando uma espécie de "overdose de dados triviais" sobre nossos movimentos e interações com pessoas e coisas, e um conhecimento aplicável sobre nossos hábitos, preferências e até mesmo o estado do ambiente (HILDEBRANDT, 2008, p. 16-20). Não é sem razão que Hildebrandt e Bar Koops afirmaram, em influente ensaio na *Modern Law Review*, que a sociedade estaria entrando na "era da perfilização" (HILDEBRANDT; KOOPS, 2010).

A tipologia de Hildebrandt não é a única e tampouco é ilesa a críticas. Em um comentário à proposta teórica de Mireille Hildebrandt, o matemático David-Olivier Jaquet-Chiffelle argumentou que a distinção entre perfilização individual e em grupo é insuficiente (JAQUET-CHIFFELLE, 2008, p. 34). O autor, então, considera desejável o estabelecimento de uma distinção entre perfilização *direta* (que ocorre quando o titular de dados utilizado para definir a persona digital com seu perfil são os mesmos) e perfilização *indireta* (quando a aplicação dos perfis é deduzida de outros titulares de dados para um usuário final). Ao passo que a perfilização direta é mais confiável, a perfilização indireta utiliza todo o potencial do conhecimento baseado em categorização e generalização (JAQUET-CHIFFELLE, 2008, p. 42-43).

No entanto, independentemente das críticas sobre a melhor forma de taxonomia e classificação dos tipos de perfilização, o fato é que a perfilização automatizada é um dos cernes de preocupação dos estudos contemporâneos sobre proteção de dados pessoais, dada a complexidade de uma proteção jurídica que não é mais centrada estritamente nos tipos de dados pessoais coletados, na identificação de uma base legal para o tratamento desses dados e nos direitos individuais que podem ser exercidos pelos titulares dos dados pessoais, como acesso, correção, oposição, etc.

Pode-se dizer que o *group profiling* (traduzido aqui como "perfilização em grupo") cria uma "formação social" específica, uma espécie de "interesse difuso algorítmico" ou um "interesse difuso correlacional", que, por sua vez, cria uma *afetação coletiva* pelo fato de as pessoas estarem submetidas a um mesmo processo de descoberta de conhecimento em uma grande massa de dados *da qual fazem parte*, e pelo fato de contribuírem para que seus dados gerem novos processos de correlação e construção de perfis que afetam, de forma subsequente, seus comportamentos por modulações preditivas. Esse ponto é bem observado pelos pesquisadores brasileiros Pedro Bastos Lobo Martins e David Salim Santos Hosni, da Universidade Federal de Minas Gerais. Eles notam que:

> nos grupos formados por meio de *clustering*, não há relações sociais pré-existentes, como naqueles formados por uma categorização tradicional, o que dificulta o exercício de direitos, principalmente se criarem novos grupos vulneráveis à discriminação e que eram, até então, imperceptíveis. Assim, o sujeito pode ser colocado em grupos que sequer poderia imaginar que fizesse parte, junto a pessoas que nunca imaginou ter algum tipo de relação, alterando sua percepção de pertença social. (LOBO MARTINS; HOSNI, 2020, p. 83).

Um dos obstáculos intelectuais para uma adequada teorização sobre proteções jurídicas coletivas diante da perfilização automatizada em grupo é a "camisa de força" do possessismo individualista que domina as discussões sobre *informational privacy* (RICHARDSON, 2016) e que contamina, por sua vez, o debate sobre proteção de dados pessoais. Antoinette Rouvroy, nesse sentido, claramente identificou que precisamos "levar em consideração a natureza *relacional*, e também *coletiva*, dos dados" (ROUVROY, 2018, p. 427). Para ela, o dado é a transcrição digital de uma relação entre o indivíduo e seu ambiente, que adquire utilidade, no contexto de análises de *Big Data*, ao relacioná-lo com dados emitidos pelo comportamento de *outros indivíduos*. Nesse sentido, as promessas de maior controle individual por parte dos indivíduos sobre seus dados oferecem apenas um "controle de fachada" (ROUVROY, 2018, p. 428). No mesmo sentido,

Hildebrandt e Koops identificaram no *profiling* um elemento de reconfiguração do ambiente sociotécnico, sendo necessário estabelecer uma nova linguagem sobre Estado de Direito e direitos constitucionais com relação a correlações que não ocorrem no nível individual, mas também nos níveis mais genéricos ou com dados anonimizados, suficientes para perfilização em grupo (HILDEBRANDT; KOOPS, 2010, p. 439).

É preciso enfrentar os fatos: "nem o princípio do consentimento individual para o tratamento de dados pessoais, nem os sistemas mais bem intencionados de *privacy by design* seriam capazes de conter o tsunami de dados" (ROUVROY, 2018, p. 428). Insistir nos mecanismos típicos do final do século XX reforçaria um manto de legalidade para as práticas atuais. Para ela, as *privacy enhancing technologies* (PETs) permitiriam intensificar ainda mais a proliferação de dados, conformando-os ao estado de direito positivo, sem a capacidade de enfrentar os desafios apresentados pelos "dados massivos" (ROUVROY, 2018, p. 428). Sem uma ressignificação mais profunda sobre os direitos fundamentais e a natureza coletiva dos dados, as leis de proteção de dados pessoais tendem a criar um manto de legalidade para processos cada vez mais sofisticados de perfilização e decisão automatizada baseada em dados.

Partindo de Antoinette Rouvroy, pode-se afirmar que a governamentalidade algorítmica projeta modulações comportamentais no futuro a partir da ampliação das capacidades de análise de como grupos populacionais se comportam, sem necessariamente promover uma "violação à privacidade" no sentido tradicional. Essa análise do comportamento futuro pode se dar por uma sofisticada combinação de análises de metadados – *e.g.* informações de endereço I.P., tipo de aparelho utilizado, características específicas de uma aplicação da Internet (atualização, versão, etc.), geolocalização, quantidade de abertura de um aplicativo em determinados horários, informações de movimentação de um *smartphone*, proximidade a *beacons* emissores de *bluetooth low energy* – que busca "encaixar" uma pessoa em um grupo.

Em ensaio publicado anteriormente, argumentamos como informações obtidas por meio de SDKs em *smartphones* são capazes de realizar inferências muito precisas sobre hábitos de consumo de pessoas em supermercados, como o faz a empresa InLoco, atualmente chamada de Incognia, que cria clusterizações sobre consumidores em grupo, direcionando publicidade a eles (ZANATTA; ABRAMOVAY, 2019). Nessa economia política, importa muito mais a capacidade de inferência e predição do que qualquer tipo de interceptação de mensagens ou intrusão em assuntos ditos particulares.

Exemplificando este "interesse difuso correlacional": imagine uma situação onde milhares de pessoas utilizam o aplicativo CifraClub no celular, que é gratuito. Este aplicativo utiliza um SDK capaz de transmitir dezenas de metadados, como Device ID e informações de localização a partir de beacons que captam emissão de Bluetooth de baixa frequência, dividindo usuários que utilizam celulares iPhone e Samsung. Tais dados são transmitidos a uma outra empresa, que os explora comercialmente para criação de técnicas de profiling para publicidade comportamental, não utilizando identificadores pessoais como nome ou número de telefone. Se essas pessoas forem categorizadas dentro de uma categoria específica (exemplo: frequentadores de Sex Shops de baixa renda) e essa informação for utilização de forma detrimental a essas pessoas, ofendendo sua dignidade, surge um interesse difuso correlacional, pois as técnicas de perfilização fizeram surgir uma formação social específica. E aqui estamos diante de um interesse difuso, independentemente de existir ou não existir uma relação jurídica base e uma relação social pré-existente. Apesar de essas pessoas não se conhecerem e nem saberem que seus metadados estão sendo extraídos de seus aparelhos, há um interesse difuso a ser protegido pelas formas intermediárias da sociedade, como Defensorias Públicas, Ministério Público e ONGs. Não seria viável atribuir direitos individuais de controle sobre os dados para essas pessoas, mas é crucial atribuir poderes de investigação aos órgãos de defesa de direitos difusos e coletivos, estimulando inquéritos civis participativos que podem conduzir investigações e métodos de engenharia reversa para identificar se uma técnica de profiling cria uma situação abusiva ou se utiliza de discriminações por proxy que são abusivas.

Por mais que pareça trivial afirmar que existe uma natureza *relacional* dos dados pessoais, ao se deslocar essa dimensão coletiva para uma relação entre indivíduos, ambiente e outros indivíduos, há um ganho de clareza analítica sobre a produção social, mediada por dispositivos e computadores, que dá sustentação aos dados pessoais, o que fortalece uma identificação dos interesses difusos nessa disciplina jurídica. No entanto, como será argumentado a seguir, essa clareza analítica existente na literatura contemporânea está distante de se concretizar nos sistemas de justiça. A perfilização automatizada, dentro de uma lógica de governamentalidade algorítmica, não é vista como danosa ou ilícita *per se* em grande parte das jurisdições. Há um duplo calcanhar de Aquiles: de um lado, o argumento de anonimização e de não utilização de informações relacionadas a uma pessoa natural identificável, de outro, o argumento de que não há danos concretos às pessoas afetadas por processos de perfilização. É contra isso que se voltam associações civis e entidades que compõem processos de negociações coletivas.

A explicitação dessa dimensão coletiva não é evidente na Lei Geral de Proteção de Dados Pessoais. É claro que a legislação é explícita, no art. 20, ao mencionar que o titular dos dados tem:

> [...] direito a solicitar a revisão de decisões tomadas unicamente com base em tratamento automatizado de dados pessoais que afetem seus interesses, incluídas as decisões destinadas a definir o seu perfil pessoal, profissional, de consumo e de crédito ou os aspectos de sua personalidade (BRASIL, 2018a)

Igualmente, a LGPD afirma que "a defesa dos interesses e dos direitos dos titulares de dados poderá ser exercida em juízo, individual ou coletivamente, na forma do disposto na legislação pertinente, acerca dos instrumentos de tutela individual e coletiva" (art. 22) e que "as ações de reparação por danos coletivos que tenham por objeto a responsabilização [...] podem ser exercidas coletivamente em juízo, observado o disposto na legislação pertinente" (art. 42, § 3º) (BRASIL, 2018a).

No entanto, a lei não é explicitamente orientada a direitos que possam ser efetivamente exercidos de forma coletiva com relação aos tratamentos de dados pessoais de alto risco. Por exemplo, não há direitos de participação reconhecidos explicitamente que permitem que organizações da sociedade civil possam questionar as metodologias de elaboração dos relatórios de impacto à proteção de dados pessoais (MANTELERO, 2016). Não há direitos difusos explicitamente reconhecidos que estruturam direitos de contestação de inferências analíticas feitas sobre categorias de pessoas a partir de técnicas de perfilização, em especial nas situações em que não há dados relacionados a pessoas identificadas e combinação de dados anonimizados (WATCHER; MITTELSTADT, 2019). Não há direitos explicitamente coletivos ou difusos que habilitariam direitos de participação em processos de discussão metodológica sobre "tratamento de alto risco", garantindo uma certa porosidade dos interesses difusos no momento de avaliação sobre "riscos a liberdades civis" realizados por controladores (QUELLE, 2018). Não há, também, direitos difusos explicitamente reconhecidos que permitam que grupos minoritários possam impedir que uma tecnologia altamente repressiva possa ser imediatamente impedida de circulação, por violação sistemática de direitos civis e de igualdade (ALLEN, 2021).

4.5. CONCLUSÃO DO CAPÍTULO

A presença permanente de acadêmicos e organizações da sociedade civil no processo de construção da Lei Geral de Proteção de Dados Pessoais permitiu importantes mecanismos de contenção diante das tentativas de fragmentação e desconfiguração da legislação em uma perspectiva reducionista e individualizante. Esse fenômeno pode ser visto como uma espécie de "contramovimento jurídico" (COHEN, 2019), em tempo real, às tentativas de fragilização da legislação de proteção de dados pessoais.

Visto pelo prisma do vetor da incidência legislativa, proposto neste capítulo, o tensionamento entre as dimensões individual e coletiva da proteção de dados pessoais no Brasil apresentou algumas características notáveis.

Contrariando a hipótese original de pesquisa, observou-se que o *locus* do tensionamento não ocorreu nas disputas sobre a tutela coletiva. Em razão de uma trajetória sólida de construção de cultura jurídica afeita ao microssistema de direitos difusos, bem como da linguagem de direitos individuais e coletivos do Marco Civil da Internet, a LGPD foi pensada, desde o início, a partir de amplos mecanismos de acesso à justiça e de tutela coletiva à proteção de dados pessoais. Os desenhos do art. 22 e do art. 42, § 3º permaneceram praticamente inalterados.

Curiosamente, o *lobby* corporativo utilizou da linguagem da tutela coletiva e da existência do Sistema Nacional de Defesa do Consumidor – que envolve Ministérios Públicos, Defensorias Públicas, Procons, Delegacias Especializadas, Senacon e ONGs – para se contrapor à criação de uma Autoridade Nacional de Proteção de Dados Pessoais, gerando um fenômeno que pode ser descrito como "remédio virando veneno". A partir de uma lógica tortuosa, e contrariando as teorias sobre tutela adequada de direitos coletivos – que envolvem, necessariamente, uma autoridade autônoma dedicada a um tema altamente complexo, como a proteção de dados pessoais –, empresas de telecomunicações mobilizaram um argumento retórico para evitar o redesenho de um modelo regulatório centrado em direitos fundamentais em uma estrutura adequada de *enforcement*.

A interpretação proposta neste capítulo é a de que as tentativas de oposição a uma concepção coletiva da proteção de dados pessoais no Brasil ocorreram em disputas materiais sobre os conceitos jurídicos basilares da legislação, como o conceito de "dado pessoal", o conceito de "dado anonimizado" e as tentativas de vinculação dos ilícitos com danos à privacidade individual dos cidadãos. Por mais que essas tentativas não tenham sido exitosas da perspectiva do processo político, elas revelam um conflito teórico mais profundo e uma concepção ainda dominante sobre a natureza dos direitos à proteção de dados pessoais, mesmo que em disputa. O paradigma da "identificabilidade" (WATCHER; MITTELSTADT, 2019) ainda é dominante em grande do pensamento jurídico e político. Essa forma de pensamento tende a isolar os problemas de proteção de dados pessoais somente aos casos em que um indivíduo identificado tem o seu dado pessoal tratado de forma irregular ou ilícita, gerando efeitos discriminatórios ou consequências danosas.

No entanto, os problemas contemporâneos de proteção de dados pessoais estão menos relacionados aos indivíduos e mais relacionados ao modo como coletividades são rotuladas, catalogadas e discriminadas de forma imperceptível, a partir de informações que são produzidas por meio de correlações estatísticas feitas por processos de perfilização e aprendizado por máquinas. O elemento não trivial da perfilização é justamente entender as possibilidades de uma perfilização automatizada em grupo que não leve em consideração informações pessoais e individuais como relevantes. Conforme explicado por Hildebrandt, o imperativo da perfilização em grupo é estabelecer correlações entre os dados e constituir uma categoria que possua certos atributos. Isso ocorre por meio de meios técnicos de clusterização e associação. A perfilização automatizada em grupo apresenta um desafio específico para a proteção coletiva dos dados pessoais, por envolver correlações que não possuem predefinição humana; a construção de um conhecimento específico a partir de uma grande massa de dados supostamente triviais e desinteressantes no nível desagregado; e um processo automatizado de tratamento de dados que objetiva a produção de conhecimento e a análise e a predição de comportamentos pessoais, profissionais, de consumo e de crédito em perspectiva social e relacional (HILDEBRANDT, 2008).

Como observado por diversos trabalhos internacionais e nacionais (HILDEBRANDT, 2008; HILDEBRANDT; KOOPS, 2010; MANTELERO, 2016; MITTELSTADT, 2017; ZANATTA; SOUZA, 2019; ZANATTA, 2021;

MARTINS, 2022), essa perfilização em grupo cria uma "formação social" específica, uma espécie de interesse difuso algorítmico ou um interesse difuso correlacional, que cria uma afetação coletiva pelo fato de as pessoas estarem submetidas a um mesmo processo de descoberta de conhecimento, em uma grande massa de dados da qual fazem parte, e pelo fato de contribuírem para que seus dados gerem novos processos de correlação e construção de perfis que afetam, de forma subsequente, seus comportamentos por modulações preditivas.

CAPÍTULO 5. **A DEFESA DE DIREITOS DE PROTEÇÃO DE DADOS PESSOAIS NAS CORTES: O INDIVIDUAL E O COLETIVO NO SISTEMA DE JUSTIÇA**

Qual o sentido do tensionamento entre aspectos individuais e coletivos na proteção de dados pessoais no Brasil? Que lições podem ser extraídas das ações civis públicas em proteção de dados pessoais formuladas por Ministério Público, Defensorias Públicas e organizações da sociedade civil e dos processos de defesa de direitos?

Como argumentado, há múltiplos vetores que dão sentido ao tensionamento entre aspectos individuais e coletivos na proteção de dados. Um deles – talvez um dos mais relevantes – é o *vetor de advocacia de interesse público*, que permite focalizar os efeitos práticos desses tensionamentos no Poder Judiciário, dadas as características de acesso à justiça (SOUSA SANTOS, 2011) e o estilo latino-americano de "direito de interesse público" (SÁ; SILVA, 2017), muito mais afeito a questões coletivas e difusas, ao invés de ser voltado à seleção de casos individuais de alto impacto. Essa advocacia apresenta-se mais como defensora de causas do que de clientes (CARDOSO, 2019). Ela se estrutura a partir das características específicas do sistema de justiça no Brasil e das possibilidades de atuação por meio das ações civis públicas (GABBAY, COSTA; ASPERTI, 2019). Trata-se de vetor importante, considerando-se o diagnóstico de que, muito antes da aprovação da LGPD, a formação de uma cultura de proteção de dados pessoais já estava posta, em razão da atuação de litigantes que exploravam, no Judiciário (BESSA; NUNES, 2021), as potencialidades da tutela coletiva (LEONARDI, 2012).

Este capítulo apresenta os resultados de uma análise empírica de ações civis públicas formuladas entre 2012 e 2022, que podem ser qualificadas como "advocacia de interesse público em proteção de dados pessoais". Mobilizadas pelo Ministério Público, pelas Defensorias Públicas e por organizações da sociedade civil, elas evidenciam um fenômeno importante: paralelamente aos esforços de criação de uma Lei Geral de Proteção de Dados Pessoais, o sistema de justiça foi mobilizado para resolver casos complexos de privacidade e proteção de dados pessoais. Esses casos tentam formular aquilo que Ignacio Cofone chama de novas teorias do dano por meio de ações coletivas (COFONE, 2021). O capítulo conta a história dos principais litígios existentes e argumenta como eles evidenciam a complexidade do direito à proteção de dados pessoais, especialmente em sua dimensão coletiva.

O estudo das ACPs tem uma razão específica. Não se busca uma análise quantitativa dessas ações ou uma discussão voltada a aspectos de "jurimetria", como a porcentagem de pedidos cautelares admitidos em primeira instância, analisando-se as variações entre pedidos do Ministério Público e das ONGs, ou a identificação de tendências, por uma análise de padrões repetidos de argumentação. O interesse da análise também não consistiu em extrair informações sobre semelhanças ou diferenças entre as ações ou em comparar resultados distintos de litigância, a depender de quais eram as partes e quais as causas de pedir. O objetivo da análise das ações civis públicas era o de extrair sentido sobre as tensões entre aspectos individuais e coletivos da proteção de dados pessoais, avaliando o modo como as narrativas sobre o ilícito foram formuladas, as estratégias mobilizadas pelos litigantes e os resultados práticos obtidos nas Cortes.

A finalidade da análise é também deslocar o sentido de interpretação sobre esse tensionamento para o interior do "sistema de justiça" (SADEK, 2004), considerando a intensa juridificação das relações e as múltiplas possibilidades de acesso ao Judiciário para a defesa de direitos, em especial por meio das ações civis públicas (VIANNA; BURGOS, 2005). A vantagem metodológica dessa análise é compreender movimentações relevantes entre a sociedade civil, "ativistas da privacidade" (BENNETT, 2008) e uma estrutura já coletivizada de defesa de direitos, como a existente no Brasil (SOUSA SANTOS, 2011).

Apesar da existência de múltiplos estudos que tratam das possibilidades das ações civis públicas na proteção de dados pessoais no Brasil (ROQUE, 2019; ZANATTA; SOUZA, 2019; LOBO MARTINS; HOSNI, 2020), não há, na literatura especializada, uma avaliação abrangente sobre as articulações por trás desses litígios na última década, os obstáculos enfrentados na defesa de novas teses no Judiciário e os caminhos para ampliação de uma estratégia de tutela que não se volta aos sujeitos como indivíduos, "mas como pertencentes a certos grupos" (DAMASIO GOULART, 2022, p. 277). Nesse sentido, o capítulo apresenta contribuições inéditas e relacionadas às hipóteses formuladas por Marcel Leonardi (2012) e Laura Schertel Mendes (2014) sobre a efetividade desses direitos por meio dos mecanismos de tutela coletiva e as possíveis interações entre o sistema de justiça e a sociedade civil organizada.

Em razão do recorte metodológico, relacionado a uma advocacia de interesse público de natureza civil (CAPPELLETTI, 1985), não foram analisadas ações civis públicas trabalhistas, que possuem uma crescente importância no debate de proteção de dados pessoais.

5.1. A OCUPAÇÃO DE PODER PELO MINISTÉRIO PÚBLICO DO DISTRITO FEDERAL E TERRITÓRIOS (MPDFT)

O Ministério Público é um órgão público de representação dos interesses da sociedade, responsável pela defesa da ordem jurídica, do regime democrático e dos interesses sociais e individuais indisponíveis, segundo artigo 127 da Constituição Federal. O Ministério Público divide-se entre Ministérios Públicos dos Estados (por exemplo, MP do Estado do Rio de Janeiro e o MP do Estado de São Paulo) e Ministério Público da União, que se divide entre Ministério Público Federal (MPF), Ministério Público do Trabalho (MPT), Ministério Público Militar (MPM) e Ministério Público do Distrito Federal e Territórios (MPDFT).

Esta seção analisa especificamente a atuação do MPDFT em proteção de dados pessoais nos últimos dez anos e o desenvolvimento de sua trajetória em duas ACPs emblemáticas. A primeira, *MPDFT v Lulu/Facebook*, serviu como germe de uma atuação institucionalizada e representou uma vitória significativa para os direitos coletivos de dados pessoais. A segunda, *MPDFT v Telefônica*, é reveladora de um conjunto de erros táticos e de uma polêmica envolvendo a *Cambrigde Analytica*.

5.1.1. *OS CASOS LULU, UBER E NETSHOES: A INSTITUCIONALIZAÇÃO DA AGENDA DE PROTEÇÃO DE DADOS PESSOAIS NO MPDFT*

Como reconhecido por alguns membros do MPDFT, o caso inaugural de atuação em proteção de dados pessoais e tutela coletiva, ao menos dentro do MPDFT, foi o "caso Lulu" (*MPDFT v Lulu/Facebook*), surgido em 2013, quando ganhou as principais páginas dos jornais brasileiros. A polêmica em torno do aplicativo Lulu começou a partir de uma iniciativa, surgida inicialmente nos EUA, que combinava dados de usuários da rede social Facebook com um sistema de avaliação de desempenho sexual de pessoas que já tinham tido um relacionamento. Tratava-se de um aplicativo para celular. Por meio dele, uma pessoa, que poderia se conectar a partir de um *plugin* do Facebook, poderia fazer uma avaliação de outra pessoa de forma pública. O aplicativo permitia uma "avaliação em pares" do desempenho sexual de uma pessoa, por meio de atribuição de uma nota. O problema, no entanto, é que seria possível avaliar uma pessoa que não desejou fazer parte do Lulu. A pessoa incomodada com uma avaliação deveria baixar o aplicativo e "*logar*" com uma conta do Facebook. A partir desse ingresso – que implicaria coleta adicional de dados pessoais –, a pessoa poderia pedir a remoção de sua própria informação.

Para a criadora do aplicativo, Alexandra Chong, a ideia seria levar uma "conversa comum entre mulheres" para uma estrutura de plataforma. O objetivo do aplicativo seria "construir um banco coletivo de notas sobre a performance de amigos, relações triviais e amores" (MALINE, 2013). A iniciativa deixou os membros do MPDFT de cabelo em pé. Leonardo Bessa e Paulo Roberto Bichineski iniciaram uma investigação e notificaram o Facebook, que alegou que os dados compartilhados pelo Facebook eram listados publicamente mediante aceite nos Termos de Uso pelos usuários.

Para Bichineski e Bessa, o caso seria uma oportunidade de testar argumentos sobre a existência de um direito de proteção de dados pessoais, mesmo sem a existência de uma Lei Geral de Proteção de Dados Pessoais. A ação civil pública foi preparada rapidamente e ajuizada em menos de três semanas após as divulgações das notícias sobre a popularidade do aplicativo Lulu, gerando um processo no Tribunal de Justiça do Distrito Federal e Territórios (DISTRITO FEDERAL E TERRITÓRIOS, 2014).

A tese principal era de compartilhamento de dados privados sem autorização prévia e específica dos interessados. Para o MPDFT, existiriam múltiplas violações aos direitos da personalidade, aos direitos constitucionais e ao Código de Defesa do Consumidor, que também protegeria o uso adequado dos dados pessoais. O MPDFT exigiu a imediata suspensão do compartilhamento de dados entre o Facebook e o aplicativo Lulu, a exclusão imediata dos perfis dos "consumidores homens que não consentirem expressamente" e a proibição de avaliação anônima, sem a conservação dos dados identificadores daqueles que fizerem a avaliação.

A estratégia do MPDFT não era ressarcitória. Não se pediu, por exemplo, que cada cidadão que se sentiu lesado pudesse exigir uma compensação individual. O pedido de condenação por danos morais coletivos foi de 20% do lucro líquido no Brasil "no período em que o aplicativo esteve disponível sem o consentimento prévio, específico e informado do consumidor masculino" (DISTRITO FEDERAL E TERRITÓRIOS, 2014). Em termos de técnica processual, a ação civil pública orientou-se a diversos pedidos relacionados a obrigações de fazer. Os pedidos envolviam a antecipação de tutela para exclusão imediata de dados de pessoas que não tinham manifestado consentimento prévio, específico e informado para figurar no aplicativo Lulu, sob pena de multa diária de R$ 500,00; a vedação da possibilidade de avaliação anônima, sob pena de multa diária de R$ 500,00 por avaliação; a conservação dos dados dos usuários que incluem informações sobre outros (quem promovia a avaliação); e a determinação de que o Facebook permitisse acesso aos dados de consumidores que haviam consentido de forma específica e prévia para tal fim.

Apesar da utilização de expressões incomuns, como o "sagrado direito do consumidor brasileiro à privacidade de seus dados", e de uma argumentação sobre um "homem médio" ser "alvo de chacotas", a ação civil pública foi bem-sucedida em avançar a tese de intervenção estatal para "pôr fim às práticas abusivas de compartilhamento de dados privados, sem o consentimento prévio" (DISTRITO FEDERAL E TERRITÓRIOS, 2014). Um dos segredos da argumentação foi a alocação do conflito dentro do paradigma das relações de consumo, valendo-se de precedente estabelecido em 2012 pelo Superior Tribunal de Justiça – no qual se afirmou que o fato de uma aplicação de internet ser gratuita não desvirtua a relação de consumo, em razão dos meios indiretos de remuneração obtidos por meio de publicidade ou exploração econômica dos dados (BRASIL, 2012a). A ACP também promoveu uma argumentação sobre liberdade e possibilidade de autodeterminação, que estariam conectadas a uma dimensão constitucional da proteção da dignidade humana. O ponto central seria uma situação jurídica desleal. O consumidor do Facebook não teve qualquer oportunidade de oposição e desconhecia a possibilidade de que seus dados pudessem ser utilizados para outra finalidade, alimentando a base de dados do aplicativo Lulu, que teria propósitos específicos e moralmente questionáveis. O ilícito estaria, portanto, na transferência de dados realizada de forma ilegal e abusiva.

Um aspecto importante desse caso é seu deslocamento para uma gramática dos direitos difusos e coletivos em sentido estrito. O MPDFT buscou afastar uma compreensão de que o caso envolveria apenas direitos individuais homogêneos, como em uma hipótese de incidente de dados pessoais que pudessem causar danos patrimoniais a cada pessoa. Dialogando com teóricos sobre os danos morais coletivos, os autores da ACP argumentaram que toda a coletividade de potenciais usuários do Facebook seria potencialmente atingida pela conduta antijurídica do Lulu. Veja-se, em especial, o seguinte trecho selecionado:

Hoje, considerando o caráter massificado de inúmeras relações sociais, o sujeito passivo do ato ilícito é a coletividade. No caso concreto, o número de consumidores vítimas da conduta abusiva das rés corresponde praticamente aos usuários do sexo masculino do Facebook, ou seja, as condutas das rés, em síntese, ofendem a Constituição Federal (art. 1º, inciso I, e art. 5º, inciso X), o Código de Defesa do Consumidor e o Código Civil. [...] Como norma diretriz, o art. 4º do CDC estabelece que o mercado deve ser equilibrado e atender às necessidades do consumidor e o respeito à sua dignidade. [...] Como argumento adicional para o reconhecimento do caráter punitivo do dano extrapatrimonial, o qual afasta a crítica quanto à possibilidade da função punitiva gerar enriquecimento da vítima, destaca-se que o valor da condenação não vai para o autor da ação coletiva, ele é convertido em benefício da própria comunidade, ao ser destinado ao Fundo criado pelo art. 13 da Lei 7.347/85 [...] O mais correto, na hipótese, é falar em dano extrapatrimonial que é nota própria da ofensa a direitos coletivos (lato sensu), principalmente aos difusos. Em se tratando de direitos difusos e coletivos, a condenação por dano moral (*rectius*: extrapatrimonial) se justifica em face da presença do interesse social da sua preservação. Trata-se de mais um instrumento para conferir eficácia à tutela de tais interesses, considerando justamente o caráter não patrimonial desses interesses metaindividuais (DISTRITO FEDERAL E TERRITÓRIOS, 2014, p. 30-33).

Em dezembro de 2013, o MPDFT deferiu o pedido de tutela de urgência e em janeiro de 2014 houve confirmação da decisão. A Defensoria Pública do Espírito Santo chegou a formular ação semelhante em dezembro de 2013 (processo 0049084-45.2013.8.08.0024), com fundamentação jurídica próxima, porém foi a ação do MPDFT que gerou uma efetiva reação das Cortes e modificou o comportamento da empresa.

Com a derrota no Judiciário, o Lulu foi suspenso e relançado em julho de 2015 sem utilizar dados do Facebook (providos pela API para montar o catálogo dos homens). Abandonando um modelo "decididamente controverso, quase imoral" (GHEDIN, 2015), o Lulu passou a apresentar uma política de privacidade com finalidades específicas, fazendo a validação de perfis por número de telefone e SMS.

Para o MPDFT, o caso Lulu foi um embrião de uma estratégia de atuação mais consistente e permanente. Em entrevista ao podcast *O MP que a gente conta*, Paulo Bichineski afirmou que foi a partir dele que os promotores decidiram estruturar a comissão dedicada ao assunto, que se materializou apenas quatro anos depois da vitória obtida em 2014 (O MP QUE A GENTE CONTA, 2022).

A atuação do MPDFT teve uma mudança qualitativa a partir de 2017, quando iniciaram grandes escândalos de vazamentos de dados pessoais, como o "caso Uber". Na época, a empresa de tecnologia de transporte de passageiros ocultou que havia sofrido um incidente de segurança que levou à exposição de dados de 57 milhões de pessoas, entre usuários e motoristas (DADOS, 2017). O chefe de segurança, Joe Sullivan, foi demitido e enfrentou processo criminal nos EUA. O ataque havia ocorrido em outubro de 2016 e incluiu nomes, endereços de e-mail e números de telefone. O ataque permitiu a extração de informações da carteira de motoristas de 600 mil motoristas. Como agravante, a Uber preferiu pagar R$ 330 mil aos hackers para que eles deletassem os dados e mantivessem silêncio sobre o incidente (DADOS, 2017). Não era a primeira vez que isso havia ocorrido. No início de janeiro de 2016, o procurador-geral de Nova Iorque havia exigido a sanção da empresa por ter ocultado um vazamento de dados de 2014, violando as leis estaduais sobre incidentes de segurança.

Após meses de investigação, entre 2017 e 2018, o MPDFT pediu explicações à Uber sobre o mega vazamento de dados e o impacto causado aos brasileiros. Estimava-se, na época, que quase 200 mil motoristas haviam sido afetados (SOUSA CRUZ, 2018). No período do escândalo da Uber e das amplas repercussões na mídia, o MPDFT estruturou inicialmente uma Comissão de Proteção de Dados Pessoais, por meio da Portaria Normativa n. 512. Posteriormente, por meio de Portaria n. 1430, de 21 de novembro de 2017, designou membros da Comissão de Proteção de Dados Pessoais, tornando Frederico Meingerg Ceroy coordenador da Comissão. A Comissão foi posteriormente modificada pela Portaria Normativa PGJ nº 539, de 12 de abril de 2018 e, finalmente, convertida em Unidade Especial de Proteção de Dados e Inteligência Artificial (Espec).

O "caso Uber" foi o gatilho para o início dos trabalhos da Comissão, em janeiro de 2018, meses antes da aprovação da LGPD no Senado e na Câmara dos Deputados. Os trabalhos da Comissão são caracterizados por uma forma bastante específica, quase um padrão, que se repetiu em muitos outros casos analisados do MPDFT. Em vez de atuar diretamente, por meio de litígio, como ocorreu no "caso Lulu", que teve uma ação civil pública formulada em menos de três semanas, Frederico Ceroy implementou outro estilo de atuação, mais voltado aos poderes de investigação do Ministério Público, à instituição de procedimentos preparatórios e a ameaças de ações civis públicas, como um incentivo para compromissos de modificação de comportamento por parte das empresas investigadas.

O "caso Uber" é revelador desse estilo. Inicialmente, em janeiro de 2018, foram formuladas perguntas de ofício, com prazo de resposta de dez dias, com base nos poderes atribuídos pelo art. 8º, II, da Lei Complementar 75/1993 ("o Ministério Público da União poderá, nos procedimentos de sua competência, requisitar informações, exames, perícias e documentos") (BRASIL, 1993). Após o ofício, foi instaurado um procedimento preparatório "para melhor apuração dos fatos", considerando "a gravidade dos fatos, o risco de prejuízos graves aos consumidores e a quantidade de titulares dos dados pessoais afetados" (DISTRITO FEDERAL E TERRITÓRIOS, 2018a). Nota-se, em especial, uma tática de pressão por meio da junção das questões de defesa do consumidor com a competência da justiça criminal. Como passou a ser comum nos procedimentos preparatórios do MPDFT, a Comissão passou a decidir que "os promotores de justiça poderão praticar todos os atos necessários ao bom andamento do procedimento preparatório" (DISTRITO FEDERAL E TERRITÓRIOS, 2018a) e que a 2ª Promotoria de Justiça Criminal deveria ser notificada sobre a instauração do procedimento.

Com base nos mecanismos de pressão institucional em razão do procedimento preparatório e com uma tática de coordenação com a mídia, o MPDFT iniciou uma estratégia de *naming and shaming* e de aumento de pressão pela reverberação gerada na imprensa. Nota-se, desde o início de atuação da Comissão do MPDFT, o uso estratégico de comunicados à imprensa, que se tornam fatos políticos que geram notícias. No "caso Uber", o MPDFT comunicou:

> A Comissão de Proteção dos Dados Pessoais do Ministério Público do Distrito Federal e Territórios (MPDFT) requisitou esclarecimentos à Uber sobre o incidente de segurança (*data breach*) tornado público no final de 2017. Informações de cerca de 57 milhões de contas de motoristas e clientes foram apropriados em um vazamento da base de dados do aplicativo de transportes. Para o MPDFT, faltam esclarecimentos sobre o possível comprometimento de dados pessoais de usuários brasileiros. Caso a empresa confirme a exposição de informações de motoristas e de clientes do Brasil, deverá descrever em detalhes a natureza do incidente, o total de pessoas afetadas, as localidades e os tipos de dados pessoais que foram comprometidos. A Comissão também quer saber se alguma investigação interna foi realizada e se já existem conclusões. [...] Segundo o coordenador da Comissão, promotor de Justiça Frederico Meinberg, com essa iniciativa o Ministério Público reconhece a necessidade de integração entre as várias autoridades, nacionais e internacionais, objetivando mitigar os danos causados pela epidemia mundial de vazamentos de dados pessoais. [...] A Comissão do MPDFT irá pedir o compartilhamento de provas com as

autoridades de dados do Reino Unido (*Information Commissioner's Office -* ICO) e da Holanda. Esta responsável por conduzir a força-tarefa criada para investigar o incidente na Europa (VIVO, 2018).

O "caso Uber" levou à assinatura de um acordo entre a Uber e o MPDFT para notificação dos quase 200 mil usuários atingidos pelo incidente de segurança. O resultado prático foi bastante simplório: a Uber simplesmente enviou um e-mail para cada pessoa informando que, no Brasil, os dados vazados não envolviam histórico de local de viagem, cartão de crédito e conta bancária. A empresa criou uma página especial de informações aos usuários e explicou que não existia "nenhuma evidência de fraude" ou "uso indevido associado ao incidente" (INFORMAÇÕES, 2018).

A partir do caso Uber, o MPDFT iniciou uma notável jornada de procedimentos preparatórios e investigações civis. Em janeiro de 2018, dias após o caso Uber, a Comissão iniciou uma investigação sobre o vazamento de informações de quase 2 milhões de contas de usuários cadastrados no site de compras Netshoes. O caso ganhou ampla visibilidade, por envolver dados pessoais de servidores públicos, que haviam feito cadastro na plataforma usando e-mails institucionais. Dentre os milhões de usuários possivelmente identificados, havia "*login*" e senha de clientes com e-mails do Tribunal de Contas da União (@tcu.gov. br), Câmara dos Deputados (@camara.leg.br), Tribunal de Justiça do Distrito Federal e Territórios (@tjdft.jus.br), Polícia Federal (@dpf.gov. br), Superior Tribunal de Justiça (@stj.jus.br), Supremo Tribunal Federal (@stf.jus.br), Ministério da Justiça (@mj.gov.br), Advocacia-Geral da União (@agu.gov.br) e Presidência da República (@presidencia.gov. br), entre outros. Além da vulnerabilidade de acesso a contas institucionais – por meio da repetição do mesmo login e senha nos próprios e-mails institucionais, o que não seria pouco provável –, o MPDFT identificou a possibilidade de associar identificadores de compras com dados sensíveis, como marcadores para pressão e outros itens.

No curso do Inquérito Civil Público n. 08190.044813/18-44, o MP-DFT firmou, um ano após o início da investigação, um Termo de Ajuste de Conduta para pagamento de indenização por danos morais coletivos causados pelo incidente de segurança. Combinando a aplicação da Constituição Federal, da Lei da Ação Civil Pública, do Código de Defesa do Consumidor e da Lei Geral de Proteção de Dados Pessoais, o TAC reconheceu uma "ampla cooperação da Netshoes durante o trâmite do inquérito civil público", a "não negociação com os extorsionários", e a viabilidade de liquidação de multas destinadas a fundos federais, na hipótese de impossibilidade de "reconstituição específica do bem lesado" (DISTRITO FEDERAL E TERRITÓRIOS, 2019, p. 4). O TAC previu o pagamento de cinco parcelas de R$ 100.000,00 ao Fundo de Direitos Difusos.

A estratégia do MPDFT foi de "amarrar" um conjunto de obrigações mediante a possibilidade de instauração de uma ação civil pública. Assim, no acordo, o MPDFT se comprometeu a arquivar o Inquérito Civil Público após a quitação do valor integral. A Netshoes assumiu a promessa de implantar medidas adicionais no seu programa de proteção de dados pessoais, incluindo gerenciamento de riscos e vulnerabilidades, ações de adequação à LGPD e atualização contínua de sua política de segurança da informação. A empresa também se comprometeu, no TAC, a realizar esforços de orientação a consumidores, aumentar o nível de conhecimento sobre riscos cibernéticos e disseminar melhores práticas para proteção de dados por meio da participação em fóruns e eventos especializados.

Não houve um compromisso de não produzir, ou deixar ocorrer, outro incidente de segurança, talvez por ser uma obrigação impossível de se garantir. Não houve uma especificação do modo como o MPDFT poderia averiguar a eficácia do programa de proteção de dados pessoais assumido pela Netshoes, quais indicadores seriam utilizados para esse monitoramento e tampouco mecanismos de *accountability* civis, como uma estrutura de supervisão formada por servidores públicos, acadêmicos e ONGs. De forma generalista, o TAC determinou o seguinte:

> O descumprimento das obrigações acordadas [...] implicará na imediata proposição de ação cível de reparação pelos danos morais coletivos, no valor de R$ 10.000.000,00 (dez milhões de reais), além da proposição da ação cível pela reparação dos danos patrimoniais causados, com pedido no valor de R$ 85.000.000,00 (oitenta e cinco milhões de reais) – R$ 5,00 (cinco reais) por titular de dado pessoal comprometido. Fica ressalvado que a presente cláusula não importa em qualquer reconhecimento da Netshoes com relação a tais valores ou mesmo em relação à necessidade de qualquer reparação ou indenização, sendo estes elementos de livre apreciação do Poder Judiciário no caso de eventual incidência da disposição ora posta (DISTRITO FEDERAL E TERRITÓRIOS, 2019, p. 6).

Nota-se, nesse caso, o reconhecimento de um direito coletivo que se apresenta também como individual homogêneo, na esteira do defendido por Roque (2019). Apesar de bem estruturado sob a perspectiva de "gatilho para ação civil pública", o acordo pode ser criticado pela falta de indicadores concretos e específicos que permitiriam verificar, na prática, quando as obrigações foram descumpridas. Por exemplo, o que seria uma campanha de comunicação adequada aos consumidores:

um mero SMS ou uma campanha permanente via vídeos no Youtube e um investimento específico em redes sociais? O que seria um programa adequado de proteção de dados pessoais? A simples indicação de um encarregado e a publicação de uma política de privacidade ou a demonstração efetiva de indicadores de respeito aos direitos dos titulares, como indicadores de performance sobre diminuição no tempo de resposta nos pedidos feitos por titulares? São inúmeras questões que poderiam ser formuladas para a problematização do TAC da perspectiva de efetividade de respeito aos direitos difusos.

Independentemente de tais críticas, o fato é que o MPDFT deslanchou uma trajetória ascendente de atuação institucional e de ocupação de um "espaço de poder" diante da inexistência de uma Autoridade Nacional de Proteção de Dados Pessoais no ano de 2018, mobilizando ações civis públicas como medidas extremas, dentro de uma abordagem mais escalonada e mais complexa. Ao contrário do "caso Lulu", no qual a ACP foi a primeira estratégia, nos múltiplos casos de atuação da Comissão Especial de Proteção de Dados Pessoais, a utilização da ACP foi colocada como opção final. Esse movimento pode ser lido, também, como uma tentativa de ocupação, *de facto*, da posição de uma ANPD que inexistia no país.

5.1.2. *CAMBRIDGE ANALYTICA E O CASO* MPDFT V TELEFÔNICA: *EXPERIMENTAÇÕES E UMA DERROTA SIMBÓLICA*

Março de 2018 foi um mês agitado para o MPDFT. Nas primeiras semanas desse mês, o MPDFT conseguiu o congelamento do domínio do site Consulta Pública, que fornecia dados pessoais de brasileiro, como nome, nascimento, nome da mãe, endereço, CPF e telefones. Por ser um site hospedado em domínio ".com.br", foi feito um ofício a Demi Getschko, diretor presidente do Núcleo de Informação e Coordenação do Ponto BR (NIC.br), que atendeu ao pedido. O caso foi comemorado pelo MPDFT como uma resposta "em tempo recorde" após a publicação das primeiras matérias jornalísticas sobre o *site*. Um dos problemas estava na ausência de apresentação, em termos claros, de quais seriam as origens dessas bases de dados e dos motivos pelos quais elas poderiam ser classificadas como manifestamente públicas.

Na terceira semana de março, o MPDFT instaurou inquérito civil para apurar a operação da *Cambridge Analytica* no Brasil, seguindo a avalanche internacional de notícias sobre o "escândalo Cambridge Analytica" a partir do dia 17 de março de 2018, e as relações desenvolvidas com a Ponte Estratégia, consultoria digital que possuía contatos com a empresa inglesa. O Brasil estava a caminho das eleições de 2018, que elegeram Jair Bolsonaro e Hamilton Mourão, e o escândalo *Cambridge Analytica* teve repercussões fortíssimas.

As investigações do *The Guardian* e do *The Observer* tiveram uma repercussão gigantesca, em escala global, em razão da ilicitude e da imoralidade do caso, bem como das relações profissionais entre a *Cambridge Analytica* e os estrategistas do Partido Republicano, que haviam dominado as técnicas de catalogação de interesses políticos de cidadãos, em combinações de dados disponibilizados em aplicações de Internet, desenvolvidas na campanha de Barack Obama em 2008 (KAISER, 2020). O caso representou "a maior crise vivida pelo Facebook" (CONFESSORE, 2018).

Os documentos apresentados pela mídia em março de 2018 evidenciavam que, de fato, o bilionário Robert Mencer havia estruturado uma empresa de dados, dirigida por Alexander Nix, que havia obtido, de forma ilícita, dados extraídos de uma API do Facebook. A origem desses dados vinha de uma aplicação de testes de personalidade chamada *This is your digital life*, uma avaliação psicométrica desenvolvida pelo pesquisador Alexandr Kogan no departamento de psicologia da Universidade de Cambridge – daí o nome "*Cambridge Analytica*" –, uma ideia de Stephen Bannon (DA EMPOLI, 2019). Kogan havia utilizado o serviço de recrutamento *Amazon Turk* para pagar usuários para responderem um teste de personalidade e baixarem seus dados, entregando-os para o pesquisador.

Por uma vulnerabilidade da API do Facebook – que, segundo Britanny Kaiser, não foi acidental ou um descuido desconhecido, pois existiam relações de colaboração entre os times do Facebook e os cientistas da computação da *Cambridge Analytica* (KAISER, 2020) –, a realização do teste *This is your digital life* permitiu a extração de dados não somente das pessoas que haviam feito a avaliação, mas de toda a rede de amigos e relações daquela pessoa. Uma investigação do *The Guardian* de 2015 sobre as pesquisas de Kogan já havia alertado que, para cada pessoa que havia feito o teste, era possível extrair, em média, dados de outras 340 pessoas. Com essa "base inflada de dados", Kogan iniciou contratos entre sua empresa, *Global Science Research,* e o grupo *SCL*, sediado em Londres, que controlava a *Cambridge Analytica* (DAVIES, 2015). Em suas mãos, estavam dados de milhões de usuários do Facebook, que sequer tinham conhecimento de que suas informações estavam sendo enriquecidas, cruzadas e testadas com novos aportes científicos sobre perfilização de personalidade.

O escândalo envolveu uma problemática específica sobre técnicas de correlações estatísticas entre "traços digitais e perfis psico-demográficos de indivíduos" (OMELIANENKO, 2017, p. 1), que haviam sido descobertos pela ciência psicológica. Michael Kosinski e psicólogos da Universidade de Stanford haviam demonstrado, em 2016, que o cruzamento de informações sobre idade, gênero e orientação política obtidos no Facebook, se combinados com informações sobre curtidas, páginas visitadas e outros dados obtidos na plataforma, poderiam levar a uma perfilização de personalidade com alto grau de predição, a partir das variações conhecidas na psicologia como O.C.E.A.N. (*Openness*, que poderia variar entre conservadora/tradicional e liberal/artística; *Conscientiousness*, que poderia variar entre impulsiva/espontânea e organizada/trabalhadora; *Extroversion*, que poderia variar entre contemplativa/interna e engajada com mundo/externa; *Agreeableness,* que poderia variar entre competitiva/isolada ou confiante/equipe; e *Neuroticism*, que poderia variar entre tranquila/relaxada e emocional/stress). Já em 2015, na campanha de Ted Cruz nos EUA, essas técnicas foram usadas por Cruz em um serviço oferecido pela *Cambridge Analytica* que consistia, basicamente, em categorizar eleitores a partir da metodologia O.C.E.A.N., a identificar eleitores persuadíveis e a promover uma série de ataques focais (*microtargeting*), direcionando, por exemplo, vídeos específicos para "virar o voto" de alguém mais conectado às pautas armamentistas e antiterroristas, como feito por Cruz (DAVIES, 2015).

Em 2018, a história ganhou novos contornos, pois já existia uma ampla investigação sobre as redes entre novos populistas de direita – como Donald Trump (EUA), Matteo Salvini (Itália) e Nigel Farage (Reino Unido) –, os contratos firmados com empresas como *Cambridge Analytica*, o dinheiro injetado por Robert Mencer e os profundos dilemas éticos nessa "engenharia do caos", que promovia a combinação entre desinformação, ataque focais e uso ilícito de dados pessoais (DA EMPOLI, 2019). Criou-se a narrativa de que a democracia havia sido *hackeada* e que a *Cambridge Analytica* tinha planos de operação global, arregimentando contratos com partidos populistas de várias partes do mundo.

O caso *Cambridge Analytica* empurrou o Ministério Público para um problema brutalmente complexo e de escala global, considerando os tentáculos da empresa SLC. Diante desse cenário de caos, o MPDFT anunciou uma investigação sobre a *Cambridge Analytica* e suas operações no Brasil. No dia em que o escândalo estourou, a empresa Ponte Estratégia, dirigida pelo publicitário André Torretta, anunciou que havia rompido contrato com a *Cambridge Analytica* e não utilizaria essas informações para estruturar campanhas eleitorais no Brasil (ROSSI, 2018).

A mudança de discurso de André Torretta dizia muito sobre o tamanho da crise vivida pela empresa Cambridge Analytica e sobre como ele estaria na mira do MPDFT. Em outubro de 2017, em longa entrevista para a jornalista Marina Rossi do *El País*, Torretta havia dado detalhes de como havia sido procurado por um executivo espanhol da SCL em 2015, como havia tomado conhecimento do método O.C.E.A.N. e do uso de dados do Facebook e como haviam criado a parceria "CA-Ponte", unindo a experiência desenvolvida sobre consumidores de classe C da empresa de Torretta e as metodologias usadas pela Cambridge Analytica. Torretta havia dito que eles possuíam "700 pontos de informação de cada brasileiro", um número inferior aos 7.000 propagandeados pela CA nos EUA, e que o cenário brasileiro seria muito distinto, considerando que o WhatsApp seria muito mais importante que o Facebook (ROSSI, 2017).

Em março de 2018, André Torretta prestou um depoimento de seis horas ao MPDFT, no curso do inquérito que havia sido instaurado logo após o escândalo (cujo objeto era "investigar as circunstâncias e as causas do provável uso ilegal dos dados pessoais de brasileiros pelas empresas Cambridge Analytica e A Ponte Estratégia Planejamento e Pesquisa LTDA"). Uma semana depois, o processo foi colocado em sigilo. O MPDFT alegou que o motivo seria a "preservação da integridade física de Torretta" (MINISTÉRIO..., 2018). Pouco se sabe sobre o depoimento de Torretta, que não foi publicizado. Para a mídia, o marqueteiro declarou que pouco sabia sobre as formas de obtenção de dados pela *Cambridge Analytica* e que a parceria ainda buscava potenciais clientes. Em entrevistas, explicou que o método da *Cambridge Analytica* não funcionaria em país centrado no WhatsApp, que havia rompido por considerar a conduta da empresa imoral e ilegal e que não tinha conhecido da natureza das violações de privacidade que haviam ocorrido (RIBEIRO, 2018).

O MPDFT não ajuizou nenhuma ação civil pública contra A Ponte Estratégia e tampouco contra o Facebook. Nos meses seguintes, no entanto, começou a perseguir casos que fossem relevantes para a problemática de violações coletivas de dados pessoais no contexto eleitoral. Logo em abril, o MPDFT anunciou uma investigação contra a empresa de telecomunicações Telefônica, a partir de informações obtidas no depoimento de André Torretta sobre as possibilidades de utilização outros tipos de dados, fornecidos por empresas brasileiras. Os promotores suspeitavam que as soluções de *geotargeting* oferecidas pela

Telefônica, incluindo um produto chamado *Vivo Ads*, poderiam ser utilizadas de forma ilícita, inclusiva no período eleitoral, permitindo o direcionamento de mensagens a partir de técnicas de perfilização, sem conhecimento ou consentimento dos usuários. Na comunicação à imprensa, o MPDFT anunciou que a tecnologia atingiria 73 milhões de pessoas, que o tratamento de dados pessoais envolveria dados de localização, comportamento de navegação, lugares frequentados e hábitos dos consumidores, e que a partir do mapeamento de dados seria possível identificar se uma pessoa "está passando por um tratamento de saúde" (VIVO, 2018), como uma localização sobre a presença em uma clínica, o que geraria um tratamento de dados sensíveis.

O caso gerou uma monumental queda de braço entre o MPDFT e os advogados da Telefônica, empresa responsável pela operação da Vivo em redes móveis. Analisando os autos do Inquérito Civil Público 08190.005366/18-16, observa-se a tentativa da Telefônica de promover o arquivamento do inquérito desde o início, e nota-se como os mesmos argumentos foram mantidos do início ao fim do processo.

No curso do inquérito, o MPDFT argumentou que o *Vivo Ads* permitiria identificar 73 milhões de clientes, sendo possível identificar lugares mais frequentados por meio de geolocalização. Argumentou, também, que o serviço *Vivo Ads* não permitia qualquer oposição do tratamento de dados para fins de publicidade e que, em nenhum momento, "seja no contrato de adesão aos serviços de telefonia, seja no Centro de Privacidade da empresa Vivo, existem informações do uso de dados pessoais de seus clientes para fins de publicidade" (DISTRITO FEDERAL E TERRITÓRIOS, 2018b, p. 5).

Em abril de 2018, a Superintendência de Relações com Consumidores da Agência Nacional de Telecomunicações (Anatel) se colocou à disposição dos promotores e afirmou que estava ciente das investigações e apta a "prestar eventuais colaborações de teor técnico e regulatório que venham a contribuir para a consecução das ações do Ministério Público" (Ofício n. 58/2018/SEI/RCIC/SCR-Anatel – DISTRITO FEDERAL E TERRITÓRIOS, 2018b). Posteriormente, a Anatel informou que não havia feito nenhuma autorização específica para planos de serviços similares ao *Vivo Ads* e iniciou um procedimento específico para verificação de irregularidades (Procedimento n. 53500.012963/2018-19).

A Telefônica compareceu à sede do MPDFT em 11 de abril para prestar esclarecimentos. Em petição, a empresa sustentou duas teses. Primeiro, que os produtos do *Vivo Ads* direcionados aos clientes de telefonia móvel Vivo não coletam nem utilizam dados provenientes de acesso à internet, mas apenas dados de geolocalização e dados cadastrais do Serviço Móvel Pessoal. Segundo, que a Telefônica respeita os direitos dos consumidores quanto à coleta e ao uso de dados, incluindo a total transparência no uso de dados, no consentimento e nas possibilidades de oposição por meio de *opt-out*. O argumento principal de defesa da Telefônica era a existência de uma cláusula contratual – em letras bastante miúdas, em um típico contrato de adesão, porém com uma opção destacada de "sim" – que demonstraria a ciência plena do consumidor. Para a Telefônica, o contrato demonstraria um "consentimento expresso" para utilização dos dados de geolocalização:

> Para clientes do serviço pós-pago, no próprio contrato de prestação do serviço móvel pessoal, o consumidor opta expressamente por consentir ou não com a coleta e uso de "dados pessoais e de localização" para fins publicitários ("receber da Vivo e parceiros ofertas e benefícios adequados ao seu perfil"). E isso por meio de cláusula específica e destacada no "Termo de Adesão e Contratação de Serviços SMP", na qual deve efetivamente marcar no "sim" (DISTRITO FEDERAL E TERRITÓRIOS, 2018c, p. 17).

Além de argumentar que existia um contrato com uma cláusula específica, que permitia um consentimento expresso, a Telefônica também se defendeu apresentando imagens de funcionamento da sua Central de Privacidade. Na petição que pediu o arquivamento do Inquérito, a Telefônica disse que a criação da Central da Privacidade havia sido qualificada como "muito inovadora" pelo InternetLab, centro de pesquisa independente sediado em São Paulo, e que mostraria o compromisso da empresa com a "defesa da privacidade e acesso a informações" (DISTRITO FEDERAL E TERRITÓRIOS, 2018c, p. 19). Além disso, a Telefônica argumentou que, de toda a base de 73 milhões de clientes, 26 milhões de consumidores consentiram expressamente com o uso de dados de geolocalização. Argumentou, também, que 30 milhões de clientes sem *opt-in* poderiam receber publicidade de anunciantes sem qualquer tipo de segmentação.

A Telefônica argumentou que o modelo de negócios do *Vivo Ads* não consiste no compartilhamento de dados pessoais com os clientes. Toda a segmentação, por dados demográficos e geolocalização, seria feita pela própria empresa de telecomunicações. A Telefônica identificaria os clientes em potencial e transmitiria o material publicitário aos clientes integrantes do perfil desejado, como faz o Facebook ou o Instagram, por exemplo. Portanto, para a Telefônica, não haveria qualquer tipo de ilícito, já que os clientes haviam concordado e os anunciantes não teriam qualquer tipo de acesso aos dados pessoais e de localização dos clientes (como ocorre, também, nos sistemas utilizados pelo Carreffour, no qual as promoções são feitas aos clientes por um sistema de leilão mediado por uma plataforma, sem acesso direto aos dados dos titulares). A empresa sustentou ainda que suas iniciativas de proteção de privacidade eram reconhecidas pela sociedade civil e que sua atuação na Espanha e outros países teria plena conformidade com a GDPR, que teria um elevado patamar de proteção jurídica aos cidadãos europeus.

Em abril de 2019, o MPDFT subiu o tom e decidiu realizar uma jogada ousada, que posteriormente se mostrou um erro. A Lei Geral de Proteção de Dados Pessoais ainda não estava em vigor, tendo vigência apenas em agosto de 2020, conforme Medida Provisória n. 869/2018. Mesmo assim, o MPDFT exigiu que a Telefônica apresentasse um relatório de impacto à proteção de dados pessoais no prazo de dois meses. O fundamento jurídico do pedido estaria nos poderes de requisição de documentos assegurados ao Ministério Público (DISTRITO FEDERAL E TERRITÓRIOS, 2019a).

A Telefônica reagiu rapidamente e disse que existiam três fundamentos que conduziam à impossibilidade do atendimento da requisição. O primeiro seria que a Telefônica estaria em processo de adaptação à LGPD, que havia introduzido o "relatório de impacto à proteção de dados pessoais" (GOMES, 2020), e que a legislação ainda não estaria em vigor. Não existiria, então, possibilidade de se exigir um relatório de impacto, considerando-se que não haveria obrigação legal em vigor de elaboração e entrega do relatório. Ainda, para a Telefônica, o tema deveria ser disciplinado pela Autoridade Nacional de Proteção de Dados Pessoais, que deveria estipular aspectos técnicos, conteúdo e metodologia de elaboração.

O segundo ponto de argumentação da Telefônica é que não caberia ao MPDFT exigir a elaboração do relatório, pois a LGPD diz expressamente que é a ANPD quem pode solicitar ou determinar a elaboração do relatório de impacto à proteção de dados pessoais. Como bem explicado por Gomes (2020) e Bioni e Zanatta (2021), a LGPD adotou um modelo distinto da GDPR. Na Europa, atividades já pré-determinadas como de alto risco exigem a elaboração de um relatório de impacto à proteção de dados pessoais como uma obrigação *ex ante,* de prevenção de riscos às liberdades (QUELLE, 2018). No Brasil, no entanto, existe uma "regulação do risco" (GELLERT, 2020) um pouco mais frouxa. A ANPD pode pedir a elaboração de um relatório de impacto, mas seria difícil argumentar que haveria uma obrigação em sentido forte de sua elaboração. Para a Telefônica, não poderia o Ministério Público substituir a ANPD, tampouco exigir uma obrigação de uma legislação que se encontraria em *vacatio legis*.

A Telefônica argumentou, por fim, que a ANPD deveria regular as formas de produção do relatório, considerando-se que há uma regra jurídica de preservação de segredos comerciais e industriais dos agentes, conforme previsões expressas dos art. 10 e 38 da LGPD. Esse equilíbrio complexo entre os interesses sociais de avaliação de impacto e a preservação dos interesses de negócios de não exposição indevida de informações comerciais reforçaria a necessidade de o relatório ser exigido somente pela ANPD, que teria competência legal para esse exercício.

Os argumentos não dobraram os membros do MPDFT, que levaram o caso à apreciação do Poder Judiciário por meio de uma ação civil pública (processo 07221735-15.2019.8.07.0001). Na ACP, o MPDFT exigiu a suspensão imediata do serviço Mídia Geolocalizada da plataforma *Vivo Ads* da Telefônica e a elaboração e a entrega ao Ministério Público de um relatório de impacto à proteção de dados pessoais, previsto no art. 38 da LGPD. Na contestação, a Telefônica ampliou os argumentos de defesa que haviam sido apresentados nas petições que pediram o arquivamento do inquérito civil. Afirmou que a ACP do MPDFT se baseava em "premissas fáticas objetivamente equivocadas" e que haveria uma "compreensão jurídica incompleta" sobre o papel dos relatórios de impacto à proteção de dados pessoais e as funções da Autoridade Nacional de Proteção de Dados Pessoais.

Em um tom bastante agressivo, a Telefônica disse que o Ministério Público sabia, ao realizar investigações criminais, que a empresa não seria capaz de obter dados de quando uma pessoa entra dentro de um hospital, ou dentro de uma loja específica, e que os dados de geolocalização são de "localização aproximada", entre 100 metros e 1 quilômetro de precisão, a depender da quantidade de Estações-Rádio-Base (ERBs) presentes no local. Para a Telefônica, o MPDFT poderia ter realizado diligências, solicitado cópias dos contratos com empresas parceiras e verificado se as explicações da empresa seriam verdadeiras. No entanto, segundo a Telefônica, o MPDFT adotou um atalho: exigiu um relatório de impacto, que seria de competência da ANPD, com base em uma legislação que ainda não estava em vigor. Para a empresa, o MPDFT errou ao interpretar que a impossibilidade de elaboração do relatório de impacto poderia ser vista como uma suspeita de tratamento indevido de dados pessoais. A Telefônica criticou fortemente a ausência de contraditório do depoimento prestado por André Torretta em março de 2018 – que não foi confrontado e cujas alegações em depoimento ao Ministério Público consistiam em meras especulações sobre as capacidades do *Vivo Ads* em projetos de *marketing* eleitoral – e o modo como o MPDFT havia ignorado os esclarecimentos prestados no inquérito. Para os advogados da Telefônica, a ACP estaria "fadada ao insucesso".

O MPDFT, em impugnação à contestação na ACP, argumentou que seu direito de requisição era assegurado constitucionalmente e que poderia, sim, produzir provas em juízo. Um dos fundamentos estaria também na Lei da Ação Civil Pública, que diz no art. 8º, parágrafo primeiro, que o Ministério Público pode instaurar inquérito civil e requisitar, de empresas, certidões, informações, exames e perícias. Para o Ministério Público, "não importa a nomenclatura utilizada", se relatório de impacto ou estudo de impacto, mas sim "demonstrar como ela trata os dados pessoais de seus clientes e como os protege, impedindo ou, ao menos, minimizando os riscos de desrespeito aos direitos protegidos constitucionalmente" (DISTRITO FEDERAL E TERRITÓRIOS, 2019b). Portanto, não seria uma questão de exigir algo da LGPD, mas sim de conduzir um trabalho já previsto na Lei da ACP e na Constituição Federal.

A Telefônica reagiu mais uma vez e argumentou que o MPDFT já havia requisitado informações que haviam sido prestadas pela empresa. Portanto, a exigência de um "relatório de impacto" seria "mero capricho do Ministério Público", pois as informações já haviam sido prestadas, havendo apenas o interesse no *nomen iuris*. Para a Telefônica, existiria uma "pseudo investigação" e uma notória falta de interesse processual no pedido, pois o relatório havia se tornado "pedido principal" ao invés de "meio de prova". Para a Telefônica, houve uma mudança da causa de pedir da demanda que era incompatível com o inquérito. Ao passo que o inquérito investigava ilícitos e usos compartilhados de dados de geolocalização para terceiros – na esteira do caso *Cambridge Analytica* –, a ACP identificava um interesse difuso em saber como a Telefônica protegia os dados dos clientes, minimizando riscos de desrespeito aos direitos de proteção de dados pessoais. Para os advogados da Telefônica, isso seria uma mudança de causa de pedir que teria consequências ilegais. O poder de requisição deveria ser instrumental a uma investigação, e não um fim em si mesmo.

O MPDFT sofreu uma dupla derrota no "caso Telefônica". Em sede liminar, o juiz Flavio Martins Leite, da 24ª Vara Cível de Brasília do Tribunal de Justiça do Distrito Federal e dos Territórios (TJDFT), decidiu que não existia urgência em medidas excepcionais, que a suspensão da plataforma *Vivo Ads* poderia gerar irreversibilidade de efeitos e que as alegações possuíam frágil verossimilhança. Ao analisar o mérito, o juiz compreendeu que não se poderia exigir um relatório de impacto no momento em que a LGPD estaria em período de *vacatio legis*, entrando em vigor apenas 24 meses após sua publicação. Ainda, compreendeu que a ANPD teria primazia em especificar como o relatório poderia ser exigido. Decidiu o magistrado:

> Observa-se, portanto, que a regulamentação dos procedimentos para a elaboração do Relatório de Impacto à Proteção de Dados Pessoais, compete à ANPD, órgão este que, apesar de criado, não se encontra ainda organizado pela Administração Pública Federal. Verifica-se, assim, que os moldes para a elaboração do relatório, tal como requerido pelo Ministério Público, ainda encontram-se pendentes de regulamentação pelo órgão competente. Uma vez não estabelecidos os limites do documento pelo órgão responsável, a ANPD, não se faz possível impor o dever de elaboração do Relatório ao requerido, em atenção ao Princípio da Legalidade insculpido no art. II, art. 5º, da Constituição Federal. [...] Nada impede que o Ministério Público exija as informações que entender necessárias à proteção dos direitos em tela, mas deve indicar os elementos que devem constar do relatório pretendido. A simples menção a um relatório que ainda não tem forma ou conteúdo definidos impõe uma obrigação impossível de ser cumprida. Assim, como não há pedidos de produção de prova em outros moldes pelo *Parquet*, tal pedido deve ser julgado improcedente (DISTRITO FEDERAL E TERRITÓRIOS, 2019b).

Ao avaliar a ilicitude do *Vivo Ads*, o juiz do TJDFT aceitou a argumentação da Telefônica de que existiria um Contrato de Prestação de Serviço Móvel Pessoal com cláusula específica e destacada. Para o juiz, ficou claro no processo que os clientes tinham consentido para utilização de dados de geolocalização. Não seria o caso de avaliar se o consentimento é "efetivo" ou se poderia ser aperfeiçoado. Para o juiz, "os limites da lide estão em estabelecer se a autorização conferida pelo consumidor é suficiente para garantir seu consentimento informado com a coleta de informações" (DISTRITO FEDERAL E TERRITÓRIOS, 2019b).

Com base nessa argumentação, nota-se que o juiz deslocou a questão para uma *dimensão individual*: as pessoas tiveram contratos assinados, havia cláusula destacada e elas consentiram. Seus direitos individuais, como consumidores e titulares de dados pessoais, foram preservados, na conclusão do magistrado.

De fato, o MPDFT falhou em convencer o Judiciário sobre qual seria, efetivamente, o dano coletivo existente. Não houve uma explicitação de um tipo de dano coletivo ou difuso, dada a ausência de provas ou evidências sobre "alto risco aos direitos fundamentais" (GELLERT, 2020). Na decisão, o juiz também concordou com a argumentação da Telefônica de que o uso de dados de localização seria "estimado", com base nas EBRs, e não preciso como um GPS. Em uma argumentação bastante técnica, diferenciando as duas tecnologias de localização, o juiz sustentou:

> Afirma a requerida que a publicidade do produto Mídia Geolocalizada é disparada quando da ativação de cercas virtuais pelo cliente, baseado no ingresso em local de interesse determinado pelo gestor da publicidade. Essa ativação ocorre com base na localização do cliente pelas estações-base, as quais possuem baixa precisão de localização, a qual pode variar de 100 metros a 1 quilômetro. Aduz o Ministério Público a possibilidade de que as empresas contratantes de publicidade venham a discriminar o cliente que assente com a divulgação de seus dados para propaganda. Ora, tal raio de precisão de no mínimo 100 metros representa, tão somente, uma perspectiva de localização da parte, não sendo possível apreciar de forma exata qual estabelecimento foi acessado pelo cliente de forma a discriminá-lo, como pretende demonstrar a parte autora. As antenas de celular são como árvores com um tronco, a antena, uma "sombra", a área de cobertura. O telefone só funciona se estiver dentro da área de cobertura. Para que o usuário possa movimentar-se entre as "sombras" das antenas, elas precisam sobrepor-se em alguma medida, portanto o telefone pode ser localizado pela triangulação entre as antenas. Mesmo na área de apenas uma antena é possível apurar o posicionamento médio pela potência do sinal, da mesma forma que o aparelho celular também indica a potência do sinal. Mas esta localização tem precisão limitada porque outros fatores, como edifícios, outras fontes de interferência e condições variadas de local e de aparelho afetam a precisão do sinal. Não é como o GPS que é capaz de localizar o aparelho com precisão de 60 cm. [...] Não é possível por este método apurar a altura em que o telefone está em determinado edifício, coisa que o GPS pode fazer. [...] Não é possível estabelecer com precisão se está, por exemplo, dentro de um shopping ou uma área externa, ou em uma determinada loja. Tampouco é possível estabelecer em um edifício de clínicas em qual clínica o consumidor está. Não me parece que este limite seja capaz de violar a privacidade além dos limites permitidos no contrato (DISTRITO FEDERAL E TERRITÓRIOS, 2019b).

Assim, o juiz entendeu que não estaria demonstrada uma violação de direitos coletivos, considerando que a precisão das cercas virtuais não seria capaz de determinar a localização do cliente. Por ser um tratamento de dados interno, sem o compartilhamento de dados pessoais com os anunciantes, e de forma consentida pelos titulares de dados, não haveria motivos para suspensão do *Vivo Ads*. Nesses termos, os pedidos da ACP foram julgados inteiramente improcedentes.

O MPDFT apelou da decisão, com as devidas contestações dos advogados da Telefônica, e o caso foi julgado pela 6ª Turma Cível em junho de 2020. Na apelação, o desembargador Jos Divido do TJDFT pontuou que o modelo de negócios da Telefônica estava em conformidade com a LGPD e com os elementos de qualificação do consentimento previstos no art. 7º e 8º da Lei. Não haveria demonstração de lesão aos direitos dos titulares e o contrato havia dado amparo à utilização de informações de geolocalização:

> A apelada comprovou que, no momento da contratação, ao consumidor, por meio destacado, é dada a oportunidade de manifestar o seu consentimento ou discordância em receber "ofertas e benefícios da Vivo e Parceiros, mediante uso de seus "dados pessoais e de localização". O cliente, portanto, tem ciência total sobre quais dados são coletados e para quais fins [...] Também ficou demonstrado que a empresa tem um Centro de Privacidade disponível aos consumidores de serviços pré/pós pago que desejem, por SMS, ou ligação, revogar o consentimento anteriormente dado, a qualquer tempo e sem prejuízo da manutenção do serviço de telefonia móvel contratado. Assim, o consumidor pode optar por não permitir a coleta e o uso de dados e por não receber a publicidade, sem prejuízo da contratação do serviço móvel pessoal, bem como retirar o seu consentimento anteriormente dado, a qualquer momento, por vários meios disponíveis. O Ministério Público não trouxe provas de insatisfação ou lesão aos consumidores que manifestaram consentimento ao uso de seus dados, sendo que todas as alegações são apenas no campo teórico (DISTRITO FEDERAL E TERRITÓRIOS, 2019b).

Em julho, o MPDFT reconheceu a derrota e optou por não mais contestar a decisão de 2ª instância. O processo voltou à primeira instância e foi finalizado. Em agosto, o caso foi encerrado sem condenação de honorários ou custas recolhidas.

As interpretações que podem ser feitas desse caso são múltiplas. Primeiro, nota-se que o MPDFT agiu por impulso diante do escândalo *Cambridge Analytica* e foi influenciado pela narrativa de André Torretta sobre as potencialidades de uso do serviço *Vivo Ads* em contexto eleitoral. No entanto, o MPDFT não possuía nenhuma evidência de que isso estava ocorrendo. Não houve contraditório do depoimento de Torretta e não havia evidências de que empresas de *marketing* digital, trabalhando para campanhas eleitorais, haviam utilizado o serviço do *Vivo Ads* para disparo de mensagens políticas. Segundo, nota-se que o MPDFT falhou em demonstrar qual seria o dano coletivo existente. Na fase de inquérito, não houve colaboração com organizações da sociedade civil ou com Conselhos de Usuários da Vivo, que existem nos

A proteção coletiva dos dados pessoais no Brasil **283**

termos de regulamentação da Anatel e que podem fazer a representação dos interesses coletivos. Pelo contrário, foi a Telefônica que argumentou que a Central de Privacidade era elogiada por uma entidade independente, o InternetLab.

Uma terceira interpretação diz respeito à diminuição da dimensão coletiva da ACP e à saliência das dimensões individuais da proteção de dados pessoais nesse caso concreto. A Telefônica conseguiu firmar a tese de que havia consentimento específico e destacado pelos clientes e de que as capacidades técnicas de geolocalização permitiam apenas uma "localização aproximada", útil para campanhas publicitárias operadas pela própria empresa. O Judiciário concordou que consumidores estavam cientes e poderiam exercer seus direitos de *opt-out,* conforme a LGPD, caso desejassem. Assim, a potencialidade coletiva do litígio foi arruinada.

Por fim, o Judiciário não negou os poderes de requisição do Ministério Público, porém sustentou que não se poderia exigir um relatório de impacto à proteção de dados pessoais antes da vigência da própria lei. Ao invés de investigar em profundidade, na fase de inquérito, quais seriam os potenciais discriminatórios de uma perfilização baseada em informações de Estação-Rádio-Base, o desejo de inovação e experimentação do MPDFT – provavelmente de conseguir um primeiro grande precedente que demonstrasse a necessidade de produção de um relatório de impacto à proteção de dados pessoais – levou a uma decisão taticamente ruim, facilmente contestada pela Telefônica, com base em princípios gerais do direito sobre legalidade. Não houve um alinhamento estratégico com outras organizações civis. Nenhuma ONG sequer peticionou com pedido de ingresso de *amicus curiae.* Isolado, o MPDFT amargou uma derrota simbólica no "caso Telefônica".

5.2. MIRANDO NAS *BIG TECHS*: A ATUAÇÃO DO MINISTÉRIO PÚBLICO FEDERAL EM DOIS CASOS EMBLEMÁTICOS

As ações civis públicas do Ministério Público Federal em proteção de dados pessoais evidenciam um padrão distinto de atuação, quando comparadas às ações do MPDFT. Dois casos são importantes de serem analisados em detalhes: o "caso Google/Gmail", de 2016, e o "caso Microsoft", de 2018. Ao mirar em dois gigantes da tecnologia – a Google e a Microsoft –, o MPF conseguiu avançar em discussões sobre consentimento informado e logrou firmar um TAC tido como histórico, antecipando discussões e obrigações jurídicas impostas pela Lei Geral de Proteção de Dados Pessoais. No entanto, os casos também apresentaram obstáculos e limitações processuais de litigância por meio da tutela coletiva, especialmente de pedidos que impliquem obrigação de fazer para a remoção do ilícito.

5.2.1. *O CASO* MPF V GOOGLE/GMAIL: *DIFICULDADES DE DEMONSTRAÇÃO DO ILÍCITO EM DIMENSÃO COLETIVA*

O "caso Google/Gmail" teve início em uma unidade do Piauí do Ministério Público Federal em 2016, após investigações sobre os métodos de leituras automatizadas do Gmail. Por iniciativa do Procurador da República Alexandre Assunção e Silva, o MPF inaugurou uma discussão muito próxima ao debate acadêmico sobre "capitalismo de vigilância" (ZUBOFF, 2019) e sobre as técnicas de perfilização e extração de informações preditivas, que retroalimentam o mecanismo altamente sofisticado de publicidade operado pela empresa Google.

Em 2015, o MPF instaurou um inquérito civil público (ICP n. 1.27.000.001406/2015-3) para apurar eventuais "descumprimentos de normas de proteção de dados pessoais" por parte de empresas "prestadoras de serviços de relevância pública". O inquérito investigou como ocorria a análise automatizada de e-mails enviados através do aplicativo Gmail e a possibilidade de exploração comercial dos dados obtidos a partir de técnicas de *machine learning*. Para o MPF, essa seria uma "finalidade específica" que demandaria um consentimento expresso nos termos do art. 7º, IX, do Marco Civil da Internet, aprovado um ano antes do início do inquérito.

Em resposta ao inquérito, a Google afirmou que a análise do conteúdo dos e-mails decorreria da necessidade de otimizar a experiência do usuário e aumentar sua proteção. Para o Google, a leitura automatizada seria crucial para filtrar mensagens indesejadas, remover *spams*, *phishing*, vírus e outros tipos de *malware*. Com relação à exploração comercial, o Google explicou ao MPF um pouco de sua engrenagem interna. No inquérito, alegou que o escaneamento para oferecer produtos e anúncios opera sem intervenção humana direta. As mensagens seriam escaneadas, categorizadas, classificadas e, posteriormente, integradas aos mecanismos de publicidade direcionada.

Após colher as informações e respostas da Google, o Procurador ajuizou uma ação civil pública em novembro de 2016, distribuída para a 2ª Vara Federal (Processo 25463-45.2016.4.01.4000). Nesta ACP, o

MPF alegou que o escaneamento dos e-mails dos usuários do Gmail constitui um tipo de tratamento de dados pessoais que só poderia ocorrer mediante "consentimento expresso e destacado das demais cláusulas contratuais", nos termos do MCI. Para o MPF, o usuário do Gmail concordaria apenas "de maneira geral" sem haver uma "concordância expressa e específica". Para o MPF, "a grande maioria dos usuários do Gmail provavelmente não sabe que seus e-mails são analisados, pois esta informação não é prestada de maneira destacada, clara e precisa, durante o procedimento de criação da conta". Em um cenário pré-LGPD, a argumentação centrou-se integralmente no Código de Defesa do Consumidor e no Marco Civil da Internet.

A ACP entrou em uma discussão altamente sofisticada sobre discriminação indireta por meio de análise automatizada de dados e os limites jurídicos da perfilização. A petição inicial da ACP dizia:

> Mesmo dados não considerados sensíveis, submetidos a tratamento, podem levar à discriminação. O procedimento realizado pela Google – análise do conteúdo dos e-mails dos usuários, para posterior oferta de publicidade –, é conhecido como *profiling*. *Profiling* é a elaboração de perfis de comportamento de uma pessoa a partir de informações colhidas. Os dados pessoais são tratados com o auxílio de métodos estatísticos e técnicas de inteligência artificial, com o fim de sintetizar hábitos, preferências pessoais e outros registros. Possibilita obter um quadro de tendências de futuras decisões e comportamentos de uma pessoa. Produz um perfil virtual de cada pessoa, capaz de se confundir com a própria pessoa. O *profiling* possibilita o envio seletivo de mensagens publicitárias de um produto e seus potenciais compradores. [...] O Google cria perfis de seus usuários para vender e anunciar seus produtos. [...] Pode provocar um distanciamento entre a informação conscientemente fornecida pela pessoa e a utilidade da qual ela é transformada. Leva a uma perda de controle da pessoa sobre o que se sabe em relação a si mesma, o que representa uma diminuição da própria liberdade (DISTRITO FEDERAL E TERRITÓRIOS, 2016a).

Para o MPF, dadas as características da perfilização e seu "grande potencial para se tornar um mal", considerando-se o distanciamento da pessoa de seu próprio duplo digital e aspectos de sua "autonomia decisional e liberdade de escolha", o consentimento a ser dado ao Google para análise de conteúdo de e-mails deveria ser expresso e destacado. Não bastaria a remissão a textos contidos em determinadas seções de um *site*. Para o MPF, a ausência desse consentimento seria um "fato gerador de danos morais coletivos". Dada a escala do Gmail, "toda a coletividade é afetada", sendo a coletividade "titular dos direitos". Sem especificar se seria uma violação de direitos coletivos, na qual há uma relação jurídica base, o MPF destacou que, "a cada segundo milhões de e-mails dos usuários do Gmail no Brasil estão sendo analisados" e que haveria uma violação aos direitos de proteção de dados pessoais assegurados pela Constituição Federal, pelo Marco Civil da Internet e o pelo Código de Defesa do Consumidor.

Diante do suposto ilícito, o MPF exigiu que fosse determinada a interrupção imediata da análise de conteúdo dos usuários do Gmail pela Google, "enquanto não houver consentimento prévio, expresso e apartado para tal". Por isso, formulou-se um pedido de tutela de urgência. A tese do MPF era a de que a Justiça Federal deveria determinar ao Google a suspensão da análise dos e-mails dos usuários do Gmail, incluindo a publicidade comportamental acoplada ao Gmail, sob pena de multa diária de R$ 100.000,00. O MPF pediu também que o Google fosse condenado em obrigação de fazer, consistente em obter dos usuários do Gmail um consentimento prévio, expresso e destacado para analisar/escanear o conteúdo de e-mails, assegurando que o usuário pudesse revogar a autorização. Pediu, também a condenação do Google por danos morais coletivos no valor de R$ 1.000.000,00, sendo o valor revertido ao Fundo de Direitos Difusos.

Em contestação, os advogados do escritório que defendeu a Google argumentaram que o serviço, oferecido desde 2004, seria "perfeitamente lícito, opcional e efetivamente utilizado por usuários do mundo todo, nos mesmos termos". Para eles, a ação não se baseava em "qualquer queixa ou reclamação de usuários". Para a defesa da Google, o MPF "partiu de premissas equivocadas e paternalistas, na tentativa de converter suas preferências na matéria em exigências jurídicas" (DISTRITO FEDERAL E TERRITÓRIOS, 2016b). A contestação argumentou que faltaria uma lide, pois o que seria pretendido pela ação já seria feito pela Google. Na contestação, a empresa apresentou trechos da Política de Privacidade nos quais havia menção expressa ao fato de os sistemas automatizados analisarem conteúdo do usuário "para fornecer recursos de produtos relevantes ao usuário, como, por exemplo, resultados de pesquisa e propaganda personalizados e detecção de spam e malware" (DISTRITO FEDERAL E TERRITÓRIOS, 2016b).

A tese da Google fundou-se no argumento de que os anúncios seriam catalogados por tema e cruzados de forma automatizada com as palavras-chave resultantes da análise automatizada. A catalogação e perfilização seria usada internamente, permitindo que os anúncios fossem exibidos para potenciais interessados. Evidentemente, o Google não iria compartilhar esses dados com terceiros. Isso seria dar de bandeja o insumo para a "exploração econômica dos dados" e para a análise preditiva (ZUBOFF, 2019; WEST, 2019). Para a Google, a existência da análise automatizada combinada com a perfilização não seria ato ilícito. A contestação defendeu que não houve "nenhuma violação concreta à privacidade", considerando que a análise era automatizada, com bancos de anúncios padronizados, com consentimento expresso dos usuários, que poderiam usar gratuitamente o Gmail por decisão livre e "benefício próprio" (DISTRITO FEDERAL E TERRITÓRIOS, 2016b).

A defesa da Google apresentou diversos argumentos sobre a legalidade do serviço, a impossibilidade de exigir uma obrigação não prevista em lei, a possível quebra do princípio da separação de poderes, a consequência concorrencialmente injusta (pois outros provedores de e-mail também operam com análise automatizada) e a ilegitimidade ativa do Ministério Público Federal. Mais importante para os fins deste trabalho é identificar a mobilização de um discurso sobre a inexistência de "direito de relevante valor social, difuso ou coletivo":

> Não há aqui, ao contrário do que supõe o autor, a tutela de qualquer direito de relevante valor social, difuso ou coletivo. Para o autor, a análise automatizada do Gmail representaria uma violação à privacidade dos usuários, sob a premissa de que estes não teriam dado consentimento adequado à coleta dos seus dados e nem estariam cientes de qual o seu uso. Em verdade, porém, o que se tem é uma presunção, da parte do autor, de que os usuários seriam capazes de obter informação e fazer escolhas sem a interferência do Poder Público. [...] A funcionalidade em questão nem seria nem sequer idônea para causar a violação à privacidade aventada pelo Ministério Público. Trata-se de uma atividade sem qualquer interferência humana, minimamente invasiva, que serve a diferentes fins necessários ou úteis para os usuários. [...] A petição inicial não registra nenhum relato de queixa de usuários e nem sequer aponta qualquer violação concreta à privacidade de pessoas reais, limitando-se a registrar uma insatisfação genética com o modelo [...] Os usuários que se sentirem lesados tem a via judicial preservada para questionar qualquer tipo de violação do Marco Civil da Internet, aos Termos de Uso ou à Política de Privacidade, em conformidade com a garantia do acesso à justiça. Essa seria uma típica discussão sobre direitos individuais disponíveis, de natureza divisível e titularidade determinada, que não autorizam a atuação do *Parquet* e o manejo da ação civil pública (DISTRITO FEDERAL E TERRITÓRIOS, 2016b).

Em nota técnica elaborada em 2017, a Secretaria de Política de Informática do Ministério da Ciência, Tecnologia, Inovações e Comunicações se manifestou dizendo que o assunto era complexo e que a maior parte dos modelos de negócios da Internet seriam baseadas na coleta e no tratamento de dados para fins de publicidade dirigida, e que esse tipo de atividade viabilizaria a oferta de serviços gratuitos aos usuários (DISTRITO FEDERAL E TERRITÓRIOS, 2017). Em documento assinado por Marcos Brito, Luana Borges e Miriam Wimmer – que posteriormente tornou-se diretora da Autoridade Nacional de Proteção de Dados Pessoais –, a SEPIN argumentou que não teria interesse em ingressar na ação e que gostaria que a nota técnica fosse levada ao Judiciário. A Advocacia Geral da União (AGU) também se manifestou dizendo que não possuía interesse em ingressar na ação.

Ao decidir o pedido de tutela de urgência da ação civil pública em março de 2017, o juiz federal Felipe Gonçalves Pinto entendeu que não existiriam os requisitos de plausibilidade jurídica e de perigo de dano. O juiz concordou com a argumentação da Google de que "não haveria invasão de privacidade" e de que a empresa não seria capaz de visualizar o conteúdo do e-mail, mas apenas as palavras-chave para fins de encaminhamento automatizado de propaganda direcionada, "sem divulgar esses dados a terceiros ou a qualquer outro usuário". Em uma perspectiva absolutamente tradicional sobre privacidade – sem identificar uma violação ao direito à proteção de dados pessoais –, o juiz federal entendeu que não haveria nenhum tipo de desvantagem desproporcional ao consumidor, que teria a chance de concordar expressamente para utilizar o Gmail.

Em junho de 2017, a Google operou uma mudança global no Gmail e alegou que, em razão do crescimento das contas corporativas, as fontes de receita haviam mudado. A empresa havia decidido, então, não mais utilizar o escaneamento de palavras-chave em contas de usuários não corporativos para personalização de anúncios. De acordo com comunicado oficial, as mudanças nos anúncios do Gmail estariam "alinhadas com a maneira como personalizamos a publicidade de outros produtos nossos, ou seja, com base nas configurações definidas pelos usuários". Com as mudanças, sustentaram os advogados da Google, haveria perda de objeto em relação ao pedido de condenação em obrigação de fazer, na ACP.

O que a Google não revelou nesse anúncio, no entanto, foi que ela havia sofrido severas derrotas nas Cortes. Iniciando com o caso *Dunbar v Google*, várias ações foram reunidas no Distrito da Califórnia (*Scott v Google*, *Scott v Google II*, *Knowles v Google*, *Brinkman v Google*), questionando a prática de escaneamento automatizado do Gmail. Já em

2013, a Corte da Califórnia havia negado o argumento de que os usuários do Gmail haviam consentido com as interceptações baseadas nos termos de uso e políticas de privacidade. A Corte (*Northern District of California*) concluiu que os termos de uso e as políticas não garantiam demonstrações suficientes de que um usuário do Gmail concordou com as alegadas interpretações. Os casos se multiplicaram, porém falharam no teste de certificação de *damages class* em 2014. Em 2016, no julgamento de *Matera v Google* (que envolvia uma pessoa que nunca havia utilizado o Gmail, mas questionava as técnicas de análise automatizada e perfilização), a Corte da Califórnia negou o argumento da empresa de que haveria uma "proteção estatutária" no *Wiretap Act* para promover intercepções no "curso regular dos negócios". A Corte entendeu que o escaneamento para fins comerciais não seria adequado com o fim último do provimento do e-mail. Isso representou um risco jurídico maior para a prática a partir de 2016 nos EUA. Em julho de 2017, a Google fechou um acordo de uma ação coletiva de dois milhões de dólares e se comprometeu a realizar obrigações de fazer (*injunction reliefs*), prometendo encerrar o tratamento automatizado de conteúdo para fins de publicidade (BUCHER, 2017).

As ações coletivas dos EUA tiveram pouquíssima repercussão no Brasil e não influenciaram os rumos da ACP do MPF. Em 2017, o MPF juntou aos autos um Parecer Técnico da Secretaria de Apoio Pericial da Procuradoria Geral da República. No parecer, elaborado por Marcelo Santiago Guedes – que, em 2021, passou a ocupar a posição de Coordenador Geral de Tecnologia e Pesquisa da Autoridade Nacional de Proteção de Dados Pessoais – argumentou-se que não havia consentimento expresso, de forma destacada das demais cláusulas contratuais. Segundo o parecer de Guedes, as ferramentas de controle de privacidade permitiriam apenas desativar a funcionalidade de personalização de anúncios, mas não a desativação de funcionalidade de análise de conteúdo de e-mails, que ainda estaria prevista na Política de Privacidade.

Em janeiro de 2018, o caso foi decidido pelo juiz federal Marcio Braga Magalhães, da 2ª Vara Federal. Em um voto bastante econômico, reforçando o que havia sido decidido em sede de decisão liminar, o juiz entendeu que "não havia nada novo" e que o juízo já havia se manifestado sobre ausência de invasão de privacidade. O juiz decidiu que não haveria ilegalidade na conduta, pois os usuários concordariam expressamente com a política de privacidade do Google. Ainda disse que, com a mudança de alinhamento do Gmail pela Google, haveria perda parcial do objeto da ação. O MPF apelou, e houve contra-apelação da Google, porém o caso não foi decidido em segunda instância.

Em comparação com as discussões sobre o mesmo problema ocorridas nos EUA, por meio das ações coletivas da Califórnia, nota-se uma severa limitação da Justiça Federal em compreender a natureza do problema: a razoabilidade de o Google promover exploração comercial a partir de perfilização e análise automatizada de informações extraídas dos e-mails. Toda a dimensão coletiva da discussão, que poderia ser configurada como uma questão de direitos difusos – pois afetaria não somente todos os clientes da Google, mas também qualquer pessoa que tenha enviado e-mails para outras pessoas com e-mail Google, como demonstrado em *Matera v Google* – foi reduzida a uma questão individual, como se fossem direitos individuais disponíveis.

Além desse erro no enquadramento do ilícito e do tipo de lesão, que poderia sim ser vista como uma *questão de direitos difusos em sentido estrito*, a Justiça Federal falhou em compreender a natureza complexa e multidimensional do direito à proteção de dados pessoais, caindo em uma armadilha conceitual em torno da "invasão da privacidade". Nesse caso, a Google saiu vitoriosa e as teses dos advogados da empresa foram quase que integralmente acolhidas. Não houve uma situação extrema de reconhecimento da ilegitimidade do Ministério Público Federal, porém, no mérito, o "caso Google" foi malsucedido em primeira instância.

5.2.2. *O CASO* MPF V MICROSOFT: *UM AVANÇO SUBSTANCIAL NO DIREITO DE CONSENTIR PARA FINALIDADES ESPECÍFICAS*

Entre 2016 e 2018, o Ministério Público Federal de São Paulo iniciou outro caso de enorme destaque: o "caso Microsoft", que envolvia a atualização automática do Windows 10. Trata-se de um dos casos mais bem formulados pelo MPF nessa seara e de um ilícito que levou a um notável Termo de Ajustamento de Conduta. O caso trouxe mudanças práticas que afetaram milhões de brasileiros usuários do Windows e merece ser analisado em detalhes.

As investigações contra a Microsoft tiveram início em 2016 por meio do Inquérito Civil n. 1.34.001.004824/2016-81, que tinha como objetivo verificar violações ao direito de privacidade por intermédio do sistema operacional Windows 10. O MPF apurou que o sistema operacional estava sendo vendido no mercado brasileiro de uma forma questionável. O consumidor, ao comprar um computador com um

Windows 10, já tinha todas as configurações de privacidade acertadas, de modo que era induzido a transmitir os seus dados automaticamente para a Microsoft. A empresa anunciava, em sua Política de Privacidade e no Termo de Licença do Produto, que coletaria diversos tipos de dados durante o uso do *software*. Tais dados seriam transferidos constantemente pelo sistema operacional e ficariam sob controle da Microsoft, permitindo uma identificação inequívoca de um usuário.

Para o MPF, isso seria ilícito, pois violaria o art. 7º, IX, do Marco Civil da Internet e o art. 6º do Código de Defesa do Consumidor. O consumidor não poderia ser induzido a ceder os dados de forma massiva. Para que ele pudesse desativar a coleta de dados, ele teria uma "tarefa complexa e trabalhosa". De acordo com nota técnica produzida pela Assessoria Técnica do MPF, a maioria dos usuários do Windows 10 não teria conhecimento sobre como realizar modificações avançadas sobre privacidade no sistema. Elas também desconheceriam quais seriam os impactos de ter dados sobre velocidade de digitação, pesquisas por voz, metadados de aplicações coletados e transmitidos para a Microsoft para uso comercial com outros parceiros de negócios.

No curso do inquérito, houve uma interessante colaboração entre o Departamento de Proteção e Defesa do Consumidor da Secretaria Nacional do Consumidor e o Ministério Público Federal. O posicionamento do DPDC foi tomado como fundação para propositura da ação civil pública. Em ofício elaborado em outubro de 2016, o DPDC analisou o caso do Windows e se posicionou no seguinte sentido:

> Por nos referirmos a dados pessoais, o real consentimento da sua coleta é essencial para tornar legítima, ainda que a princípio, tal conduta. Não basta que haja informação sobre coleta, uso, armazenamento e tratamento de dados pessoais, essa informação deve ser destacada, clara, de fácil compreensão, de domínio do seu detentor a qualquer tempo. Nesse diapasão, o fato da coleta de dados pessoais no Windows 10 ser de certa forma automática, uma vez que é recomendada pelo sistema e poucas informações se tem a respeito, bem como o fato de sua posterior desativação pressupor conhecimentos constantes em dois documentos extensos (Termos de Licença e Política de Privacidade) nos parecem, em uma análise preliminar, ir de encontro aos direitos fundamentais da inviolabilidade da intimidade e da vida privada. [...] O simples aceite, quase que automático, pelo consumidor da versão recomendada pela Microsoft no Windows 10 não pode ser tido como suficiente para compreensão de todas as suas consequências (BASIL, 2018b).

Amparado pelo DPDC – algo que o MPDFT não conseguiu realizar no "caso Telefônica" –, o Procurador da República Pedro Antonio de Oliveira Machado detalhou a natureza dos dados que seriam tratados de forma "quase automática" pela Microsoft. Eles envolveriam dados de múltiplos serviços, como Cortana (localização, calendário, mensagens, histórico de navegação, falas, apelidos, eventos); Fala e Digitação (contatos, padrão de fala, padrão de manuscrito e hábitos de navegação); Informações da Conta (nome, cartões de crédito usados, nome); Contatos (dados de amigos e familiares); Calendário e Sistema de Rádio (dados do histórico do *bluetooth*, histórico de chamadas); Comentários e Diagnósticos (erros no equipamento, ataques de *software*), entre outros.

Fundado em uma análise da área técnica do MPF, o Procurador indicou que pesquisas laboratoriais haviam sugerido que faltaria transparência sobre quais dados seriam coletados no Windows 10 e sobre como eles seriam efetivamente utilizados. Teria ocorrido, também, uma espécie de "empurrão" dos usuários do Windows 7 e do Windows 8.1, por meio de técnicas de design, para o Windows 10, habilitando a coleta adicional de dados. Apesar de o MPF não ter falado explicitamente de *nudging* e de *dark patterns* (FRISCHMANN; SELINGER, 2018), o caso indicava padrões de conduta que teriam um caráter indutivo da conduta dos consumidores.

O MPF também argumentou que o poder público havia feito investimentos significativos em computadores com Windows 10, como a compra de quase 1.500 computadores para o Dataprev, pelo Ministério do Planejamento, Orçamento e Gestão. Além da utilização de sistemas da Microsoft na Justiça Eleitoral, na Justiça Federal e em diversos Ministérios, que seriam todos "consumidores do referido sistema operacional Windows 10".

A estratégia do MPF, entre 2016 e 2018, foi de provocar a reação do DPDC e dos órgãos públicos para que algo fosse feito em termos institucionais. Porém, nenhuma ação concreta foi feita. Com isso, o MPF finalizou o inquérito civil público e ajuizou uma ação civil pública em março de 2018, dando início ao processo 5009507-78.2018.4.03.6100, distribuído para a 9ª Vara Cível, do Tribunal Regional Federal da 3ª Região, da Justiça Federal.

Na proposição da ACP, o MPF sustentou que existiria uma "grave omissão da União na tutela dos direitos", considerando a inação do DPDC e da Senacon, que haviam sugerido apenas um respeito à legislação, sem se utilizar de qualquer medida sancionatória. Apesar de ter tido um posicionamento contundente em 2016, que auxiliou na argumentação do MPF, o DPDC nada fez em termos de inquéritos e processos administrativos sancionatórios. Apesar de ter uma definição legal para atuar em casos como esse, o DPDC não comprou a briga contra a Microsoft.

A ACP claramente "subiu o tom", dizendo que os consumidores estariam "entregues à própria sorte, com os seus dados sendo apropriados pela empresa-ré, sem a plena ciência de tal procedimento e de suas consequências" (BRASIL, 2018b). A argumentação da ACP deixa claro que o MPF esperava que o DPDC agisse. Como não agiu, ocupou esse poder por meio da ação coletiva.

Baseando-se em precedente do Superior Tribunal de Justiça sobre a natureza do dano moral difuso – em especial a decisão do ministro Massami Uyeda sobre o fato transgressor ser de "razoável significância", transbordando os "limites da tolerabilidade", sendo "grave o suficiente para produzir verdadeiros sofrimentos, intranquilidade social e alterações relevantes na ordem extrapatrimonial coletiva" (BRASIL, 2012b) –, o MPF argumentou que o caso tratado envolveria direitos fundamentais do consumidor, de garantia de informação clara e precisa, dos direitos de intimidade e vida privada tutelados constitucionalmente e também protegidos pelo Marco Civil da Internet. Para o MPF, a exploração econômica na escala, operada pela Microsoft no Brasil, provocaria um "abalo moral coletivo" que deveria ser reparado.

Com base nesses fatos e causa de pedir, o MPF exigiu, em tutela antecipada, que a Justiça Federal determinasse o cumprimento de diversas obrigações de fazer no período de quinze dias. O MPF pediu a "atualização das licenças do software do Windows 10 para que não mais coletassem informações e dados pessoais dos usuários", e que a coleta de dados pessoais somente ocorresse "com expressa e prévia autorização destes [...] inclusive com alertas específicos, no momento da opção, acerca das consequências de tal autorização" (BRASIL, 2018c), o lançamento de imediata atualização dos sistemas, a divulgação, em "meios de comunicação social que tenham maior alcance", da imposição das obrigações de fazer.

A ação também se voltou à União. A título de pedidos emergenciais, a ACP exigiu a elaboração de "plano emergencial de proteção de dados pessoais" de computadores que utilizassem sistema operacional Windows 10, informações sobre providências que haviam sido tomadas diante das declarações do DPDC da Senacon e providências para fiscalizar a implementação das obrigações de fazer, aplicando sanções administrativas para prevenir, apurar e reprimir infrações às normas de defesa do consumidor. Ou seja, houve um "puxão de orelha" do

MPF na União. Algo como: "façam seu trabalho e mobilizem o aparato repressivo que vocês possuem na Secretaria Nacional do Consumidor".

Sem especificar muito bem os cálculos para os danos morais coletivos, o MPF exigiu que a condenação fosse de, *no mínimo*, R$ 10.000.000,00 (dez milhões de reais), que deveriam ser recolhidos ao Fundo de Direitos Difusos.

O caso teve grande repercussão midiática, com matérias produzidas pela Reuters, publicadas no portal G1 da Globo e por muitos outros. Era maio de 2018 e o assunto da proteção de dados pessoais estava fervilhando, dois meses depois do escândalo *Cambridge Analytica* e das pressões da sociedade civil na campanha *Seus Dados São Você*.

A decisão liminar ocorreu rapidamente, menos de dois meses da propositura da ACP. A liminar foi uma vitória parcial para o MPF. De um lado, a juíza Cristiane Farias Rodrigues dos Santos reconheceu que a Lei da Ação Civil Pública tem por objetivo reprimir ou prevenir danos difusos, podendo ter como objeto a condenação em dinheiro ou o cumprimento de obrigação de fazer ou de não fazer. Em seu voto, destacou que "a grande vantagem do processo coletivo em geral é que se trata de um canal de acesso à jurisdição, por meio do qual muitas vezes milhares ou até milhões de lesados individuais encontram solução para suas lesões" (BRASIL, 2018c) e que o processo coletivo representaria grande economia processual.

A magistrada também reconheceu que o MPF teria competência legal para promover a proteção dos interesses individuais indisponíveis, difusos e coletivos relativos ao consumidor usuário do sistema operacional Windows 10, "no tocante ao direito à proteção da coleta de dados do usuário em face do sistema operacional" (BRASIL, 2018c). Como corretamente observado pela juíza, trata-se de um caso de direitos difusos coletivos.

No entanto, baseando-se na obra de Luiz Guilherme Marinoni sobre antecipação de tutela no processo civil (MARINONI, 1996), a juíza Cristiane dos Santos entendeu que, diante dos pedidos de tutela antecipada, deveriam estar presentes os elementos de prova inequívoca, verossimilhança da alegação, inexistência de perigo de irreversibilidade do provimento a ser concedido e receio de dano irreparável ou de difícil reparação. Para a magistrada, o pedido de adequar "todas as licenças e softwares do sistema operacional Windows 10 para que, como regra, não mais colete informações e dados pessoais de seus usuários" (BRASIL, 2018c) não poderia ser atendido em sede de cognição sumária, pois haveria necessidade de se avaliar efetivamente se seria possível utilizar o Windows 10 sem que houvesse coleta de dados pessoais dos usuários.

O Judiciário reconheceu que havia uma questão técnica importante a ser analisada: poderia a Microsoft atualizar o Windows 10 e garantir seu uso sem a necessidade de coleta de dados pessoais do usuário com relação à geolocalização, aos dados de voz, à velocidade de digitação, ao padrão de digitação e aos metadados de aplicação de internet?

Diante desse impasse, julgado como "uma questão técnica" e não como uma "questão jurídica", a juíza entendeu ser necessária uma perícia técnica, e decidiu que não seria possível a tutela de urgência, tal como requerida, promovendo uma atualização de todos os sistemas de Windows 10 no Brasil. A atualização imediata implicaria "irreversibilidade do provimento", ao final. Apesar da existência do § 3º do art. 300 do Código de Processo Civil, que diz que "a tutela de urgência de natureza antecipada não será concedida quando houver perigo de irreversibilidade dos efeitos da decisão" (BRASIL, 2015b), a questão permaneceu sendo debatida no meio jurídico.

O Fórum Permanente de Processualistas Civis (FPPC) aprovou o Enunciado 419, que diz que não é absoluta a regra que proíbe tutela provisória com efeitos irreversíveis. Também na I Jornada de Direito Processual Civil do Conselho da Justiça Federal, realizada em 2017, aprovou-se o Enunciado 40, que diz que a irreversibilidade dos efeitos da tutela de urgência não impede sua concessão, em se tratando de direito provável, cuja lesão seja irreversível. O problema, para a juíza, estava em obrigar a Microsoft a atualizar todos os sistemas e, posteriormente, ao final do processo, eventualmente reconhecer que assistia razão à Microsoft, sendo impossível reverter os efeitos da decisão. Por precaução, portanto, a magistrada optou por não conferir provimento a esse pedido especificamente.

No entanto, com relação aos outros pedidos, o MPF foi bem-sucedido. A juíza reconheceu a "plausibilidade parcial do direito invocado" com relação a determinar que a Microsoft adote procedimentos específicos, em um mês, para permitir que o usuário do Windows 10 tenha uma ferramenta operacional para exercer os direitos de controle de forma simples e fácil com relação às autorizações para o tratamento de dados pessoais:

> A tutela ora concedida, no sentido de que a Microsoft permita aos usuários que não querem autorizar a coleta de seus dados o façam de modo simples, direto, e sem ter que recorrer a uso de complexos mecanismos

operacionais, visa a que a empresa adeque, de imediato, seus procedimentos à legislação consumerista brasileira, que preconiza tal regra, de transparência, fácil acesso, informações claras e precisas, que, no mais, devem reger as relações consumeristas de um modo geral no país (BRASIL, 2018c).

A juíza reconheceu que havia urgência – ou, no jargão jurídico, existência de *periculum in mora* –, em razão da escala da Microsoft e da compra diária de Windows 10 por um número incontável de pessoas. Para ela, em atendimento ao "princípio da prevenção/precaução", a adequação seria necessária para prevenir que novos usuários passassem pelo mesmo problema de indução da cessão de dados. Para a juíza, essas pessoas provavelmente não teriam a mesma conduta (de concordar com a cessão completa dos dados) se houvesse uma facilidade operacional para estabelecer esse controle.

Com relação à União, o Judiciário reconheceu que apenas com uma perícia técnica seria possível identificar uma omissão significativa por parte do DPDC da Senacon. Para tanto, seria mais prudente avaliar o caso com calma.

O "caso Microsoft" tomou dois rumos interessantes. A Microsoft opôs embargos de declaração e, em seguida, pediu concessão de prazo de dois meses para que as áreas técnicas da empresa, em conjunto como Ministério Público Federal, verificassem as mudanças havidas no sistema operacional Windows 10. Em setembro de 2018, as partes foram consultadas sobre seu interesse na realização da conciliação. Iniciou-se, então, um longo período de suspensões do processo e uma negociação entre MPF e Microsoft.

O resultado dessas negociações foi a produção de um Termo de Ajustamento de Conduta (TAC) entre a Procuradoria Regional dos Direitos do Cidadão do Ministério Público Federal e a Microsoft Informática Ltda, formulado em 2019 e assinado somente em maio de 2020. O TAC apresentou uma narrativa de que a Microsoft, mesmo entendendo que o Windows 10 estaria em conformidade com o Marco Civil da Internet e a LGPD, estaria disposta a "implementar uma nova experiência no referido sistema", incluindo recursos de privacidade com informações claras e ferramentas de fácil uso.

O TAC afirmou que há um "interesse de ambas as partes em compor uma solução para a presente demanda judicial, a fim de adequar ao ordenamento jurídico pátrio às opções de privacidade de dados disponibilizadas pelo Windows 10 no tratamento de dados pessoais". (BRASIL, 2018c). Valendo-se do art. 5º da Lei da Ação Civil Pública, o

TAC previu: (i) modificação na interface de instalação do Windows 10, dando aos usuários uma escolha livre, informada e inequívoca sobre a coleta de dados, com amplo esclarecimento sobre a coleta de dados; (ii) melhorias na transparência e acesso às informações sobre dados de diagnóstico tratados pela Microsoft; (iii) acesso à Política de Privacidade e Contrato de Serviços durante a instalação; (iv) implementação das mudanças até agosto de 2020; (v) inclusão de cláusulas sobre limitação do tratamento ao "mínimo necessário", conforme art. 6º, III, da LGPD; (vi) compromisso da Microsoft em observar princípio da transparência do Código de Defesa do Consumidor; e (vii) comprometimento de tratamento dos dados somente mediante consentimento.

Como ponto mais polêmico do TAC, a cláusula terceira previu o pagamento de R$ 2.500.000,00 (dois milhões e quinhentos mil reais) em sessenta dias, sem reconhecimento ou culpa pelos fatos descritos na ACP, "para fomentar iniciativas do Ministério Público Federal". A proposta do MPF era de postular à Justiça Federal que os recursos fossem utilizados para seleção de projetos próprios, em "procedimento de impessoalidade e transparência", ou em projetos apresentados por Universidades Públicas, envolvendo capacitação e conscientização sobre LGPD, divulgação de direitos de atendimento de vítimas de violência sexual, ações de direitos das mulheres, ações de acessibilidade digital ou ações para a área da saúde, para colaborar para o enfrentamento da pandemia de Covid-19 (causada pelo vírus SARS-CoV-2).

Caso não fosse acolhida a proposta experimental – de emulação de uma estrutura do FDD dentro do próprio Ministério Público Federal, que faria a seleção de projetos com as universidades –, o TAC, formulado pelos procuradores Isabela Camara, Lisiane Braecher e Pedro Antonio Machado, pediu que os recursos fossem destinados ao Fundo de Direitos Difusos. No caso de descumprimento de algumas cláusulas, a Justiça Federal teria competência para determinar a violação do acordo.

A reação da juíza Cristiane Santos, da 9ª Vara Cível, foi de espanto diante da incongruência com a Lei da Ação Civil Pública. Isso porque o art. 13 da Lei n. 7.347/1985 é muito claro com relação à destinação de recursos obtidos por condenações de ACPs para o Fundo de Direitos Difusos, que é gerido por um Comitê, conforme definições legais apresentadas anteriormente (cf. Capítulo 3). "Havendo lei", disse a magistrada, "a ela deve-se vincular o juiz" (BRASIL, 1985d), sendo a primeira opção a de destinação ao FDD.

A juíza facultou às partes modificar o TAC e pediu que o Comitê Federal Gestor do Fundo de Defesa de Direitos Difusos, vinculado ao Ministério da Justiça, se manifestasse. Após longa batalha argumentativa – com o MPF buscando legitimar a destinação dos valores a si próprio, fazendo a gestão dos recursos com base em editais e mecanismos de transparência –, a Justiça Federal entendeu que a importação do modelo *cy-près* dos EUA (ROTENBERG; JACOBS, 2016) não seria cabível no Brasil, pois haveria uma arquitetura institucional que garantiria ao FDD a gestão dos recursos. Em março de 2021, a juíza indeferiu o parágrafo segundo da cláusula terceira do TAC e homologou o parágrafo terceiro, que dizia que os recursos seriam destinados ao FDD, nos termos da lei de 1985. Para a magistrada, a proposta do MPF, apesar de ser uma experimentação bastante engenhosa inspirada nos EUA, seria contrária à lei da ACP e geraria um problema de prestação de contas dos valores repassados. Eventuais instituições beneficiárias – como determinadas Universidades ou outros grupos aceitos pelo MPF – não seriam partes no processo e não se submeteriam ao controle público no uso das verbas. Isso seria uma forma de driblar o controle do Tribunal de Contas da União.

Com relação aos pedidos de condenação da União, o caso teve desfecho em dezembro de 2021. A União tentou se defender de várias formas. Argumentou que o DPDC não foi omisso. Disse que o órgão não teria atribuições semelhantes ao Poder Judiciário em julgamento de contenciosos e que, ao executar política pública em matéria não regulada em lei específica (proteção de dados pessoais), buscou sugerir à Microsoft o que deveria ser feito. A Advocacia Geral da União também argumentou que a administração pública não poderia "teorizar ou mesmo questionar aspectos da solução tecnológica desenvolvida pela empresa Microsoft" e que não seria "razoável impor à administração pública a responsabilidade pela ocorrência de eventuais falhas" de um "sistema de natureza tão complexa, definido por empresa de reputação mundialmente reconhecida" (BRASIL, 2018c).

Nenhuma dessas argumentações foram acatadas pela juíza. Na decisão de dezembro de 2021, ela afirmou que, dadas as evidências de possível ilicitude e os questionamentos do MPF pelo inquérito civil, "o mínimo que se esperaria de eventuais órgãos que cuidam da proteção ao consumidor, no âmbito governamental, seria a instauração, de igual modo, de eventual procedimento tendente a fiscalizar/acompanhar a ocorrência de possível lesão a direitos" (BRASIL, 2018c). Para a juíza, trata-se de uma violação de proteção de dados pessoais, que deve ser lida à luz dos direitos fundamentais do consumidor (SCHERTEL MENDES, 2014), implicando um dever, por parte do Estado, de garantir a proteção do consumidor. É uma obrigação criada pela Constituição Federal e pelo Código de Defesa do Consumidor.

Para o Judiciário, o DPDC descumpriu sua própria legislação e "se isentou de atuar". O DPDC deveria ter instaurado um processo investigativo, para apurar os fatos, podendo também instaurar um processo administrativo sancionatório. Nesse sentido, houve uma "conduta omissiva da administração", conectada a um "dever-fazer do Estado" (BRASIL, 2018c). O DPDC deveria atuar e não atuou, descumprindo dever legal de agir, gerando um "comportamento ilícito, que pode ser individualizado na pessoa de um funcionário ou de forma genética". Para a Justiça Federal, em síntese, a atuação do DPDC restou "aquém do esperado, de forma a caracterizar efetiva omissão no tocante à apuração e cobrança da Microsoft" (BRASIL, 2018c). Por isso, seria cabível a condenação, em regime de responsabilidade objetiva, por dano moral coletivo, considerando a coletividade atingida; o alto grau de reprovabilidade da conduta e os valores sociais atingidos. A sentença concluiu:

> Ante o exposto, julgo parcialmente procedente a presente ação civil pública, movida pelo Ministério Público Federal, em face da União, para o fim de reconhecer a omissão da União Federal em apurar e reprimir infrações às normas de defesa do consumidor, apuradas no Inquérito Civil n. 1.34.001.004824/2016-81, atinentes à empresa Microsoft Informática Ltda, pela colocação no mercado, no ano de 2015, da licença de uso do sistema operacional Windows, em diversas versões, para uso em computadores pessoais e profissionais, com violação à privacidade e intimidade dos consumidores. Por consequência, condeno a União Federal ao pagamento de danos morais coletivos, em favor do Fundo de Direitos Difusos – art. 13, da Lei n. 7.347/85, no valor que arbitro em R$ 100.000,00 (cem mil reais), valor a ser atualizado, com juros e correção monetária, [...], a partir da presente decisão (BRASIL, 2018c).

Há múltiplas análises interpretativas desse caso sob a perspectiva da dimensão coletiva da proteção de dados pessoais. A primeira é a vitória do MPF em avançar uma noção de controle sobre os dados pessoais e qualificar o consentimento a partir das noções de consentimento livre, específico e informado. O inquérito foi bem construído, bem como a argumentação jurídica sobre uma violação de direitos coletivos, afetando pessoas naturais e pessoas jurídicas que possuíam relação jurídica base com a Microsoft.

A segunda análise conclusiva é a interação entre MPF e DPDC, que inicialmente parecia promissora e depois se tornou conflituosa. O DPDC auxiliou a construir a argumentação e foi colaborador do inquérito, porém, não agiu, e essa falha foi vista como uma omissão administrativa ilícita. O MPF esperava que o DPDC atuasse em defesa dos consumidores e isso não ocorreu, o que levou não somente a uma frustração, que mobilizou a ACP, como a um pedido de condenação da própria União, que foi reconhecido como válido pela Justiça Federal. Tratou-se, também, de um poderoso precedente a ser mobilizado contra a Autoridade Nacional de Proteção de Dados Pessoais no caso de conduta omissiva e de rompimento com os deveres constitucionais de fazer a proteção. O precedente estabelecido no "caso Microsoft" pode ser utilizado por ONGs e pelo MPF como ferramenta de pressão para que o DPDC e a ANPD não sejam omissos.

Por fim, a terceira análise conclusiva é a força da Lei da Ação Civil Pública sobre os mecanismos de funcionamento do Fundo de Direitos Difusos e sua centralidade. O MPF tentou experimentar um modelo novo e foi bloqueado pelo Judiciário. A Justiça Federal negou a possibilidade de o MPF criar uma espécie de "estrutura paralela ao FDD", criando seus próprios projetos e mecanismos de governança. Isso tende a fortalecer as pressões da sociedade civil para que haja uma boa utilização do FDD e para que o Comitê gestor possa priorizar projetos de proteção de dados pessoais. Se o espírito do TAC era privilegiar projetos de proteção de dados pessoais por uma gestão de recursos pelo próprio MPF, o que foi vedado pelo Judiciário, que se aumente o nível de pressão para que o FDD não seja contingenciado e que possa ter uma estrutura de gestão capaz de aprovar projetos na temática de proteção de dados pessoais. Não há dúvidas de que proteção de dados pessoais é um componente dos direitos difusos e coletivos hoje.

5.3. AS AÇÕES CIVIS PÚBLICAS DAS ONGS: CONTORNOS DOS DIREITOS DIFUSOS

Um dos fatos mais notáveis na trajetória da proteção de dados pessoais da última década no Brasil é o crescimento significativo de entidades civis dedicadas ao tema. Como explicado por Solagna (2015), Brito Cruz (2015) e Abramovay (2017), o Marco Civil da Internet teve um papel fundamental na arregimentação dessa área, que é comumente chamada de direitos digitais. Aproveitando a alta visibilidade do país no panorama internacional de regulação civil da Internet, o Brasil tornou-se um celeiro de organizações civis sem fins lucrativos. Apoiadas por grandes filantropias internacionais – como *Ford Foundation, Open Society Foundations* e *Luminate* –, essas novas organizações compuseram uma importante rede em defesa do Marco Civil da Internet a partir de 2014. Muitas delas fundaram, em junho de 2016, no Fórum da Internet do Brasil, a Coalizão Direitos na Rede (SOLAGNA, 2020).

Essa Coalizão, criada originalmente por 12 organizações, aumentou quase cinco vezes de tamanho, chegando a quase 60 membros em meados de 2022. Estruturada com elevado grau de profissionalização nos últimos cinco anos, contando com uma Secretaria Executiva e com funcionários que fazem a gestão operacional de articulação com os membros (diretores, pesquisadores e representantes das organizações civis), a Coalizão organiza sua pauta de atuação em quatro eixos: (i) acesso; (ii) dados pessoais; (iii) liberdade de expressão e (iv) privacidade e vigilância. Cada eixo é operacionalizado por um Grupo de Trabalho. Questões emergenciais, como o "PL de fake news" (2630/2020) ou problemas de eleições (desinformação e WhatsApp/Telegram), são tratadas por "Operativos", que se dedicam a conduzir uma ação conjunta específica.

Como argumentado por Bioni e Rielli (2022), as organizações civis tiveram um papel importante na criação da campanha *Seus Dados São Você*, formulada em 2017 para defender a aprovação da LGPD, e em um trabalho permanente de incidência (*advocacy*) perante a Comissão Especial de Tratamento e Proteção de Dados Pessoais na Câmara dos Deputados. Esse trabalho de incidência envolveu, em síntese, o acompanhamento do trabalho de elaboração da lei com o relator (Dep. Orlando Silva), o engajamento ativo em audiências públicas, a elaboração de notas técnicas, o disparo de mensagens para parlamentares, a construção de vídeos e campanhas para redes sociais e diversas ações de comunicação, em linhas semelhantes às descritas por Colin Bennett (2008), em seu estudo sobre as formas de trabalho do ativismo.

Além disso, como será argumentado nesta seção, as ONGs de direitos digitais tiveram um papel na relevante na diversificação das formas de litigância e uma abordagem mais "em rede", coletivizada, distinta dos padrões do Ministério Público, que tem uma tendência a um trabalho mais autônomo e isolado.

Litigar, para uma ONG, não é tarefa fácil. É recente a organização da sociedade civil "para a prática de litígios estratégicos em demandas coletivas" (GABBAY; COSTA; ASPERTI, 2019, p. 161). Considerando os altos custos de litigância em termos organizacionais para uma organização da sociedade civil – que envolvem, pelo menos, ter um time jurídico dedicado ao assunto, contar com uma estrutura de acompanhamento de processos judiciais, possuir representação para sustentações em Tribunais de 2ª Instância e Cortes Superiores, contar com trabalho jurídico de diligência, obter condições de construção probatória para as ações, etc. –, algumas organizações têm optado por uma estratégia indireta de "litigância estratégica" (NÓBREGA; CUNHA FRANÇA, 2022), agindo como agentes provocadores do litígio por meio de pesquisas, seminários, reuniões e definições de estratégias. Não é grande o número de entidades que tem optado por uma litigância direta e individual no Brasil, atuando diretamente com ações civis públicas.

Da perspectiva da sociedade civil organizada, o litígio estratégico é uma ação judicial que é utilizada para produzir efeitos e impactos não apenas nos "autos" e no sistema de justiça – em uma dimensão interna do sistema jurídico –, mas na sociedade como um todo, com o objetivo de transformar a realidade para além do caso específico em análise e em julgamento, impactando, inclusive, as narrativas midiáticas e a esfera pública de forma geral. Essa dimensão *social* do elemento estratégico – a transformação da sociedade por meio do litígio (MANEIRO; CRUZ, 2016) – complementa-se por duas dimensões do que se entende por *estratégico* do litígio: primeiro, o alinhamento entre os objetivos institucionais da organização e o uso do Judiciário (o litígio não é *apenas uma ação judicial*, mas uma ação judicial que é criada em razão dos propósitos e das lutas de uma entidade civil); segundo, o objetivo de influenciar o modo como os conflitos sociais são internalizados pelo Judiciário e o modo como uma determinada decisão pode influenciar um conjunto de casos e decisões futuras. Em outros casos, mobiliza-se o litígio como elemento de fricção de poderes e incidência em políticas públicas, valendo-se da propositura da ação como "fato político", capaz de "dar ampla visibilidade à questão em discussão" (RIZZI; XIMENES, 2010, p. 118).

Esta seção analisa o perfil de atuação das ONGs em ações civis públicas de proteção de dados pessoais. Enquanto algumas foram exitosas em conquistar vitórias judiciais, outras encontraram fortes obstáculos e posicionamentos conservadores do Judiciário.

5.3.1. *CONTESTANDO A EXPLORAÇÃO COMERCIAL BIOMÉTRICA NO METRÔ DE SÃO PAULO: O CASO* IDEC V VIAQUATRO

O Instituto Brasileiro de Defesa do Consumidor (Idec) é a organização claramente mais orientada à ação judicial, dentro da Coalizão Direitos na Rede, em razão de seu histórico de litigância nos últimos trinta anos. Pelo fato de ter capitaneado ações civis públicas e grande parte da discussão sobre legitimidade ativa de entidades civis para a proposição de ACPs, nos termos da Lei das Ações Civis Públicas e do Código de Defesa do Consumidor, o Idec possui em seu DNA uma tradição de litigância que se reflete no próprio desenho organizacional da entidade. Além das áreas de pesquisa – os "programas temáticos" como telecomunicações, saúde, alimentação saudável e energia –, o Idec possui um Departamento Jurídico formado por advogados e advogadas que se dedicam exclusivamente ao acompanhamento judicial de casos em andamento e da formulação de novos casos perante o Judiciário. O Instituto é conhecido por sua atuação histórica na mobilização das ACPs, como nos casos de luta judicial contra os transgênicos (BISSOLI, 2013, p. 34-45).

Nacionalmente, o Idec já propôs mais de 300 ações civis públicas, sendo que quase 90 concentram-se em contestar os efeitos dos planos econômicos Bresser, Verão e Collor I, que beneficiaram mais de 4.500 associados. Na área de telecomunicações e direitos digitais o Idec ajuizou 12 ações civis públicas.

A ação mais paradigmática do Idec em direitos digitais teve início em 2018, durante os meses de março e abril. O caso surgiu a partir de uma conexão entre o Idec e a Rede Latino-Americana de Estudos de Vigilância, Tecnologia e Sociedade (Lavits). Uma pesquisadora da Lavits havia sinalizado a existência de um *press release* da concessionária ViaQuatro que anunciava um moderno sistema de reconhecimento facial na Linha Amarela do metrô de São Paulo, chamado Portas Interativas Digitais (PIDs). A comunicação dizia que a Linha Quatro tinha lançado um inovador sistema, formado por uma lente com sensor capaz de reconhecer a presença humana e identificar a quantidade de pessoas que olham para a tela. O texto também dizia que os dados gerados permitiam a identificação de expressão de emoção (raiva, alegria, neutralidade) e características gerais que poderiam indicar se um rosto seria feminino ou masculino.[36]

---

[36] Posteriormente, organizações internacionais como AccessNow, sediada nos EUA, publicaram opiniões sobre o caso e o sistema, argumentando que, da perspectiva de

O *release* não despertou a atenção da grande mídia. Apenas em veículos muito especializados em assuntos de transporte reverberou a notícia do anúncio de um moderno sistema de identificação das emoções dos passageiros diante das peças publicitárias exibidas em grandes telões para aqueles que esperavam o metrô. Em maio, no entanto, foi publicado a matéria *The Metro Station of São Paulo That Read of Your Face*, no portal *CityLab* da *Bloomberg*, com entrevistas com pesquisadores do InternetLab e do Idec. Na matéria, que contava com uma explicação do CEO da ViaQuatro sobre a detecção facial e a "inexistência de armazenamento de informações pessoais", foi mencionada a possibilidade de uma ação civil pública pelo Idec em razão das "relações de poder desproporcionais" e das práticas abusivas em violação ao direito do consumidor (AMIGO, 2018).

Em maio de 2018, o Idec iniciou uma investigação colaborativa sobre o funcionamento das Portas Interativas Digitais com pesquisadores de jornalismo da Lavits e com pesquisadores do Programa de Educação Tutorial da Faculdade de Direito da USP, coordenado pelo professor Rafael Mafei. Após um período de investigação de três meses entre as três organizações (Idec, Lavits e PET/FDUSP), foram identificadas as teses principais que poderiam ser elaboradas na ACP, partindo de uma percepção de que a coleta de dados biométricos e emoções dos passageiros, por meio das Portas Interativas Digitais, seria uma espécie de "pesquisa de opinião forçada". Seria como mostrar uma propaganda para uma pessoa e tentar obter a informação de como ela reagiu.

Considerando que a ação foi formulada antes da aprovação da LGPD – que ocorreu somente em maio no Senado, tendo sido sancionada somente em agosto de 2018 –, a ACP foi estruturada a partir dos fundamentos do Código de Defesa do Consumidor, da Constituição Federal e do Código de Usuários de Serviços Públicos.

Na estratégia mobilizada na ACP, o pedido de cessação de violação de direito não seria dependente da vigência da LGPD, na medida em que o princípio do consentimento seria identificável no tecido jurídico composto pelas normas constitucionais, pelo Código de Defesa do Consumidor e por leis específicas, como a Lei do Cadastro Positivo e o Marco Civil da Internet. A principal construção argumentativa para a identificação do ilícito foi a localização desse direito fundamental no interior no Código de Defesa dos Usuários de Serviços Públicos

---

diversidade de gênero, as Portas Interativas Digitais violariam direitos relacionados à identidade de gênero e superação de uma concepção binária (masculino/feminino).

(Lei 13.460/2017). Nesse sentido, a ACP do Idec argumentou que existiria: (i) conduta ilegal da ViaQuatro, por violar o direito básico do usuário de serviços públicos à proteção de suas informações pessoais, conforme o art. 6º, IV, do Código de Defesa dos Direitos dos Usuários dos Serviços Públicos; (ii) descumprimento do direito básico dos consumidores de proteção contra práticas abusivas, nos termos do art. 6º, IV, do Código de Defesa do Consumidor; enquadrando-se, como prática abusiva, o ato de exigir do consumidor vantagem manifestamente excessiva; (iii) ilícito pelo descumprimento de obrigações dos fornecedores de informar aos consumidores, de forma clara, sobre as características dos serviços ofertados (artigos 6º e 31 do Código de Defesa do Consumidor); (iv) imposição de cumprimento de obrigações excessivamente onerosas pelos consumidores que ensejem vantagens manifestamente excessivas para os fornecedores, nos termos dos arts. 6º, V; 39, V e 51, §1º, I a III, do Código de Defesa do Consumidor.

Em 30 de agosto de 2018, foi ajuizada a ação civil pública no Tribunal de Justiça de São Paulo, distribuída para a 37ª Vara Cível do TJSP (Processo 1090663-42.2018.8.26.0100). A ação pediu a proibição de coleta e tratamento de imagens e dados biométricos tomados, sem prévio consentimento, de usuários das linhas de metrô operadas pela ViaQuatro, implementados em sete estações da Linha 4-Amarela: Luz, República, Paulista, Fradique Coutinho, Faria Lima, Pinheiros e Butantã. Entre os pedidos, o Idec exigiu a condenação da concessionária em "obrigação de não fazer", consistente em não se utilizar de dados biométricos ou qualquer outro tipo de identificação dos consumidores sem a comprovação do devido consentimento. Pediu, também, a condenação da ViaQuatro em "obrigação de fazer", consistente em ferramenta para proporcionar informações sobre quais dados eram utilizados pelas Portas Interativas Digitais, com provimento de um "consentimento expresso", por meio de QR-Code ou aplicativo com essa finalidade. O Idec também pediu uma condenação genérica, de modo a indenizar os consumidores pela utilização indevida da imagem, com pagamento de danos morais sem a necessidade de comprovação de culpa.

A ACP exigiu o pagamento de uma indenização de, no mínimo, R$ 100.000.000,00 (cem milhões de reais) a serem revertidos ao Fundo de Direitos Difusos, "com a finalidade de financiar projetos relacionados à proteção e defesa do consumidor e privacidade digital" (SÃO PAULO, 2018b). Pediu a intimação do Ministério Público e a intimação do Instituto Alana, "diante da especificidade do tema objeto desta demanda e da repercussão social da controversa, para figurar na presente ação como *amicus curiae*" e do Núcleo Especializado de Defesa do Consumidor da Defensoria Pública do Estado de São Paulo (SÃO PAULO, 2018b).

No dia 31 de agosto, a ACP ganhou as páginas dos jornais. Uma das estratégias do Idec foi produzir uma matéria exclusiva com o *The Intercept Brasil* e, posteriormente, distribuir um comunicado à imprensa com cópia da petição. Nessa data, Camila Rinaldi produziu uma matéria que destacou o aspecto da livre exploração comercial dos dados pelas empresas AdMobilize e ViaQuatro, reforçando as narrativas sobre práticas abusivas desenvolvidas na petição da ACP:

> Com as informações coletadas pelas câmeras, a empresa que opera o metrô espera vender anúncios mais eficientes nas plataformas. Combinando os dados levantados sobre os passageiros às suas reações às propagandas, a AdMobilize e a ViaQuatro constroem um banco de dados de grande valor para o departamento de marketing de qualquer empresa. Os anunciantes têm acesso a um relatório em tempo real. Os passageiros que têm suas reações registradas e transformadas em lucro mesmo já tendo pago as passagens do metrô não ganham nada com isso – e sequer têm a opção de ficar de fora, já que a instalação fica bem na porta dos vagões. [...] Para o Idec e as outras entidades que entraram com a ação, as portas digitais são uma violação da privacidade e dos direitos básicos assegurados no Código de Defesa do Consumidor e na nova lei dos usuários de serviços públicos. Isso porque os passageiros da Linha Amarela não têm liberdade de escolha, possibilidade de consentimento ou capacidade de negociação dos próprios dados pessoais (RINALDI, 2018).

Alguns dias depois, a petição inicial foi emendada. O Idec pediu, então, a concessão de tutela de urgência para que "cesse a coleta de dados das portas interativas digitais", comprovando-se o desligamento das câmeras já instaladas, sob pena de multa diária de R$50.000,00 (cinquenta mil reais).

O Ministério Público de São Paulo se posicionou de forma favorável ao Idec e pela concessão de tutela de urgência, para determinar a cessação da captura de dados por câmeras já instaladas e em operação. Para o MP-SP, seria notória a violação dos direitos dos consumidores, diante da inexistência de transparência e informações sobre como os dados eram captados e tratados, mesmo que para fins de detecção facial, sem a retenção de dados biométricos.

A defesa da ViaQuatro repetiu argumentos que havia já mobilizado em uma ação individual, movida alguns meses antes, por Felipe Alves de Carvalho, Moisés Muniz Lobo e Victor Hugo Pereira Gonçalves, fundador da ONG Sigilo (SÃO PAULO, 2018a). Nessa ação individual, os autores haviam mobilizado o Marco Civil da Internet para argumentar que ocorreu violação aos direitos de privacidade e que não houve respeito das políticas de segurança da informação dos dados coletados, gerando "total insegurança aos autores". Os autores pediram indenização por danos morais coletivos, o que foi negado em primeira e segunda instância.

A ViaQuatro argumentou em ambas as defesas que não havia coleta ou armazenamento de dados pessoais no sistema implementado. A defesa sustentou que as imagens são captadas e processadas imediatamente, de forma a remover identificadores pessoais. Haveria apenas a "detecção facial", que seria a utilização de um sensor, com ajuda de algoritmos programados, para analisar estatuto, inferir idade, observar formato do rosto e estipular uma expressão facial para identificar se é e de felicidade, insatisfação, surpresa ou neutralidade. Para a defesa, não há como um usuário ser individualizado. Um mesmo usuário que assistisse à publicidade em diversos dias da semana seria contabilizado como uma nova pessoa e não como a mesma pessoa. Em análise pericial "emprestada" das provas produzidas na ação individual, a ViaQuatro argumentou:

> As imagens trazidas pela câmera não são gravadas tampouco armazenadas, sendo analisadas na memória do computador em tempo real enquanto efetua buscas por rostos humanos. Cada vez que um rosto humano é detectado, o sistema atualiza um contador de rostos, internamente denominado "impressions" (impressões). Quando um destes rostos humanos encara a câmera, situação identificada como "engaged", o programa Matrix captura pontos específicos do rosto e os compara com o modelo demográfico e com o modelo de emoções, gerando resultados analíticos de idade, gênero e emoção, construindo um conjunto de informações anônimas denominado de matriz numérica (SÃO PAULO, 2018b).

Na contestação, elaborada por um grande escritório de São Paulo, a ViaQuatro argumentou que o que decorre das Portas Interativas Digitais "não passa de uma detecção facial", cujas informações "são totalmente anonimizadas, de forma irreversível, gerando como resultado de seu uso somente dados estatísticos, absolutamente incapazes de identificar o usuário". Para os advogados da empresa, "nenhuma imagem é armazenada" e "nenhum dado pessoal é tratado ou gerado durante o uso da solução em referência". Nesse sentido, sendo o consentimento "inexigível", não existiria qualquer tipo de ilícito (SÃO PAULO, 2018a). A defesa também tentou afastar qualquer aplicação do Código de Defesa do Consumidor:

> Uma vez que nenhum direito pessoal dos usuários é atingido pela implementação das "Portas Interativas", bem como considerando a total ausência de risco aos usuários do metrô, não há que se falar na colheita de

308 Rafael A. F. Zanatta

consentimento ou em transmissão de informação aos consumidores. O direito consumerista disposto no inciso III do art. 6º da Lei n. 8.078 de 11 de setembro de 1990 cuida da informação quanto ao serviço prestado (o transporte de passageiros, no caso), incluindo seus riscos. Conforme já explanado, a ferramenta contratada não extrai, gera ou utiliza dados pessoais, não havendo, com isso, a exposição de qualquer direito da personalidade dos usuários do sistema de transporte. Não há risco, e, portanto, não há, obviamente, a obrigação de alertá-lo ao consumidor (SÃO PAULO, 2018b).

Em 14 de setembro de 2018, o Tribunal de Justiça determinou, em caráter liminar, a suspensão das Portas Interativas Digitais (PIDs). A juíza Adriana Cardoso sustentou que "não está clara a exata finalidade da captação das imagens e a forma como os dados são tratados pela parte ré" e que isso "deveria ser objeto de ostensiva informação aos passageiros, inclusive diante da natureza pública do serviço prestado". Dada a grande repercussão do caso, com matérias na *Folha de S. Paulo* e reportagens de televisão exibidas na Rede Globo, a ViaQuatro informou que "preventivamente e de boa-fé", desativou o sistema, cumprindo a decisão judicial de que as PIDs fossem desligadas. A empresa disse que, entre abril e agosto de 2018, as PIDs não capturaram e não trataram dados pessoais dos passageiros. Em uma ação que foi documentada pela mídia, funcionários da Linha Amarela cobriram com fitas adesivas pretas as lentes das câmeras, impedindo que qualquer dado fosse capturado e, posteriormente, tratado pelos *softwares* e algoritmos da AdMobilize.

Uma vez obtida a decisão liminar favorável, o Idec iniciou uma estratégia de contestação de provas periciais e de fortalecimento do litígio por meio de parcerias com outras ONGs. Desde o início, houve uma articulação com o Instituto Alana – organização também integrante da Coalizão Direitos na Rede –, que ingressou como *amicus curiae* e se posicionou em 2019 sobre o litígio. A estratégia da petição inicial foi a de "levantar a bola" para o Alana "cortar": abrir a discussão sobre o tratamento de dados de crianças e adolescentes e deixar o Alana se posicionar, com propriedade, sobre o assunto, considerando que o Instituto é uma das organizações mais importantes de defesa dos direitos das crianças no Brasil.

Na petição de *amicus*, o Alana argumentou existir um risco adicional no tratamento de dados de crianças e adolescentes, diante de toda a moldura constitucional de proteção da criança, que é considerada prioridade absoluta no texto constitucional. De acordo com o ECA, as crianças teriam o direito de ir e vir sem estarem sujeitas a uma pesquisa demográfica compulsória, baseada em seus dados. Especificamente com relação ao mecanismo publicitário, o Alana argumentou que seria ilícita a publicidade que se aproveita da deficiência de julgamento da criança, com base na Resolução n. 163 do Conanda, no Marco Legal da Primeira Infância, no ECA, no CDC e na Constituição Federal. O Alana argumentou, na petição de abril de 2019, ser imperioso impedir que ViaQuatro "colete dados biométricos e analise faces de pessoas com menos de 12 anos de idade, uma vez que estes indivíduos não devem ser objeto de pesquisa para fins publicitários ou exploradas de forma alguma" (SÃO PAULO, 2018b).

O Idec também coordenou a participação do Instituto de Referência em Internet e Sociedade (Iris), de Belo Horizonte, como parecerista na ação. A missão do Iris foi de produzir um estudo técnico que pudesse refutar as argumentações da ViaQuatro sobre inexistência de riscos na detecção facial promovida pelo *software* AdMobilize e pelo tratamento de dados feito pela concessionária. Em setembro de 2019, o Iris publicou um parecer de 30 páginas sobre o caso. Nele, argumentou que "não está claro" se "há ou não um processo de anonimização e agregação de dados na etapa final de tratamento, em razão da superficialidade das provas produzidas pela ViaQuatro" (TEÓFILO; KURTZ *et al.*, 2019). O Iris argumentou que, mesmo com o processamento ocorrendo em milésimos de segundo, ainda assim há tratamento de dados pessoais sujeitos aos deveres e garantias previstos em lei. O Instituto pontuou que a representação matemática de um rosto também se configura como um dado pessoal sensível, ao representar características biométricas únicas que permitem a identificação.

O parecer do Iris refutou a validade das provas apresentadas pela Via-Quatro e a análise técnica produzida pelos peritos, bastante incompleta, que não possuía ferramentas de engenharia reversa, ferramentas de análise de tráfego na rede e análise dos bancos de dados e servidores da aplicação. O parecer lançou luz a formas de perfilização com base em preferências inferidas por meio da reação às publicidades. Dadas as fragilidades de demonstração de anonimização completa, o Iris especulou que algoritmos de inteligência artificial para detecção facial poderiam se beneficiar do armazenamento de dados resultantes das análises faciais. O parecer argumentou existir uma "possível falta de anonimização adequada dos dados" (TEÓFILO; KURTZ *et al.*, 2019, p. 16).

Após apresentar diversos casos internacionais relevantes, o parecer concluiu com uma discussão jurídica sobre abusividade e liberdade de escolha. De acordo com o instituto, os passageiros do metrô da linha amarela estariam submetidos a integrar pesquisa demográfica compulsória, em situação de abusividade e vantagem econômica excessiva. Em síntese, "em vez de cobrar um valor do terceiro para ofertar em contrapartida um espaço detido e controlado pela concessionária nos trens ou estações, na situação ora sob análise cobra-se valor para entregar em contrapartida dados obtidos a partir das atividades dos usuários" (TEÓFILO; KURTZ *et al.*, 2019, p. 28).

Em janeiro de 2020, o Ministério Público se manifestou no processo novamente, em concordância com os argumentos do Alana, do Iris e do Idec. Para o MP, a distribuição por faixa etária qualificaria abusividade, na medida em que são flagrados os direitos das crianças e adolescentes, que são tratados como objeto. Com relação à prática para o público adulto, a utilização das Portas Interativas Digitais configuraria múltiplas violações de direito. Para o Promotor de Justiça do Consumidor da Capital, César Ricardo Martins, houve violações de direitos de informação e transparência, bem como de prática abusiva:

> O mais grave abuso consiste na compulsoriedade da pesquisa demográfica. A atividade é manifestamente ilegal e contraria os termos contratuais da concessão, desvirtuando o seu objeto, que deveria ser restrito a prestação de serviço de transporte público. [...] O consumidor sequer é informado de que são coletadas e analisadas suas expressões e impressões (de aprovação ou reprovação da publicidade) mediante a filmagem do seu rosto, violando-se os artigos 4º, *caput*, e 6º, inciso III, ambos do Código de Defesa do Consumidor (SÃO PAULO, 2018b).

Em maio de 2021, a juíza Patrícia Martins Conceição proferiu a decisão de primeira instância na ação civil pública. A decisão foi favorável ao Idec e trouxe muitos pontos de análise. O primeiro ponto foi o reconhecimento de que a ViaQuatro não havia feito uma demonstração cabal de que o sistema não armazena dados pessoais dos usuários da plataforma, nem havia demonstrado a real destinação dos dados. O segundo aspecto notável foi a afirmação de que a Ré havia confessado a detecção de imagem dos usuários. Para a magistrada, inexiste controvérsia sobre a detecção da imagem e rosto, o que já "esbarraria no conceito de dado biométrico" (SÃO PAULO, 2018b), mesmo sendo uma mera detecção facial.

Apesar de o Idec ter mobilizado a LGPD como estratégia argumentativa introdutória, a 37ª Vara Cível adotou diversos aspectos da lei federal na decisão. Por exemplo, a juíza analisou a problemática da base legal para tratamento de dados sensíveis, os aspectos de "propósitos legítimos, específicos, explícitos e informados ao titular" e a vedação de obtenção de vantagem econômica. Reconheceu, ainda, a violação sistemática de várias leis, conforme argumentado pelo Idec. Na fundamentação, no entanto, utilizou a expressão "direito à imagem":

> Inegável que conduta da requerida viola patentemente o direito à imagem dos consumidores usuários do serviço público, as disposições acerca da proteção especial conferida aos dados pessoais sensíveis coletados, além da violação aos direitos básicos dos consumidores, notadamente à informação e à proteção com relação às práticas comerciais abusivas, daí porque o pedido de obrigação de não fazer consistente em não se utilizar de dados biométricos ou qualquer outro tipo de identificação dos consumidores e usuários do transporte público, sem a comprovação do devido consentimento do consumidor é procedente (SÃO PAULO, 2018b).

Com relação à reparação pelos danos, a juíza negou a tese do Idec de que poderiam ser combinados danos individuais, comprovados pelos passageiros portadores de bilhete único no dia, com os danos morais coletivos. A magistrada entendeu que o Idec falhou em esclarecer qual seria a pretensão, trazendo dados para quantificar o dano de cada passageiro. Em outras palavras, o Idec deixou de fundamentar qual seria a "magnitude dos eventuais danos individuais homogêneos", não havendo nenhum material concreto para arbitrar uma indenização de danos individuais homogêneos. Para ela, no entanto, com relação ao dano moral coletivo, "representado pelo prejuízo à imagem, ao conceito moral e aos valores de um grupo ou classe de indivíduos", não haveria necessidade de dano efetivo. O dano moral difuso, que ofende o círculo de valores de uma comunidade, não necessita de demonstração de dano efetivo, bastando que ele seja potencializado (BRASIL, 2016). Nesse sentido, a magistrada encampou uma importante tese da perspectiva dos danos morais difusos:

> A possibilidade de reconhecimento facial, a detecção facial, a utilização das imagens captadas dos usuários do metrô, com evidente finalidade comercial, assim como a ausência de prévia autorização ou mera cientificação para captação das imagens, revela conduta bastante reprovável capaz de atingir a moral e os valores coletivos, principalmente considerando o incalculável número de indivíduos que transitam pela plataforma da requerida diariamente, inclusive crianças e adolescentes, cuja imagem goza de maior e notória proteção (SÃO PAULO, 2018b).

Por fim, ao julgar o mérito da questão (art. 487, I do Código de Processo Civil), determinou-se que: (i) a ViaQuatro "se abstenha de captar imagens, sons e quaisquer outros dados pessoais dos consumidores usuários, através das câmeras ou outros dispositivos envolvendo os equipamentos instalados [...] sem consentimento prévio do consumidor" (SÃO PAULO, 2018b); (ii) a empresa, caso deseje avançar com as Portas Interativas Digitais, obtenha o consentimento prévio dos usuários mediante informação clara e específica sobre captação e tratamento dos dados, com adoção de ferramentas pertinentes; e (iii) a empresa realize o pagamento de indenização de danos morais coletivos no valor de R$ 100.000,00 (cem mil Reais), revertidos ao Fundo de Direitos Difusos.

Da perspectiva do tensionamento entre as dimensões individuais e coletivas do direito à proteção de dados pessoais, esse caso permite algumas especulações conclusivas. Primeiro, nota-se que toda a estratégia de defesa dos advogados da ViaQuatro, foi a construção de uma tese de inexistência de ilícito e inexistência de tratamento de dados pessoais biométricos, considerando a realização de detecção facial. Inclusive, essa fundamentação consagrou-se vitoriosa no julgamento de uma ação de reparação individual de danos movida um pouco antes da ACP do Idec (TJSP, Apelação Cível n. 1003122-02.2018.8.26.0704). Como decidido pelos desembargadores do Tribunal de Justiça de São Paulo, não haveria que se falar em "danos materiais" ou mesmo em "danos morais individuais" em razão da inexistência de demonstração de armazenamento de dados pessoais sensíveis, incidentes de segurança ou qualquer outro tipo de lesão individual.

No entanto, a estratégia adotada pela ACP do Idec foi conduzir a discussão por outro caminho. Apesar de ter cometido o erro de formular um pedido sobre indenização por danos individuais, a ACP teve muita força ao identificar a extração compulsória de dados dos passageiros como um ilícito consumerista, considerando a inexistência de utilidade das Portas Interativas Digitais para o serviço de natureza pública prestado pela concessionária. Nesse sentido, o debate não ficou preso ao dilema das técnicas de anonimização adotadas e à inexistência de armazenamento de dados pessoais sensíveis dos consumidores. O caso voltou-se ao problema da exploração comercial de dados demográficos obtidos de forma oculta e não transparente, transformando o cidadão em mera coisa ou objeto de extrativismo digital.

Em razão desse movimento – a tentativa da concessionária de considerar milhões de passageiros como meros produtores de insumo para um negócio pautado em inferências sobre estados emocionais de uma coletividade – identificaram-se um ilícito e uma ofensa aos valores fundamentais da sociedade, permitindo uma tutela de remoção do ilícito (a interrupção imediata da operação das Portas Interativas Digitais) e uma condenação por danos morais coletivos.

Trata-se de uma virada de chave importantíssima, considerando-se que muitos dos problemas atuais de defesa da proteção de dados pessoais envolvem situações nas quais não é nítido o armazenamento de dados pessoais sensíveis ou questões de individualização de pessoas, como no caso da adoção massiva de sistemas da Google e da Microsoft em escolas públicas. Por exemplo, no caso *New Mexico v Google*, o Procurador do Estado do Novo México, Hector Balderas, argumentou que a Google explorava comercialmente os dados das crianças de forma indireta, por meio da obtenção massiva de metadados das aplicações do Google, dados de pesquisa de voz, dados relacionados ao desempenho dos alunos e dados relacionais, que permitiam estabelecer correlações e descoberta de padrões sobre interesses e comportamento das crianças. A ação foi rejeitada nas Cortes nos EUA, pois a Google conseguiu argumentar que não existiria nenhuma demonstração de dano material concreto às crianças ou de qualquer tipo de consequência danosa para sua privacidade individual, que era respeitada por técnicas de anonimização no tratamento de dados pessoais. Um dos argumentos mais fortes usados pela Google foi o de que a empresa não promovia "anúncios direcionados" às crianças (D'AMMASSA, 2020).

No entanto, quando se pensa sob a perspectiva da extração compulsória de dados de milhares de crianças em uma escola pública e da possibilidade de exploração comercial desses dados por meio de técnicas de *knowledge-base discovery* e técnicas sofisticadas de perfilização (PARRA; AMIEL *et al.*, 2019), pode-se questionar se não estamos diante do mesmo problema, que envolve "conduta bastante reprovável capaz de atingir a moral e os valores coletivos, principalmente considerando o incalculável número de indivíduos [...], inclusive crianças e adolescentes".

Evidentemente que soluções como GSuite ou serviços Microsoft podem encontrar plena relação de afinidade com os objetivos de uma Secretaria Estadual de Educação em uma perspectiva de "promoção do bem comum". No entanto, como notado por pesquisadores das ciências sociais, não há gratuitidade nesses convênios e doações. É possível obter significativos ganhos de capital sem explorar o conteúdo das comunicações e sem "vender os dados para terceiros", algo que as grandes empresas de tecnologia não realizam. O ponto está na exploração econômica dos metadados, que "permitem que muito conhecimento seja produzido, mesmo sem explorar a primeira camada de conteúdo" (PARRA; AMIEL *et al.*, 2019, p. 77). O ponto está na perfilização, na construção de conhecimento a partir de técnicas estatísticas de correlação e descoberta de padrões por meio dos dados (dados dos perfis com quem nos comunicamos, engajamento em discussões, locais visitados, padrões de interação e comportamento a partir de dezenas de variáveis).

Assim, o que está em discussão não é uma comprovação e uma individualização do dano para se pleitear uma indenização, pois não se trata de um direito individual homogêneo. Considerando-se a adoção de um sistema desse porte em todo um sistema de educação pública – que possui um número flutuante e dinâmico de estudantes, sendo impossível a definição de um grupo de pessoas determinado – está-se diante de um direito difuso de proteção de dados pessoais.

Nesse sentido, o caso da ViaQuatro abre um questionamento específico para a proteção de dados pessoais que foge das amarras individualistas e das teorias que tentam qualificar o dano como necessariamente atrelado a uma invasão de "privacidade individual" ou um dano material comprovado (SOLOVE; CITRON, 2022, p. 806-807): até que ponto é justo, ou lícito, que os cidadãos se tornem insumo para a produção de conhecimento comercialmente rentável a partir de seus dados, mesmo que existam técnicas de anonimização e desinteresse pelas informações de cada pessoa individualmente considerada?

O "caso ViaQuatro" tensiona as dimensões individuais e coletivas da proteção de dados pessoais e permite um debate mais alargado sobre as condições nas quais o Estado – ao buscar parcerias com empresas privadas, no provimento de serviços públicos que são direitos sociais assegurados na Constituição –, comete um ilícito à proteção de dados pessoais ao permitir que essa exploração comercial ocorra sem justificativa de necessidade, sem direitos de participação, sem que haja uma troca de perspectivas e pontos de vista com a comunidade e a sociedade civil, em dimensão da autodeterminação informativa como "barreira normativa" (MENKE, 2015) de uma ordem informacional democrática, e não simplesmente um controle individual sobre os dados pessoais (SCHERTEL MENDES, 2020). Sua raiz, em termos de raciocínio jurídico, está precisamente no reconhecimento de direitos coletivos à informação, não abusividade e respeito às crianças em normas que integram o microssistema de direitos difusos: o Código de Defesa do Consumidor, o Código dos Usuários de Serviços Públicos e o Estatuto da Criança e do Adolescente. Ele permite, assim, um diálogo mais rico entre a proteção de dados pessoais e outras normas jurídicas, para além da uma visão exclusivamente centrada na LGPD.

5.3.2. O CASO ADECC V FACEBOOK: DIFICULDADES DE QUALIFICAÇÃO DO DANO MORAL COLETIVO E LEGITIMIDADE ATIVA

Ao passo que a colaboração entre Idec, Iris e Alana pode ser vista como uma estratégia bem-sucedida de litígio estratégico em proteção de dados pessoais, há outros exemplos de ACPs que não obtiveram êxito e que revelam grandes dificuldades de conceitualização da natureza do ilícito, ou mesmo de falhas de estratégia processual e formulação dos pedidos em ações civis públicas.

Em dezembro de 2018, a Associação Estadual de Defesa da Cidadania e do Consumidor (Adecc) ajuizou uma ação civil pública contra o Facebook em razão do vazamento de dados pessoais que envolveu 50 milhões de usuários, reportado pela mídia em setembro de 2018. A ação era ambiciosa e pedia que todos os usuários fossem informados do vazamento de dados ocorrido, promovendo um *recall* dos seus serviços, em atendimento à Portaria 487 do Ministério da Justiça. A ACP também pediu que o Facebook aprimorasse os procedimentos de informação aos usuários, fazendo com que a plataforma fosse mais "objetiva e acessível" sobre as autorizações que está fornecendo e as "consequências que esse fornecimento pode trazer". A ACP exigiu, como obrigação de fazer, "a adequação dos seus termos de uso e sua política de dados a fim de que ela se alinhe com a legislação brasileira, devendo essas adequações serem indicadas após perícia" (MATO GROSSO DO SUL, 2018). Em razão do incidente, a ACP pediu indenização por danos morais coletivos em valor não inferior a R$ 10.000.000,00 (dez milhões de reais), revertidos ao Fundo de Direitos Difusos (MATO GROSSO DO SUL, 2018).

Em abril de 2019, o juiz David Gomes Filho, da 2ª Vara de Direitos Difusos, Coletivos e Individuais Homogêneos do Tribunal de Justiça do Mato Grosso do Sul, conduziu audiência com as partes e afirmou que a sociedade atual está ciente dos riscos de vazamento de dados pessoais que acompanha a expansão do uso da internet. Os pedidos de tutela de urgência foram rejeitados pelo magistrado, considerando-se que o Facebook já tinha promovido a comunicação aos seus usuários sobre o incidente de segurança. Ainda, o Facebook argumentou que estava em andamento um processo administrativo no DPDC/Senacon, que possui competência para investigação sobre lesões coletivas aos consumidores. Para o magistrado, não haveria nem emergência nem urgência (MATO GROSSO DO SUL, 2018).

O caso revelou, também, uma dificuldade de ordem prática. Processualistas como André Roque (2019) entendem que os incidentes de segurança gerariam um tipo de dano qualificado como direito individual homogêneo. A ação da Adecc apelou para um conceito de dano moral coletivo, relacionado a uma ação lesiva significante que "suporta um sentimento de repulsa por um fato danoso irreversível, de difícil reparação ou de consequências históricas" (ROSENVALD, 2018, p. 98). O Judiciário, no entanto, não se convenceu de que esse dano seria histórico, capaz de promover uma alteração da ordem coletiva e um forte sentimento de repulsa. Também não está claro na doutrina se "todo vazamento é capaz de causar danos extrapatrimoniais advindos da sensação de medo e receio de divulgação, ou, até mesmo, em casos de dados pessoais sensíveis" (BORGES, 2022, p. 455). Há especificidades em casos distintos e posicionamentos distintos a depender da reação da empresa Ré, diante da notícia do incidente. O Facebook agiu rapidamente e neutralizou qualquer argumento sobre negligência ou culpabilização de sua conduta.

Trata-se de situação distinta da ação civil pública movida pelo Ministério Público do Rio de Janeiro contra as empresas Smarty Solutions, BV Financeira, Bracom e Grupo Líder. Nesse caso, as empresas foram condenadas a pagar R$ 500.000,00 (quinhentos mil reais) por danos morais coletivos, em razão de um longo período de disponibilização das informações. Um dos fatores de análise foi também a reflexão sobre a natureza dos dados vazados (como modelos de veículo e informações financeiras) e o modo como certos tipos de informações estão mais diretamente relacionados a situações de extorsão, golpes e outras situações com potencial de serem prejudiciais às pessoas:

> Durante aproximadamente três meses, os dados confiados ao referido sítio eletrônico ficaram disponíveis na internet, sendo possível que qualquer pessoa, com uma simples busca no Google, pudesse ter acesso às informações pessoais contidas no banco de dados da empresa BV Financeira, ou ter acesso a eles através das próprias informações constantes do site de buscas Google. Não há como deixar de constatar a culpa *in eligendo*, pela má escolha do preposto, que inobservou as cláusulas referentes ao sigilo, como também pela culpa *in vigilando*, pois o descaso com o dever de cuidado sobre as funções delegadas a Smarty, é de tal ordem que a empresa BV só tomou conhecimento do vazamento do seu banco de dados meses depois, quando da instauração do Inquérito Civil n. 920/2012. A alegação que a divulgação dos dados ocorreu devido a conduta de hackers não afasta a responsabilidade das Rés, pois constitui risco inerente à atividade desenvolvida, qual seja, gerenciamento eletrônico de dados cadastrais. [...] Dentro de uma visão mais atualizada do dano moral coletivo, entende-se

que devem ser homenageados os princípios da prevenção e da precaução, com o intuito de propiciar uma tutela mais efetiva dos direitos difusos e coletivos. A divulgação de dados dos consumidores, cuja guarda cabia às recorrentes, constitui violação aos direitos dos consumidores, sendo certo que as provas trazidas aos autos, apontam para a ilicitude dos fatos a ela imputados. A gravidade dos fatos é evidente, uma vez que a divulgação de dados como endereço, telefone, informações financeiras e modelo de veículo por eles adquirido, os deixou vulneráveis a atuação, inclusive de criminosos, que, dispondo dessas informações, poderiam perpetrar as mais variadas fraudes contra esses consumidores (RIO DE JANEIRO, 2021).

Como visto, o caso da Adecc era distinto. Não havia um forte argumento sobre a relação entre a natureza dos dados vazados e os tipos de danos específicos relacionados à privacidade, como a corrosão da confiança em relações sociais, ameaças de golpes, *spams* ou situações de *stress* emocional (SOLOVE; CITRON, 2022).

Em novembro de 2019, o juiz extinguiu o processo sem resolução do mérito, por reconhecer que a Adecc não possuía legitimidade ativa para propor a ação. Acolhendo os argumentos de contestação dos advogados do Facebook, o juiz decidiu que o estatuto da organização não era suficiente para legitimar a proposição de ACP. O Estatuto da ONG diz que sua finalidade é "promover a defesa do interesse público, por meio da organização popular, contribuindo para o aperfeiçoamento dàs instituições, e do processo democrático". O Estatuto diz que a entidade pode "propor medidas, inclusive judiciais, na defesa do direito individual homogêneo e do interesse público". Como se nota no processo, o Estatuto fala em "promoção da cultura da paz", em "defesa do meio ambiente" e em "estimular a consciência cívica através da conscientização dos direitos constituinte do consumidor". Restam poucas dúvidas de que a Adecc tem como objetivo institucional a defesa dos direitos dos consumidores.

No entanto, o juiz entendeu que as cláusulas eram "abrangentes, de competência tão vasta, que poderia por em dúvida sua representatividade" (MATO GROSSO DO SUL, 2019). O juiz entendeu que a ONG não possuía "especialização fática", ou seja, uma demonstração de uma experiência ao longo dos anos e evidências de uma atuação consistente em defesa dos interesses coletivos. Baseando-se no livro clássico de Teori Zavascki sobre tutela de direitos coletivos – que diz que não é qualquer ação civil pública que pode ser promovida pelas ONGs, mas as que visam a tutelar direitos transindividuais que estejam relacionadas com os interesses da demandante em razão das atividades, serviços e atuação, devendo existir "relação de pertinência" entre o pedido formulado pela entidade na ACP e os interesses e objetivos da instituição (ZAVASCKI, 2009, p. 160-168) – o magistrado decidiu que a ONG não possuía legitimidade para defender os interesses de todos os consumidores (MATO GROSSO DO SUL, 2019). Em março de 2020, o processo foi arquivado definitivamente.

5.3.3. *O CASO* SIGILO V NUBANK: *UM DEBATE SOBRE LITIGÂNCIA DE MÁ-FÉ E INVESTIGAÇÕES ESTRUTURADAS*

Um terceiro caso problemático sob a perspectiva das ações das ONGs é a ação civil pública movida pelo Instituto Brasileiro de Defesa da Proteção de Dados Pessoais e Segurança da Informação – Sigilo, em face da Nubank (Nu Pagamentos S.A.), em razão do acesso indevido a dados pessoais de titulares para oferecer serviços bancários. A ACP foi movida em 2020 e distribuída para a 39ª Vara Cível da Comarca de São Paulo, do Tribunal de Justiça de São Paulo (Processo 1013884-75.2020.8.26.0100).

Na ACP, a Sigilo sustentou que os titulares de dados não consentiram com o compartilhamento de seus dados com a Nubank. O caso foi movido por uma postagem feita na rede social Twitter, que questionava a chegada de uma "carta escrita à mão" e o uso da informação de endereço. A Nubank se posicionou em fevereiro de 2020 no próprio Twitter, alegando que as informações eram acessadas a partir de bancos de dados que unificam informações sobre consumidores brasileiros, disponíveis para a consulta por agentes do sistema financeiro. A Sigilo, então, questionou como a Nubank comprava esses dados, com quais bases legais e com quais critérios para utilização. Em termos jurídicos, a Sigilo argumentou existir utilização de dados pessoais sem expresso consentimento, em violação ao direito constitucional de respeito à vida privada e à Lei do Cadastro Positivo (Lei 12.414/2011). Para a Sigilo, o compartilhamento de dados cadastrais, com informações relativas a adimplemento de crédito, só seria permitido entre bancos de dados, e não com "eventuais consulentes". Valendo-se do precedente do caso HSBC, que envolveu o compartilhamento de dados sem consentimento do cliente entre o banco e uma operadora de cartão de crédito (STJ, REsp 1.348.532-SP, 4ª Turma, Rel. Min. Luis Felipe Salomão, DJe 10/10/2017), a petição sustentou que as práticas seriam abusivas e ilegais, ferindo os direitos dos titulares de dados dos consumidores.

Partindo desse suporte fático e dessa causa de pedir, a Sigilo exigiu uma obrigação de fazer para que a Nubank se abstivesse de coletar as informações e os dados pessoais sem consentimento em apartado, sob pena de multa diária de R$ 20.000,00 (vinte mil reais). Demandava, ainda, a condenação da Nubank em obrigação de não fazer, para que fosse declarada a ilegalidade da coleta de dados, a exclusão de todos os dados tratados sem consentimento, o fornecimento de informações e de dados de forma gratuita, sem cobrança de valores ou obstruções, e a condenação de indenização aos titulares pelo acesso e uso indevido de dados, com pagamento de danos morais no valor de R$ 15.000,00 (quinze mil reais) para cada consumidor, além de pagamento de danos morais a serem revertidos ao Fundo de Direitos Difusos, no valor de R$ 10.000.000,00 (dez milhões de reais).

Inicialmente, o Ministério Público se manifestou e houve concessão de tutela de urgência para impedir o uso de dados sem consentimento. Posteriormente, a Nubank contestou a ação a sustentou que havia necessidade de comprovar que os associados da Sigilo receberam a mala direta, além de terem autorizado a proposição da ação. A Nubank sustentou que nunca realizou o tratamento de dados pessoais de potenciais clientes, que não houve violação da Lei do Cadastro Positivo e do Código de Defesa do Consumidor e que não houve ilícito indenizável.

O caso ganhou novas proporções com uma mudança de posicionamento do Ministério Público e uma denunciação à lide da Boa Vista Serviços – SPC. O Ministério Público retificou sua posição e sustentou que, de fato, havia ilegitimidade ativa da Sigilo na proposição da ação, devendo a ACP ser julgada sem análise de mérito. O caso foi influenciado por uma decisão do Supremo Tribunal Federal (RE 573.232/SC), submetido ao rito da repercussão geral (Tema 82), que fixou entendimento de que é necessária a juntada de autorização expressa para ajuizamento de ação coletiva na defesa dos interesses dos associados. Segundo entendimento do STF, a mera previsão estatutária genérica não seria suficiente para legitimar a atuação em juízo de associações de defesa de direitos dos filiados, sendo necessária autorização, mesmo que deliberada em assembleia.

O ponto principal de análise foi a motivação com base em publicações em redes sociais (Twitter) a respeito do incidente de segurança. Para o juiz, não houve apuração prévia a esse respeito ou qualquer constatação apta a comprovar o que havia sido alegado por esssa notícias na mídia social. O Instituto também não apresentou rol de associados que justificasse a legitimidade, possuindo um estatuto demasiadamente genérico. Como aspecto mais grave da decisão, o Judiciário entendeu que o ajuizamento:

[...] foi deduzido não para proteção dos interesses de associados, mas como fonte arrecadadora, que, sem perigo de sucumbência, busca indenização de somatório milionário, sem qualquer autorização dos interessados, mas com o objetivo de receber substanciais honorários advocatícios. (SÃO PAULO, 2022a).

Em petição feita pelo Ministério Público de São Paulo, criticou-se a atuação sistemática da Sigilo em diversos casos semelhantes. O MP-SP argumentou o seguinte:

as ações propostas são alicerçadas unicamente em notícias ou publicações ocorridas em redes sociais, acerca de possíveis vazamentos de dados ou compartilhamento de dados por fornecedores de serviços, inexistindo qualquer apuração ou ao menos constatação quanto à veracidade (SÃO PAULO, 2022a).

Para o MP-SP, o traço comum das ACPS seria "o elevado valor da causa". A decisão, por sua vez, argumentou existirem relações entre um escritório de advocacia e a ONG, com membros que também era sócios de um escritório em específico. O juiz Celso Lourenço Morgado entendeu que a ONG "não é uma associação que tenha como propósito proteger os direitos de seus associados", mas tão somente os "membros de um escritório de advocacia, que se utilizam da fachada de uma associação para propor ações civis públicas totalmente descabidas e em valores exorbitantes" (SÃO PAULO, 2022a). O juiz decidiu ser o caso de litigância de má-fé, nos termos do art. 80, III, do Código de Processo Civil, optando pelo sancionamento da ONG com multa e custas judiciais. O juiz optou por impor o pagamento de dez vezes as custas iniciais e honorários advocatícios em 10% do valor, além de fixar em 5% o valor atualizado da causa. Estipulou, ainda, um valor de preparo de quase R$ 100.000,00 (cem mil reais).

O Instituto Sigilo teve casos julgados improcedentes, muitas vezes com decisão de litigância de má-fé, nos casos *Sigilo vs Nu Pagamentos* (Processo 1013884-75.2020.8.26.0100), *Sigilo vs Natura* (Processo 1049536-56.2020.8.26.0100), *Sigilo vs Netshoes* (Processo 1109812-53.2020.8.26.0100), *Sigilo vs Rappi* (Processo 1110389-31.2020.8.26.0100), *Sigilo vs Claro* (Processo 1110938-41.2020.8.26.0100), todos decididos no Tribunal de Justiça de São Paulo.

Independentemente da discussão sobre se há ou não litigância de má-fé, o que não é objeto da presente análise, o caso *Sigilo v Nubank* revela algumas lições para o tensionamento entre as dimensões individuais e coletivas da proteção de dados pessoais. Diferentemente do que ocorreu no caso *Idec v ViaQuatro*, não houve uma formulação estraté-

A proteção coletiva dos dados pessoais no Brasil **321**

gica de litígio, com meses de preparação e ampla documentação com o objetivo de comprovar uma lesão de direitos difusos. Pelo contrário, o caso foi feito de forma bastante ágil, "no calor do momento", a partir de uma viralização de conteúdo no Twitter.

Além disso, nota-se, assim como no caso *Adecc v Facebook*, uma atuação isolada, sem uma articulação *entre organizações civis*. Isso tende a aumentar as suspeições de que a organização não possui um legítimo interesse na defesa de direitos coletivos. Uma atuação estratégica, com várias partes autoras, tende a diminuir esse tipo de questionamento sobre a legitimidade ativa de uma organização. Para um magistrado, perceber que há várias partes autoras representando a sociedade civil ou que há um indicativo de inclusão de *amicus curiae* no processo faz com que a própria demanda seja coletivizada. Em outras palavras: uma atuação isolacionista tende a diminuir a força de um litígio estratégico, como já notado na literatura sociojurídica sobre o assunto há anos (RIZZI; XIMENES, 2010).

Um exemplo desse tipo de atuação coletivizada – não especificamente no campo da proteção de dados pessoais, mas por entidades da Coalizão Direitos na Rede – foi a ação civil pública movida por sete organizações da sociedade civil – Intervozes, Idec, Instituto Bem-Estar Brasil, Coletivo Digital, Garoa Hacker Clube, Clube de Engenharia e Associação Internacional de Comunicação Compartilhada – em face da Anatel e da União, contra o decreto 10.402, que dispõe sobre a adaptação do instrumento de concessão de telefonia fixa para autorização de serviços de telecomunicações. As organizações refutaram a metodologia de cálculo de valor dos bens reversíveis de telefonia fixa (STFC, no jargão de telecomunicações) realizada pela Anatel, e contestaram as determinações com relação às autorizações para uso de radiofrequências, que podem ser delegadas por prazo indeterminado.

Nesse sentido, pode-se afirmar também que o caso *Sigilo v Nubank* dificilmente pode ser classificado como "litígio estratégico", pois falta a esse caso: (i) um trabalho prévio de investigação; (ii) a clara identificação de impacto de uma mudança social ou jurisprudencial relevante; e (iii) uma estratégia de atuação que mobilize parceiros da sociedade civil, imprensa e uma rede de *advocacy* em torno de um mesmo *policy issue*. Como sustenta uma das principais pesquisadoras sobre o tema no Brasil, a socióloga do direito Evorah Cardoso, "entidades de advocacia *policy-oriented* costumam ter um trabalho preliminar de escolha do caso paradigmático, conforme o seu potencial impacto social no tema ou na política tidos como prioritários na agenda da entidade" (CARDOSO, 2019, p. 560).

Por fim, não houve qualquer tipo de "inquérito civil informal", feito por conta própria pela ONG, para a demonstração de um processo rigoroso de investigação. Apesar de o instituto do inquérito ser exclusivo do sistema de justiça, em especial do Ministério Público, a demonstração de um período de investigação prévia, com a documentação rigorosa de fatos e de evidências sobre o ilícito, tende a fortalecer a atuação da sociedade civil. É nesse sentido que se fala de um "inquérito civil informal", como uma demonstração cabal de um período de investigação prévia, que emula a lógica das ações civis públicas, conforme a Lei de 1985.

Em alguns casos, esses inquéritos civis informais acabam desaguando em colaborações formais com o próprio Ministério Público, como ocorreu no caso da atuação contra a Drogaria Araújo em Minas Gerais, pelo Iris. Nesse caso em específico, houve uma colaboração entre a ONG e o coordenador do Ministério Público, Fernando Abreu. A pesquisa realizada pelo Instituto sobre violações da LGPD inaugurou um diálogo com o Ministério Público, que também tem relação direta com o Procon de Minas Gerais, forneceu subsídios para o inquérito administrativo e, posteriormente, para a estratégia sancionatória lançada pelas autoridades mineiras. Em junho de 2018, a investigação foi convertida em uma Representação formal ao MPMG (TEÓFILO, 2018). Em dezembro de 2018, a Drogaria Araújo S/A foi condenada a pagar uma multa de 7 milhões de reais por condicionar descontos ao fornecimento do CPF do consumidor no ato da compra, sem oferecer informação clara e adequada sobre a abertura do cadastro. Em Minas Gerais, Procon e Ministério Público operam em conjunto. O processo administrativo identificou que a atuação da Drogaria Araújo viola o direito do consumidor de informação clara sobre o serviço ofertado e sobre os riscos à segurança de dados, sem informação prévia ao consumidor (MARCELO, 2018).

5.3.4. ALGUMAS LIÇÕES PARA FUTUROS LITÍGIOS ESTRATÉGICOS PELAS ONGS

É mais seguro para as organizações civis, dada a tradição jurídica brasileira e o posicionamento mais conservador do Judiciário, mobilizar casos em que o direito à proteção de dados pessoais possa ser visto em sua dimensão difusa, como é o caso das práticas abusivas em farmácias, nas quais há um número indefinido de pessoas atingidas. Também é estratégico operar nos casos em que os danos podem ser considerados como difusos, com pedidos direcionados à tutela de remoção do ilícito, fazendo com que o sistema de justiça seja mobilizado de *forma preventiva*, orientado a evitar a continuidade da produção de antijuridicidade.

Leonardo Bessa e Ana Luisa Nunes argumentam corretamente que a combinação do art. 22 da LGPD com o art. 81 do Código de Defesa do Consumidor habilita um conjunto de tipos de ações distintas que, em razão dos pedidos formulados, podem ser qualificadas como tutela coletiva de "direitos difusos", de "direitos coletivos" ou de "direitos individuais homogêneos". Por exemplo, há situações em que os ilícitos de dados atingem um número indeterminado de pessoas, inexistindo um único titular específico do direito. A negligência sistemática do Ministério da Saúde com relação à segurança dos dados pessoais dos cidadãos brasileiros, que permite a ocorrência de repetidas situações de adulteração de dados (em violação concomitante ao princípio de qualidade dos dados de todos os cidadãos inseridos nos sistemas do SUS) ou situações de acessos, por terceiros, a atualizações dos sistemas do e-SUS, gera um tipo de tratamento irregular que produz efeitos contínuos, tendo natureza difusa "o pedido para deixar de realizar o tratamento de dados de determinada maneira (obrigação de não fazer) ou para realizar o tratamento de maneira delineada na petição inicial (obrigação de fazer)" (BESSA; NUNES, 2021, p. 1204), afetando um número indeterminado de pessoas. Nesses casos, a LGPD permite a defesa de "direitos materialmente coletivos" (BESSA; NUNES, 2021, p. 1204).

A LGPD também permite a proteção de direitos coletivos, ou seja, direitos transindividuais de natureza indivisível, pertencentes a um grupo determinável de pessoas, ligadas entre si ou com a parte contrária por uma relação jurídica base. Por exemplo, pode existir uma ação civil pública que exija que o WhatsApp interrompa a transferência de metadados para todas as empresas que compõem o grupo Meta (antigo Facebook Inc.), em razão inexistência de consentimento livre e informado, ou mesmo por uma violação das normas sobre legítimo interesse, que exigem um balanceamento com os direitos e interesses dos titulares dos dados e a identificação de contextos íntegros, associados às expectativas legítimas dos titulares, e a um filtro de necessidade.

No caso de um pedido relacionado ao número total, delimitado, de consumidores do WhatsApp no Brasil – sendo identificáveis os beneficiários da ação coletiva como aqueles que mantêm vínculo contratual com a empresa, mesmo sendo uma aplicação de Internet gratuita –, os pedidos configuram uma tutela de direitos coletivos. Como lembrado por Bessa e Nunes, nesses casos, os efeitos da sentença atingirão a todos os que estiverem na situação indicada, e se a demanda coletiva for proposta por associação civil, os benefícios não ficarão restritos aos associados, "mas serão usufruídos por todos os consumidores que estão na situação de ilegalidade questionada na ação" (BESSA; NUNES, 2021, p. 1205).

As regras criadas pela LGPD também habilitam pedidos de tutela de direitos individuais homogêneos. Por exemplo, pode existir uma ação civil pública que pleiteie a reparação por danos individuais sofridos por todas as vítimas de um incidente de segurança que envolva o Serasa. Suponha que a ação argumente que, em razão do ilícito, cada pessoa teve que gastar tempo e dinheiro para promover a troca de senhas, utilização de autenticação dupla de fatores e serviços de monitoramento de fraudes pelo uso do CPF. Se a ação buscar o reconhecimento de uma declaração de dever de indenizar, habilitando pedidos individuais para execução de uma dívida reconhecida no âmbito coletivo, ocorrerá uma ação coletiva de tutela de direitos individuais homogêneos. Nesses casos, as sentenças são genéricas e limitam-se a reconhecer a responsabilidade do réu pelos danos causados, permitindo que os lesados compareçam em juízo para realizar a liquidação da sentença, demonstrando que se encontram na situação amparada pela decisão (demonstração de que foram vítimas do vazamento e de que tiveram gastos de monitoramento do próprio CPF).

Tanto no caso *Idec v ViaQuatro* quanto no caso *Sigilo v Nubank*, os pedidos voltados à potencial indenização individual, para a pessoa atingida, revelam uma situação de maior dificuldade de deferimento pelo Judiciário. Ao enquadrar um dano como "delimitável a cada pessoa", é provável que o Judiciário se utilize de *standards* mais rigorosos de demonstração cabal de dano concreto. Trata-se de um obstáculo brasileiro e, também, global. Daniel Solove e Danielle Citron, em estudo bastante influente sobre os *privacy harms*, também identificaram uma dificuldade estrutural na mobilização de novas teorias do dano em casos de incidentes de segurança e de usos abusivos de dados, dada a força de precedentes que exigem uma demonstração de "dano concreto" (*concrete harm*) a partir de métricas puramente econômicas (SOLOVE; CITRON, 2022).

Um precedente que tem influenciado as discussões sobre presunção de dano em ilícitos de dados, e que tem conexão com essa discussão, foi o caso *Lloyd v Google LLC*, julgado em novembro de 2021 pela Suprema Corte do Reino Unido. A partir de uma argumentação inovadora sobre a legislação do Reino Unido (*Data Protection Act*), Richard Lloyd argumentou que a utilização de rastreadores pela Google em milhões de usuários de iPhone, entre 2011 e 2012, implicaria um mesmo tipo de dano, que não precisaria ser demonstrado. Para Lloyd, milhões de consumidores haviam sido vítima do mesmo tipo de ilícito, que seria uma "perda de controle sobre os dados pessoais" em razão da utilização do "DoubleClick Ad Cookie", um rastreador do tipo *third-party* que foi instalado em dispositivos Apple sem consentimento, driblando as próprias medidas técnicas de bloqueio de rastreadores do navegador Safari.

Lloyd buscou uma reparação de £750 para cada pessoa atingida, totalizando uma reparação de quase £3 bilhões (valores em libras), ao sustentar que as pessoas foram manipuladas e catalogadas em categorias como "amantes de futebol" ou "entusiastas de notícias". Apesar de reconhecer a possibilidade de Lloyd litigar de forma coletiva, em razão da semelhança de interesses, a Suprema Corte reconheceu que indivíduos poderiam ter tido situações muito distintas, considerando que o ilícito envolvia 17 categorias de dados pessoais e padrões distintos de usos, considerando diferenças entre "usuários pesados" e aqueles que usariam muito pouco a Internet (REINO UNIDO, 2021, p. 33-34).

A Corte negou que os danos pudessem ser presumidos a partir de uma "base uniforme per capita". A decisão final determinou que a compensação poderia ocorrer, nos termos da legislação do Reino Unido, se existisse alguma evidência de desconforto (*distress*) dos indivíduos que seriam representados coletivamente pela ação, negando a tese de que "perda de controle" – um argumento defendido por diversos *amici curiae* do setor privado, como Internet Association, Associação Britânica da Indústria Farmacêutica e Associação Britânica de Indústria e Saúde e Tecnologia. Para a Suprema Corte, a legislação de proteção de dados pessoais, no modo como está escrita, não permitiria essa interpretação. A compensação não poderia decorrer de uma interferência no direito de Lloyd. Para a Corte, a redação da legislação "não poderia ser razoavelmente interpretada como dando ao indivíduo um direito de compensação sem a prova de dano material [*material damage*] ou desconforto [*distress*] quando um controlador realiza uma violação não trivial de um requerimento da lei" (REINO UNIDO, 2021, p. 43).

Curiosamente, escritórios de advocacia que defendem réus de grande porte em ilícitos de dados pessoais têm utilizado o precedente de *Lloyd v Google* como reforço argumentativo sobre a impossibilidade de danos morais coletivos em casos de violações da LGPD, sendo necessária uma demonstração de consequências materiais concretas, aptas a identificar um impacto comunitário significativo, na esteira do que foi decidido pelo ministro Ricardo Vilas Boas Cueva no precedente do Superior Tribunal de Justiça sobre a licitude dos "cadastros de passagem" utilizados no comércio, em especial na Bahia (BRASIL, 2018d).

Um dos caminhos promissores para as ONGs será a construção de casos em que o ilícito de dados possa ser claramente identificado como uma "lesão à esfera extrapatrimonial da comunidade" e uma agressão "injusta e intolerável", nos termos dos precedentes do Superior Tribunal de Justiça sobre reconhecimento do dano moral coletivo. A lógica desse instituto, que poderia ser chamado de "dano extrapatrimonial" (BESSA; NUNES, 2021, p. 1210), é permitir condenação judicial, com função punitiva, em valor a ser revertido ao Fundo de Direitos Difusos, em razão de grave ofensa a direitos difusos e coletivos. Como sustentado por Leonardo Bessa a Ana Paula Nunes, "não se deve banalizar o instituto" (BESSA; NUNES, 2021, p. 1211) e seu uso deve ser estratégico, mirando em situações de graves ilícitos e em ofensas aos direitos de proteção de dados pessoais em dimensão difusa. Fundamentalmente, trata-se de uma sanção de natureza civil por ofensa a direitos coletivos e difusos que é orientada por uma "função preventivo-precautória" (BODIN DE MORAES, 2003, p. 263).

O êxito de pedidos sobre danos morais coletivos necessitará de boas argumentações sobre ilícitos de dados pessoais. Por exemplo, no caso *Associação Civil dos Consumidores v Facebook* (SÃO PAULO, 2018c), apesar de a ONG ter argumentado que o escândalo *Cambridge Analytica* afetou quase 500.000 usuários brasileiros e ter defendido corretamente as funções punitivas dos danos extrapatrimoniais, o Judiciário entendeu que houve inexistência de arcabouço probatório capaz de demonstrar "transgressão dos termos e condições pela plataforma Facebook", dada a "política da empresa no que tange à vedação de prática de compartilhamento", inexistindo relação direta entre a conduta do Facebook e as operações da empresa *Cambridge Analytica* (SÃO PAULO, 2018c).

O que sepultou a ação foi a convicção formada em juízo de que "não há ato ilícito imputável à ré" (SÃO PAULO, 2020), uma interpretação conflitante com a argumentação construída pelo Departamento de Proteção e Defesa do Consumidor em 2019 sobre a violação sistemática de direitos dos consumidores pelas vulnerabilidades existentes na API do Facebook, o que levou o DPDC a utilizar a "pena máxima" de R$ 6,6 milhões antes da "entrada em vigor da nova lei de proteção de dados" (HOLT, 2019). O mesmo raciocínio foi utilizado pelas Autoridades da Itália e do Reino Unido em sanções de £500.000 e €1 milhão em 2019: o que foi considerado não foi a demonstração empírica de transferência de dados do Facebook para o aplicativo "ThisIsYourDigitalLife" ou a transgressão dos termos de uso, mas sim a vulnerabilidade gerada pela API e a possibilidade de extração de dados de usuários A e B pela simples conexão "de amizade" existente com uma pessoa C. No Reino Unido e Itália, o ilícito foi pensado pelo prisma de condutas insuficientes de proteção de dados pessoais (SCOTT, 2019). Infelizmente, no caso *Associação Civil dos Consumidores v Facebook*, o ilícito foi argumentado de forma apressada na petição inicial, o que prejudicou a tese de dano moral coletivo.

Pedidos que envolvem direitos individuais homogêneos e compensação financeira individualizada – que não se confundem com o dano extrapatrimonial de dimensão coletiva – possuem menos chance de êxito, visto que há uma tendência do Judiciário de exigir uma demonstração cabal de dano no momento do ajuizamento da ação coletiva. Por essa razão, é recomendável que entidades civis utilizem a técnica de cumulação de pedidos e apresentem claramente a causa de pedir para situações distintas de direitos individuais homogêneos e direitos difusos. As ONGs podem, também, explorar a via da tutela de remoção do ilícito, que dispensa a discussão sobre existência do dano e sua quantificação.

5.4. A ATUAÇÃO DAS DEFENSORIAS PÚBLICAS E O ENFOQUE EM DISCRIMINAÇÃO E DESIGUALDADES

O surgimento de ações civis públicas em proteção de dados pessoais formuladas pelas Defensorias Públicas é um fato recente e de grande relevância para a defesa de direitos de uma perspectiva de justiça social e redução de desigualdades.

A Defensoria Pública é uma instituição autônoma e independente, incumbindo-lhe a orientação jurídica, a promoção dos direitos humanos e a defesa, em todos os graus, judicial e extrajudicial, dos direitos individuais e coletivos, de forma integral e gratuita, aos necessitados. A Defensoria Pública presta consultoria jurídica, ou seja, fornece informações sobre os direitos e deveres das pessoas que recebem sua assistência. É com base na resposta à consulta que o assistido pela Defensoria Pública pode decidir melhor como agir em relação ao problema apresentado ao defensor público.

As Defensorias assumem uma missão constitucional de atuação permanente para a promoção dos direitos humanos e a defesa dos direitos individuais e coletivos, de forma integral e gratuita, aos necessitados (art. 134, Constituição Federal). O Supremo Tribunal Federal decidiu, em 2012, que as Defensorias Estaduais não podem ser submetidas a outros poderes. Elas devem possuir plena autonomia funcional e administrativa (BRASIL, 2012c). Esse caráter autônomo das Defensorias Públicas tem por objetivo mobilizar o sistema de justiça para uma atuação em torno da justiça social, das promoção dos direitos, da redução das desigualdades de acesso à justiça e da promoção de uma ordem jurídica justa (SADEK, 2008). Como argumentado por Maria Tereza Sadek, o número de defensores é inferior ao de integrantes do Poder Judiciário e do Ministério Público. A relação entre número de defensores e de indivíduos ainda fica aquém de desejado, e "faltam recursos materiais". Em um país com quase 40 milhões de pessoas em condições de miséria, pode-se dizer que "os defensores são responsáveis por concretizar direitos em uma sociedade muito desigual" (SADEK, 2022, p. 114).

5.4.1. *AS FUNÇÕES INSTITUCIONAIS DAS DEFENSORIAS PÚBLICAS E AS APROXIMAÇÕES COM PROTEÇÃO DE DADOS PESSOAIS*

Os Defensores Públicos são pessoas formadas em Direito, que não necessitam de inscrição na Ordem dos Advogados do Brasil (OAB), pois sua capacidade postulatória decorre exclusivamente de sua nomeação e posse no cargo público, nos termos do § 6º do art. 4º da Lei Complementar nº 80/94, e que ingressam na Defensoria Pública após contarem com no mínimo três anos de prática forense (EC 80/2014). Todos os Estados da Federação devem contar com Defensores Públicos. Além dos Defensores estaduais, o Brasil conta com a Defensoria Pública da União (DPU), criada em 1994. Os Defensores Públicos Federais atuam em diversas áreas, tanto na esfera coletiva, quanto na individual (LC 80/94, art. 4º). Além de ações civis públicas (ACPs) em prol dos direitos humanos, dos portadores de necessidades especiais, dos consumidores, dos indígenas, dos quilombolas e das comunidades tradicionais, os Defensores também atuam na área penal (em crimes contra o sistema financeiro, contra a ordem tributária, contra a administração pública, tráfico internacional de drogas, júri federal, etc.); na área tributária; na seguridade social (assistência social, previdência e saúde); na área trabalhista; em demandas internacionais e muitas outras.

A Emenda Constitucional 80/2014 alterou o *caput* do art. 134 da Constituição Federal, prevendo expressamente a competência da Defensoria Pública para a defesa dos direitos coletivos *lato sensu*. Por meio da atuação dos defensores públicos, ela é parte legítima para ajuizar ação civil pública, seja para tutelar direitos individuais homogêneos, direitos coletivos *stricto sensu* ou direitos difusos, que possam potencialmente beneficiar pessoas hipossuficientes. Sua ilegitimidade somente poderá ser reconhecida em "situações excepcionais", à luz do caso concreto, em que se mostrar evidente o descompasso entre os interesses e os direitos defendidos por meio da ação civil pública e a função institucional da Defensoria Pública estabelecida na CF. Esses casos excepcionais devem ser avaliados pontualmente, em situações específicas.

Em 2015, após longa batalha travada contra a Associação Nacional do Ministério Público, o STF reconheceu que o art. 5º, II, da Lei da Ação Civil Pública (alterado pelo art. 2º da Lei 11.448/2007), que conferiu legitimidade ativa da Defensoria Pública para ajuizar ação civil pública, é constitucional (BRASIL, 2015c). A tese da Associação era a de que a Defensoria somente poderia atender casos individualizados, de pessoas que comprovassem carência financeira, em um modelo clássico, e ultrapassado, de assistência jurídica aos necessitados (SOUSA SANTOS, 2011). Em seu voto, a ministra Carmen Lúcia defendeu a tese, hoje acolhida e bastante disseminada, de que, em um país profundamente desigual e com conflitos de massa, as Defensorias não poderiam estar limadas do uso da ação civil púbica (BRASIL, 2015c).

Uma vez resolvida a questão do uso das ações civis públicas, as Defensorias Públicas iniciaram um processo de capacitação sobre questões de proteção de dados pessoais. Apesar de não terem participado diretamente das audiências públicas e do processo de formulação da LGPD no Congresso (entre 2016 e 2018), uma vez a aprovada a legislação, houve um interesse imediato, especialmente pelas unidades especializadas em defesa do consumidor, como a da Defensoria Pública de São Paulo, coordenada por Estela Guerrini e Luiz Fernando Baby.

Em junho de 2019, ocorreu o *Curso sobre a Lei Geral de Proteção de Dados Pessoais*, organizado pela Defensoria Pública de São Paulo e pelo Idec. O curso serviu como etapa de preparação da Defensoria de São Paulo para atuar em proteção de dados pessoais, se apropriando do ferramental da LGPD.[37] O diagnóstico, naquele ano, era de que, em um cenário de constante precarização, aprofundamento das desigualdades, mercantilização da proteção de dados e seletividade social/classe para vigilância massiva, a Defensoria Pública teria um papel central de contramovimentos no sistema de justiça.

5.4.2. *A FORMULAÇÃO DO CASO* DEFENSORIAS V COMPANHIA DO METROPOLITANO DE SÃO PAULO

Em 2019, após um processo de aproximação com organizações da sociedade civil e especialistas em proteção de dados pessoais, iniciou-se um amplo processo de colaboração entre a Defensoria Pública de São Paulo e ONGs interessadas em discutir o problema do edital de 58 milhões de reais do metrô de São Paulo para a instalação de novas câmeras de reconhecimento facial e análise preditiva de crimes pela Companhia do Metropolitano de São Paulo, empresa que opera há quase meio século algumas das linhas mais importantes do metrô de São Paulo, como as linhas vermelha e azul. A partir de uma série de reuniões feitas na sede da Defensoria, no centro de São Paulo, iniciou-se uma rede de pesquisa e de colaboração para identificar a natureza do ilícito, as estratégias processuais cabíveis e as possibilidades de uma ação civil pública. Participaram desses encontros ativistas da Artigo 19, da InternetLab, do Idec, do Data Privacy Brasil, da Intervozes e do Coletivo de Advogados de Direitos Humanos (CADHu).

Foi a partir desse longo processo de capacitação jurídica e de trabalho em rede que se delineou uma estratégia de contestação da instalação das câmeras de reconhecimento facial no metrô de São Paulo. Inicialmente, a estratégia foi o desenho de uma ação autônoma de produção de prova. Em fevereiro de 2020, Defensoria Pública da União, Defensoria Pública do Estado de São Paulo, Instituto Brasileiro de De-

---

37 O curso contou com aulas de Miriam Wimmer, Laura Schertel Mendes, Luiz Fernando Moncau, Rafael Zanatta e Bruno Bioni.

fesa do Consumidor, Intervozes, CADHu e Artigo 19 protocolaram ação autônoma de produção de prova, com requisição de 11 itens.

Partindo de um diagnóstico de altos riscos aos direitos fundamentais, aspectos discriminatórios, vieses racistas nos algoritmos e impacto desproporcional aos cidadãos socioeconomicamente vulneráveis – dependentes do uso do metrô da linha vermelha –, as entidades argumentaram que o metrô de São Paulo deveria ter produzido um relatório de impacto à proteção de dados pessoais com demonstração do alcance, finalidade, cautelas e delimitação do banco de dados do sistema de monitoramento eletrônico com reconhecimento facial, que foi objeto de processo de licitação (LPI n. 10014557). Atuando por meio do Núcleo Especializado de Defesa do Consumidor (Nudecon) e do Núcleo Especializado de Cidadania e Direitos Humanos (NCDH), a Defensoria Pública de São Paulo conseguiu convencer a juíza da 1ª Vara da Fazenda Pública, Renata Barros Souto Maior, de que o metrô deveria encaminhar explicações sobre o contrato de R$ 58 milhões para reconhecimento facial dos usuários.

Conforme decidido pela juíza, as provas possuem "caráter público", pois referem-se a informações relativas a procedimento licitatório de interesse público. A decisão exigiu que o metrô apresentasse prova documental sobre análise de impacto de proteção de dados, prova documental sobre o banco de dados a ser utilizado (incluindo criação, forma de aquisição, catálogo de dados usados, forma de consentimento, critérios de acesso aos dados e privilégios), prova sobre análise de impacto financeiro em caso de falhas e vazamentos, prova documental sobre governança do banco de dados e critérios de segurança, entre outros.

A ação autônoma de produção de provas teve papel central na estratégia de litígio. Por meio dela, foram demonstrados detalhes sobre a contratação da *Concepção do Sistema de Monitoração Eletrônica – SME Etapa 3* da Companhia do Metropolitano de São Paulo. A ação serviu como etapa de preparação de uma ação civil pública, formulada entre os anos de 2021 e 2022. Na ação autônoma, ficou evidente que há reconhecimento facial no âmbito da contratação do processo licitatório 10014557, que inexiste consentimento dos usuários adultos e consentimento especial de crianças e adolescentes e que a empresa tentou implementar sistema de reconhecimento facial sem proceder à avaliação de impacto à proteção de dados e sem adotar ou indicar as formas de mitigação de riscos inerentes às atividades.

Em março de 2022, os defensores públicos, em parceria com as organizações civis que formularam a ação autônoma de produção de prova, ajuizaram uma ação civil pública contra a Companhia do Metropolitano de São Paulo, distribuída para 6ª Vara de Fazenda Pública, conduzida pela juíza Cynthia Thomé (SÃO PAULO, 2022a). A partir de uma sofisticada argumentação jurídica sobre discriminação abusiva e violação do direito fundamental à proteção de dados de uma perspectiva difusa, a ACP argumentou que o edital de licitação habilitaria a implantação de um sistema de reconhecimento facial de todos os usuários do metrô, com capacidade de armazenamento de dados e compartilhamento. A ACP também argumentou que as imagens dos usuários seriam armazenadas e que o sistema poderia entrar em operação integrada com outros sistemas de monitoração eletrônica com reconhecimento facial.

Mobilizando o Código de Defesa do Consumidor, o Código de Defesa dos Usuários dos Serviços Públicos e a Lei Geral de Proteção de Dados Pessoais, a ACP sustentou que haveria tratamento irregular de dados pessoais pela inexistência de consentimento para tratamento de dados biométricos e ausência de transparência e prevenção de riscos. O descumprimento dos deveres de prevenção e de mitigação de riscos associados ao tratamento de dados pessoais estaria demonstrado pela inexistência de informações sobre quais bancos de dados seriam utilizados para treinar os modelos de reconhecimento facial e sobre quais as medidas de avaliação e mitigação de riscos na implementação do sistema de monitoração eletrônica.

A petição apresentou longa argumentação sobre impactos desproporcionais para negros e populações periféricas, que estariam mais suscetíveis a eventuais integrações das bases de dados com sistemas de "*matching*" em investigações penais. De forma liminar, a ACP exigiu que fosse determinada a imediata suspensão da captação e do tratamento de dados biométricos para reconhecimento facial no Sistema de Monitoração Eletrônica (*SME Etapa 3*), que fosse determinada a imediata suspensão da instalação de novos equipamentos que promovem a captura e o tratamento de dados biométricos para reconhecimento facial, e que fosse determinada "obrigação de não fazer" consistente em deixar de adotar o sistema até que fosse julgada a ação judicial. Além dos pedidos liminares, a ACP buscou vincular o tratamento de dados biométricos ao consentimento específico de cada pessoa (mesma estratégia utilizada no caso *Idec v ViaQuatro*) e formulou uma tese de indenização por danos morais coletivos no montante de R$ 42.798.438,63.

Em 22 de março de 2022, a juíza concedeu parcialmente a liminar exigida na petição inicial, pois entendeu ser incontroverso que o sistema de reconhecimento facial seria uma das funcionalidades do sistema contratado. O problema estaria na falta de documentos, explicações, contratos e materiais que pudessem apresentar informações precisas sobre o armazenamento das informações e a utilização do sistema de reconhecimento facial. Para a juíza, diante das muitas questões técnicas que necessitam ser apresentadas e discutidas no processo, estaria "presente a potencialidade de se atingir direitos fundamentais dos cidadãos com a implantação do sistema" (SÃO PAULO, 2022a). A juíza decidiu "impedir a execução do sistema de captação e tratamento de dados biométricos dos usuários do metrô para sua utilização em sistemas de reconhecimento facial, admitindo-se apenas a instalação" (SÃO PAULO, 2022a).

A decisão foi agravada pela Companhia do Metropolitano de São Paulo, que alegou que o metrô atende aos requisitos da LGPD e que não haveria "plausibilidade jurídica ou risco de dano irreparável que justifique concessão de liminar" (SÃO PAULO, 2022a). Em sua defesa, a Companhia sustentou que a contratação não teria como objetivo implementar um sistema de reconhecimento facial dos passageiros, mas sim de modernizar o "sistema de vigilância já existente", com a implementação de um sistema de monitoramento digital, reduzindo pontos cegos e aumentando a qualidade das imagens. A empresa alegou:

> O novo sistema de câmeras contratado permitirá a identificação comportamental de pessoas e objetivos, sem a necessidade de identificação pessoal dos passageiros envolvidos. [...] Situações envolvendo, por exemplo, tentativas de suicídio, invasão da via, busca de pessoas desaparecidas, análise de objetos esquecidos, que já era monitorados pela ação humana, ganharão mais eficiência a partir da ajuda dos computadores. Nesse contexto, a identificação facial de pessoas é apenas uma pequena funcionalidade do software que compõe o sistema e somente será utilizada em casos muito específicos, para o atendimento de demandas esporádicas, como, por exemplo, busca de pessoas desaparecidas, ou identificação de um usuário que eventualmente tenha praticado algum crime nas dependências do metrô (SÃO PAULO, 2022a)

A defesa sustentou que uma medida liminar não poderia ser concedida por "mera possibilidade futura e eventual" de o sistema ser integrado a um banco de dados de imagens com a polícia civil. Para o metrô, no caso de utilização do sistema para busca de crianças, haveria um consentimento por parte dos pais. No caso de uma busca de um criminoso por delito cometido nas dependências do metrô, existiria uma atividade "relacionada à segurança pública ou repressão de infrações penais", sendo "inaplicável a LGPD" (SÃO PAULO, 2022a). Mobilizando uma legislação de 1974 sobre "segurança do transporte metroviário", a empresa alegou que a Companhia do Metropolitano de São Paulo seria autoridade competente para atividades de segurança pública em suas dependências. Para a empresa, haveria "perigo de dano reverso" no caso de atraso da contratação, pois a modernização do sistema de câmeras de segurança seria uma expectativa legítima dos passageiros do metrô, gerando, também, "prejuízo à própria coletividade que se beneficiária do transporte de notória qualidade cada vez mais seguro" (SÃO PAULO, 2022a).

Em 12/04/2022, a desembargadora Maria Laura Tavares, da 5ª Câmara de Direito Público, julgou o agravo de instrumento e indeferiu o pedido do metrô. Para a desembargadora, não houve prejuízo em conceder a tutela de urgência, já que o sistema não estava em funcionamento e a decisão impediria a execução do reconhecimento facial (e não a atualização do parque de câmeras como um todo). A decisão foi acertada, pois exigiu uma análise em profundidade do caso para formação de um juízo de valor final (SÃO PAULO, 2022b).

Nota-se, nesse caso, uma grande evolução na forma de argumentação, uma vez que a ACP é amparada na Lei Geral de Proteção de Dados Pessoais e não em uma combinação do Código de Defesa do Consumidor com o Marco Civil da Internet. Além disso, a ACP já mobiliza uma concepção da proteção de dados pessoais como direito fundamental autônomo, assegurado no art. 5º, LXXIX, da Constituição Federal, conforme Emenda Constitucional n. 115/2022. A estratégia da ação é não só uma discussão sobre "riscos coletivos" que são insuportáveis da perspectiva do livre desenvolvimento da personalidade, como também uma conexão explícita da proteção de dados com a vedação à discriminação ilícita e ao abuso de direito na prestação de serviços públicos.

O ganho analítico dado pela LGPD foi enorme. A ACP, em síntese, argumenta que os ilícitos ocorrem por violação dos fundamentos da lei (art. 2º, LGPD), dos princípios da atividade de tratamento de dados (art. 6º, LGPD), dos direitos do titular dos dados, incluindo o direito de autodeterminação informativa (arts. 17 a 22 da LGPD), do direito de informação sobre o tratamento de dados (art. 9º, 18 e 19, LGPD) e dos deveres de transparência e acesso à informação (art. 37 e 41, LGPD). A petição inicial, formulada pelo coletivo de defensores e ONGs, argumentou que a LGPD incorporou um "conceito de proporcionalidade enquanto juízo prévio às atividades de tratamento de dados" (SÃO PAULO, 2022b). Nessa lógica, o tratamento deve observar a finalidade, a adequação e a necessidade da medida, com vistas a restringir o mínimo possível o direito do titular. Sendo um "direito autônomo", sua restrição só pode ocorrer diante de finalidades específicas, necessárias, com propósitos específicos. No caso do metrô, ocorreria uma patente desproporcionalidade. Todos os usuários seriam submetidos a um sistema de identificação, "vulnerabilizando, em especial, grupos historicamente vulnerabilizados, como as pessoas negras" (SÃO PAULO, 2022b).

Além de ser um "litígio estratégico" (CARDOSO, 2019) de transformação social, orientado claramente a uma causa de combate ao racismo algorítmico e à criação de um precedente paradigmático sobre as relações entre igualdade, direito antidiscriminatório e proteção de dados pessoais, nota-se uma excelente técnica de formulação dos pedidos. O argumento é que o tratamento irregular se configura em ato ilícito, cabendo "ação de reparação por danos coletivos" (art. 42, §3º) por "violação à legislação de proteção de dados pessoais" (art. 42, LGPD). Trata-se de uma lesão que atinge toda a coletividade. Por isso, a estratégia não é a de habilitação de sentença para que os passageiros sejam indenizados individualmente a partir de sentença genérica. O pedido é de reparação por danos coletivos extrapatrimoniais, sendo esse um caso de "direitos materialmente coletivos" (BESSA; NUNES, 2021), ou, em outras palavras, um *caso típico de direitos difusos digitais*.

5.5. RUMO A UMA TUTELA ADEQUADA DOS DIREITOS DIFUSOS DIGITAIS

Os casos de direitos difusos digitais tendem a se tornar cada vez mais relevantes pelas características das transformações do capitalismo imaterial e do capitalismo de dados, que se estrutura na primeira metade do século XXI. Vive-se, atualmente, uma explosão da "detecção algorítmica", que passa pela captura e pela análise de "nossas imagens, nossas representações, nossas máscaras sociais, nossos afetos" (ROUVROY, 2018, p. 430).

Essa detecção algorítmica não se limita ao que dizemos e fazemos, mas abrange o que pretendemos fazer (*l'intention de faire*). Não se limita a nossos motivos e intenções, mas compreende "nossas propensões a agir em tal maneira" (ROUVROY, 2018, p. 431-432). Essa visão algorítmica, que age como um ultrassom do futuro (*echographie du futur*), produz novos "espaços especulativos" para otimização e preempção – e o faz a partir de técnicas de *clustering* e *group profiling* que não necessariamente dependem de categorias previamente definidas e estabelecidas. Voltando-se ao exemplo das Portas Interativas Digitais, o interesse central seria a construção de um conhecimento social e intencionado sobre o que se pode fazer: quantos adolescentes, às sete horas da manhã, demonstrariam interesse em um remédio para dor de cabeça? Quantos sorririam ao saber que há uma farmácia dentro da estação de metrô? Como a detecção de emoções poderia gerar um registro mais preciso de uma intenção de consumo? É nesse sentido que opera a visão algorítmica, que se apoia, também, na ampla explosão de dispositivos e aparatos de captura de movimentos, vozes, sons, imagens e metadados dos computadores usados em nossos bolsos e pulsos (ZANATTA; ABRAMOVAY, 2019), colocando em novos eixos os debates sobre afetações coletivas e direitos fundamentais no ambiente informacional.

A utilização imprópria de dados pessoais, nesse contexto, só faz sentido de ser pensada quando consideradas *as negociações coletivas em torno da moralidade da utilização abusiva* e a necessidade de mecanismos de contrabalanceamento de poderes e de fortalecimento de visão do interesse público. Diz Antonio Casilli, em trecho bastante central de sua análise:

> O conceito de privacidade como um direito individual, na medida em que incorpora uma postura normativa, representa uma situação ideal dificilmente reconhecível em nosso dia-a-dia. Torna-se um ponto de partida de onde brotam novas sensibilidades culturais e avanços tecnológicos. Em um cenário de conectividade social proporcionada por dispositivos digitais, a esfera íntima de cada indivíduo não pode ser composta de forma isolada. Ninguém quer "ser deixado sozinho" nas plataformas sociais e, no entanto, todos expressam uma preocupação com a privacidade que é específica para eles. [...] A crescente proeminência das interações em rede capacita os atores sociais a exibir um desejo estratégico de criar e manter suas áreas de autonomia. Neste novo paradigma, a privacidade não pode ser interpretada como uma prerrogativa individual, mas antes uma negociação coletiva. Resulta de um arranjo relacional que leva em consideração fatores intersubjetivos e é modelado em torno dos sinais recebidos daqueles com quem um indivíduo interage (CASILLI, 2014, p. 8-10).

Como observado por Lionel Maurel e Laura Aufrère, o "paradigma individualista" ainda é um obstáculo para provocar o surgimento de formas institucionais para acomodar e organizar a negociação coletiva de dados, considerando-se a construção histórica dos direitos de privacidade. A ideia de "negociação coletiva" parte da análise de que há uma espécie de *dupla dimensão coletiva* característica dos nossos dados pessoais, "que se expressa no sentido de um uso do mundo 'em conexão' [*en lien*] em nossas práticas digitais, de conexão e relação, bem como do ponto de vista das relações de produção necessárias à existência e exploração dos dados" (MAUREL; AUFRÈRE, 2018). A negociação coletiva assume que a centralidade de uma abordagem regulatória não deve estar na *emissão dos dados*, mas sim *na grande continuidade dos efeitos*, constituídos por práticas individuais e coletivas (MAUREL; AUFRÈRE, 2018). O problema está no conjunto de "constrangimentos sociais" (CASILLI, 2014) que decorrem do tratamento dos dados pessoais, que são sempre sociais e relacionais.

Essas críticas aproximam-se da reflexão realizada pela filósofa do direito Antoinette Rouvroy, que critica a "inadequação dos regimes de proteção" (ROUVROY, 2018, p. 425), que permanecem indiferentes aos efeitos coletivos, em razão do domínio da uma construção individualista. É preciso uma descentralização do indivíduo, com o abandono da ideia clássica do "sujeito de direitos", atomizado, que defende os seus direitos de privacidade em uma sociedade liberal burguesa, no sentido de uma não intrusão (RODOTÀ, 2008). Isso se faz necessário diante de uma situação em que a produção dos dados é fundamentalmente relacional e social, caracterizada por crescentes assimetrias de poder, e na qual as abusividades não se constituem pelo uso abusivo de uma informação sobre *um indivíduo*, mas sim por modulações comportamentais constituídas por meio *de técnicas de perfilização e de agrupamento social*. Retomando a análise de Casilli, se os constrangimentos são coletivos e afetam a capacidade coletiva de agir, então a resposta também deve ser coletiva, no sentido de capacidade jurídica de agir.

O problema fundamental no avanço da proteção de dados pessoais em uma dimensão coletiva e difusa está menos conectado à ausência de instrumentos jurídicos e processuais para acesso à Justiça e defesa de direitos nas Cortes. Curiosamente, o Brasil está bastante avançado do ponto de vista dos instrumentos processuais e de construção de casos coletivos. Os maiores desafios são teóricos e de superação de antigas mentalidades sobre os conceitos de privacidade e de proteção de dados pessoais. Nesse sentido, o avanço de uma tutela jurídica adequada dependerá de um grande esforço intelectual de detalhamento das dimensões coletivas da proteção de dados pessoais e da construção de teses que sejam capazes de demonstrar interesses jurídicos coletivos diante de abusividades e processos de catalogação, rotulagem e modulação do comportamento social por processos "datificados". Este esforço demandará, por sua vez, teorias renovadas sobre os tipos de danos que são causados em modulações comportamentais e constituições de grupos *ad hoc*, de forma algorítmica, por meio de inferências estatísticas que podem ser qualificadas como abusivas (MITTELSTADT, 2018; WATCHER; MITTELSTADT, 2019; SOLOVE & CITRON, 2022). Trata-se de desafio bastante distinto das preocupações tradicionais, típicas do século XX, sobre os fluxos individuais de dados pessoais.

Uma tutela adequada dos direitos digitais difusos, incluindo a proteção de dados pessoais em sua dimensão coletiva, demandará uma reelaboração teórica mais profunda sobre os pontos aqui discutidos, somada às virtudes do processo civil brasileiro – que permite a tutela de remoção do ilícito em violações dos direitos da personalidade, além de todo o instrumental das ações coletivas – e a tradição de acesso à justiça configurada no país. Considerando a crescente complexidade dos casos envolvendo inferências abusivas e violações de direitos relacionadas a processos de perfilização, parece ser necessário o aprimoramento da colaboração entre organizações civis especializadas em direitos digitais, centros de pesquisa em computação social e o sistema de justiça brasileiro, em especial o Ministério Público e as Defensorias Públicas. Os litígios devem ser estratégicos, formulados com cautela e com base em inquéritos civis colaborativos, com atenção à natureza dos pedidos e seu enquadramento enquanto direitos materialmente coletivos. Conforme visto até aqui, ainda existem confusões conceituais e erros táticos, por parte dos litigantes, que podem prejudicar o exercício de proteção de direitos coletivos.

5.6. CONCLUSÃO DO CAPÍTULO

As complexidades teóricas sobre a configuração da natureza multidimensional da proteção de dados pessoais, em seu caráter ao mesmo tempo individual e coletivo, têm levado a dificuldades, no plano jurídico e institucional, no momento em que esses direitos buscam ser defendidos pelos mecanismos de tutela coletiva.

Os problemas aqui estudados enfrentados pelo Judiciário – as confusões entre privacidade e proteção de dados pessoais, a dificuldade de compreender quando um ilícito deixa de ser um problema individual para se tornar um problema coletivo, o problema de identificar por que a perfilização pode se tornar abusiva e ilícita, a dificuldade de compreender as violações de direito para além de uma matriz contratual e individual – são, no fundo, problemas de teoria do direito, que precisam ser retrabalhados nos próximos anos no Brasil. Para que a defesa desses direitos avance, será preciso solucionar algumas confusões intelectuais, desatar alguns nós sobre a dimensão coletiva da proteção de dados pessoais e avançar em uma tutela orientada à remoção do ilícito, e não somente à busca pelo "dano concreto" e por uma reparação individual.

É certo que a Lei Geral de Proteção de Dados Pessoais consolidou uma tradição de proteção de direitos difusos e coletivos, com menção explícita à possibilidade de ações de reparações por danos coletivos e à defesa de interesses difusos por meio dos instrumentos de tutela coletiva. No entanto, a legislação ainda deixa em aberto inúmeras questões relacionadas à demonstração de "danos materiais concretos" (SOLOVE; CITRON, 2022) e diferenciações que devem existir em pedidos de direitos individuais homogêneos, direitos coletivos e direitos difusos (ROQUE, 2019).

Analisando pelo vetor da advocacia de interesse público, nota-se um percurso bastante interessante de tensionamento entre dimensões individuais e coletivas, com resultados ora positivos, ora negativos para litigantes que ingressam com ações por motivações de proteção de interesses coletivos. Ações civis públicas que envolvem perfilização e potencial ameaça de lesão são muito mais complexas e talvez exijam uma estratégia renovada de argumentação e de demonstração probatória do tipo de ilícito existente. Os casos *MPDFT v Telefônica* e *MPF v Google/ Gmail* evidenciam um posicionamento mais conservador do Judiciário, tendente a analisar a questão pelas lentes tradicionais da "privacidade individual" e da licitude dos negócios jurídicos, em razão da existência de contratos assinados pelas partes.

A trajetória do MPDFT é notável pelo pioneirismo e pelo grande número de inquéritos e ações civis públicas formuladas. No entanto, nota-se uma abordagem ainda muito isolacionista. Não há casos de investigações conjuntas, colaborações entre centros de pesquisa e o MPDFT, ou parcerias técnicas para a formulação de um litígio estratégico – um trabalho que demora meses ou talvez anos de trabalho conjunto. Nada impede que inquéritos civis colaborativos sejam instituídos pelo Ministério Público, o que certamente traria ganhos para a sociedade civil organizada e para o Sistema Nacional de Defesa do Consumidor.

Nota-se, também, dificuldades de ajustes sobre os tipos de pedidos em ações civis públicas quando se trata de um ilícito de dados pessoais.

No caso *Sigilo v Nubank*, o pedido de indenização individual para cada pessoa potencialmente atingida foi amplamente rechaçado pelo Ministério Público, pelo réu e pelo Judiciário – gerando até mesmo um delicado argumento de litigância de má-fé e de dano reputacional para a ONG. No caso *Adecc v Facebook*, a ação apelou para um conceito de dano moral coletivo, relacionado a uma ação lesiva significante que "suporta um sentimento de repulsa por um fato danoso irreversível, de difícil reparação ou de consequências históricas" (ROSENVALD, 2018, p. 98). O Judiciário, no entanto, não se convenceu de que esse dano seria "histórico", capaz de promover uma alteração da ordem coletiva e um forte sentimento de repulsa. Também não está claro na doutrina se "todo vazamento é capaz de causar danos extrapatrimoniais advindos da sensação de medo e receio de divulgação, ou, até mesmo, em casos de dados pessoais sensíveis" (BORGES, 2022, p. 455).

A análise dos casos *MPDFT v Lulu*, *Idec v Viaquatro* e *Defensorias v Companhia do Metropolitano de São Paulo* parece sugerir que é mais seguro para as organizações civis, dada a tradição jurídica brasileira e um posicionamento mais conservador do Judiciário, mobilizar casos em que o direito à proteção de dados pessoais possa ser visto em sua dimensão difusa, como é o caso das práticas abusivas em farmácias, em que há um número indefinido de pessoas atingidas. Também é estratégico operar com casos em que os danos podem ser considerados como difusos, com pedidos direcionados à tutela de remoção do ilícito, fazendo com que o sistema de justiça seja mobilizado de forma preventiva, evitando a continuidade da produção de antijuridicidade.

Um dos caminhos promissores para as ONGs será a construção de casos em que o ilícito de dados possa ser claramente identificado como uma "lesão à esfera extrapatrimonial da comunidade" e uma agressão "injusta e intolerável", nos termos dos precedentes do Superior Tribunal de Justiça sobre reconhecimento do dano moral coletivo. O caso *Defensorias v Companhia do Metropolitano de São Paulo* é exemplar, pois a tese sobre o ato ilícito fundou-se na demonstração de tratamento irregular de dados, colocando em risco certos grupos populacionais pela incapacidade de demonstração de necessidade e finalidade, bem como mitigação dos riscos por condutas de *accountability* e produção de relatórios de impacto à proteção de dados. Além da fortaleza argumentativa, o litígio foi desenhado de uma perspectiva bastante estratégica, com a junção de diversas entidades civis, a Defensoria Pública da União e a Defensoria Pública de São Paulo.

O vetor de advocacia de interesse público permite compreender o Poder Judiciário como uma arena importante das disputas sobre proteção de dados pessoais no Brasil. Mesmo com a constituição da Autoridade Nacional de Proteção de Dados Pessoais em 2020 e o início dos processos sancionadores, parametrizados pela Resolução CD/ANPD n. 1/2021, o Judiciário continuará sendo uma arena privilegiada de disputas, de construção de teses e de defesa de direitos. É certo que, com o início das atividades repressivas e da atuação coercitiva da ANPD, voltada à interrupção de situações de dano ou risco, as entidades civis passarão a apresentar casos, denúncias e petições em que se instaure auto de infração, dando início ao procedimento de defesa, produção de provas e decisão administrativa, encaminhando à Coordenação-Geral de Fiscalização. No entanto, dadas as condições de acesso à justiça e de possibilidade de defesa de direitos coletivos e difusos, é provável que as ações civis públicas tenham grande espaço no repertório utilizado por atores de advocacia de interesse público, seguindo uma tendência internacional de fortalecimento das chamadas *privacy class actions* (COFONE, 2021).

A mobilização das ações civis públicas em proteção de dados pessoais por membros do Ministério Público, Defensorias Públicas e ONGs é um elemento característico do Brasil nos últimos dez anos. Em razão do atraso na instituição de uma Autoridade Nacional de Proteção de Dados Pessoais e de uma estrutura adequada de proteção de direitos no sentido de "arquitetura regulatória", as ACPs tornaram-se veículos de defesa de direitos difusos e coletivos. Nem sempre os resultados foram positivos, e ainda há um desconhecimento grande, por parte de magistrados, sobre o significado da complexidade da proteção de dados pessoais; sobre sua relação com liberdades, dignidade e igualdade; e sobre as engrenagens internas do capítulo informacional, muito mais interessado na exploração comercial de metadados e análises inferenciais que são obtidas por técnicas de perfilização, tornando as pessoas catalogáveis, fixáveis e moduladas pelos "duplos digitais" gerados. Para que a dimensão coletiva da proteção de dados pessoais seja efetivamente compreendida, será necessário um trabalho estratégico de formação e capacitação sobre esses processos de discriminação por grupos, de abusividade em técnicas de perfilização e segregações ou exclusões operadas de forma algorítmica, atingindo coletividades e grupos *ad hoc*, constituídos por correlações estatísticas e de forma imperceptível.

CAPÍTULO 6. **CONCLUSÃO**

Considerando a transição de uma "economia de mercado" para uma "economia de plataformas" (COHEN, 2019); os processos estatísticos de correlações de dados e inferências com alto grau de predição do comportamento social (WATCHER; MITTELSTADT, 2019); a retroalimentação do uso de dados pessoais para construção de técnicas de modulação do comportamento humano nos mercados digitais (FRISCHMANN; SELINGER, 2018); o surgimento de novas formas de exercício de poder sobre populações e grupos sociais pelo uso dos "duplos digitais" (ROUVROY, 2018); a existência de novas formas de danos em razão do uso abusivo de dados e de "mega vazamentos" em escalas inéditas (SOLOVE; CITRON, 2022); a transição da exploração dos dados em si para a produção de conhecimento a partir de perfis e correlações entre dados segmentados (HILDEBRANDT; KOOPS, 2010), vive-se hoje um redimensionamento coletivo da proteção de dados pessoais.

Se parece existir um consenso na literatura de que a proteção de dados pessoais possui uma "natureza complexa", que tensiona os cânones liberais clássicos (ALBERS, 2016), de que há "dimensões coletivas" intrínsecas a essa disciplina jurídica (MANTELERO, 2016) e de que não se podem conceber tais direitos sob um prisma puramente individual (MAHIEU; AUSLOOS, 2020), é preciso empreender um esforço, no Brasil, para que esse tensionamento venha à tona, revelando a complexidade que a proteção de dados pessoais apresenta hoje.

A pesquisa realizada se dedicou à compreensão desse tensionamento a partir dos "planos de luta concretos" (CAPPELLETTI, 1977) e a partir das especificidades da construção institucional brasileira, que apresenta características muito singulares. De fato, não se pode promover uma teorização sobre a proteção de dados pessoais no Brasil assumindo como premissa a existência de uma mesma trajetória institucional, tal como ocorrida nos EUA e na Europa, que possuem também trajetórias profundamente distintas e valores comunitários que não são idênticos (WHITMAN, 2004). Tal como feito por Danilo Doneda, Laura Schertel Mendes, Marcel Leonardi, Bruno Bioni e outros autores, é preciso formular uma teorização que seja aderente às características culturais, institucionais e históricas da sociedade brasileira.

Tendo em mente esse viés de análise, focado na experiência institucional brasileira, é possível concluir este trabalho com alguns vetores de interpretação sobre o tensionamento entre as dimensões individuais e coletivas da proteção de dados pessoais no Brasil. O primeiro reside no fato de que a experiência brasileira de proteção de dados pessoais foi forjada em um contexto autoritário de projetos de controle social e civil, formulados durante a ditadura militar. Esse passado autoritário fez com que um conjunto inicial de respostas ao problema da vigilância baseada em dados – o *data surveillance* (MILLER, 1971; RODOTÀ, 1974; WESTIN, 2019) – se apresentasse de forma específica, não dissociada das questões postas durante aquele período histórico no Brasil.

Se, nos EUA, o deflagrador do debate sobre proteção de dados pessoais foi o projeto *National Data Bank* e as contestações parlamentares dos processos de centralização de bases de dados federais para a formulação de políticas públicas na década de 1960 (BOUK, 2018) – em um período social complexo, marcado por ansiedades sobre avanços tecnológicos de natureza intrusiva, mas também caracterizado pela expansão do conceito de cidadania e inclusão por políticas de bem-estar social, que dependiam de um número crescente de informações sobre os cidadãos (IGO, 2018, p. 102-140) –, no Brasil a discussão teve início com o Registro Nacional de Pessoas Naturais (Renape), projeto militar de unificação das informações civis apresentado ao público em 1976, que levou a reações de profissionais de processamento de dados, a críticas da Ordem dos Advogados do Brasil e a iniciativas legislativas pouco conhecidas ou estudadas atualmente.

Mesmo que de forma embrionária, precária e fragmentada, existiu um debate sobre "princípios de informação justa" diante de um contexto dramático de perseguição de lideranças estudantis, tortura e uma doutrina de Segurança Nacional (MOREIRA ALVES, 1984). Ao passo que a disciplina jurídica da proteção de dados pessoais floresceu em discussões democráticas sobre devido processo e uso justo da informação nos EUA, na Alemanha, na Suécia e no Reino Unido, gerando um processo de "convergência regulatória" descrito pelo cientista político Colin Bennett (1992), no Brasil, a disciplina jurídica da proteção de dados pessoais surgiu, mesmo que de forma incipiente, no contexto do "uso autoritário da informação" (DONEDA, 2008) e em um cenário de combate a uma "ordem jurídica ilegítima", como dizia Raymundo Faoro.

Como argumentado no Capítulo 1, nos projetos de lei apresentados por José Roberto Faria Lima, Cristina Tavares, José Freitas Nobre e José Eudes existiam diferentes estratégias regulatórias e conceitos jurídicos formulados. Porém, havia uma convergência com relação a uma preocupação comum de usos abusivos de dados, a centralização de bases de dados e o uso autoritário da informação, a redução de dignidade pelas assimetrias de poder e as discriminações por tratamentos automatizados de dados. Na tradição brasileira, mesmo que sem uma grande formulação teórica (como ocorreu com Westin, nos EUA, e Rodotà, na Itália), os direitos de proteção de dados pessoais foram pensados também por um prisma democrático e coletivo, não sendo restritos a uma definição mais superficial de controle individual.

Como argumentado, existiram projetos de lei pioneiros no Brasil que formularam "protoprincípios" que anteciparam os princípios estruturantes da Lei Geral de Proteção de Dados Pessoais.

O segundo vetor de análise é o reconhecimento de que o Brasil possui uma tradição jurídica muito mais afeita aos direitos difusos e coletivos, que se apoia em um amplo movimento de ampliação da "tutelabilidade" e da coletivização do processo civil, como defendiam Ada Pellegrini Grinover (1984) e Kazuo Watanabe (WATANABE, 1984). Isso se deve aos esforços de afirmação de novos direitos na década de 1980, em um período de intensos debates sobre os limites do processo civil individual e a influência do pensamento de juristas do campo do acesso à justiça, que influenciaram decisivamente a criação da Lei de Ação Civil Pública, em 1985, e a criação do Código de Defesa do Consumidor, entre 1989 e 1990.

Trata-se de uma rota reversa à dos europeus, que possuem mais de quarenta anos de tradição jurídica de proteção de dados pessoais e somente recentemente aprovaram regras de harmonização à tutela coletiva e de ampliação da capacidade de ONGs de ajuizarem ações por ilícitos transindividuais. Os europeus enfrentam um importante debate de revitalização dos instrumentos de tutela coletiva (*collective redress*), por meio de mecanismos jurídicos horizontais no nível comunitário e de uma leitura expansiva do artigo 80 da GDPR (JANCIUTÉ, 2019, p. 2-14), em reforço ao direito fundamental de acesso à justiça definido no artigo 47 da Carta de Direitos Fundamentais de 2000. Fala-se somente agora de uma "nova era das ações coletivas", como na França, que em 2014 redefiniu o instituto das *actions de groupe*, "mecanismos processuais que eram raramente utilizados" (AZAR-BAUD; BIARD, 2021, p. 75), dando força motriz ao processo de aprovação da Diretiva 2020/1818, de 25 de novembro de 2020, sobre ações representativas para a proteção dos interesses coletivos dos consumidores.

A "Diretiva das Ações Coletivas" reconhece que os meios processuais de ação coletiva variam em toda a União Europeia e proporcionam diferentes níveis de proteção aos consumidores, existindo Estados-Membros que sequer possuem meios processuais para ações coletivas. O percurso brasileiro foi o oposto: consolidou-se já na década de 1980 um microssistema de tutela coletiva de direitos, com avanços processuais significativos com relação aos meios processuais de ação coletiva e com a ampliação dos mecanismos de acesso à justiça. Tardiamente é que houve a sistematização de uma Lei Geral de Proteção de Dados Pessoais, porosa a essa tradição pré-constituída de tutela coletiva. Como argumentado no Capítulo 2, o surgimento dos mecanismos de tutela coletiva ocorreu anteriormente à estruturação da disciplina jurídica da proteção de dados pessoais em nosso país. Um dos pontos de vantagem do florescimento tardio dessa disciplina jurídica no Brasil é a premissa assumida sobre a natureza transindividual dessas violações de direito e a insuficiência da abordagem atomizada e liberal clássica, como se cada indivíduo fosse responsável pela defesa de seus próprios direitos.

A tradição brasileira de acesso à justiça envolve um enfoque constitucional no direito à representação, experiências de advocacia popular e promotorias legais populares, aproximações com movimentos sociais, "mobilização do direito a serviço da transformação social" e passagem "de um modelo de defesa de base individualista para um modelo baseado na politização e coletivização do direito" (SOUSA SANTOS, 2011, p. 65). Como amplamente estudado na sociologia jurídica, a experiência brasileira de acesso à justiça é distinta da europeia e profundamente marcada pela subalternidade, pelo processo político e social da abertura política e pela exclusão de grande parte da população a direitos básicos. O enfoque do movimento de acesso à justiça no Brasil não era simplificar procedimentos jurídicos ou buscar alternativas aos tribunais, mas sim garantir um "acesso coletivo à Justiça", que buscou reformar uma orientação individualista do Judiciário a partir das "demandas por direitos coletivos e difusos" (JUNQUEIRA, 1996, p. 391), defendidos por novos movimentos sociais.

Como argumentado, uma das formas de compreender melhor o tensionamento entre as dimensões individuais e coletivas é analisar o vetor de trajetória institucional de direitos difusos, que produziu resultados notáveis no Brasil. A Lei da Ação Civil Pública e o Código de Defesa do Consumidor permitiram o florescimento de uma teoria robusta de direitos difusos e uma série de reformas institucionais de "processo coletivo", tornando o Brasil um exemplo global de ações coletivas. Não há um equivalente idêntico às "ações civis públicas" no Reino Unido, na Itália ou na Alemanha. No Brasil, os processos de facilitação do acesso à justiça foram muito mais fecundos em termos de mecanismos de tutela coletiva e teorização sobre direitos difusos.

O terceiro de vetor de análise apresentado foi a incidência no processo legislativo e o processo de formulação jurídica da proteção de dados pessoais no Brasil. Como argumentado no Capítulo 3, a identificação da proteção de dados pessoais como "objeto de regulação" (KELLER, 2019) ocorreu em uma transição da agenda regional de comércio eletrônico no Mercosul para uma agenda de sistematização de Lei Geral de Proteção de Dados, conduzida inicialmente pelo Departamento de Proteção e Defesa do Consumidor (DPDC) do Ministério da Justiça. Houve um "berço consumerista" da LGPD que foi influenciado por uma rica trajetória de *capacity building* pelo próprio DPDC. Ao deixar de ser visto como uma espécie de "Procon federal", posicionando-se muito mais como formulador de políticas públicas para todo o sistema de defesa dos consumidores e como articulador de uma agenda regional de proteção de direitos – com forte protagonismo latino-americano –, o DPDC criou as próprias condições de apropriação da agenda de proteção de dados pessoais, em uma transição que ocorreu, em linhas gerais, do MDIC para o MJ.

A formulação tardia de uma Lei Geral de Proteção de Dados Pessoais no Brasil acabou gerando uma positiva politização do debate regulatório, com participação crescente da sociedade civil. Desde o início da consulta pública, organizações como Idec e membros do SNDC tinham participação ativa na discussão. Após o escândalo Snowden e as influências do processo do Marco Civil da Internet, criou-se uma comunidade de *"policy experts"* (BENNETT, 2008) com fortes laços no ativismo. Em um contexto de disputa de diferentes projetos de lei, as ONGs formularam uma estratégia de trabalho em Coalizão, somando esforços no processo de incidência e diálogo com a equipe do Ministério da Justiça. O *lobby* corporativo cresceu de maneira significativa a partir de 2015, mas isso não representou uma depreciação do texto discutido ou uma redução a uma norma liberalizante, sem a possibilidade de mecanismos de tutela coletiva.

O processo de disputas de interpretação foi bastante dinâmico, com "ataques" e "contra-ataques" entre os anos de 2015 e 2018. Membros do governo federal, acadêmicos e ativistas, no entanto, formaram um bloco relativamente sólido em defesa de uma legislação centrada em direitos fundamentais, e não apenas em negócios. Partindo-se desse vetor de incidência no processo legislativo, argumentou-se como grupos de pressão foram capazes de aprovar uma legislação afeita às dimensões coletivas da proteção de dados pessoais, dentro de certas limitações. Os debates sobre "dados anônimos" e sobre aplicabilidade da legislação para formação de "perfis comportamentais", no entanto, são exemplificativos de um tensionamento mais profundo, e não apenas político. Em específico, a discussão sobre aprendizado por máquinas e massas de dados em *group profiling* tensiona ainda mais os cânones da proteção de dados pessoais, colocando em evidência a necessidade de uma estrutura de defesa de direitos que não é centrada no controle individual sobre os fluxos de dados e no exercício de direitos de acesso, correção e oposição.

Por fim, o quarto vetor de análise é o da advocacia de interesse público. Esse vetor funda-se e na percepção de uma crescente influência de ações civis públicas na gramática dos direitos à proteção de dados pessoais (ROQUE, 2019; ZANATTA; SOUZA, 2019; BASTOS; HOSNI, 2020; BESSA; NUNES, 2021), um fenômeno que acompanha uma tendência mais geral de fortalecimento das *privacy class actions* em outros países (COFONE, 2021). Antes da aprovação da LGPD, em 2018, e da criação da Autoridade Nacional de Proteção de Dados Pessoais, em setembro de 2020, já existiam experiências de litígios em proteção de dados pelo Ministério Público Federal, pelo Ministério Público do Distrito Federal e Territórios (MPDFT), pelos Ministérios Públicos Estaduais, pelas Defensorias Públicas e por entidades civis especializadas, como o Instituto Defesa Coletiva, o Instituto Brasileiro de Defesa do Consumidor e outras ONGs. Essas ações não estão interessadas puramente em aspectos individuais da proteção de dados pessoais, mas sim na construção de argumentos sobre "lesões coletivas", "danos coletivos", "violações à coletividade" e ilícitos que podem ser identificados e removidos.

Esses casos representam, também, vitórias sociais importantes. Em 2018, o Instituto Brasileiro de Defesa do Consumidor conseguiu uma liminar que impediu a utilização das "Portas Interativas Digitais" (PIDs) na linha amarela do metrô de São Paulo, em um caso que envolvia a coleta abusiva de dados biométricos de milhões de passageiros, em geral trabalhadores. As PIDs permitiam extrair a informação sobre as possíveis reações dos passageiros diante da exibição de peças publicitárias por meio de uma câmera que capturava imagens e as transmitia para um computador que rodava um *software* oferecido pela empresa AdMobilize (EUA). A detecção facial ocorria diante de telas quando os passageiros estavam esperando o metrô, sem qualquer tipo de aviso ou esforços mínimos de transparência. Em maio de 2021, a juíza Patrícia Martins Conceição, da 37ª Vara Cível de São aulo, condenou a empresa ViaQuatro a pagar R$ 100 mil pelo uso ilícito de dados pessoais (HIGÍDIO, 2021).

Em maio de 2023, a 8ª Câmara de Direito Público do Tribunal de Justiça de São Paulo confirmou a sentença e decidiu que a possibilidade de reconhecimento facial, a detecção facial, a utilização das imagens captadas dos usuários, com fins comerciais demonstra uma "conduta muito reprovável apta a atingir a moral coletiva, principalmente considerando o incalculável número de passageiros que transitam pela plataforma da ré todos os dias".

Quatro anos depois da pioneira ação do Idec, em 2022, as Defensorias Públicas da União e do Estado de São Paulo, em parceria com três entidades civis, conseguiram uma decisão liminar para suspender a contratação de câmeras de reconhecimento facial e análise preditiva de crimes na linha vermelha do metrô de São Paulo, em um contrato de mais de 50 milhões de reais. Na ação civil pública, foram apresentadas diversas evidências sobre vieses, falhas de acurácia e problemas que seriam gerados de forma desproporcional para população negra, gerando violações coletivas de igualdade e de não discriminação abusiva no uso de um sistema automatizado de reconhecimento facial. Em abril de 2022, a desembargadora Maria Laura Tavares, da 5ª Câmara de Direito Público do Tribunal de Justiça de São Paulo, negou um pedido do metrô e manteve decisão liminar da juíza Cynthia Thome, da 6ª Vara da Fazenda Pública, que barrou a implantação do programa, que afetaria mais de 4 milhões de pessoas por dia (ORTEGA, 2022).

Os casos analisados indicam que não está ocorrendo somente de uma transformação *processual* (mais mecanismos de representação coletiva e acesso à justiça) da proteção de dados pessoais. O que está ocorrendo no século XXI é também uma transformação *material* (a própria concepção sobre a natureza substancial dos direitos à proteção de dados pessoais) sobre a natureza desses direitos. Essa transformação relaciona-se à própria estrutura do "capitalismo de dados" (WEST, 2019). Ela é menos sobre os indivíduos, em uma ideia arcaica de intrusão pessoal, e mais sobre coletivos e grupos, sobre o modo como são catalogados, moldados, classificados e influenciados, muitas vezes de forma imperceptível.

Será preciso, portanto, trabalhar cada vez com a categoria de "danos sociais". Tal como reconhecido nos últimos anos pelo Superior Tribunal de Justiça, os danos sociais envolvem vítimas indeterminadas e "malferimentos a direitos difusos". A categoria dos danos sociais envolvem degradação da qualidade de vida de toda a coletividade. Se formos capazes de analisar a proteção de dados pessoais pelo prisma coletivo e dos interesses difusos, será possível o redesenho das teorias do dano, ampliando a tutela coletiva e a possibilidade de reparação por danos sociais, além dos mecanismos de tutela de remoção do ilícito. Essa agenda merece ser aprofundada nos próximos anos.

Por ser um plexo de direitos de natureza multidimensional, o "direito à proteção de dados pessoais" não pode ser simplificado a conceitos como "controle individual sobre os dados" ou "direitos individuais sobre o fluxo dos dados". Há uma combinação de direitos e deveres, elementos de devido processo, imunidades contra discriminações abusivas e uma conexão intrínseca com as pactuações democráticas em torno da dignidade e de uma ordem jurídica justa, partindo-se de uma premissa de crescentes vulnerabilidades e assimetrias de poder.

Creio que este trabalho buscou conectar e melhor harmonizar duas gerações de pensamento sobre direitos e sobre sistema de justiça no Brasil. A primeira é a brilhante geração que lutou pela redemocratização brasileira e renovação dos institutos jurídicos na década de 1980, com forte preocupação com ampliação da participação social, direitos fundamentais e redistribuição coletiva do poder, incluindo as reformas que deram origem à Lei da Ação Civil Pública, a Constituição Federal, o Código de Defesa do Consumidor, o Estatuto da Criança e do Adolescente e o Código Civil. A segunda é a geração que tem lutado para constituir uma infraestrutura jurídica básica para a sociedade da informação, com forte preocupação com as interações entre tecnologias e direitos, liberdades civis básicas e discriminações algorítmicas que ocultam situações de assimetrias de poder.

Para o direito brasileiro, os argumentos defendidos neste trabalho não soam profundamente radicais. A tradição brasileira de justiça social e direitos difusos possui conexão com essa teorização. É preciso, portanto, avançar em uma reconstrução teórica sobre a natureza complexa da proteção de dados pessoais enquanto direito fundamental autônomo, que combina uma gramática liberal de direitos fundamentais a uma teoria dos direitos difusos, voltada a interesses coletivos e comunitários. Dada a força da sociedade civil organizada e da advocacia de interesse público no sistema de justiça, essa construção pode habilitar novas formas de "intermediação" da representação do interesse coletivo, mitigando os efeitos de uma lógica neoliberal que atribui à pessoa isolada – o "agente econômico racional" nos mercados intensivos em dados – a responsabilidade por suas escolhas e pela defesa de seus direitos. Há inúmeros obstáculos e dificuldades nesse percurso, que ainda se desenha no horizonte, mas há também ricas possibilidades de uma agenda que enxerga a proteção de dados pessoais como um bem comum e como um interesse difuso.

Do mesmo modo que fomos capazes de criar instituições para a proteção ambiental e para proteção de direitos difusos, podemos fazer mais para a construção de um ambiente informacional justo. Na era da perfilização e da inteligência artificial movida a dados, a ressignificação da proteção de dados pessoais nesses termos é uma tarefa central na luta por dignidade e democracia.

REFERÊNCIAS

ABRAMOVAY, P. Marco Civil e a Política dos Netos. *Sul 21*, Opinião, 07 maio 2014. Disponível em: https://sul21.com.br/opiniao/2014/05/o-marco-civil-e-a-politica--dos-netos-por-pedro-abramovay/. Acesso em: 10 abr. 2022.

ABRAMOVAY, P. *Sistemas deliberativos e processo decisório congressual: um estudo sobre a aprovação do Marco Civil da Internet.* Tese de Doutorado em Ciência Política. Universidade de Rio de Janeiro, 2017.

AGÜERO, C. A. *El Habeas Data como Instrumento de Control:* un análises del fallo "Colectivo Asociación Civil". Universidad Siglo 21, Córdoba. 2019. Disponível em: https://repositorio.uesiglo21.edu.ar/bitstream/handle/ues21/21448/TFG%20-%20Ag%-c3%bcero%2c%20Claudia.pdf?sequence=1&isAllowed=y. Acesso em: 02 out. 2022.

ALBERS, M. A complexidade da proteção de dados. *Direitos Fundamentais & Justiça*, Porto Alegre, v. 10, n. 35, p. 19-45, 2016.

ALCKMIN, G. *Projeto de Lei n. 1.149, de 1988.* Institui o Código de Defesa do Consumidor e dá outras providências. Brasília, DF: Câmara dos Deputados, 22 nov. 1988. Disponível em: http://imagem.camara.gov.br/Imagem/d/pdf/DCD22NOV1988.pdf#page=7. 28 nov. 2022.

ALLEN, A. Dismantling the "Black Opticon": Privacy, Race, Equity, and On-line Data-Protection Reform. *Yale Law Journal*, New Haven, v. 131, p. 907-958, 2021.

ALLEN, A. *Unpopular privacy:* what must we hide? Oxford: Oxford University Press, 2011.

ALLEN, A. *Why Privacy Ins't Everything:* feminist reflections on personal accountability. Maryland: Rowman & Littlefield Publishers, 2003.

AMEAÇA à privacidade, a maior crítica ao projeto. *O Estado de São Paulo*, São Paulo, 08 set. 1977. Disponível em: https://acervo.estadao.com.br/pagina/#!/19770908-31434-nac-0018-999-18-not/busca/projeto+privacidade. Acesso em: 23 nov. 2022.

AMIGO, I. The Metro Stations of São Paulo That Read Your Face. *Bloomberg*, 08 maio 2018. Disponível em: https://www.bloomberg.com/news/articles/2018-05-08/s--o-paulo-metro-s-newest-platform-doors-can-read-your-face. Acesso em: 02 out. 2022.

ANTEPROJETO de lei. *Dispõe sobre a proteção de dados pessoais, a privacidade e dá outras providências.* Brasília, DF: Congresso Nacional, 2011. Disponível em: https://web.archive.org/web/20110412122030/http:/culturadigital.br/dadospessoais/debata-a-norma/. Acesso em: 28 nov. 2022.

ANTEPROJETO de lei. *Dispõe sobre o tratamento de dados pessoais para proteger a personalidade e a dignidade da pessoa natural.* Brasília, DF: Congresso Nacional, 2015. Disponível em: http://pensando.mj.gov.br/dadospessoais/wp-content/uploads/sites/3/2015/02/Anteprojeto_PDP.pdf. Acesso em: 28 nov. 2022.

ARANTES, R. Direito e política: o Ministério Público e a defesa dos direitos coletivos. *Revista Brasileira de Ciências Sociais*, São Paulo, v. 22, n. 2, p. 83-102, 1999.

ARANTES, R. *Ministério Público e Política no Brasil.* São Paulo: Sumaré IDESP, 2002.

ARON, N. *Liberty and Justice for All:* public interest law in the 1980s and beyond. New York: Routledge, 2019.

ARRUDA, J. R. Em estudos, identidade única. *O Estado de São Paulo*, São Paulo, 08 set. 1977. Disponível em: https://acervo.estadao.com.br/pagina/#!/19770908-31434-nac-0018-999-18-not/busca/projeto+privacidade. Acesso em: 23 nov. 2022.

ASSOCIAÇÃO BRASILEIRA DE MARKETING DIRETO. *Comunicado aos associados:* proteção de dados pessoais no Brasil – Linha do Tempo. São Paulo. 2014. Disponível em: http://abemd.org.br/interno/cafe_030914_protecao_de_dados.pdf. Acesso em: 02 out. 2022.

AZAR-BAUD, M. J.; BIARD, A. The Dawn of Collective Redress 3.0 in France? *In:* EZELAC, A.; VOET, S. *Class Actions in Europe:* Holy Grail or a Wrong Trail? Cham: Springer, 2021. p. 75-95.

BADIN, A. O fundo de defesa dos direitos difusos. *Revista de Direito do Consumidor*, Brasília, v. 67, p. 62-99, 2008.

BARBOSA MOREIRA, J. C. A Ação Popular do Direito Brasileiro como Instrumento de Tutela Jurisdicional dos Chamados Interesses Difusos. *In:* BARBOSA MOREIRA, J. C. *Temas de Direito Processual.* Rio de Janeiro: Revista dos Tribunais, 1977.

BARBOSA MOREIRA, J. C. A proteção jurisdicional dos interesses coletivos ou difusos. *In:* GRINOVER, A. P. *A tutela dos interesses difusos.* São Paulo: Max Limonad, 1984.

BARBOSA MOREIRA, J. C. O habeas data brasileiro e sua lei regulamentadora. *Revista de Direito Administrativo*, Rio de Janeiro, v. 211, p. 47-63, 1998.

BENJAMIN, A. H. V. Comentários ao art. 43. *In:* GRINOVER, A. P.; AL, E. *Código Brasileiro de Defesa do Consumidor comentado pelos autores do anteprojeto.* Rio de Janeiro: Forense, 2019. p. 556-658.

BENJAMIN, C. *Estado Policial:* como sobreviver. Rio de Janeiro: Civilização Brasileira, 2019.

BENNETT, C. *Regulating Privacy:* Data Protection and Public Policy in Europe and the United States. Ithaca: Cornell University Press, 1992.

BENNETT, C. Regulating the Computer: comparing policy instruments in Europe and the United States. *European Journal of Political Research*, Exeter, v. 16, n. 5, p. 437-466, 1988.

BENNETT, C. *The Privacy Advocates:* Resisting the Spread of Surveillance. Cambridge: MIT Press, 2008.

BENTES, A. *Quase um tique:* economia da atenção, vigilância e espetáculo em uma rede social. Rio de Janeiro: Universidade Estadual do Rio de Janeiro, 2021.

BESSA, L. *Nova Lei do Cadastro Positivo.* São Paulo: Revista dos Tribunais, 2019.

BESSA, L. R. *Banco de dados de proteção ao crédito e os limites jurídicos do tratamento de informações positivas.* 2008. Tese (Doutorado em Direito) - Universidade Estadual do Rio de Janeiro, 2008.

BESSA, L.; NUNES, A. P. Instrumentos processuais de tutela individual e coletiva: análise do art. 22 da LGPD. *In:* SCHERTEL MENDES, L., *et al. Tratado de Proteção de Dados Pessoais.* Rio de Janeiro: Forense, 2021. p. 1190-1231.

BIONI, B. *Proteção de dados pessoais:* as funções e os limites do consentimento. Rio de Janeiro: Forense, 2020.

BIONI, B. *Regulação e proteção de dados pessoais:* o princípio da accountability. Rio de Janeiro: Forense, 2022.

BIONI, B. *Xeque Mate:* o tripé da proteção de dados pessoais. São Paulo: GPoPAI, Universidade de São Paulo, 2015.

BIONI, B.; PIGATTO, J.; AGUIAR, T. Plantando sementes: o papel do Seminário do CGI.br na construção de uma agenda de privacidade e proteção de dados pessoais no Brasil (2010-2019). *Politics*, Rio de Janeiro, v. 32, p. 1-13, 2021.

BIONI, B.; RIELLI, M. Multistakeholderism in the Brazilian General Data Protection Law: history and learnings. *In:* HALLINAN, D.; LEENES, R.; DE HERT, P. *Data Protection and Privacy:* enforcing rights in a changing world. London: Hart Publishing, 2022. p. 97-126.

BISSOLI, L. Ativismo judicial nas lutas da sociedade civil contra os transgênicos. *Primeiros Estudos*, São Paulo, v. 4, p. 34-45, 2013.

BLOCH, M. *Apologia da História:* o ofício do historiador. Rio de Janeiro: Zahar, 2001.

BODIN DE MORAES, M. C. *Danos a pessoa humana:* uma leitura civil-constitucional dos danos morais. Rio de Janeiro: Renovar, 2003.

BOLZAN DE MORAIS, J. L. *Dos direitos sociais aos interesses transindividuais:* o estado e o direito na ordem contemporânea. Porto Alegre: Livraria dos Advogados, 1996.

BORGES, G. Dano moral coletivo e incidente envolvendo dados pessoais. *In:* MONTEIRO FILHO, C. E., et al. *Responsabilidade civil nas relações de consumo.* Indaiatuba: Foco, 2022. p. 437-459.

BOUK, D. The national data center and the rise of the data double. *Historical Studies in the Natural Sciences*, Berkeley, v. 28, n. 5, p. 627-636, 2018.

BRASIL. Comissão Mista do Congresso Nacional destinada a elaborar projeto do Código de Defesa do Consumidor. *Projeto de Código – Relatório n. 01, de 1989.* Brasília, DF, 04 dez. 1989. Disponível em: https://legis.senado.leg.br/sdleg-getter/documento?dm=3540163&ts=1593993978112&disposition=inline. Acesso em: 28 nov. 2022.

BRASIL. Congresso Nacional. Mensagem de Veto n. 112 de 1984. *Diário do Congresso Nacional.* Brasília, DF, 27 nov. 1984d. Disponível em: http://imagem.camara.gov.br/dc_20.asp?selCodColecaoCsv=J&Datain=27/11/1984&txpagina=3180&altura=700&largura=800#/. Acesso em: 23 nov. 2022.

BRASIL. *Decreto n. 4.829, de 3 de setembro de 2003.* Dispõe sobre a criação do Comitê Gestor da Internet no Brasil - CGIbr, sobre o modelo de governança da Internet no Brasil, e dá outras providências. Brasília, DF: Presidência da República, 2003. Disponível em: http://www.planalto.gov.br/ccivil_03/decreto/2003/d4829.htm. Acesso em: 27 nov. 2022.

BRASIL. Diário do Congresso Nacional. *Secretaria Geral da Mesa.* Brasília, DF: Câmara dos Deputados, 20 mar. 1985. Disponível em: http://imagem.camara.gov.br/Imagem/d/pdf/DCD20MAR1985.pdf#page=. Acesso em: 28 nov. 2022.

BRASIL. *Diário do Congresso Nacional*. Brasília, DF: Câmara dos Deputados, 12 maio 1978. Disponível em: http://imagem.camara.gov.br/dc_20b.asp#/. Acesso em: 28 nov. 2022.

BRASIL. *Exposição de Motivos Interministerial n. 86 MJ/MP/MCT/MC*. Brasília, DF: José Eduardo Martins Cardozo, Miriam Aparecida Belchior, Aloizio Mercadante Oliva e Paulo Bernardo Silva, 25 abr. 2011. Disponível em: https://www.camara.leg.br/proposicoesWeb/prop_mostrarintegra;jsessionid=node01n51elsy3ghwb18nruhh-krhxiy1336026.node0?codteor=912989&filename=PL+2126/2011. Acesso em: 27 nov. 2022.

BRASIL. *Lei complementar n. 75, de 20 de maio de 1993*. Dispõe sobre a organização, as atribuições e o estatuto do Ministério Público da União. Brasília, DF: Congresso Federal, 1993. Disponível em: https://www.tse.jus.br/legislacao/codigo-eleitoral/leis-complementares/lei-complementar-nb0-75-de-20-de-maio-de-1993. Acesso em: 27 nov. 2022.

BRASIL. *Lei n. 13.105, de 16 de março de 2015*. Código de Processo Civil. Brasília, DF: Congresso Nacional, 2015b. Disponível em: https://www.planalto.gov.br/ccivil_03/_ato2015-2018/2015/lei/l13105.htm. Acesso em: 27 nov. 2022.

BRASIL. *Lei n. 13.709, de 14 de agosto de 2018*. Lei Geral de Proteção de Dados Pessoais (LGPD). Brasília, DF: Presidência da República, 2018a. Disponível em: http://www.planalto.gov.br/ccivil_03/_ato2015-2018/2018/lei/l13709.htm. Acesso em: 23 nov. 2022.

BRASIL. *Lei n. 7.347, de 24 de julho de 1985*. Disciplina a ação civil pública de responsabilidade por danos causados ao meio-ambiente, ao consumidor, a bens e direitos de valor artístico, estético, histórico, turístico e paisagístico (VETADO) e dá outras providências. Brasília, DF: Congresso Nacional, 1985d. Disponível em: http://www.planalto.gov.br/ccivil_03/leis/l7347orig.htm. Acesso em: 27 nov. 2022.

BRASIL. *Lei n. 8.078, de 11 de setembro de 1990*. Dispõe sobre a proteção do consumidor e dá outras providências. Brasília, DF: Congresso Nacional, 1990. Disponível em: https://www.planalto.gov.br/ccivil_03/leis/l8078compilado.htm. Acesso em: 27 nov. 2022.

BRASIL. *Lei n. 9.507, de 12 de novembro de 1997*. Regula o direito de acesso a informações e disciplina o rito processual do habeas data. Brasília, DF: Congresso Nacional, 1997a. Disponível em: https://www.planalto.gov.br/ccivil_03/leis/l9507.htm. Acesso em: 27 nov. 2022.

BRASIL. *Mensagem n. 48, de 1985*. Convoca a Assembleia Nacional Constituinte. Brasília, DF: Presidência da República, 1985c. Disponível em: https://www.senado.leg.br/publicacoes/anais/constituinte/emenda.pdf. Acesso em: 25 nov. 2022.

BRASIL. Ministério de Justiça. *Resolução do Conselho Nacional de Defesa do Consumidor*. Brasília, DF: CNDC, 09 nov. 1987. Disponível em: https://www.gov.br/mj/pt-br/assuntos/seus-direitos/consumidor/a-defesa-do-consumidor-no-brasil/anexos/i-parecer-da-conselheira-ada-pellegrini-grinover.pdf. Acesso em: 27 nov. 2022.

BRASIL. Superior Tribunal de Justiça (3. Turma). *Recurso Especial n. 1221756 (RJ)*. Relator: Min. Massami Uyeda, Brasília, 2012b. Disponível em: https://scon.stj.jus.

br/SCON/GetInteiroTeorDoAcordao?num_registro=201001970766&dt_publicacao=10/02/2012. Acesso em: 27 nov. 2022.

BRASIL. Superior Tribunal de Justiça (3. Turma). *Recurso Especial n. 1.308.830 (RS)*. Relatora: Min. Nancy Andrighi, Brasília, 19 jun. 2012. Disponível em: https://scon.stj.jus.br/SCON/GetInteiroTeorDoAcordao?num_registro=201102574345&dt_publicacao=19/06/2012. Acesso em: 27 nov. 2022.

BRASIL. Superior Tribunal de Justiça. *Agravo Regimental no Recurso Especial n. 1283434 (GO)*. Relator: Min. Nunes Maia Filho, Brasília,15 abr. 2016. Disponível em: https://scon.stj.jus.br/SCON/GetInteiroTeorDoAcordao?num_registro=201100993965&dt_publicacao=15/04/2016. Acesso em: 27 nov. 2022.

BRASIL. Superior Tribunal de Justiça. *Embargos de Divergência no Recurso Especial n. 1.515.895 (MS)*. Relator: Min. Humberto Martins, Brasília, 27 set. 2017. Disponível em: https://scon.stj.jus.br/SCON/GetInteiroTeorDoAcordao?num_registro=201500354240&dt_publicacao=27/09/2017. Acesso em: 27 nov. 2022.

BRASIL. Superior Tribunal de Justiça. *Recurso Especial n. 1.419.697 (RS)*. Relator: Min. Paulo de Tarso Sanseverino, Brasília,12 nov. 2014. Disponível em: https://scon.stj.jus.br/SCON/GetInteiroTeorDoAcordao?num_registro=201303862850&dt_publicacao=17/11/2014. Acesso em: 27 nov. 2022.

BRASIL. Superior Tribunal de Justiça. *Recurso Especial n. 1.726.270 (BA)*. Relator: Min. Ricardo Vilas Boas Cueva, Brasília, 27 nov. 2018d. Disponível em: https://scon.stj.jus.br/SCON/GetInteiroTeorDoAcordao?num_registro=201703025040&dt_publicacao=07/02/2019. Acesso em: 27 nov. 2022.

BRASIL. Superior Tribunal de Justiça. *Recurso Especial n. 49.272-6 (RS)*. Relator: Min. Demócrito Reinaldo, Brasília, 21 set. 1994. Disponível em: https://processo.stj.jus.br/processo/pesquisa/?src=1.1.3&aplicacao=processos.ea&tipoPesquisa=tipoPesquisaGenerica&num_registro=199400163223. Acesso em: 27 nov. 2022.

BRASIL. Superior Tribunal de Justiça. *Recurso Especial n. 8.714 (RS)*. Relator: Min. Hélio Mosimann, Brasília,10 fev. 1992. Disponível em: https://scon.stj.jus.br/SCON/GetInteiroTeorDoAcordao?num_registro=199100036706&dt_publicacao=10/02/1992. Acesso em: 27 nov. 2022.

BRASIL. Supremo Tribunal Federal (Tribunal Pleno). *Agravo Regimental no Habeas Data n. 87*. HABEAS DATA. [...] 1. A ausência da comprovação da recusa ao fornecimento das informações, nos termos do art. 8°, parágrafo único, inciso I, da Lei n. 9.507/1997, caracteriza falta de interesse de agir na impetração. Precedente: Recurso em Habeas Data n. 22, Relator o Ministro Celso de Mello, DJ 1°.9.1995. 2. O habeas data não se presta para solicitar informações relativas a terceiros, pois, nos termos do inciso LXXII do art. 5° da Constituição da Republica, sua impetração deve ter por objetivo "assegurar o conhecimento de informações relativas à pessoa do impetrante". Agravo regimental não provido. Relatora: min. Carmen Lúcia. Brasília, 25 nov. 2009. Disponível em: https://portal.stf.jus.br/processos/detalhe.asp?incidente=2644658. Acesso em: 27 nov. 2022.

BRASIL. Supremo Tribunal Federal. *ADI n. 3496 (DF)*. Relatora: Min. Cármen Lúcia, Brasília, 06 ago. 2015c. Disponível em: https://portal.stf.jus.br/processos/detalhe.asp?incidente=2548440. Acesso em: 27 nov. 2022.

BRASIL. Supremo Tribunal Federal. *ADI n. 4056 (MA)*. Relator: Min. Ricardo Lewandowski, Brasília, 01 ago. 2012c. Disponível em: https://portal.stf.jus.br/processos/detalhe.asp?incidente=2604470. Acesso em: 27 nov. 2022.

BRASIL. Supremo Tribunal Federal. *Agravo Regimental no Habeas Data n. 108*. Relator: Min. Marco Aurélio, Brasília, 05 nov. 2019. Disponível em: https://portal.stf.jus.br/processos/detalhe.asp?incidente=5680261. Acesso em: 27 nov. 2022.

BRASIL. Supremo Tribunal Federal. *Habeas Data n. 01*. Relator: Min. Néri Silveira, Brasília, 13 out. 1988. Disponível em: https://bibliotecadigital.fgv.br/ojs/index.php/rda/article/download/46032/44190. Acesso em: 27 nov. 2022.

BRASIL. Supremo Tribunal Federal. *Recurso Extraordinário n. 163.231*. Relator: Min. Maurício Corrêa, Brasília, 26 fev. 1997b. Disponível em: https://portal.stf.jus.br/processos/detalhe.asp?incidente=1562796. Acesso em: 27 nov. 2022.

BRASIL. Supremo Tribunal Federal. *Recurso Extraordinário n. 673.707 (MG)*. Relator: Min. Luiz Fux, Brasília, 16 maio 2015a. Disponível em: https://portal.stf.jus.br/processos/detalhe.asp?incidente=4204594. Acesso em: 27 nov. 2022.

BRASIL. Tribunal Regional Federal da 3ª Região (6ª Vara Federal de Campinas). *Petição Inicial do Processo n. 5009507-78.2018.4.03.6100*. Campinas, 17 jul. 2018b. Disponível em: https://pje1g.trf3.jus.br/pje/ConsultaPublica/DetalheProcessoConsultaPublica/listView.seam?ca=f0c902bcedd396d2b5119f58475acbf071663b1f80533996. Acesso em: 27 nov. 2022.

BRASIL. Tribunal Regional Federal da 3ª Região (9ª Vara Cível). *Processo n. 5009507-78.2018.4.03.6100*. Campinas, 2018c. Disponível em: https://pje1g.trf3.jus.br/pje/ConsultaPublica/DetalheProcessoConsultaPublica/listView.seam?ca=f0c902bcedd396d2b5119f58475acbf071663b1f80533996. Acesso em: 27 nov. 2022.

BRASSCOM. *Contribuições ao PL 5276/2016 que dispõe sobre o tratamento de dados pessoais*. BRASSCOM, Associação Brasileira das Empresas de Tecnologia da Informação e Comunicações, Brasília, nov. 2016. Disponível em: https://pt.slideshare.net/Brasscom/contribuies-ao-pl-52762016-que-dispe-sobre-o-tratamento-de-dados-pessoais. Acesso em: 02 out. 2022.

CRUZ, F. C. B. *Direito, democracia e cultura digital: a experiência de elaboração legislativa do Marco Civil da Internet*. Dissertação de Mestrado. Universidade de São Paulo, 2015.

BROSSARD, P. Prefácio. *In*: GRINOVER, A. P., *et al*. *Código de Defesa do Consumidor comentado pelos autores do anteprojeto*. Rio de Janeiro: Forense, 2019. p. 10-11.

BRUNO, F. Monitoramento, classificação e controle nos dispositivos de vigilância estatal. *Revista Famecos*, Porto Alegre, n. 36, p. 10-16, 2008.

BUCHER, A. New $2M Settlement Reached in Google Email-Scanning Class Action. *Top Class Actions*, Phoenix, 26 jul. 2017. Disponível em: https://topclassactions.com/lawsuit-settlements/lawsuit-news/new-2m-settlement-reached-google-email--scanning-class-action/. Acesso em: 02 out. 2022.

CALABRESI, G. An Introduction to Legal Though: four approaches to law and to the allocation of body parts. *Stanford Law Review*, Stanford, v. 55, n. 6, p. 2113-2151, 2003.

CAPPELLETTI, M. Access to Justice as a Theoretical Approach to Law and a Practical Programme for Reform. *South African Law Journal*, Centurion, v. 109, n. 1, p. 22-39, 1992.

CAPPELLETTI, M. Formações sociais e interesse dfusos diante da justiça civil. *Revista de Processo*, São Paulo, v. 5, n. 2, p. 128-160, 1977.

CAPPELLETTI, M. Tutela dos interesses difusos. *Revista do Ministério Público do Rio Grande do Sul*, Porto Alegre, v. 1, n. 18, p. 8-26, 1985.

CARDOSO, E. Pretérito imperfeito da advocacia pela transformação social. *Revista Direito e Práxis*, Rio de Janeiro, v. 10, p. 543-570, 2019.

CARVALHO LIMA, C. C. Garantia da Privacidade e Dados Pessoais à luz do Marco Civil da Internet. *In:* SALOMÃO LEITE, G.; LEMOS, R. *Marco Civil da Internet.* São Paulo: Atlas, 2014. p. 149-164.

CASILLI, A. Quatre thèses sur la surveillance numérique de masse et la négociation de la vie privée. *In:* RICHARD, J.; CYTERMANN, L. *Le numérique et les droits fondamentaux.* Paris: La Documentation Française, 2014. p. 423-432.

CENEVIVA, Walter. Brasileiro deve tratar dos seus direitos. *Folha de S. Paulo*, São Paulo, 26 fev. 1989. Disponível em: https://acervo.folha.com.br/leitor.do?numero=10521&anchor=4085431&origem=busca&originURL=&pd=004cbadb-398912f66030a883a98d7abb. Acesso em: 27 nov. 2022.

CGI.BR; NIC.BR. *Relatório de Atividades 2012.* São Paulo: CGI, 2012. Disponível em: https://docplayer.com.br/3186343-Relatorio-de-atividades-2012.html. Acesso em: 28 nov. 2022.

CLARKE, R. Profiling: a hidden challenge to the regulation of data surveillance. *Journal of Law & Information Science*, Hobart Tas, v. 4, p. 401-422, 1993.

COALIZÃO DIREITOS NA REDE. Carta em defesa da Autoridade de Proteção de Dados Pessoais. *Coalizão Direitos na Rede*, 13 jun. 2018. Disponível em: https://direitosnarede.org.br/2019/12/08/carta-em-defesa-da-autoridade-de-protecao-de-dados--pessoais/. Acesso em: 02 out. 2022.

CODY, J. Protecting Privacy Over the Internet: has the time come to abandon self-regulation? *Catholic University Law Review*, Washington , v. 48, p. 1183-1237, 1998.

COELHO, F. *Parecer da Comissão de Constituição e Justiça sobre o Projeto de Lei n. 4.365, de 1977.* Brasília, DF: Câmara dos Deputados, 02 ago. 1978. Disponível em: http://imagem.camara.gov.br/Imagem/d/pdf/DCD02AGO1978.pdf#page=22. Acesso em: 28 nov. 2022.

COFONE, I. Introduction to Privacy Class Actions. *In:* COFONE, I. *Class Actions in Privacy Law.* New York: Routledge, 2021. p. 2-17.

COHEN, J. *Between Truth and Power:* the legal constructions of informational capitalism. Oxford: Oxford University Press, 2019.

COHEN, J. What Privacy is For. *Harvard Law Review*, Cambridge, v. 126, n. 7, p. 1904-1933, 2013.

COLOMBO, S. Flagrante existencialista. *Folha de São Paulo*, São Paulo, 30 maio 2006. Disponível em: https://www1.folha.uol.com.br/fsp/ilustrad/fq3005200606.htm. Acesso em: 28 nov. 2022.

COMPARATO, F. K. Sugestões para a contribuição de juízes e advogados à reconstrução da nacionalidade. *Revista da Faculdade de Direito*, São Paulo, v. 74, p. 211-224, 1979.

CONFESSORE, N. Cambridge Analytica and Facebook: the scandal and the fallout so far. *New York Times*, Nova Iorque, 04 abr. 2018. Disponível em: https://www.nytimes.com/2018/04/04/us/politics/cambridge-analytica-scandal-fallout.html. Acesso em: 02 out. 2022.

COSTA JUNIOR, P. J. *O Direito de Estar Só:* tutela penal da intimidade. São Paulo: Revista dos Tribunais, 1970.

COSTA MARQUES, I. D. Autorias engajadas: a revista DADOS&Idéias 1974-1980. *I Simposio Argentino de Historia, Tecnologías e Informática.* Buenos Aires: SAHTI. 2020. p. 1-14.

COSTA, A. A. A. *As Donas no Poder:* mulher e política na Bahia. Salvador: Assembleia Legislativa da Bahia, 1998.

COUNCIL OF EUROPE. *Convention for the Protection of Individuals with Regard to Automatic Processing of Personal Data.* Strasbourg. 1981.

COUNCIL OF EUROPE. *The protection of individuals with regard to automatic processing of personal data in the context of profiling.* Strasbourg, 2010. p. 58.

CUMBRE IBEROAMERICANA DE JEFES DE ESTADO Y DE GOBIERNO. *Declaração de Santa Cruz de la Sierra.* Santa Cruz de la Sierra. 2003.

DA EMPOLI, G. *Os engenheiros do caos.* São Paulo: Vestígio, 2019.

DADOS de 57 milhões de usuários do Uber foram expostos; app ocultou caso. *UOL*, Tilt, São Paulo, 21 nov. 2017. Disponível em: https://www.uol.com.br/tilt/noticias/redacao/2017/11/21/uber-ocultou-roubo-de-dados-de-57-milhoes-de-usuarios-por-hackers-diz-site.htm. Acesso em: 04 out. 2022.

DALLARI, D. D. A. Constituição para o Brasil novo. *In:* ABRAMO, C., *et al. Constituinte e Democracia no Brasil Hoje.* São Paulo: Brasiliense, 1985. p. 110-127.

DAMASIO GOULART, G. Tutela individual e coletiva na proteção de dados. *In:* MARTINS, G.; ROZATTI LONGHI, J. V.; FALEIROS JUNIOR, J. L. *Comentários à lei geral de proteção de dados pessoais.* Indaiatuba: Editora Foco, 2022. p. 276-280.

D'AMMASSA, A. Federal judge dismisses New Mexico's lawsuit claiming Google gathered data on children. *Las Cruces*, 28 set. 2020. Disponível em: https://www.lcsun-news.com/story/news/2020/09/28/google-lawsuit-new-mexico-dismissed-gathering-data-children/3562072001/. Acesso em: 02 out. 2022.

DANTAS, V. A traumática troca de comando da Política Nacional de Informática. *V Simpósio da História da Informática na América Latina e Caribe.* Rio de Janeiro: Universidade Federal do Rio de Janeiro. 2018. p. 103-109.

DANTAS, V. *Guerrilha Tecnológica:* a verdadeira história da Política Nacional de Informática. Rio de Janeiro: LTC, 1988.

DAVIES, H. Ted Cruz using firm that harvested data on millions of unwitting Facebook users. *The Guardian*, 11 dez. 2015. Disponível em: https://www.theguardian.com/us-news/2015/dec/11/senator-ted-cruz-president-campaign-facebook-user-data. Acesso em: 02 out. 2022.

DEFESA do consumidor é política de Estado. *UOL*, São Paulo, 23 mar. 2013. Disponível em: https://noticias.uol.com.br/ultimas-noticias/agencia-estado/2013/03/25/dilma-defesa-do-consumidor-e-politica-de-estado.htm. Acesso em: 04 out. 2022.

DENZIN, N. Triangulation. *In:* RITZER, G. *The Blackwell Encyclopedia of Sociology.* London: Wiley-Blackwell, 2015.

DEPARTAMENTO DE PROTEÇÃO E DEFESA DO CONSUMIDOR. *A defesa do consumidor na Argentina, no Brasil, no Paraguai e no Peru:* uma análise comparativa. Brasília. 2008.

DEPARTAMENTO DE PROTEÇÃO E DEFESA DO CONSUMIDOR. *Defesa do consumidor na América Latina:* atlas geopolítico. Brasília. 2005.

DIA Internacional de Proteção de Dados Pessoais: por que a aprovação do PL 5276/2016 é fundamental para o Brasil. Coalização Direitos na Rede, *Medium*, 27 jun. 2017. Disponível em: https://medium.com/direitos-na-rede/dia-internacional-de-prote%C3%A7%C3%A3o-de-dados-pessoais-porque-a-aprova%C3%A7%C3%A3o-do-pl-5276-2016-%C3%A9-fundamental-4a583ef11398. Acesso em: 28 nov. 2022.

DIDIER JR, F.; ZANETI JR, H. *Curso de direito processual:* direito coletivo. 10. ed. Salvador: JusPodivm, 2016.

DISTRITO FEDERAL E TERRITÓRIOS. Ministério Público do Distrito Federal e Territórios. *Portaria n. 1, de 2018.* Brasília, DF: Comissão de Proteção de Dados Pessoais, 2018a. Disponível em: https://www.mpdft.mp.br/portal/. Acesso em: 27 nov. 2022.

DISTRITO FEDERAL E TERRITÓRIOS. Ministério Público do Distrito Federal e Territórios. *Termo de Ajustamento de Conduta n. 01, de 2019.* Brasília, DF: Unidade Especial de Proteção de Dados e Inteligência Artificial, 2019. Disponível em: https://www.mpdft.mp.br/portal/pdf/tacs/espec/TAC_Espec_2019_001.pdf. Acesso em: 27 nov. 2022.

DISTRITO FEDERAL E TERRITÓRIOS. Ministério Público do Distrito Federal e Territórios. *Portaria n. 716, de 2018.* Brasília, DF: Comissão de Proteção de Dados Pessoais, 2018b. Disponível em: https://www.mpdft.mp.br/portal/pdf/noticias/abril_2018/Instauracao_de_ICP_Vivo_Ads_4.0.pdf. Acesso em: 27 nov. 2022.

DISTRITO FEDERAL E TERRITÓRIOS. Ministério Público do Distrito Federal e Territórios. *Inquérito Civil Público n. 08190.005366/18-16.* Brasília, DF: MPDFT, 2018c. Disponível em: https://www.mpdft.mp.br/transparencia/index.php?item=consulta-Feitos. Acesso em: 27 nov. 2022.

DISTRITO FEDERAL E TERRITÓRIOS. Ministério Público do Distrito Federal e Territórios. *Ofício n. 73, de 2019.* Brasília, DF, 2019a. Disponível em: https://www.mpdft.mp.br/transparencia/index.php?item=consultaFeitos. Acesso em: 27 nov. 2022.

DISTRITO FEDERAL E TERRITÓRIOS. Tribunal de Justiça do Distrito Federal e Territórios. *Processo n. 07221735-15.2019.8.07.0001.* Brasília, 2019b. Disponível em: https://pje-consultapublica.tjdft.jus.br/consultapublica/ConsultaPublica/DetalheProcessoConsultaPublica/listView.seam?ca=a57c95fb1803e7dd0977b-7c76b45951cc4fb70f90e3b6586. Acesso em: 27 nov. 2022.

DISTRITO FEDERAL E TERRITÓRIOS. Tribunal Regional Federal da 1ª Região (2ª Vara Federal). *Petição inicial do processo n. 0025463-45.2016.4.01.4000.* Brasília, 2016a. Disponível em: https://pje1g.trf1.jus.br/consultapublica/ConsultaPublica/DetalheProcessoConsultaPublica/listView.seam?ca=488ddccf088496a7c6c015868f-514f5689385aec9e9e973c. Acesso em: 27 nov. 2022.

DISTRITO FEDERAL E TERRITÓRIOS. Tribunal de Justiça do Distrito Federal e Territórios (5º Juizado Especial Cível). *Processo n. 0047035-30.2013.8.07.0001.* Brasília, DF, 05 maio 2014. Disponível em: https://cache-internet.tjdft.jus.br/cgi-bin/tjcgi1?NXTPGM=tjhtml105&SELECAO=1&ORIGEM=INTER&CIRCUN=1&CDNU-PROC=20130111814676. Acesso em: 27 nov. 2022.

DISTRITO FEDERAL E TERRITÓRIOS. Tribunal Regional Federal da 1ª Região (2ª Vara Federal). *Contestação do processo n. 0025463-45.2016.4.01.4000.* Brasília, 2016b. Disponível em: https://pje1g.trf1.jus.br/consultapublica/ConsultaPublica/DetalheProcessoConsultaPublica/listView.seam?ca=488ddccf088496a7c6c015868f-514f5689385aec9e9e973c. Acesso em: 27 nov. 2022.

DISTRITO FEDERAL E TERRITÓRIOS. Tribunal Regional Federal da 1ª Região (2ª Vara Federal). *Nota Técnica n. 4664, de 2017, SEI-MCTIC, no processo n. 0025463-45.2016.4.01.4000.* Brasília, 2017. Disponível em: https://pje1g.trf1.jus.br/consultapublica/ConsultaPublica/DetalheProcessoConsultaPublica/listView.seam?ca=488ddccf088496a7c6c015868f514f5689385aec9e9e973c. Acesso em: 27 nov. 2022.

DODE JR, H. C.; FRIEDRICH, T. S. Os entraves para evolução do processo de integração: avanços e limites na defesa dos direitos dos consumidores no Mercosul. *In:* LIMA MARQUES, C.; KLEIN VIEIRA, L.; BAROCELLI, S. *Los 30 años del Mercosur:* avances, retrocesos y desafíos en materia de protección al consumidor. Buenos Aires: IJ Editores, 2021. p. 96-118.

DONEDA, D. *A proteção de dados pessoais nas relações de consumo:* para além da informação creditícia. Brasília. 2010.

DONEDA, D. *Da Privacidade à Proteção de Dados Pessoais.* 2. ed. São Paulo: Revista dos Tribunais, 2020.

DONEDA, D. *Da Privacidade à Proteção de Dados Pessoais.* Rio de Janeiro: Renovar, 2006.

DONEDA, D. Iguais mas Separados: o Habeas Data no ordenamento brasileiro e a protecão de dados pessoais. *Cadernos da Escola de Direito e Relações Internacionais,* Curitiba, v. 9, p. 15-33, 2008.

DONEDA, D. Marco normativo de privacidade e proteção de dados pessoais está em debate. Participe! *Ministério da Justiça,* 15 dez. 2010. Disponível em: http://pensando.mj.gov.br/dadospessoais2011/marco-normativo-de-privacidade-e-protecao-de--dados-pessoais-esta-em-debate-participe/. Acesso em: 02 out. 2022.

DONEDA, D. Panorama histórico da proteção de dados pessoais. *In:* SCHERTEL MENDES, L., *et al. Tratado de proteção de dados pessoais.* Rio de Janeiro: Forense, 2021. p. 34-66.

DONEDA, D.; MACHADO, D. Proteção de dados pessoais e criptografia: tecnologias criptográficas entre anonimização e pseudonimização de dados. *In:* DONEDA, D.;

MACHADO, D. *A criptografia no direito brasileiro*. São Paulo: Revista dos Tribunais, 2019. p. 130-165.

DONEDA, D.; ZANATTA, R. Personality rights in Brazilian data protection law: a historical perspective. *In:* ALBERS, M.; SARLET, I. *Personality and Data Protection Rights on the Internet*. Cham: Springer, 2022. p. 35-53.

DOTTI, R. A. A liberdade e o direito à intimidade. *Revista de Informação Legislativa*, Brasília, v. 17, n. 66, p. 125-152, abr./jun. 1980.

DOTTI, R. A. *Proteção da vida privada e liberdade de informação*. São Paulo: Revista dos Tribunais, 1980.

DURBIN, J. Statistics and the Report of the Data Protection Committee. *Journal of the Royal Statistical Society: Series A*, Hoboken, v. 142, n. 3, p. 299-306, 1979.

ETHICS ADVISORY GROUP. *Toward a Digital Ethics*. Brussels: Ethics Advisory Group Rebort, 2018. Disponível em: https://edps.europa.eu/sites/edp/files/publication/18-01-25_eag_report_en.pdf. Acesso em: 02 out. 2022.

EUDES, J. *Projeto de Lei n. 5.723, de 1985*. Dispõe sobre o acesso dos cidadãos às informações em que são nominados, arquivados em bancos de dados, e dá outras providências. Brasília, DF: Câmara dos Deputados, 25 jun. 1985. Disponível em: http://imagem.camara.gov.br/Imagem/d/pdf/DCD25JUN1985.pdf#page=18. 28 nov. 2022.

FALEIROS JUNIOR, J. L.; MARTINS, G. Proteção de dados e anonimização: perspectivas à luz da Lei n. 13.709/2018. *Revista de Estudos Institucionais*, Rio de Janeiro, v. 7, n. 1, p. 376-397, 2021.

FAORO manifesta-se contra registro único. *O Estado de São Paulo*, São Paulo, 10 set. 1977. Disponível em: https://acervo.estadao.com.br/pagina/#!/19770910-31436-nac-0012-999-12-not/busca/Faoro+registro+%C3%BAnico. Acesso em: 23 nov. 2022.

FAORO, R. *Assembléia Constituinte:* a legitimidade recuperada. São Paulo: Brasiliense, 1982.

FARIA LIMA, J. R. *Projeto de Lei n. 4.365, de 1977*. Cria o Registro Nacional de Banco de Dados e estabelece normas de proteção da intimidade contra o uso indevido de dados arquivados em dispositivos eletrônicos de processamento de dados. Brasília, DF: Câmara, 1977. Disponível em: http://imagem.camara.gov.br/montaPdf.asp?narquivo=DCD08NOV1977.pdf&npagina=79. Acesso em: 06 out. 2022.

FARIA LIMA. *Projeto de Lei n. 4.365, de 1977*. Cria o Registro Nacional de Banco de Dados e estabelece normas de proteção da intimidade contra o uso indevido de dados arquivados em dispositivos eletrônicos de processamento de dados. Brasília, DF: Câmara dos Deputados, 08 nov. 1977a. Disponível em: http://imagem.camara.gov.br/Imagem/d/pdf/DCD08NOV1977.pdf#page=80. Acesso em: 28 nov. 2022.

FARIA LIMA. *Proposta de Emenda à Constituição n. 20, de 1977*. Altera a redação do caput do artigo 153 da Constituição Federal e acrescenta parágrafo a esse dispositivo constitucional. Brasília, DF: Câmara dos Deputados, 30 nov. 1977b. Disponível em: https://webcache.googleusercontent.com/search?q=cache:rK99tWWyXl8J:https://www25.senado.leg.br/web/atividade/materias/-/materia/18295/pdf&cd=1&hl=pt-PT&ct=clnk&gl=pt. Acesso em: 28 nov. 2022.

FARIA, J. E. Prefácio. *In:* FAORO, R. *Os Donos do Poder:* formação do patronato político brasileiro. São Paulo: Companhia das Letras, 2021. p. 11-21.

FARIS, R. *et al.* The Role of the Networked Public Sphere in the US Net Neutrality Policy Debate. *International Journal of Communication*, Los Angeles, v. 10, p. 1-26, 2016.

FERNANDES, M. *Proteção Civil da Intimidade.* São Paulo: Saraiva, 1977.

FERRARI, B.; GUIMARÃES, C. Um espião em seu computador. *Época*, Rio de Janeiro, 03 jun. 2010. Disponível em: http://revistaepoca.globo.com/Revista/Epoca/0,EMI-145587-15224,00-UM+ESPIAO+EM+SEU+COMPUTADOR.html. Acesso em: 10 abr. 2022.

FICO, C. *Como eles agiam.* Os subterrâneos da ditadura militar: espionagem e polícia política. Rio de Janeiro: Record, 2001.

FILHO, G. O padrinho político de Cristina Tavares. *Jornal do Comércio*, Recife, 12 fev. 2013. Disponível em: https://jc.ne10.uol.com.br/canal/politica/pernambuco/noticia/2013/02/15/o-padrinho-politico-de-cristina-tavares-73409.php. Acesso em: 02 out. 2022.

FILOMENO BRITO, J. G. Atualidade do Direito do Consumidor no Brasil: 30 anos do Código de Defesa do Consumidor. *In:* MIRAGEM, B.; MARQUES, C. L.; LOPEZ DE MAGALHÃES, L. A. *Direito do Consumidor:* 30 anos do CDC. Da consolidação como direito fundamental aos atuais desafios da sociedade. Rio de Janeiro: Forense, 2021. p. 67-112.

FILOMENO, J. G. B.; BENJAMIN, A. H. V. A proteção ao consumidor e o Ministério Público. *Anais do VI Congresso Nacional do Ministério Público.* São Paulo: Ministério Público de São Paulo. 1985.

FLAHERTY, D. Governmental Surveillance and Bureaucratic Accountability: data protection agencies in Western societies. *Science, Technology, & Human Values*, Phoenix, v. 11, n. 1, p. 7-18, 1986.

FLORIDI, L. Open data, data protection, and group privacy. *Philosophy & Technology*, Oxford, v. 27, n. 1, p. 1-3, 2014.

FONSECA, P. *Développement et consolidation du droit de la consommation au Québec et au Brésil*: une analyse comparée. Tese (Doutorado em Direito) - Université du Québec à Montréal, Montréal, 2014.

FRANÇA. *Loi n° 78-17 du 6 janvier 1978 relative à l'informatique, aux fichiers et aux libertés*. Paris, 1978. Disponível em: https://www.cnil.fr/fr/la-loi-informatique-et-libertes. Acesso em: 28 nov. 2022.

FREITAS NOBRE. *Projeto de Lei n. 4.856, de 1984.* Disciplina o direito de acesso do cidadão aos bancos de dados, compatibilizando o exercício da Informática com as liberdades. Brasília, 05 dez. 1984. Disponível em: http://imagem.camara.gov.br/Imagem/d/pdf/DCD05DEZ1984.pdf#page=184. Acesso em: 28 nov. 2022.

FRISCHMANN, B.; SELINGER, E. *Re-engineering humanity.* Cambridge: Cambridge University Press, 2018.

FUSTER, G. G. *The Emergence of Personal Data Protection as a Fundamental Right of the EU.* Cham: Springer, 2014.

FUSTER, G. G.; GUTWIRTH, S. Opening up personal data protection: A conceptual controversy. *Computer Law & Security Review*, v. 29, n. 5, p. 531-539, 2013.

GABBAY, D. M.; COSTA, S.; ASPERTI, M. C. Acesso à Justiça no Brasil: reflexões sobre escolhas políticas e a necessidade de construção de uma nova agenda de pesquisa. *Revista Brasileira de Sociologia do Direito*, Recife, v. 6, n. 3, p. 152-181, 2019.

GASPARI, E. A trapaça do rastreador da Oi no Velox. *Folha de S. Paulo*, São Paulo, 31 mar. 2010. Disponível em: https://www1.folha.uol.com.br/fsp/brasil/fc3103201005.htm. Acesso em: 10 abr. 2022.

GELLERT, R. *The Risk-Based Approach to Data Protection*. Oxford: Oxford University Press, 2020.

GETSCHKO, D. Internet: tempos interessantes. *ComCiência*, Campinas, v. 110, p. 1-5, 2009.

GHEDIN, R. Novo Lulu é uma mistura do velho Lulu, Secret e Tinder. *Manual do Usuário*, 20 jul. 2015. Disponível em: https://manualdousuario.net/novo-lulu-app/. Acesso em: 02 out. 2022.

GIDI, A. Class Actions in Brazil. *American Journal of Comparative Law*, Oxford, v. 51, p. 311-408, 2003.

GODOY, M. *A Casa da Vovó*: uma biografia do DOI-CODI (1969-1991), o centro de sequestro, tortura e morte da ditadura militar. São Paulo: Alameda, 2014.

GOLDBERG, I.; SÁ, J. The Brazilian general data protection law. *Financier World Wide*, 15 jan. 2019. Disponível em: https://www.financierworldwide.com/the-brazilian-general-data-protection-law. Acesso em: 10 abr. 2022.

GOMES, M. C. O. Entre o método e a complexidade: compreendendo a noção de risco na LGPD. *In*: PALHARES, F. *emas atuais de proteção de dados*. São Paulo: Thomas Reuters, 2020. p. 245-271.

GONZALES, L. O Movimento Negro Unificado: um novo estágio na mobilização política negra. *In*: RIOS, F.; LIMA, M. *Por um feminismo afro-latino americano*. Rio de Janeiro: Zahar, 2020. p. 112-126.

GONZALEZ, L. Racismo e sexismo na cultura brasileira. *In*: RIOS, F.; LIMA, M. *Por um feminismo afro-latino-americano*. Rio de Janeiro: Zahar, 2020. p. 75-93.

GOUVEIA, J. B. A proteção de dados informatizados e o fenómeno religioso em Portugal. *Revista da Faculdade de Direito da Universidade de Lisboa*, Lisboa, v. 34, p. 181-238, 1993.

GRANATO, L. *Brasil, Argentina e os rumos da integração*. Curitiba: Editora Appris, 2015.

GRATTON, E.; PHIZICKY, L. Uncertainties and lessons learned from data protection laws. *In*: COFONE, I. *Class Actions in Privacy Law*. New York: Routledge, 2021. p. 30-55.

GREEN, J. *We Cannot Remain Silent*: opposition to the Brazilian dictatorship in the United States. Durham: Duke University Press, 2010.

GRINOVER, A. P. As garantias constitucionais do processo nas ações coletivas. *Revista da Faculdade de Direito da Universidade de São Paulo*, São Paulo, v. 82, p. 180-197, 1987.

GRINOVER, A. P. Das ações coletivas para a defesa de interesses individuais homogêneos. *In:* GRINOVER, A. P.; WATANABE, K.; NERY JUNIOR, N. *Código Brasileiro de Defesa do Consumidor:* comentado pelos autores do anteprojeto. Rio de Janeiro: Forense, 2011. p. 125-165.

GRINOVER, A. P. Direito processual coletivo. *In:* GRINOVER, A. P.; WATANABE, K.; NERY JUNIOR, N. *Código Brasileiro de Defesa do Consumidor:* comentado pelos autores do anteprojeto. Rio de Janeiro: Forense, v. II, 2011. p. 25-60.

GRINOVER, A. P. Novas tendências na tutela jurisdicional dos interesses difusos. *Revista da Faculdade de Direito*, São Paulo, v. 79, p. 283-307, 1984.

GRINOVER, A. P. O Código de Defesa do Consumidor no sistema sócio-econômico brasileiro. *Revista da Faculdade de Direito*, São Paulo, v. 91, p. 277-287, 1996.

GRINOVER, A. P.; BENJAMIN, A. H. D. V. Os trabalhos de elaboração do Anteprojeto de Código de Defesa do Consumidor. *In:* GRINOVER, A. P.; AL, E. *Código de Defesa do Consumidor comentado pelos autores do anteprojeto*. Rio de Janeiro: Forense, 2019. p. 59-69.

GUIMARÃES, Lázaro. Habeas data e mandado de injunção. *O Estado de S. Paulo*, Tribunais, São Paulo, 18 dez. 1987. Disponível em: https://acervo.estadao.com.br/pagina/#!/19871218-34605-nac-0030-999-30-not/busca/HABEAS+DATA. Acesso em: 27 nov. 2022.

HIGÍDIO, J. ViaQuatro deve indenizar por implantar sistema de detecção facial nas estações. *Conjur*, 10 maio 2021. Disponível em: https://www.conjur.com.br/2021-mai-10/viaquatro-indenizar-implantar-sistema-deteccao-facial. Acesso em: 02 out. 2022.

HILDEBRANDT, M. Defining Profiling: a new type of knowledge? *In:* HILDEBRANDT, M. *Profiling the European Citizen*. Dordrecht: Springer, 2008. p. 42-70.

HILDEBRANDT, M.; GUTWIRTH, S. General Introduction and Overview. *In:* HILDEBRANDT, M.; GUTWIRTH, S. *Profiling the European Citizen:* cross-disciplinary perspectives. Dordrecht: Springer, 2008. p. 1-16.

HILDEBRANDT, M.; KOOPS, B.-J. The challenges of ambient law and legal protection in the profiling era. *The Modern Law Review*, London and Oxford, v. 73, n. 3, p. 428-460, 2010.

HILDEBRANT, M. Privacy as Protection of the Incomputable Self: from agnostic to agonistic machine learning. *Theoretical Inquiries in Law*, Tel Aviv, v. 20, p. 83-120, 2019.

HIRSCH, D. The law and policy of on-line privacy: Regulation, self-regulation, or co-regulation. *Seattle University Law Review*, Seattle, v. 34, p. 439-470, 2010.

HOLT, K. Facebook Fined Yet Again Over Cambridge Analytica Scandal. *Forbes*, 30 dez. 2019. Disponível em: https://www.forbes.com/sites/krisholt/2020/12/30/facebook-fined-yet-again-over-cambridge-analytica-scandal/?sh=2713a04e5f16. Acesso em: 02 out. 2022.

HOOFNAGLE, C. *Federal Trade Commission Privacy Law and Policy*. Cambridge: Cambridge University Press, 2016.

HOOFNAGLE, C. *Privacy Practices Below the Lowest Common Denominator*: The Federal Trade Commission's Initial Application of Unfair and Deceptive Trade Practices Authority to Protect Consumer Privacy (1997-2000). Berkeley, Unpublished paper, 2001. Disponível em: https://papers.ssrn.com/sol3/papers.cfm?abstract_id=507582. Acesso em: 28 nov. 2022.

IDEC. Proteção de dados pessoais: nova versão de anteprojeto inclui sugestões do Idec e traz avanços. *Idec*, 28 out. 2015. Disponível em: https://idec.org.br/em-acao/em-foco/proteco-de-dados-pessoais-nova-verso-de-anteprojeto-inclui-sugestes-do--idec-e-traz-avancos. Acesso em: 04 out. 2022.

IDEC. Sorria, você está sendo monitorado. *Revista do Idec*, n. 150, dez. 2010. Disponível em: https://idec.org.br/em-acao/revista/150/materia/sorria-voce-esta-sendo--monitorado. Acesso em: 04 out. 2022.

IGO, S. *The Known Citizen:* a history of privacy in modern America. Cambridge: Harvard University Press, 2018.

INFORMAÇÕES sobre o incidente de segurança de dados ocorrido em 2016. *Uber*, 14 abr. 2018. Disponível em: https://help.uber.com/pt-BR/riders/article/informa%C3%A7%C3%B5es-sobre-o-incidente-de-seguran%C3%A7a--de-dados-ocorrido-em-2016?nodeId=12c1e9d1-4042-4231-a3ec-3605779b8815. Acesso em: 04 out. 2022.

JANCIUTÉ, L. Data protection and the construction of collective redress in Europe: exploring challenges and opportunities. *International Data Privacy Law*, Oxford, v. 9, p. 2-14, 2019.

JAQUET-CHIFFELLE, D.-O. Direct and Indirect Profiling in the Light of Virtual Persons. *In:* HILDEBRANDT, M.; GUTWIRTH, S. *Profiling the European Citizen*. Dordrecht: Springer, 2008. p. 34-44.

JOINET, L. *Mes raisons d'État:* mémoires d'un épris de justice. Paris: La Découverte, 2013.

JUDIS, J. *The Paradox of American Democracy:* elites, special interests, and the betrayal of public trust. New York: Routledge, 2001.

JUNQUEIRA, E. B. Acesso à Justiça: um olhar retrospectivo. *Revista Estudos Históricos*, Rio de Janeiro, v. 9, n. 18, p. 389-402, 1996.

JUNQUEIRA, T. *Tratamento de dados pessoais e discriminação algorítmica nos seguros*. Rio de Janeiro: Revista dos Tribunais, 2020.

KAISER, B. *Manipulados:* como a Cambridge Analytica e o Facebook invadiram a privacidade de milhões e botaram a democracia em xeque. São Paulo: Collin Harpers, 2020.

KAMINSKI, O. Privacidade e Internet. *In:* ROVER, A. *Direito, sociedade e informática:* limites e perspectivas da vida digital. Florianópolis: Fundação Boiteux, 2000. p. 95-103.

KELLER, C. I. *Regulação nacional de serviços na internet*. Rio de Janeiro: Lumen Juris, 2019.

KÖSSLING, K. *As lutas anti-racistas de afro-descendentes sob vigilância do DEOPS/SP (1964-1983).* 2007. Dissertação (Mestrado em História) - Universidade de São Paulo, São Paulo, 2007.

KOSTA, E. *Consent in European Data Protection Law.* Leiden: Koninklijke Brill, 2013.

LEIS de direitos difusos sancionadas por Sarney. *O Estado de São Paulo*, Agência Estado, Brasília, 25 jul. 1985. Disponível em: https://acervo.estadao.com.br/pagina/#!/19850725-33864-nac-0013-999-13-not/busca/direitos+difusos+Sarney. Acesso em: 28 nov. 2022.

LEMOS, R. O Marco Civil como símbolo do desejo por inovação no Brasil. *In:* SALOMÃO LEITE, G.; LEMOS, R. *Marco Civil da Internet.* São Paulo: Atlas, 2014. p. 3-11.

LEONARDI, M. A garantia fundamental do direito à privacidade e liberdade de expressão nas comunicações como condição ao pleno exercício do direito de acesso à Internet. *In:* SALOMÃO LEITE, G.; LEMOS, R. *Marco Civil da Internet.* São Paulo: Atlas, 2014. p. 621-633.

LEONARDI, M. *Tutela da Privacidade na Internet.* São Paulo: Saraiva, 2012.

LESSA MATTOS, P. T. A formação do estado regulador. *Novos Estudos CEBRAP*, São Paulo, v. 76, p. 139-156, 2006.

LESSIG, L. *Code:* version 2.0. New York: Basic Books, 2006.

LEVY, S. Mundo vive transição depois do Bit-Bang. *Estado de São Paulo*, São Paulo, 25 fev. 1995. Disponível em: https://acervo.estadao.com.br/pagina/#!/19950225-37019-nac-0012-ger-a12-not/busca/Mundo+vive+transi%C3%A7%-C3%A3o. Acesso em: 28 nov. 2022.

LIMA MARQUES, C. Introdução ao Direito do Consumidor. *In:* BENJAMIN, A. H.; LIMA MARQUES, C.; BESSA, L. R. *Manual de Direito do Consumidor.* São Paulo: Revista dos Tribunais, 2013. p. 31-53.

LIMA MARQUES, C.; MIRAGEM, B. *O novo direito privado e a proteção dos vulneráveis.* São Paulo: Revista dos Tribunais, 2012.

LINS, B. *Legislação Brasileira de Bases de Dados:* uma Necessidade dos Anos 90? XIV Congresso Nacional de Informática. São Paulo: SUCESU. 1991.

LINS, B. *Privacidade e Internet.* Brasília: Consultoria Legislativa, 2000. Disponível em: http://www.belins.eng.br/tr01/reports/001854.pdf. Acesso em: 04 out. 2022.

LOBO MARTINS, P.; HOSNI, D. S. Tomada de decisão automatizada e a regulamentação da proteção de dados: alternativas coletivas oferecidas pela Lei Geral de Proteção de Dados Pessoais. *Internet & Sociedade*, São Paulo, v. 1, n. 2, p. 77-101, dez. 2020.

LOMBARDO, M. No primeiro dia, Supremo recebe oito pedidos de "habeas data" contra SNI. *Gazeta Mercantil*, Brasília, 07 out. 1988. Disponível em: https://www2.senado.leg.br/bdsf/bitstream/handle/id/119449/1988_07%20a%2010%20de%20Outubro_%20%20057e.pdf?sequence=3&isAllowed=y. Acesso em: 28 nov. 2022.

LUBARSKY, B. Re-Identification of Anonymized Data. *Georgetown Law Technology Review*, Washington, p. 201-211, 2016.

MAHIEU, R. The Right of Access to Personal Data: a genealogy. *Technology and Regulation*, p. 62-75, 2021.

MAIA, F. J. O problema dos custos de oportunidade na configuração do interesse de agir na ação de Habeas Data. *Âmbito Jurídico*, n. 44, p. 1986-2005, 2007.

MALINE, L. Lulu, aplicativo para mulheres darem nota aos homens, chega ao Brasil. *TechTudo*, 13 nov. 2013. Disponível em: https://www.techtudo.com.br/noticias/2013/11/lulu-o-app-que-da-notas-aos-rapazes-de-seu-ciclo-e-lancado-no-brasil.ghtml. Acesso em: 04 out. 2022.

MANCUSO, R. D. C. *Interesses difusos:* conceito e legitimação para agir. São Paulo: Revista dos Tribunais, 2004.

MANEIRO, R.; CRUZ, E. Constitucionalismo democrático e litígio estratégico: o caso do mandado de injunção n. º 4.733. *Revista Brasileira de Direitos e Garantias Fundamentais,* Florianópolis, v. 2, n. 2, p. 289-311, 2016.

MANTELERO, A. Personal data for decisional purposes in the age of analytics: from an individual to a collective dimension of data protection. *Computer Law & Security Review*, v. 32, p. 238-255, 2016.

MARCELO, E. Drogaria Araujo é multada em quase R$ 8 milhões por pedir CPF de clientes. *Estado de Minas*, Belo Horizonte, 06 dez. 2018. Disponível em: https://www.em.com.br/app/noticia/economia/2018/12/06/internas_economia,1011120/drogaria-araujo-e-multada-em-quase-r-8-milhoes-por-pedir-cpf-de-clien.shtml. Acesso em: 04 out. 2022.

MARINONI, L. G. *A antecipação da tutela na reforma do processo civil*. São Paulo: Malheiros, 1996.

MARTINS, P. *Profiling na Lei Geral de Proteção de Dados:* o livre desenvolvimento da personalidade em face da governamentalidade algorítmica. Indaiatuba: Editora Foco, 2022.

MASERA, A. Da Tunisi a Torino… sempre con amore. *La Stampa*, 18 nov. 2005. Disponível em: https://www.lastampa.it/blogs/2005/11/18/news/da-tunisi-a-torino--br-sempre-con-amore-1.36971160/. Acesso em: 28 nov. 2022.

MATO GROSSO DO SUL. Tribunal de Justiça de Mato Grosso do Sul. *Petição Inicial do Processo n. 0838100-51.2018.8.12.0001*. Campo Grande, 2018. Disponível em: https://www.migalhas.com.br/arquivos/2018/12/art20181213-04.pdf. Acesso em: 27 nov. 2022.

MATO GROSSO DO SUL. Tribunal de Justiça de Mato Grosso do Sul. *Ata de Audiência de Conciliação do Processo n. 0838100-51.2018.8.12.0001*. Campo Grande, 2018.

MATO GROSSO DO SUL. Tribunal de Justiça de Mato Grosso do Sul. *Sentença do Processo n. 0838100-51.2018.8.12.0001*. Campo Grande, 2019.

MAUREL, L.; AUFRÈRE, L. Pour une protection sociale des données personnelles. *Scinfolex*, 5 fev. 2018. Disponível em: https://scinfolex.com/2018/02/05/pour-une--protection-sociale-des-donnees-personnelles/. Acesso em: 20 mar. 2021.

MENDES, K. Velox faz DPDC abrir processo contra a Oi. *Exame*, 10 out. 2010. Disponível em: https://exame.com/tecnologia/velox-faz-dpdc-abrir-processo-oi-574001/. Acesso em: 10 abr 2022.

MENKE, F. A proteção de dados e o novo direito fundamental à garantia da confidencialidade e da integridade dos sistemas técnico-informacionais no direito alemão. *In:* FERREIRA MENDES, G.; SARLET, I. W.; COELHO, A. Z. *Direito, inovação e tecnologia.* São Paulo: Saraiva, 2015. p. 205-230.

MILLER, A. R. *The Assault on Privacy.* Ann Harbor: University of Michigan Press, 1971.

MINAYO, M. C. Trabalho de Campo: Contexto de observação, interação e descoberta. *In:* MINAYO, M. C. *Pesquisa social:* teoria, método e criatividade. Rio de Janeiro: Vozes, 2011. p. 61-80.

MINISTÉRIO Público do DF coloca em sigilo inquérito sobre Facebook. *Correio Braziliense*, Brasília, 06 abr. 2018. Disponível em: https://www.correiobraziliense.com.br/app/noticia/brasil/2018/04/06/interna-brasil,671409/ministerio-publico-do-df--coloca-em-sigilo-inquerito-sobre-facebook.shtml. Acesso em: 02 out. 2022.

MORAES, A. D. *Direito Constitucional.* São Paulo: Atlas, 2000.

MOREIRA ALVES, J. C. A Parte Geral do Projeto do Código Civil. *Revista Conselho de Estudos Judiciários*, Brasília, v. 3, n. 9, p. 5-12, 1999.

MOREIRA ALVES, M. H. *Estado e Oposição no Brasil (1964-1984).* Rio de Janeiro: Vozes, 1984.

MPDFT cobra esclarecimentos da Uber sobre impacto de vazamento de dados pessoais para usuários brasileiros. *MPDFT*, Brasília, 08 fev. 2018. Disponível em: https://www.mpdft.mp.br/portal/index.php/comunicacao-menu/noticias/noticias-2018/9781-mpdft-cobra-esclarecimentos-da-uber-sobre-impacto-de-vazamentos-de-dados-pessoais-para-usuarios-brasileiros. Acesso em: 04 out. 2022.

MULHOLLAND, C. S. Dados pessoais sensíveis e a tutela de direitos fundamentais: uma análise à luz da lei geral de proteção de dados (Lei 13.709/18). *Revista de Direitos e Garantias Fundamentais*, n. 19, v .3, p. 159-180, 2018.

NEGRI, S. M.; GIOVANINI, C. Dados não pessoais: a retórica da anonimização no enfrentamento à Covid-19 e o privacywashing. *Internet & Sociedade*, São Paulo, v. 1, n. 2, p. 126-149, Dezembro 2020.

NISSEMBAUM, H. A Contextual Approach to Privacy On-line. *Deadulus*, Cambridge, v. 140, n. 4, p. 32-48, 2011.

NOBRE, J. F. *Imprensa e Liberdade:* os princípios constitucionais e a nova legislação. São Paulo: Summus Editorial, 1987.

NOBRE, J. F. *Le droit de réponse et la nouvelle technique de l'information.* Paris: Nouvelles Editions Latines, 1970.

NÓBREGA, F.; CUNHA FRANÇA, E. Litígio estratégico x litígio estrutural (de interesse público): Ao fim e ao cabo, denominações de um mesmo instituto para a defesa de direitos fundamentais? *Pensar-Revista de Ciências Jurídicas*, Fortaleza, v. 27, n. 1, p. 12-12, 2022.

NOGUEIRA RAMOS, J. M. Considerações sobre a Informática. *A Defesa Nacional*, Rio de Janeiro, n. 672, p. 111-119, 1977.

O MP QUE A GENTE CONTA: #6 Caso Lulu: O uso indevido de dados. Entrevistado: Paulo Binicheski. [*S. l.*]: Anchor FM, 22 mar. 2022. Podcast. Disponível em: https://

anchor.fm/mpdft/episodes/6-Caso-Lulu-O-uso-indevido-de-dados-e1g3lco. Acesso em: 04 out. 2022.

OHM, P. Broken Promises of Privacy: responding to the surprising failure of anonymization. *UCLA Law Review*, Los Angeles, v. 57, p. 1701-1777, 2010.

OLIVEIRA, G. *Aspectos concorrenciais em setores regulados*: diretrizes para a defesa da concorrência. São Paulo: Núcleo de pesquisas e publicações EAESP/FGV/NPP, 1998. Disponível em: https://pesquisa-eaesp.fgv.br/publicacoes/gvp/aspectos-concorrenciais-da-privatizacao-em-setores-regulados-diretrizes-para-defesa. Acesso em: 28 nov. 2022.

OLIVEIRA, M. T. Cada cidadão um número. *Dados & Ideias*, Rio de Janeiro, p. 63-68, 1977.

OMELIANENKO, I. Applying Deep Machine Learning for psycho-demographic profiling of Internet users using OCEAN model of personality. *arXiv preprint*, p. 1-18, 2017. Disponível em: https://arxiv.org/abs/1703.06914. Acesso em: 28 nov. 2022.

ORTEGA, P. Desembargadora mantém suspensão de sistema de reconhecimento facial no Metrô. *Bem Paraná*, Curitiba, 18 abr. 2022. Disponível em: https://www.bemparana.com.br/noticia/desembargadora-mantem-suspensao-de-sistema-de-reconhecimento-facial-no-metro-179. Acesso em: 04 out. 2022.

PAI do habeas-data briga por idéias. *Jornal do Brasil*, Brasília, 11 ago. 1988. Disponível em: https://www2.senado.leg.br/bdsf/bitstream/handle/id/105863/1988_10%20a%2019%20de%20Agosto_%20025.pdf?sequence=1&isAllowed=y. Acesso em: 25 nov. 2022.

PALAZZI, P. La naturaleza jurídica del Habeas Data: a propósito del caso Martínez c/ organización Veaz. *In:* MASCIOTRA, M.; CARELLI, E. *Derechos Procesal Constitutional*. Buenos Aires: Ad Hoc, 2006. p. 370-385.

PARRA, H. et al. Infraestruturas, economia e política informacional: o caso do Google Suite for Education. *Mediações-Revista de Ciências Sociais*, Londrina, v. 23, p. 63-99, 2019.

PASSOS, E.; OLIVEIRA LIMA, J. A. *Memória Legislativa do Código Civil*. Brasília: Senado Federal, 2012.

PEDRETTI, L. *Dançando na mira da ditadura:* bailes soul e violência contra a população negra nos anos 1970. Rio de Janeiro: Arquivo Nacional, 2022.

PER UNA DICHIARAZIONE dei Diritti della Rete dell'ONU. *Punto Informatico*, 12 out. 2005. Disponível em: https://www.punto-informatico.it/per-una-dichiarazione-dei-diritti-della-rete-dellonu/. Acesso em: 04 out. 2022.

PIANCÓ MORATO, E. L. *O Direito à Informação como Instrumento de Superação da Realidade Aumentada*. 1985. Dissertação (Mestrado em Ciências Jurídicas) – Universidade Federal de Santa Catarina, Florianópolis, 1985.

PIMENTEL, S. Para Gil, fórum internacional vai atenuar interferências sobre a internet. *Agência Brasil*, 24 nov. 2005. Disponível em: https://memoria.ebc.com.br/agenciabrasil/noticia/2005-11-24/entrevista-1-para-gil-forum-internacional-vai-atenuar-interferencias-sobre-internet. Acesso em: 04 out. 2022.

PINHEIRO, P. S. A cidadania das classes populares, seus instrumentos de defesa e o processo constituinte. *In*: ABRAMO, C., *et al. Constituinte e Democracia no Brasil Hoje*. São Paulo: Brasiliense, 1985. p. 55-68.

PIZZOLANTE, F. *Habeas Data e banco de dados*: privacidade, personalidade e cidadania no Brasil atual. Rio de Janeiro: Lumen Juris, 2002.

PLAMADEALA, C. Dossierveillance in Communist Romania: collaboration with the Securitate, 1945-1989. *In*: HEYNEN, R.; VAN DER MEULEN, E. *Making Surveillance States*: trasnational studies. Toronto: University of Toronto Press, 2019. p. 215-236.

QUELLE, C. Enhancing compliance under the general data protection regulation: The risky upshot of the accountability-and risk-based approach. *European Journal of Risk Regulation*, Cambridge, v. 9, n. 3, p. 502-526, 2018.

QUINTARELLI, S. *Capitalismo immateriale*: Le tecnologie digitali e il nuovo conflitto sociale. Milano: Bollati Boringhieri, 2019.

RAZ, J. *The Morality of Freedom*. Oxford: Oxford University Press, 1988.

REDE IBERO-AMERICANA DE PROTEÇÃO DE DADOS PESSOAIS. *Un compromiso para alcanzar estándares internacionales de protección de datos y privacidad*. Madrid: Red Ibero-Americana de Protección de Datos Personales, 2008. Disponível em: https://www.redipd.org/sites/default/files/inline-files/declaracion_2008_VI_encuentro_es.pdf. Acesso em: 28 nov. 2022.

REGAN, P. Social values and privacy law and policy. *In*: FUSTER, G. G.; VAN BRAKEL, R.; DE HERT, P. *Research Handbook on Privacy and Data Protection Law*. London: Elgar, 2022. p. 161-175.

REINO UNIDO. UK Supreme Court. *Lloyd v. Google LLC*. Londres, 11 nov. 2021. Disponível em: https://www.supremecourt.uk/cases/uksc-2019-0213.html. Acesso em: 27 nov. 2022.

REUNIÃO Técnica Proteção de Dados Senacon - 30/06/15. São Paulo: ABEMD Mkt de Dados, 02 jul. 2015. 1 vídeo (23 min). Publicado por ABEMD. Disponível em: https://www.youtube.com/watch?v=vlN7iAZN0ww. Acesso em: 10 abr. 2022.

RIBEIRO, J. Entrevista com André Torretta. *Revista Press*, Porto Alegre, 08 abr. 2018. Disponível em: http://revistapress.com.br/advertising/andre-torretta-ha-20-anos-o--tema-da-corrupcao-nao-era-central-na-preocupacao-do-eleitor-brasileiro-hoje-ja--nao-se-aceita-mais-o-rouba-mas-faz-2/. Acesso: 04 out. 2022.

RICHARDS, N.; HARTZOG, W. A Relational Turn for Data Protection? *European Data Protection Law Review*, Berlim, v. 4, p. 1-6, 2020.

RICHARDSON, J. *Law and the Philosophy of Privacy*. New York: Routledge, 2016.

RINALDI, C. Entidades combatem câmeras do metrô de SP que leem emoções de passageiros para vender publicidade. *The Intercept Brasil*, 31 ago. 2018. Disponível em: https://theintercept.com/2018/08/31/metro-cameras-acao-civil/. Acesso em: 04 out. 2022.

RIO DE JANEIRO. *Lei n. 824, de 28 de dezembro de 1984*. Assegura o direito de obtenção de informações pessoais contidas em bancos de dados operando no estado do Rio de Janeiro e dá outras providências. Brasília, DF: Assembleia Legislativa do Estado do Rio de Janeiro, 1984. Disponível em: https://leisestaduais.com.br/rj/lei-

-ordinaria-n-824-1984-rio-de-janeiro-assegura-o-direito-de-obtencao-de-informacoes-pessoais-contidas-em-bancos-de-dados-operando-no-estado-do-rio-de-janeiro-e-da-outras-providencias. Acesso em: 26 nov. 2022.

RIO DE JANEIRO. Tribunal de Justiça do Estado do Rio de Janeiro. *Apelação cível n. 0418456-71.2013.8.19.0001*. Rio de Janeiro, 23 fev. 2021. Disponível em: http://www4.tjrj.jus.br/numeracaoUnica/faces/index.jsp?numProcesso=0418456-71.2013.8.19.0001. Acesso em: 27 nov. 2022.

RIZZI, E.; XIMENES, S. Litigância estratégica para a promoção de políticas públicas: as ações em defesa do direito à educação infantil em São Paulo. *In:* FRIGO, D.; PRIOSTE, F.; ESCRIVÃO FILHO, A. *Justiça e Direitos Humanos:* experiências de assessoria jurídica popular. Curitiba: Terra de Direitos, 2010. p. 105-128.

RNP. A Internet no Brasil. *Rede Nacional de Ensino e Pesquisa*, 10 mar. 2001. Disponível em: https://memoria.rnp.br/noticias/imprensa/2001/not-imp-010310.html. Acesso em: 19 mar. 2022.

RODOTÀ, S. *Elaboratori Elettronici e Controllo Sociale*. Bologna: Il Mulino, 1973.

RODOTÀ, S. *Il Mondo nella Rete:* quali i diritti, quali i vincoli. Roma: Laterza, 2014.

RODOTÀ, S. *Privacy and data surveillance:* growing public concern. Policy issues in data protection and privacy: proceedings of the OECD Seminar 24th to 26th June 1974. Paris: OECD. 1974. p. 130-143.

RODOTÀ, S. *Vivere la Democrazia*. Roma: Laterza, 2018.

RODOTÀ, Stefano. Conferência oral. *I Seminário Internacional sobre Proteção de Dados Pessoais*: anais do seminário e panorama da matéria no Brasil e no exterior, São Paulo, 2006.

ROHRMANN, C. A. Notas acerca do Direito à Privacidade na Internet: A perspectiva comparativa. *Revista da Faculdade Direito Universidade Federal Minas Gerais*, Belo Horizonte, v. 38, p. 91-115, 2000.

ROQUE, A. A tutela coletiva dos dados pessoais na Lei Geral de Proteção de Dados Pessoais. *Revista Eletrônica de Direito Processual*, Rio de Janeiro, v. 20, n. 2, p. 1-19, 2019.

ROSENVALD, N. O dano moral coletivo como uma pena civil. *In:* ROSENVALD, N.; TEIXEIRA NETO, F. *Dano moral coletivo*. Indaiatuba: Foco, 2018. p. 85-112.

ROSSI, A. How the Snowden revelations saved the EU general data protection regulation. *The International Spectator*, Roma, v. 53, n. 4, p. 95-111, 2018.

ROSSI, M. Marqueteiros de Trump usaram dados privados de milhões no Facebook. *El País*, 17 mar. 2018. Disponível em: https://brasil.elpais.com/brasil/2018/03/17/politica/1521302431_579678.html. Acesso em: 04 out. 2022.

ROSSI, M. O marqueteiro brasileiro que importou o método da campanha de Trump para usar em 2018. *El País*, 11 out. 2017. Disponível em: https://brasil.elpais.com/brasil/2017/10/11/politica/1507723607_646140.html. Acesso em: 04 out. 2022.

ROTENBERG, M. Fair Information Practices and the Architecture of Privacy (What Larry Doesn't Get). *Stanford Technology Law Review*, Stanford, v. 1, p. 1-34, 2001.

ROTENBERG, M.; JACOBS, D. Enforcing Privacy Rights: Class Action Litigation and the Challenge of cy pres. *In:* WRIGHT, D.; DE HERT, P. *Enforcing Privacy. Law, Governance and Technology Series.* Cham: Springer, 2016. p. 307-333.

ROUVROY, A. Governamentalidade algorítmica e a morte da política. *Revista de Filosofia Moderna e Contemporânea*, Brasília, v. 8, n. 3, p. 2-20, 2020.

ROUVROY, A. Homo juridicus est-il soluble dans les données? *In:* TERWANGNE, C.; DEGRAVE, E.; DUSOLLIER, S. *Droit, normes et libertés dans le cybermonde.* Bruxelas: Larcier, 2018. p. 417-444.

ROUVROY, A.; BERNS, T. Algorithmic governmentality and prospects of emancipation. *Réseaux*, Paris, v. 177, n. 1, p. 163-196, 2013.

SÁ E SILVA, F. Lawyers, governance, and globalization: the diverging paths of public interest law across the Americas. *Ipea Discussion Papers*, Brasília, v. 223, p. 1-45, 2017.

SADEK, M. T. A. Acesso à justiça: um direito e seus obstáculos. *Revista USP*, São Paulo, v. 101, p. 55-66, 2004.

SADEK, M. T. Prefácio ao Guia de Adequação das Defensorias à LGPD. *In:* BIONI, B., *et al. Construindo caminhos para a justiça de dados no Brasil:* o papel das Defensorias Públicas na proteção de dados pessoais. São Paulo: Associação Data Privacy Brasil de Pesquisa, 2022. p. 114-116.

SADEK, Maria Tereza. *A Defensoria Pública no sistema de justiça brasileiro.* São Paulo: APADEP em Notícias, p. 1-2, 2008. Disponível em: https://www.defensoria.ce.def.br/wp-content/uploads/2015/02/a-defensoria-publica-no-sistema-de-justica-brasileiro.pdf. Acesso 28 nov. 2022.

SANGIOVANNI, R. Justiça federal barra chip de rastreamento em veículos. *Folha de São Paulo*, São Paulo, 19 abr. 2009. Disponível em: https://www1.folha.uol.com.br/fsp/cotidian/ff1804200913.htm. Acesso em: 04 out. 2022.

SANTANNA, L. Autorregulação supervisionada pelo Estado. *Revista de Direito Administrativo*, Rio de Janeiro, v. 257, p. 183-211, 2011.

SANTOS, L. Governo quer mais proteção para dados na internet. *Conjur*, 25 jan. 2011. Disponível em: https://www.conjur.com.br/2011-jan-25/consulta-publica-traca-diretrizes-lei-protecao-dados-pessoais. Acesso em: 23 abr. 2022.

SANTOS, M. M. *Estado, Tecnologia e Sociedade:* a política nacional de informática. 2003. Dissertação (Mestrado em História) - Universidade Federal de Uberlândia, Uberlândia, 2003.

SANTOS, N. N. *A voz e a palavra do movimento negro na Assembleia Nacional Constituinte (1987/1988):* um estudo das demandas por direitos. 2015. Dissertação (Mestrado em Direito) - Fundação Getúlio Vargas, São Paulo, 2015.

SÃO PAULO. Tribunal de Justiça do Estado de São Paulo (1ª Vara Cível). *Processo n. 1003122-02.2018.8.26.0704.* Juíza Mônica de Cassia Thomaz Perez Reis Lobo, São Paulo, 2018a. Disponível em: https://esaj.tjsp.jus.br/cpopg/show.do?processo.codigo=JK000236B0000&processo.foro=704&processo.numero=1003122-02.2018.8.26.0704. Acesso em: 27 nov. 2022.

SÃO PAULO. Tribunal de Justiça do Estado de São Paulo (37ª Vara Cível). *Processo n. 1090663-42.2018.8.26.0100.* Juíza Patrícia Martins Conceição, São Paulo, 2018b. Disponível em: https://esaj.tjsp.jus.br/cpopg/show.do?processo.codigo=2S000WSPS0000&processo.foro=100&processo.numero=1090663-42.2018.8.26.0100&uuidCaptcha=sajcaptcha_8bac151303ea47a3842ba40e69f434f7. Acesso em: 27 nov. 2022.

SÃO PAULO. Tribunal de Justiça do Estado de São Paulo (39ª Vara Cível). *Sentença do Processo n. 1013884-75.2020.8.26.0100.* Juiz Celso Lourenço Morgado, São Paulo, 12 maio 2022. Disponível em: https://esaj.tjsp.jus.br/cpopg/show.do?processo.codigo=2S0017VNN0000&processo.foro=100&processo.numero=1013884-75.2020.8.26.0100. Acesso em: 27 nov. 2022.

SÃO PAULO. Tribunal de Justiça do Estado de São Paulo (5ª Câmara de Direito Público). *Agravo de Instrumento n. 2079077-58.2022.8.26.0000.* Relatora: Maria Laura Tavares, São Paulo, 12 abr. 2022b. Disponível em: https://www.conjur.com.br/dl/reconhecimento-facial.pdf. Acesso em: 27 nov. 2022.

SÃO PAULO. Tribunal de Justiça do Estado de São Paulo (6ª Vara de Fazenda Pública). *Processo n. 1010667-97.2022.8.26.0053.* Juíza Cynthia Thome, São Paulo, 2022. Disponível em: https://esaj.tjsp.jus.br/cpopg/show.do?processo.codigo=1H000LRDS0000&processo.foro=53&processo.numero=1010667-97.2022.8.26.0053. Acesso em: 27 nov. 2022a.

SÃO PAULO. Tribunal de Justiça do Estado de São Paulo (7ª Vara Cível). *Processo n. 1042450-05.2018.8.26.0100.* Juiz Sang Duk Kim, São Paulo, 2018c. Disponível em: https://esaj.tjsp.jus.br/cpopg/show.do?processo.codigo=2S000USV20000&processo.foro=100&processo.numero=1042450-05.2018.8.26.0100. Acesso em: 27 nov. 2022.

SÃO PAULO. Tribunal de Justiça do Estado de São Paulo (7ª Vara Cível). *Decisão no Processo n. 1042450-05.2018.8.26.0100.* Juiz Sang Duk Kim, São Paulo, 07 ago. 2020. Disponível em: https://esaj.tjsp.jus.br/cpopg/show.do?processo.codigo=2S000USV20000&processo.foro=100&processo.numero=1042450-05.2018.8.26.0100. Acesso em: 27 nov. 2022.

SARTOR, G. La sentenza della corte costituzionale tedesca sul censimento del 1983 nel dibattito dottrinale sui profili costituzionalistici del'Datenschutz'. *Informativa e Diritto,* Florença, v. 12, n. 3, p. 95-118, 1986.

SAUR, R. Apresentação da ABCOMP. *Simpósio Democracia e Informática,* Belo Horizonte, Assembléia Legislativa do Estado de Minas Gerais, 1984. p. 88-91.

SCHERTEL MENDES, L. A vulnerabilidade do consumidor quanto ao tratamento de dados pessoais. *Revista de Direito do Consumidor,* Brasília, v. 102, n. 24, p. 19-43, 2015.

SCHERTEL MENDES, L. Autodeterminação informativa: história de um conceito. *Pensar,* Fortaleza, v. 25, n. 4, p. 1-18, 2020.

SCHERTEL MENDES, L. Habeas Data e Autodeterminação Informativa: dois lados da mesma moeda. *Direitos Fundamentais e Justiça,* Belo Horizonte, v. 39, n. 12, p. 185-216, 2018.

SCHERTEL MENDES, L. *Privacidade, proteção de dados e defesa do consumidor:* linhas gerais de um novo direito fundamental. São Paulo: Saraiva, 2014.

SCHERTEL MENDES, L. *Transparência e Privacidade*: violação e proteção da informação pessoal na sociedade do consumo. 2008. Dissertação (Mestrado em Direito) - Universidade de Brasília, 2008.

SCHERTEL MENDES, L.; DONEDA, D. Reflexões iniciais sobre a nova Lei Geral de Proteção de Dados. *Revista de Direito do Consumidor*, Brasília, v. 120, n. 37, p. 469-483, 2018.

SCHERTEL MENDES, L.; FONSECA, G. Proteção de dados para além do consentimento: tendências contemporâneas de materialização. *REI-Revista Estudos Institucionais*, Rio de Janeiro, v. 6, n. 2, p. 507-533, 2020.

SCHERTEL MENDES, L.; MATTIUZZO, M.; FUJIMOTO, M. Decisões automatizadas e proteção contra a discriminação na Lei Geral de Proteção de Dados brasileira. *Rechtsdurchsetzung und Prozess, Globalisierung und Digitalisierung*, v. 12, p. 49-80, 2021.

SCHWARCZ, L. *Sobre o autoritarismo brasileiro*. São Paulo: Companhia das Letras, 2019.

SCOTT, M. Facebook fined €1M over Cambridge Analytica scandal. *Politico*, 28 jun. 2019. Disponível em: https://www.politico.eu/article/facebook-fined-cambridge-analytica/. Acesso em: 04 out. 2022.

SEGATTO, Antonio Carlos. *O Instituto do Habeas Data – Um Direito Fundamental e os Obstáculos Legais e Judiciais à sua Efetiva Concretização*. 2004. Tese (Doutorado em Direito) - Pontifícia Universidade Católica de São Paulo, São Paulo, 2004.

SILVA, E. L. América do Sul: Cone Sul. *A Defesa Nacional*, Rio de Janeiro, n. 741, p. 84-98, 1988.

SILVA, E. N. *A automação e os trabalhadores*. São Paulo: LTr, 1996.

SILVA, J. A. D. *Ação popular constitucional*: doutrina e processo. São Paulo: Malheiros, 2007.

SKIDMORE, T. *The Politics of Military Rule in Brazil*. Oxford: Oxford University Press, 1988.

SODRÉ, M. *Formação do Sistema Nacional de Defesa do Consumidor*. São Paulo: Revista dos Tribunais, 2007.

SOLAGNA, F. *30 anos de governança da Internet no Brasil*: coalizões e ideias em disputa pela rede. 2020. Tese (Doutorado em Sociologia) - Universidade Federal do Rio Grande do Sul, Porto Alegre, 2020.

SOLOVE, D.; CITRON, D. Privacy Harms. *Boston University Law Review*, Boston, v. 102, p. 793-863, 2022.

SOLOVE, D.; HARTZOG, W. *Breached!* Why data security law fails and how to improve it. Oxford: Oxford University Press, 2022.

SORJ, B. *A nova sociedade brasileira*. Rio de Janeiro: Zahar, 2006.

SOUSA CRUZ, B. Uber terá de se explicar ao MP sobre vazamento da dados de brasileiros. *UOL*, São Paulo, 05 fev. 2018. Disponível em: https://www.uol.com.br/tilt/noticias/redacao/2018/02/05/uber-tera-que-se-explicar-sobre-vazamento-de-dados-de-brasileiros.htm. Acesso em: 04 out. 2022.

SOUSA SANTOS, B. *Para uma revolução democrática da justiça*. São Paulo: Cortez, 2011.

STEIBEL, F. Designing on-line deliberation using web 2.0 technologies: drafting a bill of law on internet regulation in Brazil. *Proceedings of the 6th International Conference* on *Theory and Practice of Electronic Governance*. New York: Association for Computing Machinery, p. 38-43, 2012.

TAVARES GUERREIRO, J. A. Comentários. *In:* CRETELLA JUNIOR, J.; DOTTI, R. A. *Comentários ao Código de Defesa do Consumidor*. Rio de Janeiro: Forense, 1992. p. 111-132.

TAVARES, C.; MENDONÇA, F. *Conversações com Arraes*. Recife: Vega, 1979.

TAVARES, C.; SELIGMAN, M. *Informática:* a batalha do século XXI. São Paulo: Paz & Terra, 1984.

TAVARES, C. *Projeto de Lei n. 2.796, de 1980*. Assegura aos cidadãos acesso às informações sobre sua pessoa constantes de bancos de dados, e dá outras providências. Brasília, DF, 23 abr. 1980. Disponível em: http://imagem.camara.gov.br/Imagem/d/pdf/DCD23ABR1980.pdf#page=. Acesso em: 28 nov. 2022.

TAVARES, C. *Projeto de Lei n. 3.634, de 1984*. Dispõe sobre a utilização, pelas empresas, de robôs, computadores ou qualquer outro processo de automação do trabalho. Brasília, DF, 05 jun. 1984a. Disponível em: http://imagem.camara.gov.br/Imagem/d/pdf/DCD05JUN1984.pdf#page=46. Acesso em: 28 nov. 2022.

TAVARES, C. *Projeto de Lei n. 4.646, de 1984*. Assegura o direito à intimidade, regula o estabelecimento de bancos de dados pessoais e dá outras providências. Brasília, DF, 20 nov. 1984b. Disponível em: http://imagem.camara.gov.br/Imagem/d/pdf/DCD-20NOV1984.pdf#page=67. Acesso em: 28 nov. 2022.

TAVARES, C. *Projeto de Lei n. 4.810, de 1981*. Dispõe sobre a divulgação, pelo Poder Executivo, do elenco de banco de dados existente no país. Brasília, DF, 25 jun. 1981a. Disponível em: http://imagem.camara.gov.br/Imagem/d/pdf/DCD-25JUN1981.pdf#page=13. Acesso em: 28 nov. 2022.

TAVARES, C. Substituto ao *Projeto de Lei n. 2.796-A, de 1980*. Assegura aos cidadãos acesso às informações sobre sua pessoa constantes nos bancos de dados, e dá outras providências. Brasília, DF, 24 jun. 1981b. Disponível em: http://imagem.camara.gov.br/Imagem/d/pdf/DCD24JUN1981.pdf#page=88. Acesso em: 28 nov. 2022.

TAYLOR, L.; VAN DER SLOOT, B.; FLORIDI, L. What do we know about group privacy? *In:* TAYLOR, L.; VAN DER SLOOT, B.; FLORIDI, L. *Group Privacy*. Cham: Springer, 2017.

TEFFÉ, C.; BODIN DE MORAES, M. C. Redes sociais virtuais: privacidade e responsabilidade civil a partir do Marco Civil da Internet. *Pensar*, Fortaleza, v. 22, p. 108-146, 2017.

TEOFILO, D. *et al. Parecer do IRIS na Ação civil Pública IDEC vs. Via Quatro*. Belo Horizonte: IRIS, 2019. Disponível em: http://bit.ly/340ZN53. Acesso em: 04 out. 2022.

TEÓFILO, D. MPMG propõe medidas de adequação da prática de coleta do CPF em drogarias. *Iris*, Belo Horizonte, 03 dez. 2018. Disponível em: https://irisbh.com.br/mpmg-propoe-medidas-de-adequacao-da-pratica-de-coleta-do-cpf-em-drogarias/. Acesso em: 04 out. 2022.

TORRES, L.; OMS, J. *A proteção de dados pessoais na Secretaria Nacional do Consumidor*. São Paulo: IDEC, 2021. Disponível em: https://idec.org.br/sites/default/files/pesquisa_protecao_de_dados_na_senacon.pdf. Acesso em: 04 out. 2022.

TRÉGUER, F. From deep state illegality to law of the land: The case of internet surveillance in France. *7th Biennial Surveillance & Society Conference*, Barcelona, Surveillance Studies Network, 2016. p. 1-22.

VASCONCELLOS, R. Lei traz à tona debate sobre privacidade. *Folha de S. Paulo*, Folha Informática, São Paulo, 25 jun. 1986. Disponível em: https://acervo.folha.com.br/leitor.do?numero=9544&anchor=4152230&origem=busca&originURL=&pd=b0d-21870156de6ed670e4ad4315f3d83. Acesso em: 27 nov. 2022.

VÉLIZ, C. *Privacy is Power*: why and how you should take back countrol of your data. London: Bantam Press, 2020.

VELU, J. *Le droit au respect de la vie privée*: conférences données à la Faculté de droit de Namur. Namur: Presses Universitaires de Namur, 1974.

VIANNA, L. W.; BURGOS, M. Entre princípios e regras: cinco estudos de caso de ação civil pública. *Dados*, Rio de Janeiro, v. 48, p. 777-843, 2005.

VIANNA, M. *Entre burocratas e especialistas*: a formação e o controle do campo da informática no Brasil (1958-1979). 2016. Tese (Doutorado em História) - Pontifícia Universidade Católica do Rio Grande do Sul, Porto Alegre, 2016.

VIANNA, M. O jornal DataNews no contexto da Informática nos anos 1970: uma aproximação. *10 Encontro Nacional de História da Mídia*. Porto Alegre, Universidade Federal do Rio Grande do Sul, 2015. p. 1-15.

VIANNA, Rogério. Solenidade de abertura. *I Seminário Internacional sobre Proteção de Dados Pessoais*: anais do seminário e panorama da matéria no Brasil e no exterior, São Paulo, 2006.

VICENTE, J. P.; ZANATTA, R. O militante da intimidade. *Quatro Cinco Um*, São Paulo, 24 abr. 2021. Disponível em: https://quatrocincoum.folha.uol.com.br/br/artigos/laut/o-militante-da-intimidade. Acesso em: 04 out. 2022.

VILJOEN, S. A Relational Theory of Data Governance. *Yale Law Journal*, New Haven, v. 131, p. 573-575, 2021.

VIVO é investigada por fornecer publicidade com dados pessoais de clientes. *MPDFT*, Brasília, 03 abr. 2018. Disponível em: https://www.mpdft.mp.br/portal/index.php/co-municacao-menu/sala-de-imprensa/noticias/noticias-2018/9947-vivo-ads-e-investiga-da-por-fornecer-publicidade-com-dados-pessoais-de-clientes. Acesso em: 04 out. 2022.

WALDRON, J. Can communal goods be human rights? *Archives Européennes De Sociologie*, Cambridge, v. 28, n. 2, p. 296-322, 1987.

WATANABE, K. A tutela jurisdicional dos interesses difusos. *Estado de São Paulo*, São Paulo, 15 abr. 1984. Disponível em: https://acervo.estadao.com.br/pagina/#!/19840415-33472-nac-0046-999-46-not/busca/tutela+jurisdicional+interesses+difusos. Acesso em: 28 nov. 2022.

WATANABE, K. Da Defesa do Consumidor em Juízo. *In:* GRINOVER, A. P.; WATANABE, K.; NERY JUNIOR, N. *Código Brasileiro de Defesa do Consumidor:* comentado pelos autores do anteprojeto. Rio de Janeiro: Forense, 2011. p. 61-124.

WATCHER, S.; MITTELSTADT, B. A Right to Reasonable Inferences: re-thinking data protection law in the age of Big Data and AI. *Columbia Business Law Review*, Nova Iorque, n. 2, p. 494-620, 2019.

WATERS, D. Phorm hoping to stop 'phoul play'. *BBC*, Londres, 28 abr. 2009. Disponível em: https://www.bbc.co.uk/blogs/technology/2009/04/phorm_hoping_to_stop_phoul_pla.html. Acesso em: 10 abr. 2022.

WEST, S. Data capitalism: Redefining the logics of surveillance and privacy. *Business & Society*, v. 58, p. 20-41, 2019.

WESTIN, A. *Privacy and Freedom*. New York: IG Publishing, 2019.

WHITE, P. Behold the Computer Revolution. *National Geographic*, v. 138, n. 5, p. 41-48, 1970.

WILLIAMS, C. Phorm turns up in Brazil. *The Register*, 26 mar. 2010. Disponível em: https://www.theregister.com/2010/03/26/phorm_brazil/. Acesso em: 10 abr. 2022.

XAVIER, J. R. *A pesquisa empírica e o direito*. Rio de Janeiro: Autografia, 2018.

ZANATTA, R. A proteção de dados entre leis, códigos e programação: os limites do Marco Civil da Internet. *In:* DE LUCCA, N.; SIMÃO FILHO, S.; PEREIRA DE LIMA, C. R. *Direito e Internet III:* Marco Civil da Internet. São Paulo: Quartier Latin, 2015. p. 447-470.

ZANATTA, R.; ABRAMOVAY, R. Dados, vícios e concorrência: repensando o jogo das economias digitais. *Revista Estudos Avançados*, São Paulo, v. 33, n. 96, p. 421-446, 2019.

ZANATTA, R.; SOUZA, M. A tutela coletiva em proteção de dados pessoais: tendências e desafios. *In:* DE LUCCA, N., *et al. Direito & Internet IV:* sistema de proteção de dados pessoais. São Paulo: Quartier Latin, 2019. p. 381-418.

ZARSKY, T. Mine Your Own Business: making the case for the implications of the data mining of personal information in the forum of public opinion. *Yale Journal of Law and Technology*, New Haven, v. 5, p. 1-57, 2002.

ZAVASCKI, T. A. *Processo coletivo:* tutela de direitos coletivos e tutela coletiva de direitos. São Paulo: Revista dos Tribunais, 2009.

ZUBOFF, S. *The Age of Surveillance Capitalism*. London: Penguim Books, 2019.

AGRADECIMENTOS

Este trabalho só foi possível graças ao auxílio de inúmeras pessoas. Pelas diferentes formas de contribuição – desde uma conversa despretensiosa até as entrevistas semiestruturadas –, agradeço: Bia Barbosa, Bianca Kremer, Bruno Bioni, Caitlin Mulholland, Danilo Doneda, Davi Teófilo, Dennys Antonialli, Dennis Hirsch, Diego Machado, Estela Aranha, Estela Guerrini, Fabiano Menke, Flavia Lefrève, Francisco Brito Cruz, Guilherme Martins, Gustavo Artese, Hannah Draper, Heloísa Carpena, José Eduardo Faria, Laura Schertel Mendes, Leonardo Bessa, Lúcia Guimarães, Marcel Leonardi, Marcelo Vianna, Marcio Freitas, Maria Teresa Sadek, Michel Roberto de Souza, Miriam Wimmer, Natalia Langnegger, Nathalia Foditsch, Pedro Bastos, Pedro de Paula, Renato Leite Monteiro, Ricardo Morishita, Rodrigo Pacheco, Ricardo Abramovay e Veridiana Alimonti.

Pelo amor incondicional e enorme paciência, agradeço ao Antonio, Francisco e Priscila.

- editoraletramento
- editoraletramento.com.br
- editoraletramento
- company/grupoeditorialletramento
- grupoletramento
- contato@editoraletramento.com.br
- editoraletramento

- editoracasadodireito.com.br
- casadodireitoed
- casadodireito
- casadodireito@editoraletramento.com.br